상괘	하괘	괘명	페이지
상괘수가 4일 때	1	대장	185
	2	귀매	191
	3	풍	197
	4	진	203
	5	항	209
	6	해	215
	7	소과	221
	8	예	227
상괘수가 5일 때	1	소축	235
	2	중부	241
	3	가인	247
	4	익	253
	5	손	259
	6	환	265
	7	점	271
	8	관	277
상괘수가 6일 때	1	수	285
	2	절	291
	3	기제	297
	4	둔	303
	5	정	309
	6	감	315
	7	건	321
	8	비	327

상괘	하괘	괘명	페이지
상괘수가 7일 때	1	대축	335
	2	손	341
	3	비	347
	4	이	353
	5	고	359
	6	몽	365
	7	간	371
	8	박	377
상괘수가 8일 때	1	태	385
	2	림	391
	3	명이	397
	4	복	403
	5	승	409
	6	사	415
	7	겸	421
	8	곤	427

● 점풀이 예제 12   433

1. 소망 / 2. 사업 / 3. 개업
4. 승진 / 5. 시험 / 6. 혼인
7. 출산 / 8. 매매 / 9. 소송
10. 증권 / 11. 질병 / 12. 장소

주역점 비결

저자 윤상철(尹相喆)

- 성균관대학교 철학 박사.
- 87년부터 대산선생 문하에서 四書 및 易經 등을 수학. 『대산주역강해』・『대산주역점해』・『미래를 여는 주역』・『주역전의대전역해』 등의 편집위원.
- 저서에 『후천을 연 대한민국』, 『세종대왕이 만난 우리별자리』, 『시의적절 주역이야기』, 『팔자의 시크릿』, 번역에 『하락리수』, 『오행대의』, 『천문류초』, 『매화역수』, 『황극경세』, 『초씨역림』 등이 있음.

주역점 비결

- 초판 3쇄 발행 2025년 10월 10일
- 저자 윤상철
- 표지 글씨 박남걸
- 편집 이연실, 윤치훈 ▪ 교정 윤여진
- 영업 최진형, 김시연, 정서윤, 위세웅
- 발행인 윤상철 ▪ 발행처 대유학당 since1993
- 출판등록 2002년 4월 17일 제305-2002-000028호
- 주소 서울 성동구 아차산로17길 48 SKV1 센터 1동 814호
- 전화 02-2249-5630, 010-9727-5630
- 블로그 http//blog.naver.com/daeyoudang

- ISBN 978-89-6369-096-4 03180
- 정가 25,000원
- 이 책의 내용에 대한 재사용은 저작권자와 대유학당의 동의를 받아야만 가능합니다.

주역점 비결

추천사

　점은 정신을 통일하는 수련방법의 하나이다. 미래를 알고 싶은 마음이 있다면, 마음을 가다듬어 평정심을 유지해야 하고, 집중을 해서 몸과 마음이 하나로 통일되어야 신통의 경지를 엿볼 수 있기 때문이다.「계사전」에 "지극히 정미로운 사람만이 참여할 수 있다."고 한 것도 이런 뜻이다.
　그 다음에는 수리에 통해야 한다. "이럴 수가 있나? 저럴 수가 있나? 무슨 수를 내야겠다."하며 숫자 타령을 하는 것도, 수에 담긴 영력이 중요하기 때문이다. 수를 계산해서 그 변화의 이치에 통해야 한다. 수의 변화를 추산해서 상을 만들고, 그 상과 수에 담긴 이치를 알아내는 것이 바로 점이다. 그래서「계사전」에 "수를 섞고 모으고 추산해서 천하의 모든 형상을 정한다."고 한 것이다.
　상과 수의 이치를 통해 나가다 보면, 점의 최고 경지인 신통에 이른다. 그저 가만히 무아의 경지로 있으면 세상에서 발생하는 모든 일을 알게 되는 것이다. 처음에는 내 몸의 육체와 정신이 통일되어 몸에 대해서 환히 알게 되고, 식구들과 마음이 통하면 식구들의 움직임에 환해지고, 나라 사람들과 마음이 통하면 나라 사람들의 움직임에 환해지는 것이다. 이렇게 내 몸에서 시작해서, 주변으로, 나라 전체로, 우주의 만물로 영역을 넓혀가며 감통하고 신통하게 되는 것이다.
　그렇지만 보통 사람들은 이렇게 집중하고 통하기가 어렵다. 그래서 주역점을 치는 과정을 통해서 집중력을 기르고 신통의 경지를 넓히는 훈련을 하는 것이다. 지난 세월동안 주역을 가르치면서, 점을 함께 가르친 것도 사람들에게 신통의 경지를 엿보게 하여 수양을 쌓게 하기 위함이었다.

이번에 사랑하는 제자 건원이 『주역점 비결』을 낸다고 원고를 가져와서 살펴보니, 과거 내가 출간한 『주역점해』와 『주역점』은 물론이고, 점책의 묘미라고 전해오는 『매화역수』와 『주역신기묘산』, 『하락이수』, 미두점 등을 참고하고 연구함으로써, 형이상적 주역의 철학이치를 쉽게 꾸며서 실생활에 응용할 수 있게 바꾸었으며, 그 내용도 훨씬 풍부하고 심도 있게 되었다.

또 점치는 방법을 현대적으로 알기 쉽게 예를 들어가며 설명하였고, 각 효마다 총론을 싣되 점치는 사람의 인품과 능력에 따라 다르게 설명을 하였으며, 각론격인 세부 항목도 현대인들이 궁금해 하는 내용을 더해서 일목요연하게 담아놓았다. 생활 속에서 주역을 깊이 연구하고 깨달은 소중한 보물을 여러 사람들에게 나누어 주려는 배려심이 느껴진다. 제자의 발전을 보는 스승으로서 큰 기쁨이 아닐 수 없다.

사람들이 이 책을 읽고 수양서로 삼는 것은 물론이고, 잘 활용한다면 행복한 미래를 만들 수 있겠다는 확신을 가지고 기쁜 마음으로 추천을 하는 바이다.

黃豕 驚蟄, 둔산서재에서 대산 김석진

 # 머리말

주역을 공부하다보면 "그래서 어쩌라는 거야? 좋다는 거야? 나쁘다는 거야?"하고 답답할 때가 있습니다. 현실과 거리가 먼 3천 년 전의 글, 그것도 우주의 심오한 이치를 담은 철학적 말씀으로 가득하기 때문입니다.

『주역점 비결』은 이러한 답답함을 풀어주기 위해 만들었습니다. 철학적인 요소도 있고, 교훈적인 요소도 있지만, 무엇보다도 "이럴 때는 어떻게 하라."는 직설적이면서도 정확한 방향을 제시해주는 것을 목표로 합니다.

글자점을 치거나, 색깔점을 치거나, 연월일시점을 치거나, 그 어떤 상황에서도 숫자 셋만 얻으면 점괘가 나오고, 그 점괘를 통해서 하고자 하는 일의 길흉을 판단할 수 있습니다. 더 나아가 주역의 괘상을 전혀 몰라도, 숫자 셋만으로 미래를 예측할 수 있게 만든 것입니다.

사서삼경 중에 『서경』은 정치하는 사람들이 보는 역사책이자 위인전이자 철학서입니다. 그 중에 「홍범」편에 점치는 것에 대해서 나옵니다. 정치를 하자면 큰 결정을 해야 하는데, 이게 잘 될 것인지 안 될 것인지 예상해 보는 겁니다.

먼저 자기 자신에게 물어보라고 했습니다. 자기가 생각할 때 확실하다면 그대로 밀고 나가면 됩니다. 그런데 자신이 없다면 주변의 친한 사람들에게 물어보고, 그래도 잘 모르겠거든 백성들에게 물어보라고 했습니다. 요즘 말하는 여론조사 또는 시장조사에 해당하는 것입니다. 그래도 잘 모르겠거든 거북점을 치고 시초점을 쳐서 다수의 의견이 나온 것을 따르라는 것입니다.

세상의 모든 일이 그렇습니다. '잠을 잘 것인가 말 것인가? 일어날 것인가 말 것인가? 밥을 먹을 것인가 말 것인가?' 이런 평범하고도 뻔한 일을 점치는 사람은 없습니다. 중요하지만 불확실한 것이 점치는 주제가 됩니다.

이 책은 미래의 궁금한 일을 주역의 384효로 나누어 설명했고, 매 효마다 총론적인 길흉을 설명하고 각기 궁금한 일을 21가지로 나누어 그 길흉을 풀이했습니다. 그러니까 384(효)×21(항목)=8064가지 답을 마련한 겁니다. 더구나 점을 쳐서 얻은 괘효의 지지와 점을 친 날의 지지의 생극 관계까지 따지면, 5단계의 길흉이 더해져서 8064(가지)×5(단계길흉)= 40,320으로 늘려보는 효과를 얻을 것입니다.

이 책은 『대산주역점해』를 바탕으로 만들었습니다. 대산선생님께서는 이미 25년 전에 누구나 쉽게 주역점을 치고 풀이할 수 있는 책을 만드셔서 일상경영사에 활용할 수 있도록 하셨는데, 사실 이 책과 별반 차이도 없고 오히려 더 훌륭합니다. 그럼에도 불구하고 이렇게 책을 따로 출간한 것은, "총론을 좀 더 구체적인 일상사에 가깝게 써주고, 주역의 괘상을 모르는 사람들도 점괘를 뽑을 수 있게 해주었으면 좋겠다."는 독자들의 의견을 받아들였기 때문입니다. 다시 말해서 이 책은 철학적인 원리를 가르치기보다는 기술적인 활용에 목적을 둔 것입니다.

『주역점해』와 『주역점』을 출간하여 철학적인 범주에서 머물러 있던 주역을 미래예측적 점학의 부분으로 영역을 넓히셨음은 물론이고, 30여 년이 넘도록 주역의 철리를 제대로 깨치지 못한 제자를 둔하다고 내치지 않으시고 가르치며 이끌어주신 선생님께 이 책을 바칩니다.

己亥 元旦에 윤상철은 삼가 씁니다.

목차

- 추천사　　　　　　　　　　　5
- 머리말　　　　　　　　　　　7

- 점치는 법　　　　　　　　　12
    1. 주사위(8면+6면)　　　　13
    2. 카드　　　　　　　　　13
    3. 팔괘 점통　　　　　　　15
    4. 전화번호　　　　　　　16
    5. 차번호　　　　　　　　16
    6. 연월일시　　　　　　　17
    7. 시간　　　　　　　　　18
    8. 나이와 월일　　　　　　18
    9. 옷의 색깔　　　　　　　19
    10. 무게　　　　　　　　　20
    11. 길이　　　　　　　　　20
    12. 방위　　　　　　　　　21
    13. 얼굴　　　　　　　　　22
    14. 신체 부위　　　　　　　22
    15. 성명　　　　　　　　　23
    16. 글자　　　　　　　　　26
    17. 기타　　　　　　　　　27

- 자세히 풀이하는 법　　　　28

● 점괘풀이

상괘	하괘		괘명		페이지
상괘수가 1일 때	1	11	건		35
	2	12	리		41
	3	13	동인		47
	4	14	무망		53
	5	15	구		59
	6	16	송		65
	7	17	돈		71
	8	18	비		77
상괘수가 2일 때	1	21	쾌		85
	2	22	태		91
	3	23	혁		97
	4	24	수		103
	5	25	대과		109
	6	26	곤		115
	7	27	함		121
	8	28	취		127
상괘수가 3일 때	1	31	대유		135
	2	32	규		141
	3	33	리		147
	4	34	서합		153
	5	35	정		159
	6	36	미제		165
	7	37	려		171
	8	38	진		177
상괘수가 4일 때	1	41	대장		185
	2	42	귀매		191
	3	43	풍		197
	4	44	진		203
	5	45	항		209
	6	46	해		215
	7	47	소과		221
	8	48	예		227

상괘	하괘	괘명	페이지
상괘수가 5일 때	1	51 소축	235
	2	52 중부	241
	3	53 가인	247
	4	54 익	253
	5	55 손	259
	6	56 환	265
	7	57 점	271
	8	58 관	277
상괘수가 6일 때	1	61 수	285
	2	62 절	291
	3	63 기제	297
	4	64 둔	303
	5	65 정	309
	6	66 감	315
	7	67 건	321
	8	68 비	327
상괘수가 7일 때	1	71 대축	335
	2	72 손	341
	3	73 비	347
	4	74 이	353
	5	75 고	359
	6	76 몽	365
	7	77 간	371
	8	78 박	377
상괘수가 8일 때	1	81 태	385
	2	82 림	391
	3	83 명이	397
	4	84 복	403
	5	85 승	409
	6	86 사	415
	7	87 겸	421
	8	88 곤	427

- 점풀이 예제 12　　　　433

 # 점치는 법

아래에 소개한 것들은 일반적으로 많이 쓰는 점치는 방법입니다. 꼭 어느 방법이 옳다거나 어느 것이 확률이 높다거나 하지는 않습니다. 처음 점을 칠 때는 기구를 이용하여 확실하게 숫자를 뽑는 연습을 하고, 익숙하게 잘 될 때는 각 사물의 형태나 모양 혹은 그 당시의 분위기를 가지고 점을 칠 수도 있습니다. 간혹 어느 숫자는 나올 확률이 많거나 적을 수도 있는데, 그것에 너무 집착하기보다는 정확하게 뽑고 해석하는 것을 연습하면 좋겠습니다.

아래는 그러한 세 원칙에 의해서 점치는 방법과 내용입니다.

방법	내용
기구	주사위 / 카드 / 팔괘점통
숫자	전화번호 / 차번호
시간 나이	연월일시 / 나이+월일
색깔	옷 색깔
단위	무게 / 길이
방위	방위
신체	얼굴 / 신체 부위
글자	성명 / 글자
기타	『매화역수』 참조

◆ 기구를 이용하는 법

1. 주사위 (8면 + 6면)

8면 주사위 두 개와 6면 주사위 한 개로 점을 친다.
① 8면 주사위 두 개와 6면 주사위 한 개를 동시에 던진다.
② 나로부터 멀리 있는 8면 주사위의 숫자를 상괘로 삼는다.[1]
③ 나로부터 가까이 있는 8면 주사위의 숫자를 하괘로 삼는다.
④ 6면 주사위에 나온 수를 동효로 삼는다.[2]
　상괘의 숫자로 3이 나오고, 하괘의 숫자로 1이 나오고, 동효의 숫자가 6이 나왔다면, '316' 즉 대유괘(「괘명찾기 표」 참조) 상효(6효)가 동한 것으로 본다.

2. 카드

1부터 8까지의 숫자가 적힌 카드로 점을 친다.

| 1 | 2 | 3 | 4 |
| 5 | 6 | 7 | 8 |

① 카드를 섞은 뒤에 첫 번째 뽑은 숫자를 상괘로 삼는다.
② 첫 번째 뽑은 다시 카드를 넣어서 8장을 섞은 뒤 뽑은 숫자를 하괘로 삼는다.[3]
③ 두 번째 뽑은 숫자를 다시 넣어 8장이 되도록 해서 섞은 뒤 뽑은 숫자를

---

[1] 8면 주사위로는 8괘 중 하나를 뽑을 수 있다.
[2] 6면 주사위는 여섯 효 중 하나를 동효로 잡을 수 있다.
[3] 한 번 뽑은 후 다시 넣지 않으면, 앞에 뽑은 것은 나오지 못하므로 상하괘가 같은 괘가 나올 수 없다.

동효로 삼는다.[4]

④ 첫 번째 뽑은 카드숫자가 5이고, 두 번째 뽑은 카드숫자가 3이며, 세 번째 뽑은 카드숫자가 5라면, '535' 즉 가인괘 5효가 동한 것으로 본다.

여기에 제시한 방법들은 모두 상괘, 하괘, 동효를 뽑아 결과를 찾는 것이므로, 아래 「괘명찾기 표」에 따라 쪽을 찾아보면 간단하다.

상괘\하괘	1건	2태	3리	4진	5손	6감	7간	8곤
1건	11-건 35	21-쾌 85	31-대유 135	41-대장 185	51-소축 235	61-수 285	71-대축 335	81-태 385
2태	12-리 41	22-태 91	32-규 141	42-귀매 191	52-중부 241	62-절 291	72-손 341	82-림 391
3리	13-동인 47	23-혁 97	33-리 147	43-풍 197	53-가인 247	63-기제 297	73-비 347	83-명이 397
4진	14-무망 53	24-수 103	34-서합 153	44-진 203	54-익 253	64-둔 303	74-이 353	84-복 403
5손	15-구 59	25-대과 109	35-정 159	45-항 209	55-손 259	65-정 309	75-고 359	85-승 409
6감	16-송 65	26-곤 115	36-미제 165	46-해 215	56-환 265	66-감 315	76-몽 365	86-사 415
7간	17-돈 71	27-함 121	37-려 171	47-소과 221	57-점 271	67-건 321	77-간 371	87-겸 421
8곤	18-비 77	28-취 127	38-진 177	48-예 227	58-관 277	68-비 327	78-박 377	88-곤 427

예를 들어 위의 '316'은 상괘에서 '3'을 하괘에서 '1'을 찾아 만나는 곳을 보면 '대유 135'가 나온다. 이 말은 '31'은 '대유괘'이고 이 책에서는 135쪽에 있다는 뜻이다. '316'의 '6'은 여섯 번째 효(상효)라는 뜻이므로, 대유괘의

---

[4] 동효를 잡을 때 세 가지 방법이 있다. 첫째, 7이 나오면 초효동, 8이 나오면 2효동으로 잡는다. 둘째, 1에서 6이 나오도록 7과 8카드를 뺀 뒤 뽑는다. 셋째, 6면 주사위를 이용하여 동효를 뽑아도 된다. 이 세 가지 방법을 다 쓰는 것이 아니라 점하기 전에 결정하고 바꾸지 않아야 한다.

여섯 번째 효 즉 140쪽의 내용을 보면 된다. 이하 같은 방법으로 한다.

3. 팔괘 점통

각기 1~8을 새긴 여덟 개의 막대를 점통에 넣고 흔든다.
① 점통에 넣고 흔들다가 첫 번째로 막대 하나를 뽑아서 나온 숫자를 상괘로 삼는다.
② 먼저 뽑은 막대를 다시 통에 넣고 흔들다가 막대를 뽑아 나온 숫자를 하괘로 삼는다.
③ 다시 막대를 넣고 흔들다가 뽑은 막대의 숫자를 동효로 삼는다.
④ 첫 번째 뽑은 막대의 숫자가 2이고, 두 번째 뽑은 막대의 숫자가 7이며, 세 번째 뽑은 막대의 숫자가 2라면, '272' 즉 함괘 2효가 동한 것으로 본다.

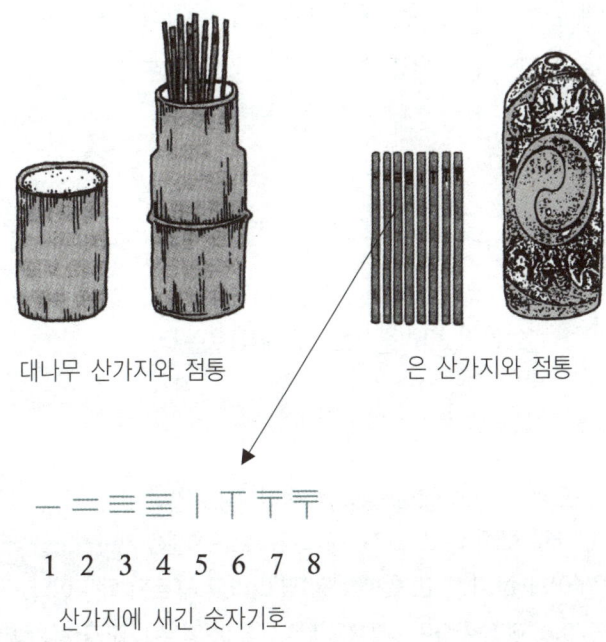

대나무 산가지와 점통   은 산가지와 점통

1 2 3 4 5 6 7 8
산가지에 새긴 숫자기호

◆ 눈에 띄는 숫자로 보는 법

4. 전화번호

전화를 걸어온 상대방의 휴대폰 전화번호를 보고 점괘를 뽑는다.5)
① '010-5778-9233'이라고 하면, 앞의 '010'은 공통이므로 무시한다.
② 앞의 네 개의 숫자를 합해서 상괘로 삼는다. 5+7+7+8=27이고, 27을 8로 나누면 나머지가 3이다.6)

③ 뒤의 네 개의 숫자를 합해서 하괘로 삼는다. 9+2+3+3=17이고, 17을 8로 나누면 나머지가 1이다.
④ 상괘총수 27과 하괘총수 17을 더한 뒤 6으로 나누고 남은 나머지수 2(27+17=44, 44÷6=7 나머지 2)를 동효로 삼는다.
⑤ 첫 번째 얻은 숫자 3, 두 번째 얻은 숫자 1, 그리고 동효로 얻은 숫자가 2이므로, '312' 즉 대유괘 2효가 동한 것으로 본다.

5. 차번호

지나가는 차 번호판의 번호를 보고 점괘를 뽑는다.

---

5) 자신의 번호로 숫자를 뽑아 길흉을 점칠 수도 있다.
6) 여기서 5,778로 보지 않고 '5+7+7+8=27'로 보는 것은, 전화번호를 부를 때 '오천 칠백 칠십 팔'이라 하지 않고, '오 칠 칠 팔'이라고 부르기 때문이다. 만약에 '오천 칠백 칠십 팔'이라고 불렀다면, 5,778을 8로 나누어 얻은 나머지 2를 상괘수로 본다.

① '123두 4577'이라고 하면, 앞의 세 개의 숫자를 합해서 상괘로 삼는다. 1+2+3=6이고, 8보다 작으므로 8로 나누지 않고, 6을 상괘로 삼는다.

② 뒤의 네 개의 숫자를 합해서 하괘로 삼는다. 4+5+7+7=23이고, 23을 8로 나누면 나머지가 7이다.

・123두4577・

③ 상괘총수 6과 하괘총수 23을 더한 뒤 6으로 나누고 남은 5(6+23=29. 29÷6=4 나머지 5)를 동효로 삼는다.

④ 첫 번째 얻은 숫자 6, 두 번째 얻은 숫자 7, 그리고 동효로 얻은 숫자가 5이므로, '675' 즉 건괘 5효가 동한 것으로 본다.

◆ 시간 · 나이를 활용하는 법

6. 연월일시

① 연월일수를 합해서 상괘를 삼고, 연월일수에 시수를 마저 합한 수를 총수라고 하는데 이 총수로 하괘를 삼는다. 또 총수를 6으로 나누어 동효를 얻는다.

② 기해년 3월 5일 묘시라고 하면, 기해의 해의 숫자는 12이고, 3월 5일은 각기 3과 5가 된다. 12+3+5=20, 그러므로 20이 상괘총수가 된다. 20을 8로 나누면 나머지가 4이다.

③ 상괘총수 20에 묘시의 수 4를 더하면 24가 된다. 이를 하괘총수 또는 총수라고 한다. 24를 8로 나누면 나머지가 0(8)이므로 8수를 얻는다.

④ 하괘총수 24를 다시 6으로 나누면 나머지가 0(6)이므로, 상효(6효)동이 된다. 그러므로 '486' 즉 예괘 상효(6효)가 동한 것으로 본다.

시간의 수는 다음의 「시간숫자 환산표」를 활용한다.

숫자	1	2	3	4	5	6	7	8	9	10	11	12
시간	23~1	1~3	3~5	5~7	7~9	9~11	11~13	13~15	15~17	17~19	19~21	21~23
지지	자	축	인	묘	진	사	오	미	신	유	술	해

7. 시간

① 오전 7시 25분이라고 하면, 큰 단위인 7을 상괘로 삼는다.[7]

② 작은 단위인 25를 8로 나눈 나머지 1(25÷8=3과 나머지 1)을 하괘로 삼는다.

③ 상괘총수 7과 하괘총수 25를 더한 뒤 6으로 나누면, 나머지가 2이므로 (7+25=32. 32÷6=5 나머지 2) 2을 동효로 삼는다.

④ 따라서 '712' 즉 대축괘 이효(2효)동이 된다.

8. 나이와 월일로 작괘

60세인 사람이 4월 7일에 운세를 보러왔다면,

① 60세+4월=64, 64를 8로 나누면 나머지가 0(8)이므로 8을 상괘수로 삼는다.

② 60세+7일=67, 67을 8로 나누면 나머지가 3이므로 3을 하괘수로 삼는다.

③ 상괘수와 하괘수를 더한 수 131(64+67=131)을 6으로 나누면 나머지가 5이므로 5효동이다.

④ 이를 종합하면 '835'의 숫자, 즉 명이괘 5효동이 된다.

---

[7] 만약 오후 3시라면 12시간을 더한 '15'로 계산한다.

◆ 색깔을 활용하는 법

9. 옷의 색깔

① 흰색은 1(건) 또는 2(태), 적색과 주홍색은 3(리), 청색과 녹색은 4(진) 또는 5(손), 흑색과 회색은 6(감), 황색과 주황색은 7(간) 또는 8(곤)로 본다.
② 단 홀수날(1,3,5,7,9일)에는 흰색을 1(건), 청색과 녹색을 4(진), 황색과 주황색을 7(간)으로 본다. 짝수날(2,4,6,8,0일)에는 흰색을 2(태), 청색과 녹색을 5(손), 황색과 주황색을 8(곤)으로 본다.
③ 또 속옷과 하의의 색으로 내괘, 겉옷과 상의의 색으로 외괘를 삼는다. 14일 오시에 적색 상의에 녹색 하의를 입은 사람을 보았다면
④ 적색은 3(리)이므로 상괘수는 3이다.
⑤ 녹색은 4(진) 또는 5(손)인데, 14일은 짝수날이므로, 5(손)이 되어 하괘수는 5이다.
⑥ 상괘수 3과 하괘수 5에 시간수 7(오시)을 더하면 15가 된다. 15를 6으로 나누면 나머지가 3이므로 3효동이 된다.
⑦ 종합하면 '353' 즉 정괘 3효동이 된다.

※ 옷뿐만 아니라 눈에 띄는 색깔을 가지고 점에 활용해도 된다. 문양이 화려하거나 장식이 많은 옷은 가장 눈에 띄는 부분의 색깔을 가지고 괘를 짓는다.

◆ 단위를 활용하는 법

10. 무게

① 72.5kg이라고 하면, 큰 단위인 72를 상괘로 삼는다. 즉 72÷8=9, 나머지가 0(8)이므로 8이 상괘수가 된다. 72를 '7+2=9'로 보지 않고, 72로 보는 것은 '칠이 점 오'라 하지 않고, '칠십이 점 오'라고 발음하기 때문이다.
② 작은 단위인 5를 하괘로 삼는다.
③ 두 수를 합한 뒤, 6으로 나누고 남은 수 2를 동효로 삼는다(72+5=77, 77÷6=12와 나머지 5).
④ 따라서 '855' 즉 승괘 5효동을 얻는다.

11. 길이

① 2m 32cm라고 하면, 큰 단위인 2를 상괘로 삼는다.
② 작은 단위인 32를 하괘로 삼는다. 즉 32÷8=4이다. 나머지가 0(8)이므로 8이 하괘수가 된다.
③ 두 수를 합한 뒤, 6으로 나누고 남은 수 4를 동효로 삼는다(2+32=34, 34÷6=5와 나머지 4).
④ 따라서 '284' 즉 취괘 4효동을 얻는다.

◆ 방위를 활용하는 법

12. 방위

① 지도를 보거나 방위가 정해진 곳은 일반적으로 쓰는 방위를 쓴다.
방위는 후천팔괘를 쓰지만, 점을 칠 때의 숫자는 선천팔괘의 수를 쓴다.

	사	오	미	
진	동남 =5	남 =3	서남 =8	신
묘	동 =4	나 점치는 사람	서 =2	유
인	동북 =7	북 =6	서북 =1	술
	축	자	해	

② 점칠 때는 나(점치는 사람)를 중심으로, 앞쪽을 남방으로 보아 3(리), 왼쪽을 동방으로 보아 4(진), 오른쪽을 서방으로 보아 2(태), 뒤쪽을 북방으로 보아 6(감)으로 삼는다. 또 왼쪽과 앞쪽의 사이는 동남방으로 보아 5(손), 앞쪽과 오른쪽의 중간은 서남방으로 보아 8(곤), 뒤쪽과 왼쪽의 중간은 동북방으로 보아 7(간), 뒤쪽과 오른쪽의 중간은 서북방으로 보아 1(건)의 수를 부여한다.

③ 남쪽에서 소년이 기쁜 빛을 띠고 왔는데 그 시간이 오시였다. 소년은 7(간)이고 남쪽은 3(리)이다. 움직이는 물체를 상괘로 놓고 방향 및 지역을 하괘로 삼는다.

④ 따라서 상괘수는 7이고, 하괘수는 3이 된다.

⑤ 상괘수 7에 하괘수 3을 더하고, 여기에 시간수 7(오시)을 더하면 17이 된다. 17을 6으로 나누면 나머지가 5이므로 5효동이 된다.

⑥ 종합적으로 보면 '735'의 숫자를 얻어서 비괘 5효동이 된다.

◆ 신체를 활용하는 법

13. 얼굴

얼굴을 팔괘로 나누어서 작괘하는 방법이다.

① 얼굴을 팔괘에 배당함

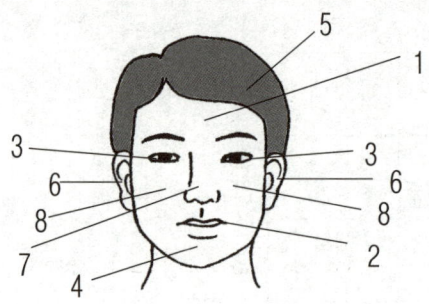

② 얼굴을 보고 상괘와 하괘를 정한다. 사람을 보았을 때 제일 먼저 눈에 띄는 부위를 상괘로 삼고, 그 다음 눈에 띄는 부위를 하괘로 삼는다.

③ 미시에 유난히 눈(3리)이 반짝반짝 빛나는 것을 보았다면 상괘수가 3이다.

④ 이어서 뺨(8곤)에 붉은 화색이 도는 것을 보았다면 하괘수는 8이다.

⑤ 상괘수 3에 하괘수 8을 더하고 여기에 시간수 8(미시)을 더하면 19가 된다. 19를 6으로 나누면 나머지가 1이므로 초효(1효) 동이 된다.

⑥ 종합적으로 보면 '381'의 숫자를 얻어서 진괘 초효동이 된다.

14. 신체 부위

① 머리(두부)는 1(건), 입은 2(태), 눈과 간은 3(리), 발(무릎 아래)은 4(진),

허벅지 또는 머리카락 등 털은 5(손), 귀 또는 혈액 및 신장은 6(감), 손(어깨부터 손가락까지)은 7(간), 배(복부)나 뺨은 8(곤)로 보아 괘를 짓는 방법이다.
② 13 또는 14의 방법은 동물도 같이 본다.

◆ 글자를 활용하는 법

15. 성명

① 이름의 첫 글자 획수를 상괘수로 보고, 두 번째 글자의 획수를 하괘수로 보며, 성씨의 획수에 상괘수와 하괘수를 더한 뒤 6으로 제해서 동효를 얻는다. 이렇게 얻은 점괘가 전반기의 운이 되고, 이때는 정획(일반적으로 쓰는 획)으로 획수를 센다.

②-1. 예를 들어 李海翼일때, 李는 7획이고, 海는 10획이며, 翼은 17획이다.
㉠ 첫 이름 글자의 '海'의 획수는 10이므로 8로 나누면 나머지가 2이다.
㉡ 또 두 번째 이름글자인 '翼'의 획수는 17이므로, 8로 나누면 나머지가 1이다.
㉢ 성씨의 획수는 7이므로, 이름의 획과 합하면 7+10+17=34가 된다. 이를 6으로 나누면 나머지가 4이다. 즉 214(괘괘 4효동)가 된다.

	李	海	翼	동효	생년	세효
선천	7	10 10/8→2태	17 17/8→1건	夬 4효동 7+10+17=34 34/6→4	미	유 ○

유의할 점은 괘괘의 세효지지는 '유'라는 점이다. 이해익이라는 사람이 오년에 태어났다면 유와 오는 상극관계가 되고, '점괘의 왕상휴수표'를 활

23

용하여 '생년지지'에서 '오'를 찾고, '세효지지'에서 '유'를 찾아서 서로 만나는 점을 찾으면 'X'가 나온다. 흉한 관계로 풀이한다. 만약 신년에 태어났다면 '◎'이 되어 아주 길한 관계로 풀이하고, 해년에 태어났다면 '△'가 되므로 중간의 길흉 관계로 풀이하며, 미년이라면 '○'이 되어 길한 관계로 풀이한다.

②-2. 예를 들어 李海喆일때, 李는 7획이고, 海는 10획이며, 喆은 12획이다.
㉠ 첫 이름 글자의 '海'의 획수는 10이므로 8로 나누면 나머지가 2이다.
㉡ 또 두 번째 이름글자인 '喆'의 획수는 12이므로, 8로 나누면 나머지가 4이다.
㉢ 성씨의 획수는 7이므로, 이름의 획과 합하면 7+10+12=29가 된다. 이를 6으로 나누면 나머지가 5이다. 즉 245(수괘 5효동)가 된다.

	李	海	喆	동효	생년	세효
선천	7	10 10/8→2태	12 12/8→4진	隨 5효동 7+10+12=29 29/6→5	인	진
					xx	

③ 후반기 운을 본다. 성씨의 획수를 상괘수로 보고, 이름 두 글자의 획수를 더해서 하괘수로 삼는다. 또 성씨획수와 첫 글자 획수 그리고 두 번째 글자의 획수를 모두 더한 뒤 6으로 제해서 동효를 얻는다. 이렇게 얻은 점괘가 후반기의 운이 되고, 이때는 곡획(구부러진 획도 센다 : 'ㄱ'은 일반적으로 1획이지만, 곡획으로 세면 2획이다)으로 획수를 센다. 또 'ㅍ'는 4획이지만 곡획으로는 5획이고, 'ㅁ'는 3획이지만 곡획으로는 4획이다.

④-1. 李海翼일때, 李는 곡획으로 9획이고, 海는 13획이며, 翼은 22획이다.
㉠ 성씨 9획을 8로 나누면 나머지가 1이다.
㉡ 첫 이름자 획수 13과 두 번째 이름자 획수 22를 합한 후(13+22=35) 8로 나누면 나머지가 3이다.

ⓒ 성씨획수 9와 이름자 획수의 합 35를 합한후(35+9=44) 6으로 나누면 나머지가 2이다. 따라서 132(동인 2효동)가 된다.

	李	海	翼	동효	생년	세효
후천	9 9/8→1건	13	22	同人 2효동 9+13+22=44 44/6→2	미	해
		13+22=35 35/8→3리				xx

후천의 인생은 동인괘(1,3) 2효가 동하였다는 결론을 얻는다.

여기서 유의할 점은 세효의 지지는 '해'라는 점이다. 이해익이라는 사람이 오년에 태어났다면 세효(해)가 생년(오)을 극한다. '점괘의 왕상휴수표'를 활용하여 '생년지지'에서 '오'를 찾고, '세효지지'에서 '해'를 찾아서 서로 만나는 점을 찾으면 '△'가 나온다. 보통의 관계로 풀이한다.

만약 신년에 태어났다면 '○'이 되어 길한 관계로 풀이하고, 해년에 태어났다면 '◎'가 되므로 아주 길한 관계로 풀이하며, 미년에 태어났다면 'xx'가 되므로 아주 흉한 관계로 풀이한다.

④-2. 李海喆일때, 李는 곡획으로 9획이고, 海는 13획이며, 喆은 14획이다.

ⓐ 성씨 9획을 8로 나누면 나머지가 1이다.

ⓑ 첫 이름자 획수 13과 두 번째 이름자 획수 14를 합한 후(13+14=27) 8로 나누면 나머지가 3이다.

ⓒ 성씨획수 9와 이름자 획수의 합 27을 합한 후(27+9=36) 6으로 나누면 나머지가 0(6)이다. 따라서 136(동인 상효동)이 된다.

	李	海	喆	동효	생년	세효
후천	9 9/8→1건	13	14	同人 상효 동 9+13+14=36 36/6→6	인	해
		13+14=27 27/8→3리				△

⑤ 획수로 본 이름 감정비결

"1획은 문장에 뛰어나고/ 2획은 부귀롭고/ 3획은 욕심이 많고/ 4획은 영웅스럽고/ 5획은 외롭고 약하며/ 6획은 오래살고/ 7획은 궁하고 곤핍하며/ 8획은 극히 현달하네"라고 하였으니, 될 수 있으면 5획(손괘)과 7획(간괘)은 피하는 것이 좋다.

또 "1획은 재상이 되고/ 2획은 장수가 되며/ 3획은 탐욕스럽고/ 5획은 일찍 죽고/ 6획은 장수하고/ 7획은 곤궁하고/ 8획은 부유롭다"고 하였으니, 역시 5획과 7획은 피하는 것이 좋다.

또 "1획은 장상이 되고/ 2획은 부귀롭고/ 3획은 탐욕스럽고/ 4획은 문장력 있고/ 5획은 머리가 잘려 죽고/ 6획은 임금의 보필이 되고/ 7획은 도인이나 걸인이 되고/ 8획은 풍류객으로 산다"고 하였으니 비슷한 내용들이다.

⑥ 이름지을 때 꺼리는 괘

또 말하기를 "구괘(姤卦) 감괘(坎卦) 손괘(損卦) 진괘(震卦) 고괘(蠱卦) 려괘(旅卦) 귀매괘(歸妹卦) 이상 8괘는 황천으로 가는 괘이므로 크게 꺼린다."고 하였다.

16. 글자

① 마음에 끌리는 글자나 유달리 눈에 띄는 글자를 선택한다.
② 첫 번째 뽑은 글자의 획수로 상괘수를 삼고,
③ 두 번째 뽑은 글자의 획수로 하괘수를 삼고,
④ 세 번째 뽑은 글자의 획수로 동효수를 잡는다.

상괘와 하괘를 얻을 때는 8로 나눈 나머지 숫자로 괘를 짓고, 동효는 6으로 나눈 나머지 숫자로 동효를 잡으면 된다.

⑤ 앞의 숫자점과 방법은 동일하다. 다만 글자의 획을 셀 때, 먼저 곡획(삐침도 한 획으로 세는 것)도 셀 것인지, 아니면 쓰는 방식대로 셀 것인지를 정한다.

※ 한글의 경우도 획마다 셀 것인지, 곡획도 셀 것인지 정한다. 'ㄷ'의 경우 쓰는 대로 하면 2획이 되고, 곡획도 세면 3획이 되므로, 뽑기 전에 규칙을 스스로 정한다.

※ 한글의 모음획수

획수	1획	2획	3획	4획	5획
모음	ㅣ ㅡ	ㅗ ㅜ ㅏ ㅓ ㅢ	ㅑ ㅕ ㅠ ㅛ ㅟ ㅚ ㅖ ㅐ	ㅝ ㅘ ㅒ ㅖ	ㅖ ㅙ

※ 한글의 자음 획수

획수	1획	2획	3획	4획
자음	ㄱ ㄴ ㅇ(초성)	ㄷ ㅅ ㅋ ㅇ(받침)	ㄹ ㅁ ㅈ ㅌ ㅎ(초성)	ㅂ ㅊ ㅍ ㅎ(받침)

17. 기타

① 글자의 획수, 물건의 개수, 사람의 인원수 등등 주변의 모든 것이 점을 칠 수 있는 도구가 된다. 문을 두드리는 노크수를 세어서 괘를 짓고, 사람들이 말하는 소리의 개수를 세어서 점을 칠 수도 있으며, 방향과 시간 색깔 등등 사람의 오감으로 느낄 수 있는 모든 것을 활용해서 점을 치되, 점칠 당시의 시간을 합산하면 아주 정확해진다. 대유학당에서 출간된 『매화역수』를 보면 위의 내용이 자세하게 나온다.

 # 자세히 풀이하는 법

　점을 치고 해석하는 방법은 다양하다. 많은 방법을 모두 쓰려고 하면 복잡할 뿐만 아니라 헷갈리게 된다. 앞에 소개된 17가지 중에서 가장 마음에 드는 방법을 골라서 점치되, 언제나 정성스럽게 마음을 모아 점치는 것이 중요하다. 또한 한 가지 사안에 대해서는 한 번만 점을 쳐서 그 결과를 겸허히 받아들여야 하며, 좋지 않은 점괘가 나왔다 해서 여러 번 점치지 말아야 한다.

1. 대개의 경우는 책에 쓰여진 내용을 읽기만 해도 충분하다.

　만약 2019년 봄에 공무원 시험을 보는데 합격할지 여부에 대해 점을 쳐서 상괘는 6, 하괘는 5, 동효는 5가 나왔다고 가정하면,
　우선 상괘 6감 하괘 5손이 만나는 쪽을 찾아간 후 차례대로 넘기면 5효동이 나오게 된다. 이 책에서는 313쪽이 된다.

　총론을 읽은 후 세부항목 중 `소망` 과 `시험` 부분을 살핀다. `소망` 에서는 '매우 희망적이며 이루어진다'고 하고, `시험` 에서는 '합격'이라고 했으니, 기대가 된다. 총론에서도 '덕을 온전히 닦아 공을 세운다'고 했으니, 그동안 열심히 노력한 것에 대해서 보상을 받는 것이다.

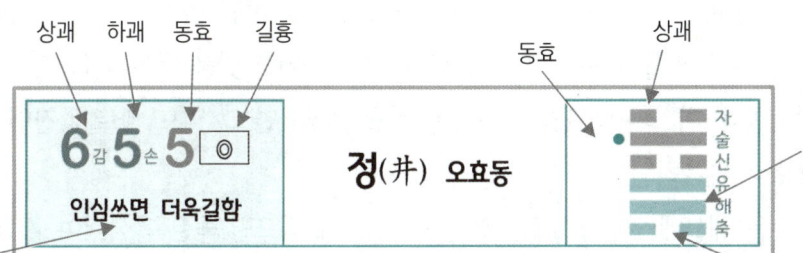

정(井) 오효동

인심쓰면 더욱길함

- 인품과 능력이 뛰어나서 성공하고 그 덕택을 많은 사람에게 베푼다. 공명과 부귀를 누리며, 재주가 뛰어나고 의리를 잘 지킨다. 지위가 높아지고 명성을 날리며, 하고 있는 일이나 계획했던 일이 저절로 이루어진다.
- 술이나 음료수 생수 등 물을 원료로 하는 사업에 뛰어난 성과가 있다. 큰돈을 벌어 많은 사람에게 다시 베풀어준다. 사회를 위해 베풀어 줄수록 일이 잘 풀린다.
- 배에 복통이 나서 설사를 하고, 서남방과 미일 신일이 크게 길하다. 무신 무술 무자년에 태어났거나 음력 3월에 태어난 사람에게 좋다.

소망	매우 희망적이고 또 이루어진다.	가출	서남쪽에 있다.
사업	크게 이룬다.	실물	서남쪽에 있다.
개업	좋다.	질병	혈액순환이 잘 안 된다. 찬물을 조심하라.
승진	성취된다.		
시험	합격이다.	기후	비오고 습하다.
혼인	연애로 성립된다.	의상	검은색, 황토색, 네모지고 넉넉한 옷, 시원해 보이는 옷.
출산	크게 쓰일 남아를 출산한다.		
매매	이루어진다.	음식	냉면, 차고 시원한 음식, 달고 맛있는 음식, 소고기.
재수	크게 얻는다.		
소송	승소한다.	사람	훌륭한 CEO, 해결사, 마음에 쏙 드는 사람.
출마	당선된다.		
증권	반드시 하락한다.	장소	서남방, 우물가, 상수도원, 전망 좋고 바람 잘 드는 곳.
여행	길하다.		

또 점칠 때 좋고 즐거운 일을 보면 길할 가능성이 높고, 싸우고 슬퍼서 우는 모습을 보면 흉할 가능성이 높아진다. 또 누워 있을 때 점을 치면 일이 아주 더디게 발생하고, 앉아 있을 때 점을 치면 일이 더디게 발생하고, 다니고 있을 때는 일이 빠르게 발생하며, 뛰고 있을 때는 더욱 빠르게 발생한다. 기차가 빠르게 지나가는 것을 보았다면 그 일도 빠르게 진행될 것으로 예측하면 된다.

본문 해설에 있는 음식 은 그 점을 쳤을 때 먹으면 좋은 음식이며, 사람 은 만날 사람, 장소 는 만남을 가지면 길한 장소이다.

2. 내용을 좀 더 자세히 풀고 싶으면 점친 날의 일진과 동효 지지의 관계를 살펴보면 된다.

앞서 상괘는 6, 하괘는 5, 동효는 5라고 했다. 점을 쳐서 얻은 효를 '동효(動爻)'라고 하고, 여기에 붙은 지지를 '동효지지'라고 하는데, 동효지지는 동효의 길흉정도를 살필 때 쓴다.

동효가 정괘의 5효이므로 동효지지는 '술'이다. 점을 친 날짜가 오일이라면, 점친 날짜의 지지 '오'가 동효의 지지 '술'을 화생토하며 생해주니 좋다.

다음에 있는 '점괘의 왕상휴수표'를 활용하면 쉽게 길흉을 판별할 수 있다. 표의 '동효지지' 항에서 '술'을 찾고, '점친 날의 지지'에서 '오'를 찾아 두 항목이 만나는 곳을 보면 'ㅇ'가 있다. 좋다는 뜻이므로 655번의 점풀이를 할 때 좋은 쪽으로 풀이한다.

점괘의 왕상휴수표

점친날 지지 동효지지	자	축	인	묘	진	사	오	미	신	유	술	해
자	◎	×	△	△	××	△	△	×	○	○	××	◎
축	△	◎	×	××	◎	○	○	◎	△	△	◎	△
인	○	△	◎	◎	△	△	△	××	×	△	△	○
묘	○	△	◎	◎	△	△	△	×	××	△	△	○
진	△	◎	××	×	◎	○	○	◎	△	△	◎	△
사	×	△	○	○	△	◎	◎	△	△	△	△	××
오	××	△	○	○	△	◎	◎	△	△	△	△	×
미	△	◎	×	××	◎	○	○	◎	△	△	◎	△
신	△	○	△	△	○	×	××	○	◎	◎	○	△
유	△	○	△	△	○	××	×	○	◎	◎	○	△
술	△	◎	××	×	◎	○	○	◎	△	△	◎	△
해	◎	××	△	△	×	△	△	××	○	○	×	◎

    동효의 지지와 점친 날의 접점을 보아 '◎' 또는 '○'이면 좋은 쪽으로 점괘를 풀이하고, '△'는 중간정도로 풀이하며, '×' 또는 '××'는 흉한 쪽으로 풀이한다. 점을 친 날짜의 지지가 동효지지를 생해주거나 비견관계일 때는 좋게 보는 것이다.

주역점
비결

상괘수가 1일때

1₁1₁ △ 건(乾) 초효동
능력부족 은둔칩거

상괘 1
하괘 1
乾

- 아직 쓰일 때가 안 되었으므로, 덕과 재주를 감춰야 한다. 심지가 굳고 깊으며 학문도 뛰어나지만 때를 기다리며 은거해야 한다. 게으르고 의심이 많은 것이 흠이지만, 명예나 부를 구하지 않으므로 해도 없고 득도 없다.
- 혹 계급이 낮은데도 지위나 재산을 탐내다가 형벌을 받으며, 주변에 자신을 도와줄 사람도 없다.
- 사회활동을 하는 사람은 모두 막히고 지체되나, 수도하는 사람이나 숨어사는 사람, 종교인이나 봉사활동을 하는 사람은 인생을 즐길 만하다. 또 여자일 경우는 내조를 잘해서 집안을 흥성하게 하고 자식을 잉태한다. 동남방이 무해무득하고 진일 사일도 무난하다.
- 무릎이나 장딴지에 외상을 입어 거동이 불편하다. 높은 곳에 오르지 말고 조용히 지낼수록 좋다. 갑자 갑인 갑진 임자 임인 임진년에 태어났거나 음력 2월~8월(특히 4월) 사이에 태어난 사람에게 좋다.

소망 성사되기 어렵다. 여자의 경우 안에서 하는 작은 일에는 좋다.	증권 하락한 후에 상승한다.
	여행 가지 않는 것이 좋다.
사업 모든 일에 부진하니, 자중하라.	가출 가까운 동남방에 있다.
개업 개업을 하더라도 확대하지 말고, 업종을 바꾸지 않는 것이 좋다.	실물 사용자나 내부 사람의 소행이다.
	질병 다리 힘줄을 다치게 되나 치유된다.
승진 안 된다.	기후 맑고 바람 분다.
시험 성적미달로 떨어진다.	의상 둥근 형체의 흰옷 바탕에 청록색이나 짙은 파랑 겉옷.
혼인 늦게 성사된다.	
출산 남아를 낳는데, 태아가 약하다.	음식 채소 등으로 만든 색다른 음식.
매매 지연된다.	사람 공무원, 아주머니, 향기가 나는 사람, 유행을 타는 사람.
재수 얻는 것도 잃는 것도 없다.	
소송 안하는 것이 좋다.	장소 동남방, 그늘진 곳, 서북쪽에서 동남방을 바라보고 앉는다.
출마 낙선이다.	

35

1건 1건 2건 ○ 건(乾) 이효동

능력있다 등용된다

- 마음먹은 대로 일을 해내는 재주를 갖추고 때를 만났으니, 귀하고도 부유해진다. 중도를 지키고 바름을 지키는 지혜가 있어서 모든 일에 성공하고 윤택하다.
- 현명한데다가 자신을 전적으로 신뢰하는 윗사람을 만나서 요직에 등용된다. 고급관리 시험에 특채되어 자신의 능력을 발휘하고 명성이 높아진다. 무슨 일을 하더라도 좋은 성과가 있다. 배우자가 귀하고 능력 있는 사람이다. 남쪽이 길하고 오일도 길하다.
- 방광이나 자궁에 염증이 생긴다. 갑자 갑인 갑진 임자 임인 임진년에 태어났거나 음력 2월~8월(특히 4월) 사이에 태어난 사람에게 좋다.

소망	이룬다.	증권	강보합세를 유지한다.
사업	발전하는 중이며, 유력한 사람의 도움을 받으면 더욱 좋다.	여행	목적을 달성한다.
		가출	윗사람의 유혹을 받아 먼 곳으로 떠났다.
개업	뜻을 알아주는 윗사람과 동업하면 이롭다.	실물	찾기 어렵다.
승진	전도가 탄탄하고 밝은 곳에 보임된다.	질병	낫기 어렵다.
시험	전도가 밝은 곳에 합격한다.	기후	맑다. 만약 여름철이라면 뙤약볕이다.
혼인	상대방이 부귀한 집이다.	의상	구슬 등 장식물이 달린 화려한 옷.
출산	여아를 난산한다. 산모가 약하다.	음식	큰 동물의 구이, 화려한 데코레이션이 있는 음식.
매매	윗사람의 소개로 이루어진다.		
재수	갑자기 좋아진다.	사람	자신을 이끌어줄 고관, 거상, 현명한 지식인, 철학자, 패션리더.
소송	윗사람의 도움을 받아 승소한다.		
출마	당선된다. 다만 대통령처럼 높은 자리는 안 된다.	장소	남쪽, 화려한 곳, 따뜻하고 열정적인 곳.

1건 1건 3 △
조심하라 위태하다

건(乾) 삼효동

상괘 1
하괘 1
乾

- 자신의 어려운 처지를 반성하면서 근면한 자세로 허물을 고쳐야 한다. 자신을 반성하면서 공평한 마음으로 부지런히 배우고 힘써 실천하면, 어려운 일도 잘 처리하게 되어 명예와 이익이 따른다.
- 존경하고 두려워하는 마음이 없어지면 조급히 움직이다가 실수하고 화를 부르게 된다. 무거운 책임에 억눌려 일이 많고 번거롭다. 시험에 합격하기도 어렵고 합격해도 좋은 보직을 얻기 어렵다. 대체로 일만 번거롭고 이익은 적으며, 긴장된 마음을 풀면 곧바로 일을 그르치게 된다. 특히 여자일 경우 성격이 조급하고 고집이 세서 남편을 다치게 하기 쉽다.
- 서쪽이나 유일이 무난하다. 머리를 다치기 쉬우므로 조심해야 한다. 갑자 갑인 갑진 임자 임인 임진년에 태어났거나 음력 2월~8월(특히 4월) 사이에 태어난 사람에게 좋다.

소망	아주 늦게 이룬다.	증권	등락이 안정되기 어려우나, 대개 매매는 활발하다.
사업	다사다난 끝에 번창한다.		
개업	때를 기다려 하는 것이 좋으며, 한 가지 일에 매진하는 것이 좋다.	여행	먼 길을 가는 중에 고통이 많이 따른다.
		가출	서쪽으로 가서 처지가 난감하다.
승진	노력 끝에 늦게 성취한다.	실물	먼 곳으로 갔다.
시험	재수하는 학생. 열심히 하여 합격한다.	질병	단기간에 차도 있기가 어려우니, 꾸준히 투병함이 좋다.
혼인	서로가 좀 더 노력해야 한다.		
출산	남아를 순조롭게 낳는다.	기후	그늘지면서 서늘하다.
매매	급진적으로 나아가면 손해를 본다.	의상	작업하기 좋은 옷, 약간씩 해진 옷, 혹은 성실해 보이는 옷.
재수	조금 이롭다. 처음에는 이로움이 보이지 않는다.		
		음식	양고기, 물고기, 과일을 조각내서 먹기.
소송	이기기는 하나 시간과 돈이 많이 들고, 화해도 가능하다.	사람	어린 여성, 배우, 무당, 단 이성관의 관계는 철저히 조심하라.
출마	기반을 닦는다.	장소	서북, 서쪽, 호수나 바닷가, 연못 있는 집.

1건 1건 4건 △
승패반반 조심조심

건(乾) 사효동

- 진퇴를 잘 살펴서 신중히 움직여야 한다. 움직일만 하면 움직이고 가만히 있어야 할 때는 움직이지 않는다. 덕과 재주가 뛰어나서 형세를 잘 살피니 실수가 없다. 아직 완전한 때가 되지 않았으므로, 고정된 직업이나 정착생활보다는 수시로 잘 판단하여 진퇴를 결정한다.

- 정직 또는 휴직을 당하기 쉽고, 임시직이 잘 어울린다. 사업을 하더라도 일정한 품목을 고집하면 안 된다. 일정한 일이 없고 큰 재산을 모으기도 어려우며 단지 자신의 능력을 가끔 시험해 볼 뿐이다. 다만 여자나 수도하는 사람은 자신이 처한 자리에서 편안하고 즐겁게 세월을 보낸다.

- 동남방이나 진일 사일이 조금 이롭다. 간이 약하다. 임오 임신 임술 갑오 갑신 갑술년에 태어났거나 음력 2월~8월(특히 4월) 사이에 태어난 사람에게 좋다.

소망	적극적으로 대처해야 좋다.	증권	하락했다가 나중에 상승한다.
사업	큰 이익이 있는데 놓칠 염려가 있다.	여행	좋다.
개업	밑져야 본전이다. 전업도 밑져야 본전이다.	가출	멀리 동남방으로 숨어있어 찾기 어렵다.
		실물	외부 도적의 소행이다.
승진	실력은 있다. 끌다가 이루어진다.	질병	별 차도가 없으나 악화되지도 않는다.
시험	늦게 합격한다.	기후	춥고 바람 분다.
혼인	곧 될 듯 하면서도 시일을 끈다. 좋은 혼처다.	의상	둥근 형체의 흰옷 바탕에 청록색이나 짙은 파랑 겉옷, 보석과 패물.
출산	여아를 순산하나, 아기가 약하다.	음식	과일과 채소, 선짓국, 머리 고기, 배춧국, 푸른색 채소.
매매	다소 늦어진다.		
재수	조금 득이 있다.	사람	나이든 여성 공무원, 수간호원, 빼어난 기술자, 고관의 참모.
소송	결국 승소한다. 화해도 좋다.		
출마	처음에는 낙선했다가 다음번에 당선된다.	장소	동남방, 동남쪽을 바라보고 앉는다. 연못이나 호수 근처.

1건**1**건**5** ◎
최고높다 인재필요

건(乾) 오효동

- 능력과 덕을 갖춘데다가 높은 지위를 가졌다. 더 이상의 부귀는 없다할 정도로 인생의 최고운을 만끽한다. 청렴하면서도 높은 직책(국가의 수반, 단체장, 회사대표)에 오르고, 1등으로 합격하여 갑자기 명예와 지위가 높아진다. 존귀한 사람의 추천과 도움을 받아 꾀했던 일을 이루고, 혹 큰 벼슬과 권력을 쥔 사람과 가까이 지낸다.
- 다만 너무 좋은 운이므로 감당하지 못하는 사람은 생명까지도 위태할 수가 있다. 또 여자일 경우는 능력 보다 큰 권력을 쥐게 되므로 감당 못하고 재앙을 입게 되니, 넓고 멀리 보는 안목이 있으면 좋다. 남쪽과 오일이 대길하다.
- 두통 또는 편두통에 시달린다. 임오 임신 임술 갑오 갑신 갑술년에 태어났거나 음력 2월~8월(특히 4월) 사이에 태어난 사람에게 좋다.

상괘 **1**
하괘 **1**
乾

소망	크게 이룬다.	증권	높은 주가가 계속된다. 그러나 갑자기 더 오르면 곧 하락하게 된다.
사업	크게 성공한다. 많은 사람에게 덕을 베풀고 원망을 쌓지 않게 조심한다.	여행	멀리 가도 좋다.
개업	뜻이 맞는 아랫사람과 동업. 기존의 직업과 별개의 독립된 직종을 선택한다.	가출	남쪽으로 멀리 가서 찾기 어렵다.
		실물	발견하기 어렵다.
승진	좋은 점수로 요직에 등용된다.	질병	심하지만 좋은 의사를 만나 치유된다.
시험	좋은 점수로 합격이다.	기후	맑다. 여름철 같으면 매우 덥다.
혼인	늦게 성사된다. 여자는 최고의 남자를 만난다.	의상	화려한 색상의 옷, 붉은색, 꽃분홍, 옷장에서 제일 비싼 옷.
출산	훌륭하게 될 남아를 낳는다. 다만 산모가 약하다.	음식	과일, 붉은 색 구운 고기, 아랫사람과 회식.
매매	신임하는 아랫사람의 소개로 된다.	사람	철학자, 동업할 사람, 자신을 도울 현명한 사람.
재수	크게 이롭다.		
소송	아랫사람의 도움으로 승소한다.	장소	불가마 등 뜨거운 곳, 화려한 곳, 남쪽, 남쪽방향을 보고 앉는다.
출마	당선된다.		

1건 1건 6 ✕ 건(乾) 상효동

분노금지 인생무상

- 나아갈 줄 알면 물러날 줄도 알아야 하고, 편안해졌다면 반드시 위태로워질 것이라는 것도 알아야 한다. 지나치게 성대해졌으므로 기울게 된다. 귀하지만 지위가 없고, 높지만 실질적인 권력이 없는 사람으로, 오직 자신의 마음을 다잡아 겸손해야만 화를 면할 수 있다.
- 스스로를 너무 대단히 여겨서 법을 무시해가면서까지 일을 추진한다. 일을 망치는 것은 물론 자신도 형벌을 면하기 어렵다. 퇴직하거나 강등 당하고, 높은 자리에 올랐다면 곧 물러나게 된다는 것을 명심해야 한다. 지나치게 강하고 욕심을 냄으로써 화를 부른다. 특히 여자는 남자와 같은 기질이 있어 조신하게 내조하기는 어렵다.
- 서쪽이나 유일이 흉하다. 고혈압과 뇌출혈을 조심하라. 임오 임신 임술 갑오 갑신 갑술년에 태어났거나 음력 2월~8월(특히 4월) 사이에 태어난 사람에게 좋다.

소망	욕심에 연연하다가 기회를 놓치고 재기불능이다.	출산	낙선하고 후유증이 크다.
		증권	급격히 하락한다. 주의를 요한다.
사업	지나친 욕심으로 부도를 낸다. 적당한 선에서 물러나야 한다.	여행	멀리 떠나면 곤경에 빠진다.
		가출	서쪽으로 멀리 떠나 돌아오지 않는다.
개업	하지 않아야 좋다.	실물	찾지 못한다.
승진	안 된다.	질병	사망한다.
시험	안 된다.	기후	맑다가 갑자기 흐려진다.
혼인	비슷한 집안으로 성사는 되나 불길하다.	의상	겸손해 보이는 옷, 눈에 잘 띄지 않는 옷, 흰색.
출산	여아를 낳는다.	음식	소박한 음식, 속을 편하게 하고 비우는 음식.
매매	실패한다.		
재수	손해 본다.	사람	만나면 구설수가 생긴다.
소송	강경하게 나가다가 함정에 빠진다.	장소	서쪽으로 가지만 조심 또 조심하라.

1건 2태 1 △ 리(履) 초효동
생긴대로 원칙대로

상괘 1
하괘 2
履

• 어려움과 유혹이 닥치더라도 상식에서 벗어나지 않고, 자신이 해야 할 일을 해 나간다. 실질과 실속이 있는 사람으로 주변을 이롭게 하며, 윗사람에게 아부하기 위해 아랫사람을 괴롭히지 않는다. 공직자는 청백리로 자신의 뜻을 펴면서 승진하고, 시험을 준비하는 사람은 과욕을 부리지 않아 합격한다. 대체로 큰 욕심 안내고 소신껏 일하여 계획대로 이루고 재산도 늘린다.

• 혹은 홀로 수양을 쌓으며 청렴하고 맑게 사는 사람으로, 학문에만 정진하는 교수나 수도에 전념하는 종교인이라면 좋게 된다. 자연 속에 은둔해서 뜻을 지키며 산다.

• 신장병 또는 당뇨병을 주의하고, 동방과 묘일이 이롭다. 정사 정묘 정축년에 태어났거나 음력 3월에 태어난 사람에게 좋다.

소망	어렵지만 자기 소신과 능력대로 하여 이룬다.	여행	수수하게 갔다오면 좋다.
사업	능력대로 꾸준히 나가면 서서히 재산이 늘어난다.	가출	평상복 차림으로 가출하였는데, 북쪽으로 갔다.
개업	남의 돈 빌리지 않고, 가진 것 갖고 하면 좋다.	실물	망가지지 않고, 잃어버린 상태 그대로 북쪽에 있다.
승진	자신이 노력한대로 이룬다.	질병	지병인데 그 상태를 유지한다. 갑자기 사망할 수가 있다.
시험	합격한다.	기후	비가 많이 온다.
혼인	눈높이를 낮추면 성립된다.	의상	흰색과 검정색의 조화, 자신을 돋보이지 않게 하는 옷.
출산	가문을 이을 아들을 낳는다.		
매매	조금 이익을 본다.	음식	과일과 채소, 고기가 없는 반찬, 혼자 여유를 즐기며 먹는 것도 좋다.
재수	적당히 있다.		
소송	되도록이면 안하는 것이 좋다.	사람	수도하는 사람, 뱃사공, 어부, 한가함을 즐기는 사람.
출마	능력이 안 되니 하지 말라.		
증권	변동해 강세를 보이나 곧 하락한다.	장소	북방, 어두운 곳, 조용한 곳.

1건 2태 2효 ㅇ 리(履) 이효동
은인자중 실력쌓기

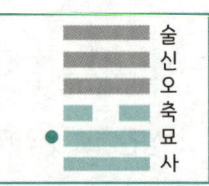

- 세상과 좀 떨어져 있으면서 안빈낙도하며 도를 닦는다. 도를 실천하며 스스로 즐거워하고 전원생활에 만족한다. 깨끗하고 한가로이 지내는 사람이 많고, 영예도 없고 치욕도 없으며, 스스로 만족해서 더 이상 바라지를 않는다.

- 공직자는 자신의 지위에 만족하며 즐거워하고, 편안한 마음으로 분수를 지키며 자족한다. 실질적인 것을 추구하지는 않지만 자신의 일에 성실하고 만족하는 사람으로, 적성에 맞는 일을 잘 선택하고 사람들이 도와주어서 현상유지를 한다. 대체로 지나친 욕심을 내지 않고 만족하며 사는 사람으로, 수도를 하거나 종교 또는 사회사업에 좋다.

- 관절염 신장결석을 주의하고 동방과 묘일이 길하다. 정사 정묘 정축년에 태어났거나 음력 3월에 태어난 사람에게 좋다.

소망	욕심 부리지 말고 겸손하고 바르게 하여야 한다.	증권	강세를 보이면서 거래가 빈번해진다. 처음에는 하락했다가 나중에 오른다.
사업	큰 사업은 안 된다.	여행	안 좋다. 수행하는 사람에게는 무해하다.
개업	불가하다. 전업 역시 마찬가지이다.		
승진	어렵다. 동쪽은 미세한 희망이 있다.	가출	동쪽으로 갔다.
시험	어렵다.	실물	서쪽을 통해 동쪽에 있고 찾기 어렵다.
혼인	가까이 있는 여자는 안 좋다.	질병	운동요법이나 식이요법을 쓴다.
출산	조용하고 수줍은 여아를 낳는다.	기후	구름이 잔뜩 끼고 천둥 번개 친다.
매매	작은 규모로 늦게 이루어진다. 임야 등의 매매는 좋다.	의상	밝은 녹색, 활동적인 옷, 새옷.
재수	큰 이익은 없다.	음식	과일과 채소, 평소 보지 못하는 색다른 음식, 회 등 날 것.
소송	승소하지만 피하는 것이 좋다.	사람	40~60대 남자, 산에서 수도하는 사람, 심지가 굳은 사람.
출마	좋을 리 없다.	장소	동방, 서방에서 동방을 바라보고 앉는다. 숲, 산속의 누각.

1 건 **2** 태 **3** ×
브레이크 필요한날

리(履) 삼효동

상괘 **1**
하괘 **2**
履

- 세상을 살아가는 방도를 잃어서 흉하다. 지위가 높으면 스스로 잘났다고 생각하여 안일하게 행동하고, 지위가 낮으면 하급 군인이나 하급 경찰직에 근무하면서 자신의 힘을 과시하며 다른 사람을 괴롭힌다. 이러한 자신의 행동이 결국 궁지로 몰리게 되는 원인이 된다. 혹은 어리석고 천하며 요절한다.

- 직위에서 강등되거나 인간관계에서 배척을 당한다. 대개 다투고 송사를 벌여 감옥에 갇히고, 제 몸과 집안을 망치게 된다. 능력이나 권력 없이 허세를 부리다 다치니, 분수를 지키며 말과 행동을 신중히 해야 화를 면할 수 있다. 애꾸가 되고 다리를 다칠 수 있다.

- 서북방과 술일 해일이 좋지 않다. 정사 정묘 정축년에 태어났거나 음력 3월에 태어난 사람에게 좋다.

소망	자기의 분수도 모르고 바라니, 오히려 해를 입는다.	여행	눈과 발을 다치는 등 해롭다.
사업	실패한다.	가출	서에서 서북쪽에 갔는데 안 좋은 상태다.
개업	신중하지 못하고 성질대로 처리하여 실패한다.	실물	서북쪽에 있고 이미 망가졌다.
시험	안 된다.	질병	안질 각기 신경통이다.
승진	안 된다.	기후	맑고 한랭하다.
혼인	방약무인하게 하다 안 된다.	의상	둥근 형체의 흰옷, 귀한 패물, 예의를 차린 옷.
출산	불구자를 낳는다.	음식	과일, 머리 고기, 간, 족발.
매매	안 된다.	사람	눈병이 있거나 다리가 불편한 사람, 행동이 앞서는 사람, 상처가 있는 사람.
재수	큰 손실을 입는다.		
소송	화해할 수 있으면 화해하라.	장소	서방, 윗사람의 방, 호수, 바다, 멀리 떨어진 교외.
출마	낙선이다.		
증권	하락한다. 갑자기 상승했다가 언제든지 하락한다. 가을에 더욱 그렇다.		

1건 2태 4 △ 리(履) 사효동
조심조심 또또조심

• 지극정성으로 윗사람을 섬겨서 뜻을 얻고, 아랫사람에게는 유순하게 행동해서 마음을 얻으니, 위태함을 바꿔서 길한 길로 간다. 공직자는 신임을 받는다. 기술직이 이롭다. 대체로 위태하고 험한 길을 가지만, 조심하고 두려워하는 마음으로 행하면 재앙을 면할 수 있다.

• 여자가 이 효를 얻으면 음란한 행동으로 집안을 어지럽힌다. 도난이나 남녀간의 색정관계를 주의해야 한다.

• 심장과 간이 약하며 신경쇠약증세가 있다. 동남방과 진일 사일이 이롭다. 임오 임신 임술 갑술 갑신 갑오년에 태어났거나 음력 3월에 태어난 사람에게 좋다.

소망	위태하고 험한 꼴을 보다가 끝에 가서 이룬다.	출마	악전고투 끝에 근소한 표차로 당선이다.
사업	처음에는 위태하나, 삼가고 조심하면 나중에 잘된다.	증권	등락거래가 빈번하다. 결론적으로 조금 오른다. 가을에는 더 오른다.
개업	고생할 각오가 되어있다면 해라.	여행	결과적으로 좋다.
승진	노력해서 승진한다. 경찰 또는 군인계통이다. 또는 침을 쓰는 한의사, 외과의사도 좋다.	가출	동남쪽으로 가서 못 찾는다.
		실물	동남쪽 공공건물에 숨겨져 있다.
		질병	신경쇠약. 쉽게 낫지 않는다.
		기후	맑으면서 바람 분다.
시험	두려운 마음으로 노력해서 합격한다.	의상	호피, 여우목도리, 진한 녹색.
혼인	하면 안 좋다. 음란한 여인을 얻을 수 다.	음식	과일과 채소, 족발, 닭다리, 치킨, 오리고기.
출산	여아를 낳는다.	사람	나이 든 여성 공무원, 간호원, 기술자.
매매	늦게 이루어진다.	장소	동남방, 서북에서 동남을 바라보고 앉는다. 농원, 채소밭.
재수	결과적으로 좋게 된다.		
소송	여러 고비를 넘긴 후 승소한다.		

1건**2**태**5**○
공명정대 과감결행

리(履) 오효동

상괘 **1**
하괘 **2**
履

• 세상의 이치를 깨달았다고 생각하여 주변을 돌아보지 않고 앞만 보고 가다가 다치게 된다. 자신이 옳다고 생각하는 도와 덕을 실천하려고 한다. 자신의 이익을 고려하지 않고, 잘못한다 생각되는 사람은 배척해서 쫓아내고 선한 사람은 적극적으로 추천한다. 사람들이 오해해서 인정이 없다는 평을 듣기도 한다.

• 천하를 아우르는 공을 세워도 상을 받지 못하고, 도가 높아서 다른 사람의 사표가 되어도 명성을 이루지 못한다. 대체로 조급히 움직이고 망동해서 환란을 불러오니, 지혜가 덕을 이기기 때문이다.

• 속머리가 빠지고 두통을 호소한다. 남방이 이롭고 오일이 길하다. 임오 임신 임술 갑술 갑신 갑오년에 태어났거나 음력 3월에 태어난 사람에게 좋다.

소망	어렵게 어렵게 이루어진다.	여행	안 가는 것이 좋다.
사업	노력에 비해 성과가 적다.	가출	남쪽에 있다.
개업	조급히 움직이면 좋지 않다.	실물	남쪽에 있는데 찾기 힘들다.
승진	실력은 있는데 알아주지를 않는다.	질병	중병을 앓고 있다.
시험	간신히 합격한다.	기후	맑고 해난다.
혼인	늦어진다.	의상	화려하고 경쾌한 옷, 붉은색, 눈에 띄는 옷.
출산	훌륭한 아들을 낳는다.		
매매	성립된다.	음식	구운 고기, 게, 가재, 자라탕, 조개구이.
재수	보통이다.	사람	최고 경영자, 참모, 여성 고위공무원, 인기 탤런트.
소송	화해하라.		
출마	어렵게 당선된다. 위태위태하다.	장소	남방, 화려한 곳, 전시장, 아궁이, 축제장소.
증권	높으나 거래량이 한산하다. 여름과 가을에는 등락폭이 심하다.		

1건 2태 6 ◎ 리(履) 상효동
경사났네 어른뵙기

- 성실하게 살아왔으므로 복을 받는다. 재주와 덕이 높고 큰 귀인이다. 잘못한 행동이 없으므로 반드시 두텁고 넉넉한 복을 이룬다. 고위 공직자는 물러나 편안하게 사는 복을 누린다. 우수한 성적으로 합격하고, 재력이 풍부하게 된다.
- 원하지 않는 사람을 억지로 끌어들여 일을 벌이는 소인으로, 자신뿐만 아니라 남도 부정한 일로 끌어들인다. 주변의 말을 쉽게 믿다가는 화를 입을 수 있고, 혹 아버지나 자신이 죽을 수도 있다.
- 피부병 또는 타박상을 주의하고, 서방과 유일이 이롭다. 임오 임신 임술 갑술 갑신 갑오년에 태어났거나 음력 3월에 태어난 사람에게 좋다.

소망	잘 이루어진다. 말단사원까지 화합하면 크게 길하다.	여행	어디를 가든지 길하다.
사업	과거 노력의 결실로 잘된다.	가출	서쪽으로 가있는데, 노인은 돌아오나 처녀는 돌아오지 않는다.
개업	안정적으로 좋다.	실물	도둑의 소행으로 서쪽에 가있어 찾기 힘들다.
승진	수석. 좋은 자리에 배치된다.		
시험	수석 합격이다.	질병	선한 마음으로 기도하여 낫는다. 갑자기 죽을 수가 있다.
혼인	좋은 곳에 성립된다. 재혼도 이루어진다.		
		기후	개였던 하늘에 구름이 낀다.
출산	쌍둥이 여아를 낳는다.	의상	둥근 형체의 흰옷, 부드러워 보이는 옷.
매매	성립된다.	음식	양고기, 맵고 아린 맛, 회 등 날고기.
재수	좋다.	사람	소녀, 무당, 인생 상담인, 선생.
소송	화해한다.	장소	서방, 윗사람의 방, 호수, 바다, 멀리 떨어진 교외, 서쪽에 있는 집.
출마	당선이다.		
증권	상승하나, 가을에 거래가 많아지면 하락할 가능성이 높다.		

1건 3리 1 △ 동인(同人) 초효동
공개교제 모두인정

상괘 1
하괘 3
同人

- 공평무사하게 일처리를 하여 실패를 하지 않는다. 비밀스럽게 움직이지 않고 공개적으로 행동하고, 어떤 의견이든지 다 수용하고 포용한다. 직장을 막 입사하거나, 지방의 한직으로 물러난다. 일반인은 뜻이 맞는 사람들의 협조로 이익을 얻는다. 집을 나가 여행을 하거나 집의 문을 수리하는 일에 좋다. 다른 집 또는 직장에 의지하며 머물기도 한다. 대체로 마음은 한가하고 편하지만 경제적인 이익은 없는 편이다.
- 혹 처가살이를 하거나, 한 곳에 정착하지 못하고 이리저리 옮겨 다니기도 한다. 수도하는 사람이 되어 탁발하는 경우를 뜻하기도 한다.
- 저혈압에 걸리기 쉽고, 동북방과 축일 인일이 길하다. 기묘 기축 기해년에 태어났거나 음력 1월에 태어난 사람에게 좋다.

소망	서서히 소망이 이루어진다.	가출	북방의 먼 곳으로 가서 쉽게 돌아오지 않는다.
사업	여러 사람을 만나면서 된다.		
개업	주변의 도움으로 된다.	실물	집안에 있다가 밖으로 가져가 찾기 힘들다.
승진	그동안 쌓은 실력에다 추천 등 주변의 도움으로 된다.	질병	회복세에 있다.
시험	낮은 곳을 지원하여 합격한다.	기후	맑았다가 흐려진다.
혼인	데릴사위일 수도 있다.	의상	수수하고 절도 있는 옷, 황토 또는 검은색, 단아하고 보편적인 옷.
출산	남아를 낳는다.		
매매	서서히 이루어진다. 별 이익은 없다.	음식	대중음식점, 작은 동물고기, 산이나 들에서 나는 식재료, 보편적인 음식.
재수	서서히 있게 된다.		
소송	서로 도와야지 다투어서는 안 된다.	사람	허물없는 사이, 불가근불가원, 일상적인 사람.
출마	후일을 위해 기반만 다진다.		
증권	특별한 등락은 없고, 결국 상승한다.	장소	동북방, 산이나 들, 대중적인 곳.
여행	멀리 여행을 한다.		

1건3리2 ○ 동인(同人) 이효동
질투받는 절친사귐

• 친척이나 친한 사람끼리만 돕고, 일반 대중과는 화합하지 못하여 인색하다는 소리를 듣는다. 재주가 높고 식견이 뛰어나지만 팔이 안으로 굽는 것처럼 공평하지 못하다. 혹 이루지 못할 연애를 하고 막상 결혼은 다른 여자와 한다. 홀로 고고하게 산에 숨어살기도 한다.

• 사귐이 넓지 않아서 직장의 지위가 국한되고 크게 출세하지 못한다. 작은 시험에 유리하고, 일은 많이 하지만 똑 부러지게 책임지고 하는 일은 없다. 좋은 사람과 싫은 사람을 구분 짓기 때문에 시비에 휘말리기 쉽다.

• 편두통이 걱정되고, 서북방과 술일 해일이 무난하다. 기묘 기축 기해년에 태어났거나 음력 1월에 태어난 사람에게 좋다.

소망	번잡스럽기만 하고, 이루어지는 것은 별로 없다.	출마	남자는 낙선이고 여자는 당선된다.
		증권	등락이 빈번하다.
사업	여러 사람에게 골고루 거래해야 한다. 작은 일은 이룬다.	여행	집안끼리의 여행이다.
		가출	서북쪽으로 친한 사람과 떠났다.
개업	특정 제품이 이익이 크더라도, 한 가지 품목만 하면 실패할 염려가 있다.	실물	친척이나 친한 사람의 소행이다.
		질병	기운이 많이 소진된다.
승진	배경에 의해서 승진하나 구설수에 오른다. 또는 소규모의 기업이 좋다.	기후	맑고 쾌청하다.
		의상	붉으면서 흰옷, 나만의 옷, 개성적인 옷, 나 밖에 없는 옷.
시험	합격한다.		
혼인	동성동본일 수 있다. 대체로 성립된다.	음식	단둘이 먹는 외식, 기호품, 구이, 머리고기.
출산	여아를 낳는다.		
매매	수의계약으로 구설수가 있다.	사람	친한 사람, 아주 가까운 사이, 둘만의 모임.
재수	썩 좋은 편은 아니다.		
소송	높은 사람을 찾아가면 승소한다. 배경이 중요하다.	장소	서북방, 바람 부는 정자, 명승지, 둘만 아는 곳.

1건 3리 3 × 동인(同人) 삼효동

힘모자람 흥분자제

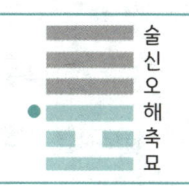

상괘 **1**
하괘 **3**
同人

- 분에 넘치는 욕심을 내지만 결국 능력이 모자라 잘못된다. 강하고 굳센 힘만 믿고 행동하나 마음이 안정되지 못해서 방향을 잡지 못한다. 법과 의리를 어기고서라도 욕심을 채우려하나 얻는 것은 형벌뿐이다.
- 욕심 많은 하급관리가 되거나 하급군인이 된다. 혹은 외딴곳에서 곡식을 경작하며 살고, 언덕이나 산속에서 숨어 지내며, 심하면 감옥에 간다. 너무 욕심을 내면 실직하게 되고, 높이 승진하더라도 곧 근심과 송사가 따른다.
- 황병이나 치매를 예방해야 하고, 특히 부모상이 근심된다. 동방과 묘일이 좋지 않다. 기묘 기축 기해년에 태어났거나 음력 1월에 태어난 사람에게 좋다.

소망	강하게만 밀고 나가다가 실패한다.	여행	불의의 사고를 당한다.
사업	쓸데없는 욕심을 부리다 돈만 다 날린다.	가출	이성관계로 나가서 동쪽으로 멀리 갔다.
		실물	찾아도 원형대로 있지 않다.
개업	다른 사람의 복이지 나의 복이 아니다.	질병	오랫동안 낫지 않는다. 장기적인 치료계획을 세워야 한다.
승진	뜻밖의 승진이 아니면 어렵다.		
시험	어렵다.	기후	쾌청했다가 천둥치거나 지진 등이 날 염려가 있다.
혼인	남의 애인을 두고 다투다가 물러선다.		
출산	남아를 낳는다.	의상	눈에 잘 띄지 않는 옷, 속옷은 화려함, 청색 계열
매매	성립이 안 된다.		
재수	없다.	음식	저장했던 음식, 가시가 숨어있음, 족발.
소송	감옥에 갇힐 수 있다.	사람	숨겨둔 애인, 불륜, 활발한 사람, 내심을 감춘 사람.
출마	낙선한다.		
증권	거래가 빈번하며, 갑자기 상승하나 오래가지는 않는다.	장소	동방을 피하라. 숲, 산속의 누각, 큰 도로.

1건 3리 4 △
힘모자람 지혜필요

동인(同人) 사효동

• 의리를 바탕으로 형세를 잘 살피고 분수 밖의 욕심을 자제해야 한다. 무모한 경쟁을 하지 않고 현재의 삶에 안주한다. 자신의 능력을 모르고 뛰어들다가는 낭패를 보게 된다. 혹 귀한 신분이면서 변방을 지키는 사람이고, 부자로써 큰 담장을 치며 사는 사람이다.

• 직장인은 자신만의 영역을 만들어서 그 안에 안주하며, 일반인은 의리를 지키느라 욕심을 자제한다. 성공한 뒤에 서로 의심하고 꺼리며 다투는 일이 발생하니, 사전에 계약을 확실히 해야 한다.

• 심장에 통증이 생기거나 간장이 약해지며, 동남방과 진일 사일이 이롭다. 임오 임신 임술 갑오 갑신 갑술년에 태어났거나 음력 1월에 태어난 사람에게 좋다.

소망	분수 밖의 일은 안 된다.	가출	동남쪽으로 숨어있지만 곧 돌아온다.
사업	나의 복이 아님을 알고 잘 물러나서 위험을 면한다.	실물	동남쪽에 숨겨놓았지만 스스로 돌려주어 찾는다.
개업	시작해서는 안 된다. 정 하고 싶으면 줄여서 하라.	질병	마음을 편안히 하면 낫는다.
		기후	맑았다가 바람 분다.
승진	낮은 직위의 승진은 가능하다.	의상	몸매가 드러난 옷, 주인공 보다 못한 옷, 녹색 계열.
시험	낮추어 합격한다.		
혼인	눈높이를 낮춰서 하면 성립된다.	음식	과일과 채소, 선짓국, 머리 고기, 푸른색 채소, 집에서 기른 채소, 가금류.
출산	여아를 낳는다.		
매매	오랫동안 끈다.	사람	경쟁자, 윗사람, 이기고 싶지만 이길 수 없는 사람, 샘나는 사람, 돈 많고 잘생긴 과부.
재수	보통이다.		
소송	화해한다.		
출마	양보하고 후일을 도모한다.	장소	동남방, 서북에서 동남을 바라보고 앉는다, 숲, 집 안.
증권	조금 오른다.		
여행	연기하는 것이 좋다.		

1건 3리 5ㅇ 동인(同人) 오효동
질투받는 사필귀정

상괘 1
하괘 3
同人

• 처음에는 어긋났다가 뒤에 가서 서로 화합한다. 큰일은 다른 사람의 힘을 빌리지 않고는 성공할 수 없다는 것을 알아야 한다. 재주와 덕을 갖춘 사람으로 처음에는 어렵다가도 나중에 크게 성공한다. 귀한 신분으로 큰 군사를 이끌고 전쟁에 나가 공을 세운다.

• 언론기관에 근무하면서 견책을 받다가 뒤에 지인의 도움으로 명성을 얻는다. 대개 처음에는 어렵다가 나중에는 풀리는 운이다. 복은 적고 화가 많은 사람을 뜻하기도 한다. 슬픔과 기쁨이 번갈아오고 옳고 그름이 자주 뒤바뀌게 된다.

• 머리에 열이 높아 의식불명이 되는 수도 있다. 남방과 오일이 이롭다. 임오 임신 임술 갑오 갑신 갑술년에 태어났거나 음력 1월에 태어난 사람에게 좋다.

소망	처음에는 지체되나 크게 이룬다.	여행	화재만 주의하면 좋다.
사업	적극적으로 하면 대성한다.	가출	이성관계로 남쪽으로 갔다.
개업	앞으로 전망이 좋다.	실물	남쪽에 있다. 처음에는 찾기 어려우나 나중에 찾는다.
승진	어려운 고비를 많이 넘긴 후 좋은 곳에 된다. 언론 쪽이면 더욱 좋다.	질병	열이 심하여 병이 악화된다.
시험	우수한 성적으로 된다.	기후	쾌청하다. 여름에는 폭염이다.
혼인	많은 방해를 이기고 좋은 배필과 결혼한다.	의상	둥근 형체의 붉은 색옷, 나를 드러내는 옷.
출산	남아를 낳는다. 쌍둥이일 가능성이 있다.	음식	구이, 잔치를 벌인다, 뷔페, 쓴맛, 매운맛.
매매	조금 지체되나 성립된다.	사람	평생연분, 여러모로 모범이 되는 사람, 예쁘고 화려한 사람.
재수	점차 크고 좋게 된다.		
소송	시일을 끄나 승소한다.	장소	남방, 화려한 곳, 전시장, 아궁이, 축제장소, 사람이 많이 모인 곳, 둘만의 장소.
출마	당선이다.		
증권	등락이 빈번한데, 상승세가 유지된다.		

1건3리6 △ 동인(同人) 상효동
홀로남은 홀로휴식

- 자신의 분수와 뜻을 지키며 홀로 살아간다. 재주와 덕이 맑으므로 부귀하면서도 깨끗한 사람이다. 직장인은 먼 외지로 파견근무를 떠나게 되고, 사람들과 모임은커녕 별로 어울리지 않는다. 새로운 것 보다는 지난 일을 회고하며 옛 것을 지키는 것이 마음 편하다.
- 혹 수도를 하는 승려나 도인으로 외딴 곳에서 살아가고 담백한 생애를 추구한다. 또 한 곳에 정착하지 못하고 떠돌이 장사를 하는 사람이다.
- 머리를 다치기 쉽고 폐질환이 우려된다. 서방과 유일이 무난하다. 임오 임신 임술 갑오 갑신 갑술년에 태어났거나 음력 1월에 태어난 사람에게 좋다.

소망	먼 지방으로 가거나 은둔하는 것이 좋다.	증권	상승하다가 나중에 하락한다. 증시나 전체경기가 바뀔 때 반드시 상승세를 탄다.
사업	현재의 일을 유지해 나감에 만족한다.		
개업	안 된다. 심심풀이 삼아 한다면 상관없다.	여행	먼 곳으로 구경삼아 돌아다닌다.
		가출	서쪽으로 가서 돌아오기 힘들다.
승진	한적한 곳에서 근무하는 것이라면 좋다.	실물	서쪽 먼 곳으로 갔다.
		질병	한적한 곳에서 휴양하며 투병생활 하는 것이 좋다.
시험	한적한 곳에서 공부나 하는 것이 좋다.		
혼인	잘 안 된다. 재혼이다.	기후	맑았다가 흐리게 된다.
출산	여아를 낳는다.	의상	흰색 계열, 허름하고 낡은 옷, 작업복.
매매	안 된다.	음식	나물, 냉잇국, 양고기, 야외 음식
재수	무해무득하다.	사람	정년퇴직한 사람, 한가한 사람.
소송	소송할 일도 없고 다투어서도 안 된다.	장소	서방, 물가 또는 호수, 바닷가, 콘서트, 야구장 축구장 등 여럿이 응원하는 곳.
출마	당선이 안 된다.		

1건4진1ㅇ 무망(无妄) 초효동
내맘대로 자유영혼

상괘 **1**
하괘 **4**
无妄

- 정성을 다해서 일을 하므로 저절로 좋아진다. 두터운 덕과 맑고 깨끗한 마음으로 시세를 잘 파악한다. 나보다 약한 사람은 물론이고 강한 사람도 나를 해칠 생각을 하지 않는다. 급속한 성취는 없으나 오래지 않아 좋게 된다. 대체로 취직하고 승진하는 등 일반인은 이득을 얻는다.
- 상대방이 나를 해치지 않으면 나도 악하게 하지 않고, 평상시에도 마음대로 행동하지 않는다. 따라서 일을 하면 이득이 있게 되고, 다른 사람으로부터도 좋은 평을 듣는다.
- 위장병이 있고, 인년과 묘년은 얻는 것이 없으며, 미년이나 신년은 이득이 있게 된다. 동방은 무난하고 서남방은 이롭다. 경자 경인 경진년에 태어났거나 음력 2월~8월 사이에 태어난 사람에게 좋다.

소망	정성으로써 임하니, 크게 욕심을 안내도 이루게 된다.	증권	약한 장세로 시작한다. 차츰 상승하다가 안정세를 유지한다. 변화를 잘 살펴라.
사업	이득을 본다.	여행	이롭다.
개업	처음에는 소규모로 한다.	가출	서남방에 있다.
승진	시간적 노력이 필요하다. 결국 승진한다.	실물	서남방에 있다.
시험	노력 끝에 늦게 합격한다.	질병	위장병이 심하다. 술 담배를 자제하라.
혼인	시일을 끌다 된다.	기후	고온다습하다.
출산	순산하고 남아를 낳는다.	의상	황토색 계열, 꾸미지 않은 옷, 장소에 맞는 옷.
매매	이룬다.	음식	소고기, 흙에서 나는 재료, 제철 음식.
재수	늦게 소득이 있다.	사람	어머니, 포근한 사람, 마음에 드는 사람.
소송	이긴다.	장소	서남방, 앞이 탁 트인 곳, 높은 빌딩.
출마	당선된다.		

1건 4진 2◎ 무망(无妄) 이효동
걱정마라 저절로◎

- 유순한 행동을 하면서도 마음이 흔들리지 않으니, 하늘이 돕고 땅이 도우며 사람이 도와서 무슨 일이든 저절로 풀리게 된다. 마음 씀이 공정하고 순리를 존중하므로 저절로 일이 풀린다. 그러나 너무 자연에 맡기는 등 풀어지면 게으르고 방탕하게 된다.
- 시험은 합격하고 승진하며, 경작지의 수확량이 늘어난다. 상인도 밖으로 다니면서 이득을 얻는다. 다만 지엽적인 데서 얻는 이득은 많지만, 본업에서의 큰 이득은 별로 없다.
- 유일이나 서방이 이롭다. 간장이 약하고 다리를 다칠 염려가 있다. 경자 경인 경진년에 태어났거나 음력 2월~8월 사이에 태어난 사람에게 좋다.

소망	저절로 성사된다.	여행	길하다.
사업	천우신조로 발전한다.	가출	서쪽에 있다.
개업	좋다. 조금만 노력하면 탄력을 받는다.	실물	서쪽에 있다.
승진	우연히 이루어진다. 욕심이 없어야 한다.	질병	신경통 또는 간이 약하다. 생각지 않은 사이에 낫는다.
시험	의외로 이루어진다.	기후	우레치고 비가 갑자기 많이 내린다.
혼인	의외로 이루어진다.	의상	흰색 계열, 무작위로 골라도 좋다, 자연스러운 옷.
출산	여아를 순산한다.		
매매	이룬다.	음식	양고기, 해산물, 선택하지 않아도 맛있다.
재수	우연한 일로 발복한다.		
소송	어려우니 화해하는 것이 좋다.	사람	자유로운 영혼, 운이 좋은 사람, 희고 예쁜 여성.
출마	천우신조로 당선된다.		
증권	왜곡된 가치평가에 의해서 이루어진 장세이기 때문에, 처음에는 높은 가격으로 시작하다가 나중에는 하락한다.	장소	서방, 동방에서 서방을 보고 앉는다, 바다, 호수, 먼 곳에 있는 별장.

1건4진3 × 무망(无妄) 삼효동
욕심내면 잘못된다

상괘 1
하괘 4
无妄

- 잘못하지 않았는데도 문제가 생기고, 벌을 받을 이유가 없는데도 벌을 받게 된다. 덕을 쌓은 사람이라면 부귀와 복덕을 유지하나, 그렇지 못한 사람은 서로가 서로를 속여 더욱 화를 부른다. 또 큰 도시의 도지사나 시장을 맡은 사람은 뇌물을 먹었어도 탈이 없으나, 작은 도시나 마을을 다스리는 사람은 죄 같지도 않은 죄를 얻어 잘못되며, 큰 사업을 하는 사람은 이득을 보나 작은 사업을 하는 사람은 손실을 본다.

- 부하의 잘못으로 휴직하고, 일반인은 일이 꼬여서 휴직하게 되며, 재산을 잃거나 빚보증 등으로 손실을 본다. 그러나 농사짓는 사람은 소나 재산이 늘어나고, 밭품을 파는 상인은 횡재수가 있다.

- 발에 염증이 생기고, 남방이 불리하며, 오일(午日)이 해롭다. 경자 경인 경진년에 태어났거나 음력 2월~8월 사이에 태어난 사람에게 좋다.

소망	일희일비이다. 잘못 횡액에 걸릴 수 있다.	증권	인기가 있으므로 거래가 원만하고, 높은 가격에서 보합세를 이룬다.
사업	큰일은 얻고 작은 일은 잃는다.	여행	큰 도시로 가는 것은 좋다.
개업	큰 도시에서 하는 일은 좋다.	가출	모함으로 남쪽에 있다.
승진	이루지 못한다.	실물	남쪽에 있다.
시험	이루지 못한다.	질병	신경성이다. 마음을 편히 가져라.
혼인	어려움이 따른다.	기후	바람 불다가 해 뜬다.
출산	남아를 낳는데 잃어버리거나 어린애가 바뀔 수가 있다.	의상	붉은색 계열, 옷을 잃어버린다, 다른 사람이 더 돋보인다.
재수	일희일비이나, 애매하게 손해를 입을 수가 있다.	음식	소고기, 구운 고기, 체한다, 이미 다 팔렸다.
매매	애매하게 당하게 된다.	사람	도둑, 사기꾼, 내 것을 훔쳐가는 사람.
소송	누명쓰고 송사한다. 손재수가 있다.	장소	만나지 않는 것이 좋음, 자신의 집 또는 사무실.
출마	떨어진다.		

1건 4진 4 △ 무망(无妄) 사효동
각자할일 자유방임

- 자신은 굳센 뜻과 건강한 신체와 좋은 재주를 가졌으나 주변의 도움이 없다. 주변의 도움이 없어서 큰일은 못하지만 맡은 일은 틀림없이 완수하며, 또 의식주 부족함 없이 지낸다. 큰 영웅은 아니지만 소신을 가지고 살아가니, 스스로 만족하고 주변에서도 불만이 없다.
- 대개 자신의 분수를 잘 지키므로, 이전부터 해왔던 일이나 준비해 왔던 일에 실속이 있고, 새롭게 일을 시작하는 것에는 불리하다. 투자는 금물이다.
- 머리가 아프고 간이 약해진다. 서북방에 있는 것이 무난하고 동남방은 해로움을 준다. 술일이나 해일이 무난하고, 미일이나 신일은 해롭다. 임오 임신 임술년에 태어났거나 음력 2월~8월 사이에 태어난 사람에게 좋다.

소망	마음을 정고하게 하면 얻는다.	여행	보통이다.
사업	노력으로 유지된다.	가출	동남쪽에 있다.
개업	옛 일을 지키는 것이 좋다.	실물	동남쪽에 있다.
승진	아직 때가 되지 않았다.	질병	폐 또는 간이 약하다. 조심하는 것이 좋다.
시험	아직 때가 되지 않았다.		
혼인	처음에 사귄 사람을 지켜라.	기후	맑고 바람 분다.
출산	별 어려움 없이 여아를 낳는다.	의상	녹색 계열, 나만의 개성, 평소 입던 옷.
매매	늦게 이룬다.	음식	과일과 채소, 선짓국 머리 고기, 푸른색 채소, 닭고기.
재수	보통이다.		
소송	승소한다.	사람	나이든 여성 공무원, 간호원, 기술자, 혹 아무도 만나지 않는다.
출마	떨어진다. 기존의 지위에 재출마할 경우에는 된다.		
		장소	서북방, 서북에서 동남을 바라보고 앉는다.
증권	등락거래가 활발하나 움직임은 적다. 강세를 보인다.		

1건 4진 5 ㅇ 무망(无妄) 오효동
건강회복 자연치유

상괘 1
하괘 4
无妄

- 스스로 능력과 지위를 갖춘 데다 남에게 덕을 베풀고, 아래에서 도와주는 든든한 사람이 있으니 무슨 어려움이 있겠는가? 어떤 어려움도 이겨나가서 후세의 귀감이 된다.
- 복이 많은 사람으로 재해가 생기지 않는다. 재해가 생겨도 저절로 풀어지며, 병이 발생해도 저절로 낫는다. 점을 쳐서 이 효가 나왔다면 원하는 방향대로 일을 진행하면 된다.
- 남방이 길한 방향이며, 오일이 길하다. 술일이나 해일도 무난하다. 머리가 아프고 신경쇠약에 걸린다. 임오 임신 임술년에 태어났거나 음력 2월~8월 사이에 태어난 사람에게 좋다.

소망	저절로 성사된다.	여행	신경질환에는 이롭다.
사업	크게 이룬다.	가출	병을 치유하기 위해 남쪽에 있다.
개업	길하다.	실물	남쪽에 있다.
승진	승진한다.	질병	신경성이다. 약을 쓰지 않으면 스스로 치유된다.
시험	합격한다.		
혼인	늦게야 우연히 이룬다.	기후	맑아진다.
출산	남아를 쉽게 낳는다.	의상	둥근 형체의 흰옷 바탕에 붉은 무늬, 붉은색 계열, 특별한 치장을 하지 않는다.
매매	성립된다.		
재수	좋다.	음식	단식한다. 구운 고기를 조금 먹는다.
소송	저절로 풀린다.	사람	꾀병 환자, 엄살떠는 사람, 허풍 떠는 사람, 지혜로운 여성.
출마	당선된다.		
증권	인기가 있어서 거래도 원만하고 높은 가격을 유지한다.	장소	남방, 찜질방, 화려한 장소, 사교모임.

1건 4진 6 × 무망(无妄) 상효동
움쩍마라 잘못된다

- 스스로 믿고 생각한 것만을 실천하고, 다른 사람의 생각이나 충고를 듣지 않아서 해롭다. 고집을 피워 융통성이 없는데다, 욕심은 많고 꾀함은 옹졸하고 서투르다. 주변 사람이 다 떠나가도록 마음을 고치지 않는다. 이치를 모르면서 고집만 피우니, 시비가 계속 일어나고 자리에서 쫓겨나며, 심하면 화가 치밀어 명대로 살지도 못한다.

- 대체로 일을 잘 못해서 자리에서 쫓겨나거나 시비에 휘말리고 치욕을 당한다. 멀리 가지 말고 부정을 저지를 생각도 말아야 한다. 스스로를 절제하고 단속하라.

- 머리를 다쳐 손상을 입을 염려가 있다. 서방이 해롭고 유일(酉日)도 해롭다. 임오 임신 임술년에 태어났거나 음력 2월~8월 사이에 태어난 사람에게 좋다.

소망	매사가 안 된다.	여행	흉하다.
사업	실패한다. 때를 따라 변통하는 방법을 쓴다.	가출	서쪽에 있다.
		실물	서쪽에 있다.
개업	하지마라. 막차를 타게 된다.	질병	심해져서 자칫하면 죽는다.
승진	안 된다.	기후	맑다가 비 온다.
시험	안 된다.	의상	흰색 계열, 옷이 찢어졌다, 모자에 흠이 있다.
혼인	잘 나가다 안 된다.		
출산	여아를 낳는다.	음식	단식한다. 회를 조금 먹는다.
매매	성립되지 않는다.	사람	만나지 않는 것이 좋다, 사기꾼, 험담하는 사람.
재수	없다.		
소송	화해한다.	장소	서방을 피하라. 바닷가, 호수 등에서 만나기는 하나 가지 않는 것이 좋다.
출마	낙선된다.		
증권	소폭의 등락이 발생, 나중에 하락한다. 가장 높은 시세에 주식을 살 수도 있다.		

1건 5손 1 △ 구(姤) 초효동
이성사귐 좋지않다

- 자신의 분수를 지켜야 한다. 분수를 잘 지키며 잘 계획하고 분별한다면, 새로운 일에 대한 성공은 없으나 현상 유지는 가능하다. 함부로 움직이면 곤경에 처하는 운이다. 새로운 사람을 들일 때 신중하게 살펴라.
- 부귀하던 사람은 좌천되고 감옥에 갇히며, 계획했던 일이 뜻대로 되지 않는다. 그러나 일반인은 귀인을 만나 덕을 보고, 애인이 생기며, 재산이 늘어나는 수도 있고, 자식이 생기기도 한다. 다만 즐거운 가운데서도 질병과 소송, 그리고 배우자의 부정 등에 주의해야 한다.
- 하복부 또는 자궁에 이상이 생긴다. 서북방과 술일 해일이 좋지 못하다. 신축 신해 신유년에 태어났거나 음력 5월에 태어난 사람에게 좋다.

상괘 1
하괘 5
姤

소망	매사에 어렵다.	증권	상승한다.
사업	재산은 늘어난다.	여행	불리하다.
개업	귀한 사람을 끼고 하면 가능하다.	가출	서북방에 있다.
승진	안 된다.	실물	서북방에 있다.
시험	불합격이다.	질병	하체에 냉기를 맞아서 불편하다. 초기에 확실히 치료해야 한다.
혼인	여자가 부정할 수 있다. 혹 차차 드세지는 여자다.	기후	찬바람이 분다.
출산	아들을 낳는다. 혹 부정한 관계에서 얻은 아이다. 쌍둥이일 가능성이 높다.	의상	둥근 형체의 청록색 바탕에 흰색, 겸손해 보이는 옷, 소박한 옷.
매매	어렵다.	음식	큰 과일, 선짓국, 머리 고기, 푸른색 채소, 돼지고기.
재수	없는 편이나 재산상으로는 늘어날 수 있다.	사람	공무원, 잘 보여야 할 사람, 후원자, 맞선.
소송	상대가 강하다.	장소	서북방을 피하라. 조용하고 한가한 곳.
출마	떨어진다.		

1 건 5 손 2 ㅇ 구(姤) 이효동
이성교제 과감하라

- 처음에는 소인을 만나 어려우나, 그 소인을 잘 선도하여 좋은 데로 이끈다. 혹 아주 인색한 부자로 손님 접대를 아까워하며, 다른 사람을 손해 보게 하여 자신의 이익을 보는 것을 뜻하기도 한다.
- 직장이 있는 사람은 좋은 곳으로 옮기고 표창을 받으며, 일반인도 재산이 늘고 아랫사람이 늘어나며, 부인은 아이를 낳아 기르게 된다. 금, 비단 등을 취급하는 사람에게 길하다. 찾아오는 손님을 잘 살피고 경계해야 하며, 남자와 여자가 눈이 맞아 불륜을 저지르기도 한다.
- 소화가 안 되고 수족이 저리며, 동북방이 길하고 축일 인일이 길하다. 신축 신해 신유년에 태어났거나 음력 5월에 태어난 사람에게 좋다.

소망	개인적인 것은 이룬다.	증권	보합세를 유지하고 거래량이 적다.
사업	금붙이나 해물 또는 여성에 관련된 품목에 이익이 있다.	여행	이롭다.
		가출	동북방에서 여자와 만나고 있다.
개업	유리하다. 재산상의 이익이 있다.	실물	여자소행으로 동북방에 감춰져 있다.
승진	된다.	질병	하체가 저리다가 낫는다.
시험	합격한다.	기후	바람 불다가 그친다.
혼인	연애해서 임신한다. 남자는 우연히 여자가 따른다.	의상	매듭이 많은 옷, 푸른색과 황토색, 유행을 타지 않는 옷, 소매가 넉넉한 옷, 큰 겉옷.
출산	여아를 낳는다.		
매매	된다.	음식	작은 열매, 개고기, 목축한 고기, 잉어 등 물고기, 단맛.
재수	크게 이롭다.		
소송	이긴다. 상대방의 원망을 산다.	사람	비리를 감싸줄 사람, 무조건 나만 위할 사람, 불륜.
출마	여자 또는 종가의 힘을 얻으면 가능하다.		
		장소	동북방, 대문, 오솔길, 둘레길.

1건 5손 3 △
이성교제 주춤주춤

구(姤) 삼효동

상괘 **1**
하괘 **5**
姤

- 너무 편벽되고 고집스런 처신으로 사귀고자 하는 사람이 없다. 자기 것만 주장하니 주변에 사람이 없다. 그래서 명예를 얻기는 어렵다. 다만 조상의 은덕으로 집안을 유지하는 일은 가능하다. 조급히 움직이지 말고 한 번 더 생각한 뒤에 행동하면 큰 허물은 면한다.
- 현재 있는 자리에서 빨리 물러나라. 미련을 두고 머뭇거리면 잘못으로 인해 체벌을 받거나 감옥에 가게 된다. 맘에 드는 배우자를 만난 것 같지만, 이미 다른 사람이 차지해 버렸다. 내 것이 될 것 같지만 안 된다. 빨리 포기하는 것이 정신건강에 좋다.
- 허리나 발에 병이 생기고 좌골신경통도 염려된다. 북방과 자일을 피하라. 신축 신해 신유년에 태어났거나 음력 5월에 태어난 사람에게 좋다.

소망	이루지 못한다.	여행	불리하다.
사업	안 되는 일을 가지고 머뭇거린다.	가출	북쪽에 있다.
개업	하지마라.	실물	북쪽에 있다.
승진	이루지 못한다. 된다해도 곧 어려움에 빠진다.	질병	좌골신경통이다.
		기후	바람 불고 비 온다.
시험	불합격이다.	의상	녹색과 검은색, 몸에 꼭 맞는 옷, 활동하기 불편함.
혼인	어렵다.		
출산	남아를 낳는다.	음식	엉덩이살, 귀, 양고기, 물고기.
매매	안 된다.	사람	조급한 사람, 짝사랑을 기다림, 미련이 남은 사람.
재수	불리하다.		
소송	마땅하지 않다. 감옥에 가기 쉽다.	장소	북방을 피하라. 물이 흘러가는 곳, 조용하고 으슥한 곳.
출마	떨어진다. 돕는 사람이 없다.		
증권	하락한다.		

1건 5손 4 ×
사랑잃고 슬퍼하네

구(姤) 사효동

- 아랫사람을 포용해야 하는 사람이 바른 도를 잃어 흉하다. 내가 필요할 때 아랫사람이 돕지 않는다. 귀해도 지위가 없고 높아도 따르는 사람이 없다. 명성과 잇속을 바라고 행동하니 누가 도와줄 것인가? 도와주는 사람이 없어서 고립된다.
- 평소에 쌓은 덕이 부족해서 배척되니, 명예는 떨어지고 승진은 지체된다. 송사를 당하고 시비구설에 휘말리며, 나이 들었거나 오랫동안 병을 앓은 사람은 운명할 수도 있으니 건강을 챙겨야 한다.
- 몸의 기운이 원활하지 못해서 여기 저기 답답하고 쑤시며, 동남방과 진일 사일이 좋지 않다. 임오 임신 임술 갑오 갑신 갑술년에 태어났거나 음력 5월에 태어난 사람에게 좋다.

소망 이루지 못한다. 실속이 없다.
사업 부도나고 수배된다.
개업 좋지 않다.
승진 주변의 말을 너무 안 듣고 엉뚱하게 속는다.
시험 불합격이다.
혼인 지금 사람과 헤어진다.
출산 쌍둥이나 유산된다.
매매 안 된다.
재수 없다.
소송 패소하고 비난까지 듣는다.
출마 떨어진다.
증권 등락이 발생하나, 특별한 상승은 없다. 가을에 이런 점을 얻었으면 상승한다.

여행 불리하다.
가출 동남방에 있다.
실물 동남방에 있다.
질병 중풍으로 머리가 아프다. 나이든 사람은 죽을 운세다.
기후 서늘한 바람이 분다.
의상 둥근 형체의 흰옷 바탕에 청록색이나 짙은 파랑 겉옷, 바람이 잘 통하는 옷.
음식 물고기, 탕류, 돼지고기.
사람 잔뜩 기대하지만 허탕 친다. 마음이 떠난 아랫사람, 중년 여성.
장소 동남방을 피하라. 바람이 잘 통하는 곳.

1 건 5 손 5 ㅇ 구(姤) 오효동
위해주니 사랑얻네

상괘 1
하괘 5
姤

• 정성을 다하고, 바른 판단으로 현명한 사람을 선택하여 잘 다스리게 하니, 하늘이 알아주고 복을 준다. 개인적인 이익을 멀리하고 공명정대하게 행동한다. 학문을 부지런히 연마하고 역량이 크니, 집안은 부유해지고 사람들로부터 칭찬이 자자하다.

• 직장에서는 좋은 곳으로 옮겨 승진한다. 귀인이 이끌어주어 뜻밖의 복을 누리며, 부인은 아이를 낳아 잘 기른다. 좋은 마음으로 좋은 행동에 힘쓰니 베푼 만큼 복이 되어 다시 온다.

• 뇌에 열이 많아 신경이 예민하고, 남방과 오일이 길하다. 임오 임신 임술 갑오 갑신 갑술년에 태어났거나 음력 5월에 태어난 사람에게 좋다.

소망	이룬다.	여행	크게 이롭다.
사업	대성한다.	가출	남쪽에 있다.
개업	길하다.	실물	남쪽에 있다.
승진	된다. 또 앞날이 좋다.	질병	뇌에 화기로 인해 이상이 있다.
시험	합격이다.	기후	맑다.
혼인	이루고 아이를 낳는다.	의상	붉고 화려한 옷, 주목받는 옷, 속에 장신구가 화려함.
출산	훌륭한 남아를 낳는다.		
매매	성립된다.	음식	오이, 홍어무침, 물고기 회, 실속 있는 음식, 여럿이 먹는다.
재수	크게 얻는다.		
소송	승소한다. 덕으로 감싸면 은인으로 칭송을 받는다.	사람	감춰진 보물 같은 사람, 보호하고 길러 주어야 할 사람,
출마	당선된다.	장소	남방, 오이밭, 아랫사람의 의견에 따른다.
증권	반드시 상승하고 거래량도 많다.		

1건 5손 6 × 구(姤) 상효동
따져대면 헤어지네

- 너무 지나치게 강하니 사람들이 멀리한다. 옳은 말이라도 상대방을 배려하며 해야 하는데, 자기주장만 하니 원수지고 원망을 산다. 홀로 자질구레하고 쓸데없는 일에 매여 살게 된다.
- 동료 중에 우두머리가 되지만 너무 교만하고 주장이 강하다는 비난을 받는다. 시험에 1등으로 합격하지만 너무 잘난 체 한다는 말을 듣는다. 독불장군이라 아무도 돕고 따르는 이 없으니, 홀로 주장하고 홀로 움직이는 꼴이라, 하는 일이 어렵고 힘들게 된다.
- 홧병 또는 뇌종양으로 고생하고, 서쪽과 유일(酉日)이 괴롭다. 임오 임신 임술 갑오 갑신 갑술년에 태어났거나 음력 5월에 태어난 사람에게 좋다.

소망	이루더라도 원망을 산다.	증권	하락한다. 경기가 안정되지 못한다.
사업	잘 나갈 때 조심하는 것이 좋다.	여행	가지 않는게 좋다.
개업	이미 이익은 다른 사람이 다 가져갔다.	가출	서쪽에 있다.
승진	되기는 하지만 겸양하라.	실물	서쪽에 있다.
시험	합격이다.	질병	뇌에 이상이 생겼다. 상당한 중태다.
혼인	서로 잘난 사람끼리 만나서 뜻이 잘 맞지 않는다.	기후	맑다가 흐리게 된다.
출산	여아를 낳는다.	의상	모자, 머리를 땋아 올림, 너무 튀는 옷은 삼간다.
매매	안 된다.	음식	녹용, 머리 고기, 보약이 될 만한 음식
재수	없다.	사람	젊은 여성을 만나면 구설수에 오른다, 만나기 어렵다.
소송	화해하라.		
출마	떨어진다.	장소	서쪽을 피하라. 서북방, 변두리 오지, 은둔한 곳.

1건 6감 1 △ 송(訟) 초효동
현명하게 화해하자

상괘 **1** 하괘 **6** 訟

- 송사같이 험한 일은 오래 끌지 말고 그만두라. 처음에는 억울한 것 같지만 나중에 더 큰 이익이 생긴다. 심성이 밝고 지혜로우며 역량이 큰 사람으로 변화의 조짐을 보는 안목이 있다. 언론기관에 근무하거나 국사를 편찬하는 중임을 맡는다.

- 공직자는 중상모략을 당하나 굳이 변호하지 않아도 저절로 진실이 밝혀진다. 대개는 송사에 휘말리거나 약간의 구설수가 있게 되나, 시간이 지나면 저절로 풀린다. 주로 서북쪽 사람이 시비를 걸어온다. 또 오랫동안 병을 앓던 사람은 약을 쓰지 않아도 저절로 낫는 기쁨이 있다. 다만 나이든 사람은 수명을 다하게 된다.

- 서쪽과 유일이 길하다. 무인 무진 무오년에 태어났거나 음력 2월에 태어난 사람에게 좋다.

소망	심기일전하여 분명하고도 적극적으로 하면 소망대로 이루어진다.	증권	몇몇 종목에 의지해 등락이 빈번하다가 안정세를 유지한다.
사업	늘 조금씩 말썽이 있다. 그런대로 풀려 나간다.	여행	가다 돌아온다.
개업	말썽이 생긴다.	가출	서쪽으로 갔으나 곧 돌아온다.
승진	방해가 있어 어렵다.	실물	도둑의 소행이다.
시험	어렵다.	질병	약을 쓰지 않아도 회복된다.
혼인	다소 구설수는 있지만 이루게 된다.	기후	비 오고 흐리게 된다.
출산	건강한 남아를 낳고, 산모도 건강하다.	의상	검은색과 흰색의 조화, 물결무늬, 위에는 정장 아래는 자유롭게.
매매	큰 것은 말썽이 생기고 작은 것은 된다.	음식	양고기, 물고기, 맵고 아린 맛, 떡, 호도, 땅콩, 해물.
재수	어렵사리 이득이 있다.		
소송	결국 승소한다. 유리하기는 하다.	사람	말다툼하다 화해할 사람, 젊은 여자, 중년 남성, 수다 떠는 사람.
출마	크게 격전을 벌이다가 중도 하차한다. 당선되면 소송에 휩쓸린다.	장소	서방, 연못 또는 분수가 있는 곳, 한적한 물가, 겨울 바다.

1건 6감 2 ×
살고보자 후퇴하라

송(訟) 이효동

- 상대방이 강해서 송사에 이기지 못하므로, 송사를 하지 않아야 길하게 된다. 재경부나 통상부 등 재물을 맡아보는 관서의 장이다. 모함을 받아 자리에서 물러나지만, 그동안 모은 재산으로 유유자적하며 산다. 일찍 물러나면 재물이 많아도 다른 사람의 지탄을 받지 않지만, 미련을 가지고 미적거리다가 송사에 말려들면 다 빼앗기고 몸만 겨우 빠져나가게 된다.

- 관직에 있던 사람은 물러나면서 주식을 받거나 부동산을 포상으로 받는다. 관직을 지키려 하거나 일을 벌이려하면 지체되고 형벌을 받게 된다. 일반인도 새로이 일을 벌이지 않으면 의식주가 편안하고 특별한 제재를 받지 않는다.

- 신장이나 방광에 병이 있고, 서남방과 미일 신일이 무난하다. 무인 무진 무오년에 태어났거나 음력 2월에 태어난 사람에게 좋다.

소망	어려움 속에서도 조금은 이룬다.	여행	멀리 지방으로 가는 것은 좋다.
사업	축소해서 하면 무난하다.	가출	서남방에 숨어 있다.
개업	작은 규모로 하는 것이 좋다.	실물	서남쪽에 숨겨 놓았다.
승진	이루지 못한다.	질병	삼일 정도 입원했다가 한적한 곳에서 요양한다.
시험	어렵다.		
혼인	애정관계로 배우자 하나를 두고 싸우다가 물러나게 된다.	기후	비오고 다습하다.
		의상	검고 황색, 눈에 잘 안 띄는 옷, 비단이나 모시옷.
출산	좋은 여아를 낳는다.		
매매	손해를 보고 물러난다.	음식	매운탕, 숙성시킨 고기, 소고기, 단맛
재수	손해 본다.	사람	다투면 이기지 못할 사람, 마음에는 안 들지만 나보다 잘난 사람.
소송	패하고 작은 벌을 받는다.		
출마	낙선이다.	장소	서남방, 강물이 흐르는 평야, 사람이 많은 곳, 넓고 탁 트인 곳.
증권	등락없이 보합세를 유지한다. 증권시장은 인기가 있지만 경기는 약하다.		

1건 6감 3 △ 송(訟) 삼효동
다툼그만 현상유지

- 자신의 분수에 만족하여 물러나고 양보함으로써 길하게 된다. 조상 또는 아버지의 가업을 이어 경영하여 처음은 어렵다가 나중에 길해진다. 강하면서도 잔학하지 않고, 위엄 있으면서도 사납게 하지 않는다. 경쟁을 싫어하며 스스로 만족하며 산다.
- 자신의 직책을 지키면서 현실에 만족한다. 대체로 분수를 지키면 나빠지거나 막히지 않는다. 어떤 일을 할 때 단독으로 하지 않고 유능한 윗사람의 조언을 받으면서 하면 길하다.
- 다리가 붓고 통증이 생기기 쉽고, 동남방과 진일 사일이 무난하다. 무인 무진 무오년에 태어났거나 음력 2월에 태어난 사람에게 좋다.

상괘 1 하괘 6 訟

소망	가문의 일을 지키고 윗사람을 따르면 좋다.	여행	조심하면서 다녀와라.
사업	옛 것을 지켜 조심하며 나간다.	가출	동남방에 있는 친척 집에 있다.
개업	옛 경험을 살려 조심하며 나간다.	실물	동남방에 있는데 찾는다.
승진	안 된다.	질병	적절한 운동을 하면 치유된다.
시험	안 된다.	기후	비온 뒤에 바람 분다.
혼인	어려움 속에 시일을 끈다. 여자는 속기 쉽다.	의상	검고 푸른색, 비취색, 위는 크고 아래가 좁은 옷, 유행에 맞는 옷.
출산	남아를 낳는다.	음식	돼지고기, 물고기, 각종 야채류, 향기가 짙은 음식.
매매	이루기 어렵다.	사람	고지식한 사람, 광고에 종사하는 사람, 수절과부, 수도하는 사람, 약사.
재수	손해 안 보면 다행이다.		
소송	포기하거나 화해한다.	장소	동남방, 서북에서 동남을 바라보고 앉는다. 산속 계곡근처, 농장.
출마	낙선이다.		
증권	안정되다가 점차 상승하면서 거래가 활발해진다.		

1건 6감 4ㅇ 송(訟) 사효동
한번양보 평생보장

- 바르게 처신하여 잘못을 저지르지 않는다. 뜻이 강하고 자애로운 사람으로, 옳은 일은 반드시 실천하고 잘못된 것을 알면 바로 고치는 사람이다. 혹 분수를 모르고 윗사람에게 대드는 경우가 있는데, 이때도 곧바로 잘못을 뉘우치고 반성하여 바른 길로 돌아온다. 혹 여자가 이 효를 얻으면 관직에 나아가 이름을 날린다.

- 휴직했다가도 복직되며, 승진하여 보직을 받으며, 시험은 합격한다. 일반인은 잘못을 뉘우치면 송사에서 벗어나고, 그렇지 않으면 형벌을 받게 된다. 사업은 확장하지 말고 내실을 채우는 것이 좋다. 혹 늙어서 젊은 애인을 만나 훌륭한 자식을 둔다.

- 간기능이 저하되고 배에 복수가 차게 된다. 진일과 사일이 좋고, 동남방에 갔다가 서북방으로 옮기면 좋다. 임오 임신 임술 갑오 갑신 갑술년에 태어났거나 음력 2월에 태어난 사람에게 좋다.

소망	윗사람의 도움으로 이룬다.	여행	마음을 진정시키고 한 번 더 생각하라.
사업	마음을 새롭게 하여 성공의 발판을 이룬다.	가출	동남으로 갔고 곧 돌아온다.
		실물	찾지 못한다.
개업	윗사람의 도움을 받으라.	질병	마음을 편히 하라.
승진	된다.	기후	맑은 하늘에 바람 분다.
시험	된다.	의상	둥근 형체의 흰옷 바탕에 청록색이나 짙은 파랑 겉옷, 겸손해 보이는 옷.
혼인	조금 늦었지만 성사. 나이차가 많다.		
출산	여아를 낳고, 아이가 약하다.	음식	과일과 채소, 선짓국 머리 고기, 푸른색 채소.
매매	상대방 입장을 이해하면 이루어진다.		
재수	조금 이롭다.	사람	나이든 여성 공무원, 간호원, 기술자, 재수하는 사람.
소송	상대방이 포기하거나 화해한다.		
출마	낙선이다.	장소	동남방, 서북에서 동남을 바라보고 앉는다.
증권	변동수가 있다. 조금 강세를 유지하다가 하락한다.		

1건 6감 5감 ㅇ 송(訟) 오효동
이겼으니 상대배려

술신오오진인

상괘 1
하괘 6
訟

• 학문과 덕행이 뛰어나고 본분을 잘 지키므로 여러 사람으로부터 추앙을 받는다. 높은 직책을 맡고 최고 경영자가 된다. 명석한 지혜와 막강한 힘으로 호령하니, 누구나 고개 숙이며 승복한다. 퇴직해서는 존경받는 유지가 된다.

• 높은 자리로 직책을 옮기고, 시험은 수석으로 합격한다. 경영하고 꾀하는 일을 반드시 이루니, 어떤 일을 하든 크게 잘된다.

• 당뇨와 고혈압을 주의하라. 머리에 열이 많다. 남쪽과 오일이 좋다. 임오 임신 임술 갑오 갑신 갑술년에 태어났거나 음력 2월에 태어난 사람에게 좋다.

소망	크게 이룬다.	여행	좋은 일이 있다.
사업	날로 번창한다.	가출	남쪽으로 갔다. 곧 돌아온다.
개업	크게 길하다.	실물	남쪽의 따뜻한 곳에 있고, 찾는다.
승진	좋은 자리에 바라는 대로 된다.	질병	지극한 정성으로 낫는다.
시험	합격한다.	기후	쾌청하고 해난다.
혼인	경합이 있으나 이루어진다. 좋은 혼처이다.	의상	화려한 옷, 흰색과 붉은색의 조화, 타인에게 자신을 돋보이게 하는 옷.
출산	현명한 남자아이를 얻는다. 산모가 약하다.	음식	머리 고기, 바비큐 등 구이류, 꿩고기, 꽃으로 장식, 화려하게 장식한 음식.
매매	잘 이루어진다.	사람	주인공, 승진한 사람, 최고 책임자, 자신만만한 사람.
재수	아주 좋다.		
소송	정직하고 바르게 하면 승소한다.	장소	남방, 서북에서 남쪽을 바라보고 앉는다. 관망하는 곳, 멀리서 살피는 곳.
출마	당선이다.		
증권	증권시장이 인기가 있으면서 안정되나 경기는 좋지 않다.		

1건 6감 6 × 송(訟) 상효동
욕심내면 다뺏긴다

- 송사를 벌여 처음에는 이겼다가 끝에 가서는 패한다. 도리를 생각하지 않고 욕심껏 행동하고, 구차하게 요행을 바라고 분에 맞지 않는 지위와 재물을 탐낸다. 내부에서 발생한 갈등이 뜻밖의 곳에서 터트려진다.

- 성공도 있고 실패도 있으나, 남의 것을 힘으로 빼앗다가 모든 것을 잃게 된다. 혹 송사로 다투고, 혹은 상을 당해 상복을 입게 된다. 부정한 방법으로 승진했다가 쫓겨나고, 불륜의 관계를 맺었다가 발각되어 망신을 당한다. 출마해서 당선되지만 부정선거로 감옥에 가는 등, 대체로 남의 것을 부정한 방법으로 빼앗다가 망신을 당한다.

- 머리를 다쳐 기능을 상실할 수 있고, 서쪽과 유일이 해롭다. 임오 임신 임술 갑오 갑신 갑술년에 태어났거나 음력 2월에 태어난 사람에게 좋다.

소망	이루는 듯하나 파산한다.	여행	도적을 만나는 등 잘못된다.
사업	속임수·억지를 쓰다가 망신 당한다.	가출	서방으로 멀리 갔다.
개업	크게 벌렸다가 파산한다.	실물	찾지 못한다.
승진	부정한 방법으로 했다가 쫓겨난다.	질병	고치기 어렵다. 외상을 입을 염려가 있다.
시험	부정한 방법으로 했다가 쫓겨난다.	기후	맑았다가 구름 낀다.
혼인	속임수로 이루다가 파혼한다.	의상	좋은 옷이나 찢어지는 등 흠이 있다. 흰 옷, 화려하나 구설수에 오르는 옷.
출산	딸이다. 불륜의 관계이기가 쉽다.		
매매	될 듯 하다가 안 된다.	음식	말고기, 양고기, 맵고 아린 맛, 머리 고기, 허파, 물고기, 약간 상한 음식.
재수	나중에 빼앗긴다.		
소송	패한다.	사람	뇌물죄 혹은 권력남용을 저지른 사람, 위엄이 깎인 사람.
출마	당선되어도 무효가 된다.		
증권	조금 등락이 있다가 하락한다. 하지부터 동지 사이에 강세를 보이는데, 특히 음력으로 7~10월에는 크게 좋다.	장소	서방을 피하라. 연못 또는 분수가 있는 곳, 한적한 물가, 겨울 바다, 숨어 지낼 곳.

1 건 7 간 1 △ 돈(遯) 초효동
숨는것이 상책이다

술신오신오진

상괘 1
하괘 7
遯

- 세상이 어지러워 소인이 날뛰는 세상이 되었다. 피해야 한다는 것은 알지만, 힘이 약하고 미련이 남아 물러나지 못한 상태이다. 빨리 미련을 버리고 떠나야 재앙이 없다. 두려워하는 마음으로 나서지 않는 것이 좋으며, 만약 잘났다고 나서면 더욱 위태로워진다.

- 기회를 보아 사표를 내는 것이 좋고, 원칙과 분수를 지키고 상식선에서 행동하라. 이끌어 주는 사람이 있더라도 자신의 능력이 모자란다. 자리에서 빨리 물러나야 좋다. 아니면 숨을 죽이고 있는 것이 좋다.

- 관절염 등의 병으로 거동이 불편하거나, 마음에 주저주저하는 병이 있어서 엉덩이가 무겁다. 동북의 험한 곳으로 가야 하지만, 남쪽으로 가는 것도 한 방법이다. 병진 병오 병신년에 태어났거나 음력 6월에 태어난 사람에게 좋다.

소망	어렵다.	여행	불가하다.
사업	부진하다. 서서히 정리하라.	가출	남쪽에 붙들려 있다.
개업	불가하다.	실물	남쪽에 있는데, 도둑을 잡는다.
승진	때를 기다린다.	질병	꼬리뼈가 아프고, 관절에 염증이 생겨서 거동하기 힘들다.
시험	때를 기다린다.		
혼인	성사된다.	기후	흐리다가 해난다.
출산	아들을 순산한다.	의상	주황색 계열, 눈에 띄지 않는 옷, 보통의 평상복.
매매	이루어지지 않는다.		
재수	없다.	음식	꼬리곰탕, 암퇘지 바비큐, 마른 고기.
소송	유리한 편이다.	사람	서열이 뒤처진 사람, 공적이 기대에 못 미친 사람.
출마	낙선이다.		
증권	보합세를 유지하다가 차츰 상승한다.	장소	동북방, 산길, 오솔길, 사당.

1 건 7 간 2 △ 돈(遯) 이효동
굳센마음 휴식휴가

- 어지러운 세상을 만났지만 뜻을 굳게 지키며 지조 있게 산다. 덕이 크고 명성이 높을수록 위험하다. 사람들을 만나며 오고가는 일을 줄이고, 수양을 하는 것도 방법이다.
- 덕과 재주가 있는 사람은 조그만 지방을 다스리다 능력을 인정받아 갑자기 발탁된다. 그러나 재주가 없는 사람은 거친 성격과 비열한 행동을 하니 사람들과 멀어진다. 공직자는 전권을 휘두르는 역할을 하고, 혹은 아랫사람이 윗사람을 업신여기려고 한다. 소를 기르면 이익이 많다. 대체로 굳은 절개로 자신의 일에 성실하다 보면 갑자기 발전한다.
- 병진 병오 병신년에 태어났거나 음력 6월에 태어난 사람에게 좋다. 괄약근이 약해 배에 가스가 찬다. 동남방과 진일 사일이 길하다.

소망	굳세게 뜻을 지키면 얻는다.	가출	동남방에 깊이 숨었다.
사업	인내와 노력으로 진전한다.	실물	동남방에 있는데, 못 찾는다.
개업	해왔던 일을 굳게 지킴이 좋다.	질병	간장 또는 위장병이다. 안정하면 치유 가능하다.
승진	이루어진다.		
시험	이루어진다.	기후	흐리고 바람 분다.
혼인	한 번 맺은 인연을 소중히 하라.	의상	황토색, 청록색 계열, 상의 흰색 하의 녹색, 멜빵 옷, 가죽 옷, 튼튼한 옷.
출산	딸을 낳는다. 산모가 약하다.		
매매	이루어진다.	음식	소고기, 채소 등 흙에서 나는 재료, 몸 보양식.
재수	있다.		
소송	패할 우려가 있다.	사람	나이든 여성 공무원, 간호원, 기술자, 외고집.
출마	억척으로 당선된다.		
증권	처음에는 하락했다가 조금 오른다.	장소	동남방, 서북에서 동남을 바라보고 앉는다. 산속에 있는 집, 정자.
여행	길하다.		

1건 7간 3 △ 돈(遯) 삼효동
큰일은× 작은일○

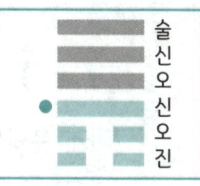

상괘 1
하괘 7
遯

- 얼른 피해서 도망가야 하는데도 사사로운 정에 매여 도피하지를 못하니, 정이 많은 것도 병이다. 구조조정이 필요하다면 단호하게 해야 한다. 그저 개인적인 사랑이나 즐기고 비슷한 사람들끼리 술 마시고 노는 일은 가능하다. 주변관리를 철저히 해야 한다.
- 아랫사람의 도움을 얻거나 어진 아내의 내조로 임무를 완수한다. 그러나 운이 없는 사람은 여색을 탐하다 병이 나고, 아랫사람과 관련된 일로 명예가 떨어진다. 공을 세워 상을 받고 총애를 받지 못할까 근심을 하고, 병을 얻거나 위험한 일로 놀라는 일이 있다. 가족이 늘어난다.
- 병진 병오 병신년에 태어났거나 음력 6월에 태어난 사람에게 좋다. 과도한 주색잡기로 신장에 병이 생기기 쉽다. 서남방과 미일 신일이 무난하다.

소망	소규모는 기대해 볼만하다.	가출	서남쪽에 있다.
사업	큰 것을 정리하고 작은 규모로 하라.	실물	서남쪽에 있다.
개업	불가하다.	질병	마음을 안정시켜라.
승진	작은 곳으로 가라.	기후	구름 끼고 습기 찬다.
시험	작은 곳으로 가라.	의상	황토색, 네모지고 통이 큰 옷, 줄무늬 혹은 끈이 있는 옷, 벨트가 있는 옷.
혼인	남자는 이루고, 여자는 안 된다.		
출산	남아를 낳는다.	음식	과일과 채소, 선짓국 머리 고기, 푸른색 채소, 가족 회식.
매매	이루어지지 않는다.		
재수	반반이다.	사람	나이든 여성 공무원, 어머니, 끈끈한 인연, 숨겨둔 연인.
소송	적당히 타협한다.		
출마	낙선이다.	장소	서남방, 넓고 시야가 트인 곳, 둘만 아는 곳.
증권	보합세를 유지하고 변동이 없다.		
여행	흉하다.		

1건7간4 ○ 돈(遯) 사효동
과감하게 은퇴휴식

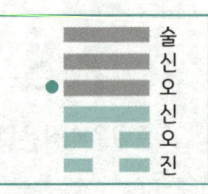

- 세상이 어지러워 도피하는 때를 만났다. 사랑하기는 하지만 의리에 어긋나므로 정을 끊고 멀어져라. 그러나 소인은 자신의 감정을 어쩌지 못해 의리에 어긋난 만남에 빠져서 몸도 마음도 위태롭게 된다.
- 직장을 휴직해서라도 어려움을 피해야 한다. 그렇지 않으면 처음에는 비호를 받아 좋은 것 같지만, 결국 자신도 모르게 화에 연루되어 낭패를 당한다. 기술이나 예술적인 능력이 있고, 혹 뜻대로 이루지 못함을 비관하여 염세주의에 빠질 수 있다.
- 임오 임신 임술 갑오 갑신 갑술년에 태어났거나 음력 6월에 태어난 사람에게 좋다. 간장에 이상이 오기 쉽고, 동남방과 진일 사일이 무난하다.

소망	보통이다.	가출	동남방에 깊숙이 있다.
사업	조금 진척이 있다.	실물	동남방에 깊숙이 있다.
개업	불가하나 전업은 좋다.	질병	간장질환이다. 산에 가서 휴양하라.
승진	어렵다.	기후	맑은 하늘에 바람 분다.
시험	어렵다.	의상	엷은 녹색, 살짝 가리는 옷, 나풀거리는 옷.
혼인	남자라면 결혼할 생각이 없고, 여자는 결혼을 이룬다.	음식	과일과 채소, 닭고기, 돼지고기, 소식한다.
출산	여아를 순산한다.	사람	나이든 여성 공무원, 간호원, 기술자, 명예퇴직 하려는 사람, 물러나려고 하는 사람.
매매	안 된다.		
재수	없는 편이다.		
소송	화에 연루된다.		
출마	낙선이다.	장소	동남방, 서북에서 동남을 바라보고 앉는 다, 산속에 있는 집, 정자.
증권	차츰 상승하나 급상승은 없다.		
여행	길하다.		

1건 7간 5ㅇ
휴식하고 계획짜라

돈(遯) 오효동

술신오신오진

상괘 1
하괘 7
遯

- 물러날 때 물러나는 것은 참으로 높은 덕이다. 세상이 어지러워 도피하는 것이니, 높은 덕을 갖고도 피해 살 수 밖에 없다.
- 머지않아 영전되고 이끌어주는 사람을 만나 경사와 복을 받게 된다. 편중됨 없이 공정하게 일을 처리하는 사람이다. 너무 신경을 쓰다 보면 뇌졸중에 걸려 고생한다. 자리에서 물러나고, 내 것을 주는 것에 대해 초연하라. 이 사람의 일은 시간이 말할 뿐이다. 자신의 뜻을 바르게 하고 살다 보면 저절로 알아주는 사람이 생겨 좋아진다.
- 임오 임신 임술 갑오 갑신 갑술년에 태어났거나 음력 6월에 태어난 사람에게 좋다. 고혈압과 황병을 주의하라. 남방과 오일이 길하다.

소망	안정적으로 이룬다.	여행	길하다.
사업	귀인을 만나 발전한다.	가출	남쪽에 있다.
개업	규모를 바꾸어서 시작한다.	실물	남쪽에 있는데, 찾게 된다.
승진	이루어진다.	질병	고혈압이다. 신경성 두통이 생긴다. 마음을 안정시킨다.
시험	이루어진다.		
혼인	어렵지만 경사가 있게 된다.	기후	맑고 해난다.
출산	남아를 낳는다.	의상	밝은 적색, 잘 돋보이는 옷, 화려한 옷.
매매	이루어진다.	음식	구운 고기, 마른 고기, 꿩고기, 조금 적게 먹는다.
재수	좋다.		
소송	유리할 때 화해하라.	사람	총명한 학자, 마음을 비우고 허심탄회하게 만나는 사람, 욕심이 없는 사람.
출마	당선이다.		
증권	안정세를 유지하다가 하루아침에 세가 변해 상승한다. 그러나 후에 반드시 하락한다.	장소	남방, 밝고 깨끗한 집, 화려한 건물, 건조하고 높은 곳.

1건 7간 6 ◎ 돈(遯) 상효동
멀리떠나 푹쉬어라

• 마음 편히 물러나니 주변에서 칭찬이 자자하다. 매이는 것도 없고 어지러운 세상의 끝 무렵에 해당하니, 마음이 편안하여 살이 찔 정도다. 무엇을 망설이며 무엇을 지체할 것인가? 아무 미련 없이 사사로움을 결단하고 물러나니, 많은 사람들이 모범으로 삼으며 추종한다.

• 퇴직하여 한가로이 살지만 의식이 풍족하여 걱정이 없고, 속세의 속된 시비도 없어서 영화로움도 욕됨도 없다. 혹 사업을 하되 무리하지 않으면서 여유를 즐기는 사람이다.

• 임오 임신 임술 갑오 갑신 갑술년에 태어났거나 음력 6월에 태어난 사람에게 좋다. 머리에 부상을 입을 염려가 있다. 서방과 유일이 마음이 편안하다.

소망	크게 바랄만 하다.	증권	등락이 별로 없다. 인기가 있지만 결국 하락세로 돌아선다.
사업	여유 있게 이룬다.		
개업	하는 일마다 이롭다.	여행	길하다.
승진	여유 있게 때를 기다려라.	가출	서쪽에 편히 있다.
시험	여유 있게 때를 기다려라.	실물	서쪽에 편히 있다.
혼인	마음에 없다.	질병	병은 없지만 걸리면 위독하다. 머리를 다칠 염려가 있다.
출산	양자를 들인다.		
매매	성립된다.	기후	한랭한 고기압이다.
재수	무관하다.	의상	흰색 계열, 약간 해진 옷, 넉넉한 옷.
소송	하지 않는다.	음식	머리 고기, 살찐 양고기, 수산물.
출마	출마할 뜻이 없다.	사람	살찐 사람, 마음이 넉넉한 사람, 노처녀.
		장소	서방, 한 곳에 오래 머무른다. 산 중턱의 물가, 물가에 있는 집, 공부하는 장소.

1건8곤1 ㅇ 비(否) 초효동
일치단결 살아갈길

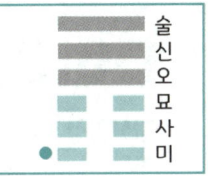

상괘 1
하괘 8
否

• 마음을 바로잡아 길해진다. 명예를 얻되 고향을 떠나 외지에 나가 성공하고, 가까웠던 사람을 멀리하고 새로이 사람을 만나 일을 추진한다. 사사로운 이익을 멀리하고 공적인 이익을 추구하며, 때를 살피고 기미를 살펴서 진퇴를 결정한다. 어렵고 힘든 때이다. 적극적인 참여보다는 자신의 몸과 집안을 보존하고 위태함을 면하는 정도만 바라면 큰 문제가 없다.

• 공직자는 보직이 없어 결원을 기다리는 중이고, 보직이 있는 사람은 주변의 모함을 조심하라. 기회를 얻기 힘드니 현재의 상황을 지키는 것이 좋다. 소인이 연합해서 참소하고 해치려는 때이므로 각별한 주의가 필요하다. 사업은 자본이 없어 동업을 하지만 이득을 얻기는 힘들다.

• 양기 부족으로 인한 무력증이 있고, 동방東方과 묘일이 무해무득하다. 을미 을사 을묘 계미 계사 계묘년생이거나 음력 7월에 태어난 사람에게 좋다.

소망	작은 일은 이룬다.	여행	좋을 게 없다.
사업	조심하며 신중하여 현상을 유지한다.	가출	여럿이 동행하여 동쪽으로 갔다.
개업	해서는 안 된다. 동업이면 좋다.	실물	집안 내에 있다.
승진	운이 막혔으니 정상적으로는 안 된다.	질병	회복이 어렵다.
시험	어렵지만 합격이다.	기후	흐렸다가 바람 분다.
혼인	말이 많아서 어렵다.	의상	원피스, 위아래 연결되어 있는 옷, 하단에 솔기가 많은 옷, 녹색 계열.
출산	남아를 출산한다.		
매매	소인의 방해가 많다.	음식	뿌리음식, 채소, 족발, 죽순.
재수	소득이 없다.	사람	뜻을 같이 하는 사람, 동아리 친구.
소송	패소한다.	장소	동방, 서방에서 동방을 바라보고 앉는다. 숲, 산속의 누각.
출마	하지 않는 게 좋다.		
증권	거래가 빈번하다. 상승하기는 하나 급상승은 없다.		

1건8곤2 □△ 비(否) 이효동
개성인정 주변포용

- 서로 소통이 안 되어 막힌 세상이다. 윗사람을 해치려는 마음을 갖지 않아서 길하게 된다. 항상 중심을 잃지 않고 공정하게 처신하려는 귀인이다. 모든 일을 너그럽게 처신하며 때를 기다린다. 그러나 막힌 세상이므로 때로 좌절하고 때로 현명치 못한 일처리를 하게 된다. 모든 것이 불안정하므로 크게 움직이려 하지 말고 현 상황을 굳게 지켜야 한다.
- 공직자는 기미를 보고 미리 피해야 해가 없으며, 자신의 실력을 감추고 때를 기다려야 한다. 진실한 대인은 부끄럽고 치욕스런 일을 잘 참아서 자신과 집안을 보존하고, 일반인은 순간적인 치욕을 참지 못해 일을 그르치기 쉽다. 조금은 부끄러운 일을 하고, 또 조금은 아첨을 해야 재물도 얻을 수 있고 낮은 직책이나마 얻어 유지할 수 있다.
- 위장병을 조심하고, 북방 또는 자일이 그나마 길하다. 을미 을사 을묘 계미 계사 계묘년에 태어났거나 음력 7월에 태어난 사람에게 좋다.

소망	사사로운 이익은 있다.	증권	하락한다.
사업	소소한 일은 된다. 부끄러움을 감수해야 유지된다.	여행	좋지 않다.
		가출	북쪽으로 가서 막혀 있다.
개업	안 된다. 현상유지에 힘써라.	실물	북쪽에 있는데 도둑의 소행이다.
승진	안 된다. 혹 뇌물을 쓰면 가능하다.	질병	치유된다.
시험	안 된다.	기후	흐린 후 비 온다.
혼인	여자는 길할지 모르나 남자는 불길하다.	의상	몸을 잘 감싸는 옷, 상하 단색, 검정색 계통.
출산	여아를 낳는다.	음식	보쌈요리, 물고기, 쌈밥.
매매	잘 안 된다.	사람	이익에 밝은 사람, 잇속 때문에 무리 짓는 사람.
재수	의롭게 나가면 이익이 없다. 다만 부끄러운 이익은 있다.		
소송	치욕을 참고 화해하라.	장소	북방, 어두운 곳, 소박하고 검소한 곳, 물가, 남모르는 곳.
출마	낙선된다.		

1건 8곤 3 × 비(否) 삼효동

욕심내다 들통난다

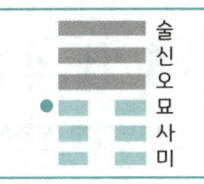

상괘 **1**
하괘 **8**
否

• 소인들이 작당해서 착하고 지위가 높은 사람을 시기하여 해치고자 하나, 막을 능력도 없고 결단력도 없으니 마음만 아프다. 능력 있고 지위 높은 사람의 비호를 받아 유세를 떨지만, 스스로 능력이 없으니 자리보존을 위해 주변을 참소한다. 수도하는 사람은 마음을 다스리나, 대부분의 사람은 그렇지 못하여 스스로 화를 부른다.

• 부정을 보고도 모른 척 하다 연좌되어 욕보거나, 스스로 부정을 저지르다 적발된다. 공직자는 부끄러움을 안고 휴직하게 되고 자칫하면 큰 욕을 당하게 된다. 대체로 시비를 가리고 다투는 송사가 많다.

• 피부병과 속앓이 병 등 남에게 알리기 힘든 병을 주의하고, 동북방과 축일 인일을 조심하라. 을미 을사 을묘 계미 계사 계묘년에 태어났거나 음력 7월에 태어난 사람에게 좋다.

소망	안 된다. 혹 부끄럽게 이룬다.	여행	흉하고 수치를 당한다.
사업	고전한다. 송사를 방비하라.	가출	동북방에서 곤란한 처지이다.
개업	불가하다.	실물	동북방에 있는데, 찾기 어렵다.
승진	오히려 욕을 당한다.	질병	잘 낫지 않는다. 소화불량이다.
시험	안 된다. 부정행위를 하다가 적발된다.	기후	습하고 구름이 많이 낀다.
혼인	부정한 것을 눈감으면 된다.	의상	몸을 잘 가리는 옷, 주름이 잡힌 옷, 검정색 또는 황색, 절도 있는 옷.
출산	남아를 낳지만, 여자의 행실이 좋지 못하다.	음식	보쌈요리, 쌈밥, 작은 동물고기, 산나물.
매매	실패한다.	사람	잘못을 저지른 소인배, 같은 편이지만 잘못한 사람.
재수	전혀 없다.		
소송	피차 손해다.	장소	동북방을 피하라. 서남방, 평지, 사람이 많은 곳, 잘 가려진 곳.
출마	낙선하고, 수치스러운 일을 당한다.		
증권	안정세를 유지하다가 조금 오른다.		

1건8곤4 ㅇ 비(否) 사효동
명분있게 실천하라

술신오묘사미

• 비색한 세상과 태평한 세상이 교체되는 때이다. 뜻이 같고 마음이 통하는 벗과 함께 행동함으로써 복을 받는다. 공적과 명예가 높아지고 수명이 길고 복을 받는다. 넓은 부동산을 소유하여 부유하고, 하는 일도 차츰 많아진다.

• 벗을 비롯한 주변의 도움으로 날로 승진하고 명예가 높아진다. 농사를 해도 잘되고 자손이 번창한다. 목표를 새로 세워 주변사람들과 힘을 합해 열심히 하다보면 저절로 성공한다.

• 불의의 사고로 옆구리를 다친다. 동남방 또는 진일 사일이 크게 길하다. 임오 임신 임술 갑오 갑신 갑술년에 태어났거나 음력 7월에 태어난 사람에게 좋다.

소망 어려움을 벗어난다. 귀인을 만나고 벗을 만나, 모든 것이 달성된다.
사업 처음은 어려우나 나중에 성공한다.
개업 때가 되었다. 서두르지 않고 신중하게 나아간다.
승진 주변의 소개로 좋은 자리에 영전된다.
시험 좋은 성적이다.
혼인 길하다. 주변의 도움과 소개로 잘 이루어진다.
출산 여아를 낳는다.
매매 조금 늦게 성립된다.
재수 좋다. 점점 더 좋아진다.
소송 이긴다.
출마 여러 친구들의 도움으로 당선된다.
증권 상승세다. 가을에는 바람을 타지 않고 확실히 상승한다.

여행 뜻을 같이하는 사람끼리 가서 좋다.
가출 이성관계나 친구 따라서 동남쪽으로 떠돌다가 돌아온다.
실물 관공서에 있다.
질병 중병이지만 친구소개로 좋은 의사를 만나 치료하여 병이 회복된다.
기후 쾌청했다 바람 분다.
의상 둥근 형체의 흰옷 바탕에 청록색이나 짙은 파랑 겉옷, 동료들과 비슷한 옷.
음식 과일과 채소, 선짓국 머리 고기, 푸른색 채소.
사람 나이든 여성 공무원, 간호원, 기술자.
장소 동남방, 서북에서 동남을 바라보고 앉는다. 숲속의 한가한 곳.

1건 8곤 5 ㅇ 비(否) 오효동
유비무환 모두살길

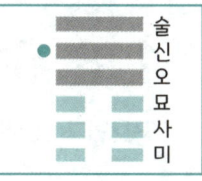

- 신중하게 일처리를 하는 덕이 있다. 미리 미리 조심하여 환난을 막고 일처리를 공정하게 한다. 초기에는 뛰어난 덕과 재주를 펼칠 수가 없어서 곧 망할 것 같이 보이지만, 치우치지 않고 올바르게 행하는 덕을 잃지 않음으로써 차츰 안정을 얻어간다.
- 어렵고 힘든 과정이 지나서 이제 새 세상이 오려고 한다. 나를 꺼리던 자는 물러나고 도와주려는 사람이 다가온다. 재산이 늘어나고 승진하여 영전하게 되나, 아직 어려움이 다 걷힌 것은 아니니 겸손한 마음으로 돌다리도 두들기며 건너라.
- 신경성 두통과 소화불량을 조심하고, 남방과 오일이 크게 길하다. 임오 임신 임술 갑오 갑신 갑술년에 태어났거나 음력 7월에 태어난 사람에게 좋다.

상괘 **1**
하괘 **8**
否

소망	뜻대로 성취한다.	여행	좋다.
사업	부도낼 상황을 극복하고 승승장구한다.	가출	남쪽으로 향했다. 더디지만 돌아온다.
		실물	남쪽에 있다. 뽕나무 밭, 아궁이 등에 숨겨 놓았다.
개업	좋은 운이더라도 신중히 나아가야 크게 성공한다.		
승진	좋은 성적으로 승진하고, 전도가 밝다.	질병	신경과민이다. 머리에서 열이 나고 두통이 생긴다.
시험	좋은 성적으로 합격한다.	기후	쾌청하다.
혼인	성립된다. 다만 늦어진다.	의상	붉은색 계통, 장신구가 달린 옷, 눈에 잘 띄는 옷.
출산	순산이고 득남한다.		
매매	득을 보고 이룬다.	음식	구운 고기, 볶음밥, 비빔밥, 이것저것 섞인 요리, 가재, 게, 조개.
재수	크게 길하다.		
소송	질 듯한 소송이지만 정당한 방법으로 하니 전화위복된다.	사람	최고 경영자, 참모, 여성 고위공무원, 인기 탤런트.
출마	무조건 당선된다.	장소	남방, 화려한 곳, 전시장, 아궁이, 축제장소, 사람이 많이 모인 곳.
증권	나중에 반드시 상승한다.		

1 건8 곤6 ◎ 비(否) 상효동
끝보인다 고진감래

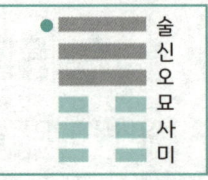
술신오묘사미

• 소통 안 되는 꽉 막힌 세상이 지나서 형통한 세상을 맞이하고, 또 그러한 세상이 오도록 노력한다. 강하고 큰 뜻이 있는 사람으로 일을 강력히 추진한다. 처음에는 어려워 보여도 결국 일을 성사시킨다. 실직자는 복직하고 한직에 있던 사람은 영전한다. 오랫동안 막히고 꺾였던 일이 다시 펼쳐지고, 송사에 괴롭힘을 당했던 사람도 일이 풀리게 된다.

• 혹 형제끼리 잇속을 다투어 상하게 된다. 갑작스런 사고나 모함으로 목숨을 잃을까 두렵다. 다만 수도자는 좋다.

• 입에 병이 생기고 신경성 두통도 주의하라. 서방과 유일이 크게 길하다. 임오 임신 임술 갑오 갑신 갑술년에 태어났거나 음력 7월에 태어난 사람에게 좋다.

소망	운이 점점 좋아지고 있다. 모든 것이 진전되고 좋다.	증권	안정세를 유지하며 큰 하락은 없다.
사업	어려움을 극복하고 날로 번성한다.	여행	금의환향한다.
개업	좋다. 후원자가 생긴다.	가출	서쪽으로 갔다. 처음은 곤경에 빠지다가 좋게 돌아온다.
승진	오랫동안 원했던 것을 이룬다. 뿐만 아니라 탄탄대로이다.	실물	서쪽에서 조금 훼손된 것을 찾는다.
시험	드디어 합격한다.	질병	죽을 지경이다가 회복한다.
혼인	길하다. 혼인하면서 운이 더욱 풀린다.	기후	햇빛이 나다가 좀 흐리게 된다.
출산	좋은 여아를 낳는다.	의상	둥근 형체의 흰옷, 오래된 옷, 낡은 옷.
매매	막혔던 일이 풀린다.	음식	민물고기, 물고기, 양고기, 아린 맛.
재수	점점 더 좋아진다.	사람	말을 잘하는 사람, 소녀, 무당, 고생을 해본 사람.
소송	그동안 괴롭혔던 송사가 원만히 해결된다.	장소	서방, 물가 또는 호수, 바닷가, 콘서트, 야구장 축구장 등 여럿이 응원하는 곳.
출마	당선된다.		

주역점
비결

상괘수가 2일때

2태1건1 ⊠
조급하다 낭패본다

쾌(夬) 초효동

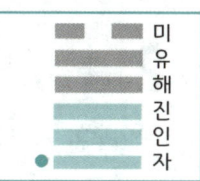

상괘 2
하괘 1
夬

- 공정무사하게 일을 처리하려 하였지만, 소인배를 몰아낼 계획을 충분히 세우지 못해, 오히려 상대방에게 역공을 당하고 위태해진다. 상황을 잘 파악해 때에 따라 진퇴를 결정하면, 위태하기는 하나 몸을 보존할 수 있다.
- 덕과 능력이 없으면서도 용감하게 나서기만 좋아한다. 낮은 지위에 있으면서 높은 사람을 비판하다가 꺾이고 억눌리는 상황을 초래한다. 조급하게 움직이다가 배척당하고 쫓겨나며, 계획 없이 일을 추진하다가 큰 실수를 하게 된다. 불의를 보고 대책 없이 뛰어들다가 다치게 되니, 항상 심사숙고하는 습관을 길러야 한다.
- 하체가 부실하고 간이 나빠지기 쉬우며, 동남방과 진일 사일이 불리하다. 갑자 갑인 갑진 임자 임인 임진년에 태어났거나 음력 3월 8월 9월 10월에 태어난 사람에게 좋다.

소망	분에 넘치는 소망은 일을 망친다.	증권	큰 등락이 있으나 곧 안정세를 유지한다.
사업	신중하고 또 신중하게 능력에 맞춰 추진해야 하는데, 그렇지 못해 탈이다.	여행	가지 마라.
개업	급히 하면 망한다.	가출	동남방에 있다.
승진	아직 이르다.	실물	동남방에 있다.
시험	성적미달이다.	질병	간이 안 좋아서 얼굴에 뽀루지가 난다.
혼인	급하게 서두르다 잘못되기가 쉽다.	기후	구름 한 점 없는 맑은 하늘에 바람 분다.
출산	남아를 순산한다.	의상	흰색과 녹색, 활동적인 옷, 운동화.
매매	안 된다.	음식	머리 고기, 닭고기, 오리고기, 신맛, 족발.
재수	얻는 게 없다.		
소송	패소한다.	사람	안 만나면 좋다, 자칫 이익 없는 싸움 발생, 중년부인.
출마	떨어진다.	장소	동남방을 조심하라. 서북방, 외출하지 않는 게 좋음.

2태 1건 2건 △
유비무환 주변경계

쾌(夬) 이효동

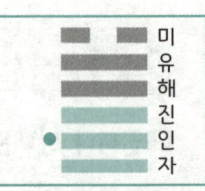

- 잘못되고 힘들어지기 전에 미리 대비하면 위태함을 모면할 수 있다. 명분을 세워 상대방을 굴복시키니, 위엄과 명망이 있어서 주제를 모르고 반항하며 날뛰는 자들을 잘 막는다. 쾌하는 일에 변화가 많아 근심도 많고 걱정도 많다. 그러나 평상시에 준비성이 많아 문장으로 이름을 날리고 무관으로 나가도 출세한다.

- 병권을 장악하여 위기를 극복하여 이름을 날린다. 대체로 군인, 경찰, 검찰, 외과의사, 한의사, 도살업 등 총칼을 쓰는 직업에 유리하고, 큰 위기를 잘 극복하여 이름을 얻는다. 일반인은 생각지 못한 위험한 일에 처하여 어찌할 바를 모르거나, 강도를 당하거나 교통사고 등 예기치 않은 일을 겪는다.

- 심장이 허하고 소화기관 관절 등에 염증이 생긴다. 남방과 오일이 길하다. 갑자 갑인 갑진 임자 임인 임진년에 태어났거나 음력 3월 8월 9월 10월에 태어난 사람에게 좋다.

소망	침착하고 성실한 마음으로 이룬다.	증권	공급량에 문제가 있으나 점차적으로 상승세를 탄다.
사업	신의를 지키니 사람들이 도와준다. 내부의 도적을 주의하라.	여행	이롭다.
개업	이웃의 도움으로 좋다.	가출	남쪽에 있다. 실물도 남쪽에 있다.
승진	근심 걱정 끝에 이룬다. 군인 경찰 검찰 등 무력을 쓰는 직업이면 더욱 좋다.	질병	심장이 허해져 불면증이 있다.
		기후	맑다.
시험	마음고생이 많지만 합격한다.	의상	붉은 색, 활동복, 비옷, 전투복, 위급상황에 대비하는 옷.
혼인	늦게 어렵게 이룬다.		
출산	여아를 낳는다.	음식	크고 붉은색 과일, 생각지 못한 음식, 갑작스런 초대음식.
매매	늦게 성립된다.		
재수	있다.	사람	도적, 우연히 만난 사람, 깜짝 놀라게 하는 사람.
소송	신중하라. 자칫하면 다 이긴 재판을 도둑질 당한다.		
		장소	남쪽, 가면무도회, 깜짝 파티, 번개팅, 처음에는 어둡다가 화려해지는 곳.
출마	절망 속에 당선된다.		

2태 1건 3 △
뇌물받다 큰일난다

쾌(夬) 삼효동

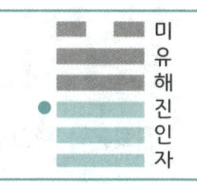

상괘 **2**
하괘 **1**
夬

- 소인을 척결하는데 소신을 갖고 강하게 밀고나가서 성공한다. 능력이 있고 강인한 성격으로 아부하고 협박해도 굽히지 않고 척결한다. 척결된 사람들이 처음에는 원수같이 여겨도 나중에는 이해하고 길하게 된다.
- 용감한 것만 좋아해서 거칠게 싸우다가 다치게 되고, 사람들과 사이가 멀어져서 외롭게 홀로 남는다. 관직에 있는 사람은 소인들의 음해를 받아 어려운 처지에 놓이고, 일반인들은 화내는 마음을 참지 못해 다투고 송사를 벌여 원수를 만든다. 그렇다고 간사한 사람 편을 들어 따라 가면 함께 형벌을 받게 되는 등 큰 어려움을 겪게 된다. 뇌물이나 여색을 조심하라. 범인을 쫓는 형사나 일선 경찰관 등 법 집행 기관에 근무한다.
- 피부병이나 기관지염을 조심하고, 서쪽과 유일에는 특히 조심하는 마음을 가져라. 갑자 갑인 갑진 임자 임인 임진년에 태어났거나 음력 3월 8월 9월 10월에 태어난 사람에게 좋다.

소망	이루기는 어렵지만, 어떠한 유혹이라도 뿌리치고 매진하라.	증권	공급량이 적으면서 안정세를 유지한다.
사업	여자와 간사한 자의 사기를 주의하라.	여행	보통이다.
개업	어렵다. 사기당하기 쉽다.	가출	여자관계로 서쪽에 있다.
승진	여자관계를 끊으면 된다.	실물	서쪽에 있다.
시험	여자관계를 끊으면 된다.	질병	기관지가 좋지 않다.
혼인	성질을 죽여야 한다.	기후	큰 비가 내린다.
출산	남아를 낳는데, 쌍둥이일 수가 있다.	의상	흰색, 회색, 찢어진 옷, 전투적인 옷, 활동복, 비옷.
매매	성립되지 않는다.	음식	불따구살, 국물이 있는 음식, 양고기, 회, 매운맛.
재수	없는 편이다.		
소송	바르게 나가다 화해한다. 자칫 평생원수가 된다.	사람	연상의 애인, 숨겨둔 사람, 비리가 있는 사람, 노회한 사람.
출마	여자관계를 조심하라.	장소	밀실, 둘만의 장소, 하지만 공개된 장소에서 만나야 허물이 없다.

2태 1건 4 × 쾌(夬) 사효동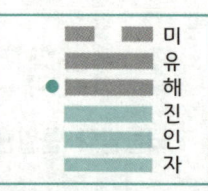
진퇴유곡 충고경청

- 소인을 제거하고자 하나 능력이 없고, 주변에서 도와주려고 해도 듣지 않는다. 현명하지 못해서 도모했던 일을 이루지 못하고 좌절하며 헤매고 다닌다.
- 재주와 힘이 모자라 무능력하다는 평을 듣고, 처음 입사할 때는 우수한 성적으로 들어갔으나 갈수록 적응하지 못한다. 사표를 내고자 해도 갈 곳이 없어 망설이기만 한다. 이기지 못할 소송을 하여 형벌을 받게 되고, 감당 못할 일을 벌여 주변 사람을 힘들게 한다.
- 귀머거리나 절름발이 또는 귀나 발을 다쳐 운신이 어려워진다. 심장병을 조심하고 북방 또는 자일이 좋지 않다. 정해 정유 정미년에 태어났거나 음력 3월 8월 9월 10월에 태어난 사람에게 좋다.

소망	귀에 거슬리는 말을 잘 들어야 하는데, 전혀 들으려 하지 않아 일을 그르친다.	증권	등락이 없다가 하락세로 돌아선다.
사업	고집을 버려야 위험을 면한다.	여행	안가는게 좋다.
개업	하지마라. 처음에만 좋다.	가출	북방에 있다.
승진	안 된다. 된다 해도 곧 어려운 처지가 된다.	실물	북방에 있다.
시험	떨어진다.	질병	심장이 좋지 않아서 가슴이 많이 뛴다.
혼인	잘 안 된다. 방법이 잘못되었다.	기후	큰 비 내린다.
출산	건강한 여아를 낳는다.	의상	흰색과 검은색, 숨기에 좋은 옷, 회색.
매매	안 된다.	음식	우둔살, 귀, 양고기, 물고기.
재수	없다.	사람	만인의 연인, 짝사랑, 감언이설에 능한 사람, 사기꾼.
소송	하면 패소한다.	장소	북방을 피하라. 물이 흘러가는 곳, 조용하고 으슥한 곳.
출마	떨어진다.		

2태 1건 5 ○ 쾌(夬) 오효동
대의멸친 공명정대

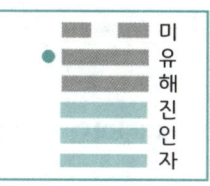
미유해진인자

상괘 2
하괘 1
夬

- 소인을 척결할 때는, 명분을 세워 과감하게 척결해야 누구나 인정한다. 두려워하거나 사사로운 정에 빠져 과감하게 결단하지 못하고 치우치기 쉽다. 큰 것은 아까워 주지 못하고 작은 은혜만 베풀기 때문에 상대가 고마워하지 않는다.

- 고위직에 있는 사람은, 아첨하고 간사한 사람이 자신의 자리를 넘보는 것을 조심해야하고, 승진을 하더라도 마음이 불편하다. 다만 오랫동안 끊고 헤어졌던 사람은 다시 합하게 되고, 지체되고 막혔던 사람은 다시 보직을 받아 일이 풀리게 된다. 일반적으로 지위가 높은 사람은 결단을 하지 못해 어렵고 힘들지만, 일반인은 경영하고 꾀하는 일이 뜻대로 풀리게 되며, 병든 사람은 쾌차하게 된다.

- 간에 무리가 가기 쉽고, 동쪽과 묘일이 길하다. 정해 정유 정미년에 태어났거나 음력 3월 8월 9월 10월에 태어난 사람에게 좋다.

소망	결단력을 갖도록 노력한다.	증권	인기리에 거래되고 강세를 보인다.
사업	점차 나아진다. 인정에 얽매이지 말아야 한다.	여행	이롭다.
		가출	여자관계로 동쪽에 있다.
개업	여자에 유혹되지 말라.	실물	동쪽에 있다.
승진	된다.	질병	간경화 또는 신경쇠약이다.
시험	합격이다.	기후	천둥번개 친다.
혼인	성립된다. 남자는 여자선택에 신경 써야한다.	의상	풀색, 녹색, 무난한 옷, 활동복, 단체의 제복.
출산	남아를 순산한다.	음식	과일과 채소, 부드러운 음식, 잘 씹히는 고기.
매매	이룬다.		
재수	있다.	사람	노회하고 나이 많은 여인, 말 잘하는 사람, 눈물을 머금고 절교할 사람.
소송	승소한다.		
출마	당선된다.	장소	동방, 호수가 있는 먼 곳, 숲속, 큰 길가.

2태 1건 6 × 쾌(夬) 상효동
내탓이오 반성하라

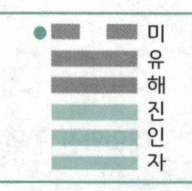
미유해진인자

• 소인의 무리가 이미 다 없어졌지만 운이 쇠해지는 시기이다. 따라서 소인이라면 위기를 벗어날 수 없다. 현재 부귀하다 하더라도 권세를 남용하여 남의 것을 빼앗고 선량한 사람을 해치니, 결국 크게 벌을 받고 망하게 된다. 남과 서로 시기하고 싸워서 주변에 친한 사람이 없고, 움직이면 움직일수록 해로움만 부른다. 스스로의 행실에 문제가 있으니 누구에게 호소할 것인가?

• 자리를 유지하기 힘드니 과감히 물러나야 좋고, 승진하기 어려우니 잠시 숨어 지내며 공부하는 것이 좋다. 일반인은 경영하고 계획하는 일에 어려움이 닥치고, 심하면 친족이 형벌을 받거나, 시비에 말려들어 고생만 한다. 일을 벌이지 말고 현재의 상태를 유지하는데 최선을 다하라. 자칫 수명이 짧아질 수도 있다.

• 머리를 다치기 쉽고, 서북방과 술일 해일이 좋지 않다. 정해 정유 정미년에 태어났거나 음력 3월 8월 9월 10월에 태어난 사람에게 좋다.

소망	빨리 포기하라.	여행	불리하다.
사업	빨리 그만두고 쉬는 것이 낫다.	가출	서북방에 있는데 곤경에 처해있다.
개업	하지마라.	실물	서북방에 있다.
승진	안 된다. 마음 수양이나 하라.	질병	폐결핵이다. 혹 사고로 머리를 다친다.
시험	불합격이다.	기후	한랭하다.
혼인	여자는 남모르는 슬픔이 있다.	의상	둥근 형체의 흰옷, 모자를 사용한 패션, 환자복.
출산	딸을 낳는다. 또는 양자를 들인다.		
매매	안 된다.	음식	큰 과일, 머리 고기, 뼈있는 고기, 간, 폐, 매운맛.
재수	없다.		
소송	어렵다. 화해하라.	사람	재판관, 검찰, 옛 애인.
출마	떨어진다.	장소	서북방을 피하라. 만나지 않는 것이 좋음, 법원.
증권	상승기에 이런 점을 얻었다면 크게 하락하고, 하락할 때 얻었다면 상승한다.		

2태 2태 1 ○ 태(兌) 초효동
좋은사귐 말통하네

- 온화하게 사람을 상대해서 사람들의 마음을 얻는다. 정신과 뜻이 올바르고 깊으며 인품이 부드럽고 화기가 돈다. 도덕적 인품이 있고 성인聖人의 학문을 공부하며, 문장이 뛰어나 나라를 빛냄이 하늘의 은하수 같이 반짝인다. 평상시 생활에 만족하며 사람들과 잘 지내니, 관직을 얻는 영광은 없으나, 또한 경영하는 농장이 넓어 풍부하게 산다.
- 높은 공직자는 임금과 만찬을 같이 하며 친하게 지낼 것이고, 그 보다 못하더라도 서로 공경하고 협력해서 정치를 잘한다는 이름이 날 것이다. 수험생은 실력이 비슷한 벗과 함께 공부를 해서 출세하는데 도움이 될 것이고, 일반인은 인정으로 화합하여 계획한 모든 일이 다 이루어지고, 부부도 서로 간의 도리를 지키며 화합한다. 다만 수가 흉한 사람은 어리석게 송사를 벌이다가 감옥에 갇히게 될 것이다.
- 북방과 자일이 이롭고, 정축 정묘 정사년에 태어났거나 음력 10월에 태어난 사람에게 좋다.

상괘 **2**
하괘 **2**
兌

소망	이룬다.	증권	인기가 강하면서도 하락 기미가 보인다.
사업	서로 화합하여 잘 이끌어 간다.	여행	길하다.
개업	동업이 좋다.	가출	북쪽에 있다.
승진	된다.	실물	북쪽에 있다.
시험	실력이 엇비슷한 친구와 함께 공부하여 합격이다.	질병	신장병으로 열이 많다.
		기후	비가 많이 온다.
혼인	좋은 혼처로 금슬 좋게 산다.	의상	흰색과 검은색, 몸매가 잘 드러나는 옷, 줄무늬 옷.
출산	남아를 낳는다.		
매매	성립된다.	음식	물고기, 해물탕, 국, 간이 잘 맞는다.
재수	있다.	사람	중년남성, 서로 잘 맞는다, 믿음이 가는 사람.
소송	화해를 자청한다. 자칫 패소하여 감옥에 간다.		
출마	당선된다.	장소	북방, 물가, 한쪽은 호수 한쪽은 강, 사람과 차가 출렁이며 다니는 곳.

2태 2태 2ㅇ 태(兌) 이효동
믿고사귐 좋은친구

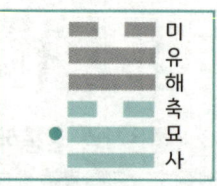

• 아랫사람이 정성을 다해서 윗사람의 마음을 얻는 것이므로, 아부하여 기쁘게 한 것과는 차원이 다르다. 능력과 덕이 뛰어나고, 정성과 신의가 지극하다. 위로는 윗사람의 마음을 얻고, 아래로는 아랫사람의 마음을 얻는다. 일의 공적이 세상에 알려져서, 명성이 널리 퍼진다. 신의로써 사귀고 화평하게 일처리를 하니, 길함과 상서로움이 계속 오고 허물이 생기지 않는다. 공부하는 사람에게 매우 길하다.

• 공직자는 승진해서 옮기게 되고, 수험생은 출세하는 기쁨이 있으며, 일반인은 계획한 모든 일이 성공하며 즐겁게 된다. 어두웠던 사람은 빛나고 밝게 되고, 맺히고 엉켰던 것은 풀린다.

• 간이 나빠지거나 다리를 다치게 된다. 동방과 묘일이 길하다. 정축 정묘 정사년에 태어났거나 음력 10월에 태어난 사람에게 좋다.

소망	이룬다.	여행	길하다.
사업	순조롭고 화락하게 발전한다.	가출	동쪽에 있다.
개업	해볼 만하다.	실물	동쪽에 있다.
승진	이룬다.	질병	간이 나빠진다.
시험	노력해서 합격한다.	기후	흐리고 바람 분다.
혼인	이룬다.	의상	마음에 꼭 드는 옷, 흰색과 청록색, 활동복.
출산	여아를 순산한다.		
매매	성립된다.	음식	활어회, 죽순, 만두, 토란, 족발, 보기 드문 특이한 음식.
재수	조금 있다.		
소송	승소한다.	사람	운동하는 사람, 마음에 드는 사람, 신뢰가 쌓인 사람.
출마	어렵게 당선된다.		
증권	약간의 거래가 발생하고 큰 등락은 없다. 그러나 나중에 반드시 오른다.	장소	호수근처 길, 산책로, 동방, 번잡한 곳.

2ᴛᴀ 2ᴛᴀ 3 ×
불륜사귐 맞지않네

태(兌) 삼효동

- 아부를 좋아하고 끼리끼리 모여서 잇속을 챙기려 하니 흉하게 된다. 위로 권세 있는 사람과 결탁하고, 아래로는 부호(富豪)와 사귀니, 비록 큰일은 할 수 없어도 그 직업을 편안히 지킬 수 있다. 아부하고 따름으로써 권력과 부귀를 추구하고, 비위를 맞추어서 기쁘게 하니, 뜻있는 사람의 미움을 사게 되어 결국은 곤욕을 당하고 치욕을 면하기 어렵다.
- 관직에 있는 사람은 간사한 행동과 아첨하는 말을 해서 직책을 더럽히게 되고, 수험생은 제 욕심만 채우려고 다투며, 일반인은 속고 속이며 잇속을 따라다니며 구차하게 영합하려고 한다.
- 서북방과 술일 해일이 좋지 않다. 폐병과 피부병을 조심하라. 정축 정묘 정사년에 태어났거나 음력 10월에 태어난 사람에게 좋다.

상괘
2
하괘
2
兌

소망	어렵다.	여행	불길하다.
사업	아부하고 뇌물 주는 것이 버릇되었다.	가출	서북쪽에 있다.
개업	경쟁자가 많아서 불리하다.	실물	서북쪽에 있다.
승진	뒷거래로 된다.	질병	폐 또는 간에 무리가 온다.
시험	뒷거래 또는 기부입학이다.	기후	한랭성 고기압이다.
혼인	말만 많고 구차스럽게 된다.	의상	둥근 형체의 흰옷, 찢어진 옷, 어울리지 않는 색배합.
출산	남아를 낳는다.		
매매	브로커가 어지럽힌다.	음식	아랫사람 입맛에 맞춘다, 딱딱한 음식, 치아조심.
재수	없는 편이다.		
소송	화해하라.	사람	연하의 남자, 만나면 망신당할 사람, 기뻐서 사리분별 못함.
출마	낙선이다. 아니면 돈을 많이 써서 비례대표로 선출된다.	장소	서북방을 피하라. 안 만나야 좋다, 지하음식점.
증권	모든 장세가 강세를 보인다. 급상승을 하게 되면 곧바로 큰 하락이 기다린다.		

2태 2태 4 ㅇ 태(兌) 사효동
살펴가며 조금조금

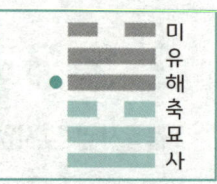

• 간사한 사람과의 관계를 끊고 윗사람을 정성껏 섬겨서 크게 복을 받는다. 자기 이익만 챙기는 사람을 버리고 멀리하며, 어질고 현명한 사람과 친하게 지내고, 능력 있는 이에게 양보한다. 사물이 오면 잘 헤아려보고, 덕을 확립해서 잘 지키니, 공을 크게 세울 수 있고 칭송받음이 끝이 없다. 요직에 있으면서 아첨하는 무리를 쫓아내니, 승진을 도와주는 사람이 생긴다. 장사하는 사람은 이익을 보고, 일반인은 식구가 늘어난다.

• 혹 어떨 때는 현명하다가 어떨 때는 바보가 되는 사람으로, 지향해 나가는 일이 이루어지지 않아서 심사가 편치 못하며, 하는 일에 변통을 못한다. 그러나 처음에는 뜻대로 안되나 뒤에는 순조로워서 현상유지는 한다. 병은 조금 나으나 마음과 뜻이 편치 않다.

• 북방과 자일이 좋다. 신장이상으로 부종이 생긴다. 정해 정유 정미년에 태어났거나 음력 10월에 태어난 사람에게 좋다.

소망	분별 있게 나아가니 희망적이다.	여행	좋다.
사업	귀인의 도움으로 사업을 확대한다.	가출	북쪽에 있다.
개업	장소를 잘 선택한다.	실물	북쪽에 있다.
승진	줄을 잘 선택해서 영전한다.	질병	심신이 피곤하다.
시험	잘 선택해서 합격한다.	기후	비가 많이 온다.
혼인	여럿 중에 하나를 잘 선택한다.	의상	흰색과 검은색, 줄무늬 옷, 분수에 맞게 입는다.
출산	여아를 낳는다.		
매매	좋게 이룬다.	음식	물고기, 해물탕, 국, 간이 잘 맞는다, 적당히 먹는다.
재수	장사해서 이익을 얻는다.		
소송	승부를 내기 어렵다. 조금 유리하다.	사람	중년남성, 적당히 헤어진다, 너무 믿지 않는다.
출마	박빙이다.		
증권	등락이 심해서 일정치 않으나, 결국 하락한다.	장소	북방, 물가, 한쪽은 호수 한쪽은 강, 사람과 차가 출렁이며 다니는 곳.

2태 2태 5□ 천생연분 절제필요

태(兌) 오효동

- 최고 경영자가 간사한 사람을 잘못 써서 화를 부르고도 원인을 잘 모른다. 자신의 능력도 뛰어나고 좋은 자리에 있으나, 간사한 사람을 잘못 써서 일을 망치는 액운이 있다. 심지가 굳지 못해서, 혹 바르고 혹 간사하며, 제멋대로 망령되이 행동해서 잘못된 사람에게 위임하니, 허물을 부르고 틈이 생겨서 손해도 보고 이익도 본다.

- 간사한 사람의 참소와 비방을 받게 되고, 명예를 잃어버리고 뺏기게 되며, 일반인은 음사(陰邪)한 사람이 흔들고 해를 끼친다. 일반적으로 소인을 믿고 일을 맡김으로써 자신이 쌓은 부와 명성을 잃게 된다.

- 동방과 묘일을 조심하고, 간장에 병이 생기기 쉽다. 정해 정유 정미년에 태어났거나 음력 10월에 태어난 사람에게 좋다.

상괘 2
하괘 2
兌

소망	정당하게 나가지 못해서 어렵다.	여행	여자와 동행하면 안 된다.
사업	사람을 잘못 써서 고통을 당한다. 특히 젊은 여자를 조심하라.	가출	동쪽에 있다.
		실물	동쪽에 있다.
개업	아랫사람이 잘못 들어온다.	질병	간에 이상이 있다.
승진	부정에 연루된다.	기후	흐리고 바람 분다.
시험	연애 또는 친구와 놀다가 어렵게 된다.	의상	흰색과 청록색, 너무 인위적이지 않은 옷, 활동복.
혼인	색정에 빠질 우려가 있다. 성립된다.		
출산	남아를 낳는다.	음식	박국, 호박죽, 활어회, 족발.
매매	여자때문에 어렵다.	사람	조심해야 할 사람, 믿음을 의심해봐야 할 사람, 냉정하게 분석할 사람.
재수	자신의 것을 많이 잃는다.		
소송	여자를 조심하면 걱정 없다.	장소	동방을 조심하라. 호수근처 둘레길, 큰 길가, 시끄러운 곳.
출마	여자관계로 위태하다.		
증권	갑작스런 거래가 일어나며 등락이 발생한다. 대개 오르는 추세이다.		

2태 2태 6 △ 일방통행 좋지않다

태(兌) 상효동

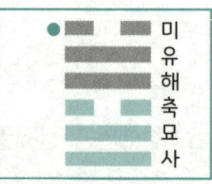

• 즐거움을 추구하고 일신상의 안락을 위해 다른 사람을 이용하고, 주변을 신경 쓰지 않는다. 간사한 성격으로 세상을 좀먹으며 유혹하는 사람으로, 나의 이익이 있다면 다른 사람이 꺼려도 상관하지 않는다. 결국에는 계획하며 바라는 것이 이루어지지 않는다.

• 높은 관직에 있는 사람은 서로 천거하면서 이끌어 주고, 공부도 같이 하고 철학적인 대화도 같이 해서 언뜻 보기에는 좋은 사이로 보인다. 하지만 파벌 짓기를 좋아하고 서로 견제해서 승진도 잘 되지 않는다. 일반인은 청탁을 가리지 않고 사귀나, 계획하고 경영하는 일이 잘 되지 않는다.

• 혹 눈동자를 다치게 되는 액운이 있고, 오물에 더럽혀지는 수도 있다. 서북방과 술일 해일이 무난하다. 정해 정유 정미년에 태어났거나 음력 10월에 태어난 사람에게 좋다.

소망	현상은 유지한다. 다른 사람을 배려할 줄 알아야 한다. 나만 좋으면 오래가지 못한다.	출마	당선되지만 정당하지 못했다는 소송에 휘말린다.
사업	여러 사람을 사귀나 뜻대로 잘 풀리지만은 않는다.	증권	강세를 보인다.
		여행	좋은 편이다. 특히 개인적으로는 즐겁다.
개업	반반이다.	가출	서북쪽에 있다.
승찬	시일이 걸리지만 된다.	실물	서북쪽에 있다.
시험	일단은 합격이다.	질병	눈병이 악화된다.
혼인	일방적으로 기분을 내는 감이 있지만 이루기는 한다.	기후	흐리다가 춥고 맑다.
		의상	둥근 형체의 흰옷, 늘어난 옷, 챙 모자.
출산	여아를 낳는다.	음식	아랫사람의 입맛에 맞춘다. 딱딱한 음식, 치아조심.
매매	나만 이롭다.		
재수	있는 편이다.	사람	연하의 남자, 기뻐서 사리분별 못함, 짝사랑.
소송	승소하나 비난을 받는다.		
		장소	서북방, 안 만나야 좋다. 지하 음식점.

2태 3리 1 △ 혁(革) 초효동
고칠때가 아직안됨

- 변혁의 책임도 맡지 않았고 변혁의 때도 만나지 못했으므로, 소신껏 굳건히 자신의 길을 간다. 재주와 덕이 있더라도 직책을 얻지 못하니, 다만 편안히 일상생활을 즐기면서 때가 오기만을 기다린다. 자리를 보존하는 것을 상책으로 삼아 승진할 생각을 말아야 한다. 승진이나 혼인도 안 되고 요행을 바라거나 새로운 일을 시작하면 그길로 몰락하게 된다.
- 혹 직책이 낮고 고집불통인 사람으로 별 발전이 없는 사람이다.
- 담낭염 또는 대장이 막히는 증세가 있다. 축일 인일과 동북방이 무해무득하다. 기묘 기축 기해년에 태어났거나 음력 2월에 태어난 사람에게 좋다.

상괘 **2**
하괘 **3**
革

소망	현상유지에 만족한다.	여행	불리하다.
사업	현재의 기반을 확고히 한다.	가출	동북쪽에 있다.
개업	웬만하면 하지 말고, 하게 되면 기초를 튼튼히 해야 한다.	실물	동북쪽에 있다.
승진	능력을 더 길러야 한다.	질병	변비가 있다.
시험	공부를 더한다.	기후	해나고 맑다가 황사 또는 공해 때문에 흐려진다.
혼인	때가 이르다.	의상	주름을 잡아 맵시를 낸 가죽옷, 튼튼한 옷, 혁대로 멋을 낸 옷.
출산	건강한 남아를 낳는다.		
매매	아직 매매하기에 이르다.	음식	소고기, 가축의 고기, 악어고기, 뱀고기.
재수	아직은 소득이 없다.	사람	고집이 센 사람, 지조를 지키는 사람.
소송	화해한다. 점차 어려워진다.	장소	동북방, 쇠퇴하기 시작하는 곳, 가죽 무두질 하는 곳.
출마	포기하고 다음 기회에 한다.		
증권	안정세를 유지하다가 크게 하락하여 거래조차 이루어지지 않는다.		

2태 3리 2 ○ 혁(革) 이효동
고쳐야지 고칠때다

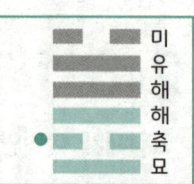

- 변화와 시세를 살피고 일의 기틀을 밝히는 책임을 가졌다. 변화에 따라 아랫사람에게 원칙대로 시행하니, 새로운 제도와 체제를 시도해서 좀 무리가 가나 잘못이 없다. 윗사람의 총애를 받고 아랫사람의 지지를 받는다. 조금이라도 사사로운 욕심은 부리지 마라.
- 직책이 바뀌어 영전하게 되고 명성을 얻게 된다. 업소를 변경하고 새로운 투자를 하며, 혼인은 성사되고 시험도 합격이다. 개척하는 일은 무슨 일이든 잘 된다.
- 지나친 업무로 체중이 줄고 신경쇠약에 걸리기 쉽다. 특히 위암을 조심하라. 서북방과 술일 해일이 이롭다. 기묘 기축 기해년에 태어났거나 음력 2월에 태어난 사람에게 좋다.

소망	과거를 고쳐서 새로운 희망을 갖는다.	여행	크게 길하다.
사업	누구나 믿게끔 겉모습부터 고쳐서 밀고 나간다.	가출	서북방에 있는데 마음을 고쳐 먹는다.
개업	좋다.	실물	서북방에 있다.
승진	된다.	질병	몸에 살이 빠지고 기운이 없다.
시험	합격이다.	기후	해 나고 고기압권에 있다.
혼인	성립된다.	의상	가죽옷, 수선한 옷, 수제 옷, 붉은색과 흰색, 모자.
출산	여아를 순산한다.	음식	머리 고기, 뼈있는 고기, 매운맛, 바비큐.
매매	이루어진다.		
재수	있다.	사람	공무원, 수선공, 가죽제품 만드는 사람, 기술자, 혁명을 도모할 동지.
소송	승소한다.		
출마	당선된다.	장소	서북방, 더운 곳, 가죽공장, 큰 건물, 관공서.
증권	부분적으로 거래가 발생하여 조금 오르나, 큰 상승은 없다.		

2태3리3 △ 혁(革) 삼효동
꼭바꾼다 모두원함

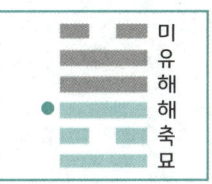

상괘 **2**
하괘 **3**
革

- 개혁하는 소임을 맡았지만 조급하게 하면 오히려 흉하게 된다. 계획을 잘 세우고, 주변 사람의 의견을 충분히 듣는 등 신중하고 또 조심하여야 한다. 치밀하고 신중한 사람은 여러 사람의 의견을 듣고, 때를 봐서 폐단을 고침으로써, 여러 사람의 지지를 얻어 성공하고 명성을 얻는다. 그러나 대개의 사람은 경거망동하여 이루는 것은 적고 부작용이 많으니, 하는 일이 좌절되고 오명을 쓰게 된다.

- 공직자는 급히 일처리를 하다가 실패하고, 시험을 보는 사람은 세 번 재수한 끝에 합격을 한다. 일반인은 두서없이 바쁘기만 하고 성공하는 일은 없다. 혹 요절하는 수가 있다.

- 우울증에 걸리기 쉽고 남방과 오일이 무해하고 동방과 묘일은 일희일비가 있다. 기묘 기축 기해년에 태어났거나 음력 2월에 태어난 사람에게 좋다.

소망	세 번쯤 심사숙고하여 결행한다.	**가출**	동쪽에 있는데 돌아올 것을 생각하고 있다.
사업	신중을 기한다.		
개업	숙고 끝에 한다.	**실물**	동쪽에 있다.
승진	세 번 도전한다.	**질병**	홧병을 앓다가 우울증으로 변한다.
시험	삼수한다.	**기후**	맑고 바람 분다.
혼인	세 사람과 선을 본 뒤에 이룬다.	**의상**	붉은색과 녹색, 수선한 옷, 남다른 옷, 새로 산 옷.
출산	세 번째 아들이다.		
매매	세 번만에 성립된다.	**음식**	물고기 구이, 죽순, 잉어, 특이하고 새로운 음식.
재수	세 번 잃은 뒤에 있다.		
소송	세 번 심판받은 끝에 이긴다.	**사람**	노조 임원, 기존의 법을 고칠 사람들, 중년 남자.
출마	세 번 낙선된 후 당선된다.		
증권	등락거래가 발생하고 강세를 보인다.	**장소**	남방, 먼 곳, 큰길가, 숲속, 연못 있는 정원, 의결하는 곳.
여행	길하다.		

2태 3리 4 ㅇ 혁(革) 사효동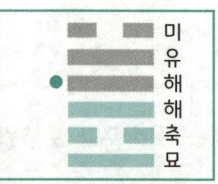
서로믿고 고쳐본다

• 민심의 도움을 얻어서 제도를 개혁한다. 도덕이 높고 계획을 원대하게 하는 등 뜻이 높은 사람이다. 잘못된 것을 고치고 보완하여 공과 명예를 크게 이루며, 오래 갈 수 있는 제도를 만든다. 빠른 승진을 하고 영전하며, 시험에 합격하고 혼사(특히 재혼)에 유리하다.

• 처음에는 어렵지만 뒤에는 좋아진다. 조상의 터를 떠나 외지에 나가서 성공하기도 한다. 일반적으로 기존의 틀을 벗어나, 새로운 틀을 만들고 운영해나가는데 좋다.

• 심장병을 주의하고, 자일과 북방이 이롭다. 정해 정유 정미년에 태어났거나 음력 2월에 태어난 사람에게 좋다.

소망	새로운 일이 이루어진다.	증권	서서히 내린다.
사업	마음먹은 대로 혁신적으로 해서 진전이 있다.	여행	이롭다.
		가출	북쪽에 있는데, 일을 정리중이다.
개업	새로운 마음과 뜻을 모아 추진한다.	실물	북쪽에 있다.
승진	원하는 직장으로 바꾼다.	질병	폐 또는 심장병이다.
시험	소신껏 과목을 고쳐서 응시한다.	기후	비 온다.
혼인	중매로 성립된다.	의상	흰색과 검은색, 검소하고 소박한 옷, 회색, 줄무늬 옷.
출산	건강한 여아를 낳는다.		
매매	성립된다.	음식	물고기, 회, 돼지고기, 짠맛, 생피.
재수	조금 있다.	사람	작명가, 혁명가, 동업자, 법률가, 중년의 남자.
소송	사건을 재정리한다. 화해하는 것이 좋다.		
출마	간신히 당선된다.	장소	북방, 어두운 곳, 작명원, 국회의사당, 강이나 시내물가.

2태**3**리**5** ◎
고치니까 모두좋다

혁(革) 오효동

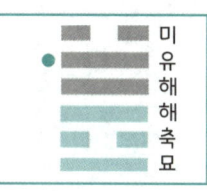

- 개혁해서 바르게 고치는 때를 맞았다. 주변의 마음을 살펴 개혁함으로써 상하가 모두 믿고 따른다. 남다른 재주와 큰 식견을 바탕으로 새로운 제도를 만들고 법률을 밝게 하니, 단순한 출세뿐만 아니라 대대로 명성이 드높아진다. 고칠 것이 있으면, 옛정에 미련을 두지 말고 뿌리부터 확실히 고쳐나가야 한다.
- 하는 일마다 성공하여 출세하고 명성이 높아진다. 다만 지위가 미천하거나 능력 없는 사람은 운을 감당하지 못하여 몸만 바쁘고 괴롭다.
- 남아를 순산하고 피부병을 주의하라. 묘일과 동방이 크게 길하다. 정해 정유 정미년에 태어났거나 음력 2월에 태어난 사람에게 좋다.

상괘 **2**
하괘 **3**
革

소망	크게 이룬다.	여행	크게 길하다.
사업	혁신적으로 변혁하여 진전 있다.	가출	동쪽에 있는데 돌아온다.
개업	완전 새롭게 시작한다.	실물	동쪽에 있는데 찾는다.
승진	성취한다.	질병	피부병인데 치유된다.
시험	좋은 성적으로 합격한다.	기후	흐리고 바람 분다.
혼인	좋게 성립된다.	의상	표범무늬 옷, 가죽옷, 화려한 무늬, 흰색과 검은색.
출산	큰 인물이 될 남아를 낳는다.		
매매	성립된다.	음식	잉어탕, 탕류, 용봉탕, 회, 술을 곁들인 만찬.
재수	크게 있다.		
소송	승소한다.	사람	CEO, 혁명가, 개혁주도자, 인품이 훌륭한 사람.
출마	당선이다.		
증권	등락거래가 발생하다가, 갑자기 상승한 후에 안정된다.	장소	동방, 먼 곳, 바닷가, 숲속, 큰길가, 번잡하고 시끄러운 곳.

2태 3리 6 ㅇ 혁(革) 상효동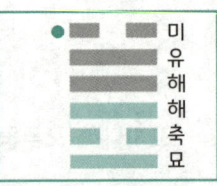
윗분따라 고쳐길함

• 변혁을 마친 뒤에, 그 결과에 따라 바르게 하면 길하고 함부로 날뛰면 흉하게 된다. 그러므로 자기의 덕을 닦아서 변화에 적응하면 사람들의 신망을 받을 것이고, 총명한 것만 믿고 법을 무시하며 제멋대로 움직이면 화를 당하고 근심 속에서 지내게 된다.

• 아직 보직을 받지 못한 사람은 보직도 받고 승진도 하게 되나, 보직이 있는 사람은 좌천되거나 자리를 물러나게 된다. 상대방의 이중성격을 조심해야하니, 공부하고 수도하는 사람은 진전이 있어서 기쁘게 되고, 일반인도 법을 지키려는 마음으로 살아가므로 환난과 해를 면하게 된다. 그러나 마음은 고치지 않고 표정만 고친다면 곧바로 화가 미칠 것이다. 한 등급 낮춰서 한다는 마음을 갖고 살라.

• 구안와사 또는 폐렴을 주의한다. 술일과 해일 그리고 서북방이 이롭다. 정해 정유 정미년에 태어났거나 음력 2월에 태어난 사람에게 좋다.

소망	조금 이룬다. 사기꾼을 조심하라.	증권	보합세를 유지하면서 서서히 오른다. 큰 등락은 없다.
사업	조금 진전이 있다. 아랫사람을 잘 단속하라.	여행	보통이다.
개업	기회주의인 사람을 주의한다.	가출	서북방에 있다.
승진	가능성이 많다.	실물	서북방에 있다.
시험	합격이다. 타인의 방해를 받기도 한다.	질병	구안와사다.
혼인	상대의 마음을 떠본다. 마음속으로부터 사랑이 아니다.	기후	흐리다가 한랭해진다.
출산	여아를 낳는다.	의상	가면과 모자, 둥근 형태의 흰색 옷, 호피 무늬, 가죽옷.
매매	속을 염려가 있다.	음식	머리 고기, 뼈있는 고기, 회, 큰 과일.
재수	있는 편이다.	사람	고문, 자문, 노회한 연장자, 할아버지, 인품이 훌륭한 사람, 소인배.
소송	상대방이 이중적 성격이다.		
출마	기회주의 소인배의 농간을 주의하라.	장소	서북방, 관공서, 법원, 국회의사당, 회의장소.

2태**4**진**1**⏀
객관판단 공개사귐

수(隨) 초효동

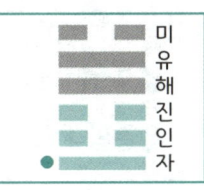

상괘
2
하괘
4
隨

- 지금까지 살아왔던 방식을 바꾸고 환경을 바꾼다. 어려움이 따르더라도 공정하게 하면 허물이 없을 것이다. 스스로 권세를 가지고 독립해서 어려움을 이기는 수도 있으나, 대개는 다른 사람의 권세에 의지하여 협조관계로 살아간다.

- 외지로 나가 집안을 잘 꾸려나가는 것을 뜻하기도 한다. 직장도 자리를 옮기게 되고, 새로운 모임을 갖게 되나, 바르게 살려고 노력한다면 새로운 환경에 잘 적응하여 소득이 많게 된다.

- 맹장 등 하복부에 통증이 생기고, 서남방이 길하며, 미일 또는 신일이 좋다. 경자 경인 경진년에 태어났거나 음력 2월~8월 사이(특히 7월)에 태어난 사람에게 좋다.

소망	이룬다.	증권	하락하는 경우가 많다. 하락을 멈추고 안정되다가 곧 상승하는 일이 발생한다.
사업	사업의 내용 또는 장소를 변경하여 새 출발한다.	여행	길하다.
개업	길하다.	가출	서남방에 편안히 있다.
승진	합격한다.	실물	서남방에 있다.
시험	합격한다.	질병	대장염 또는 맹장염이다. 회복된다. 합병증이 우려된다.
혼인	연애하여 이룬다.		
출산	남아를 순산한다.	기후	우레치고 습하다.
매매	교제가 잘 이루어져 성립된다.	의상	녹색과 황색계통, 넉넉한 옷, 제복, 치마, 통이 큰 옷.
재수	좋다.		
소송	승소한다.	음식	도가니탕, 쌈밥, 상대방이 선택한 음식
출마	격전을 벌인 후 당선된다.	사람	어머니, 할머니, 동업자.
		장소	서남방, 평지, 사람이 많이 모인 곳, 공원, 개활지.

2태**4**진**2** △
양손의떡 소탐대실

수(隨) 이효동

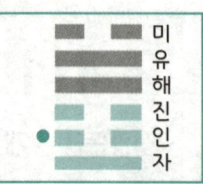
미유해진인자

- 자기에게 좋은 사람을 버리고 그렇지 못한 사람을 따른다. 성격이 왔다 갔다 하여 간사하고 아첨하는 소인을 좋아하며, 옳은 말 하는 사람은 멀리한다. 낮고 천한 사람들과 어울려 어려운 삶을 산다.
- 대개 안녕하지 못하고 남의 일에 휘말린다. 혹 장남을 멀리하고 둘째 아들에게 의지해 살려하고, 소인의 시비에 휘말리며 살아간다. 직장 등 자신이 처한 위치에서 한걸음 뒤로 물러나 자신을 반성하고, 기미를 잘 살펴서 신중히 행동하라.
- '입 구(口)'자가 들어간 사람의 도움을 받고 닭띠가 좋으며, 서방 또는 유일(酉日)이 길하다. 경자 경인 경진년에 태어났거나 음력 2월~8월 사이(특히 7월)에 태어난 사람에게 좋다.

소망	작은 소망은 이룬다.	출마	떨어진다.
사업	양다리 걸쳐서 두 가지 다 하려고 해서는 안 된다. 공변된 것을 따르는 것이 좋지만, 그렇게 하지 못하고 소인과 영합한다.	증권	조금 등락이 있다가 안정된다.
		여행	고생한다.
		가출	서방에 있는데, 삼각관계다.
		실물	서쪽에 있다.
개업	시험 삼아 경험을 쌓기 위해 한다.	질병	다리가 부실하다.
승진	어렵다.	기후	천둥치고 비가 온다.
시험	낮춰서 합격한다.	의상	우아하고 비싼 옷, 녹색과 흰색, 약간 해진 옷.
혼인	어려움이 따른다. 제대로 된 사람을 구하기 어렵다.		
		음식	횟감, 양고기, 맵고 아린 맛, 물고기, 어패류.
출산	여아를 낳는데, 쌍둥이일 수도 있다.		
매매	비싼 것은 안되고 싼 것은 된다.	사람	훌륭한 사람, 소인배를 피해서 군자를 만남, 후견인, 배우자.
재수	작은 것은 얻고, 큰 것을 잃는다.		
소송	패소한다.	장소	서방, 동에서 서로 간다, 호수가, 바닷가.

2태 4진 3 △ 수(隨) 삼효동
양손의떡 큰것부터

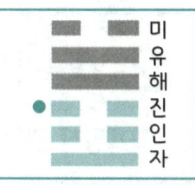

상괘 **2**
하괘 **4**
隨

- 대개는 옳은 사람을 따르고 그렇지 못한 사람을 버리나, 혹 그 반대로 하는 사람도 있다. 윗사람의 이끌어줌에 힘입어 원하는 바를 얻게 되고 명예도 높아진다. 다만 아랫사람의 도움을 받지 못하고, 소인의 훼방이 있을까 두렵다.

- 스스로 도덕과 의리를 지킨다면 윗사람이 이끌어주어 명예와 부를 얻을 수 있다. 혹 자식복이 없으니 여자일 경우는 귀한 남편을 얻지만 자식의 운에는 좋지 않다.

- 신장이 약해져서 아래허리에 통증이 생긴다. 남방이나 서방이 좋고, 유일 또는 오일이 길하다. 경자 경인 경진년에 태어났거나 음력 2월~8월 사이(특히 7월)에 태어난 사람에게 좋다.

소망	작은 것은 잃지만 큰 것을 얻는다.	증권	상승한다. 증시에 개혁이 있든지, 혹은 갑자기 상승할 일이 생긴다.
사업	작은 이익을 버리고 큰 이익을 얻는다. 도덕과 의리를 지켜야 한다.	여행	반쯤 길하다.
개업	도덕과 의리를 지키면서 윗사람의 충고를 듣는 것이 좋다.	가출	남쪽에 있다. 좋은 공부를 하고 있다.
		실물	남쪽에 있다.
승진	윗사람의 충고대로 해서 승진한다.	질병	악화되지는 않지만 기운과 비용이 많이 든다.
시험	윗사람의 충고대로 해서 합격한다.		
혼인	이루어진다. 여자일 경우는 귀한 남편을 얻는다.	기후	바람 불다 해난다.
		의상	붉은색, 밝고 화려한 색, 너무 튀지 않는 옷.
출산	남아를 낳는다. 아이가 약하다.		
매매	큰 원칙을 따라서 성립된다.	음식	장작구이, 붉은색 과일, 화려하게 장식한 음식.
재수	이롭다.		
소송	비용이 많이 든다.	사람	나보다 나은 사람, 좋은 사람, 관대한 사람.
출마	다른 사람을 위해서 뛰고 당선시킨다.		
		장소	남방, 찜질방, 환하고 밝은 곳, 아궁이.

2태 4진 4 △ 수(隨) 사효동
과욕망신 원칙대로

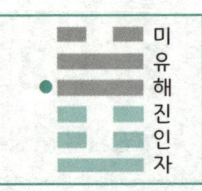
미유해진인자

• 원해서 하는 일이 위태할지라도 정성을 다해서 바르게 대처하면 허물을 면할 수 있다. 명예와 지위가 높아지더라도 윗사람을 능멸하지 않고, 홀로 전권을 휘두르지 않아야 한다.

• 일반적으로 부귀와 명예를 얻을 수 있다. 다만 명성이 높아지고 부귀를 누리게 되면, 윗사람에게는 견제를 받고 아랫사람에게는 시샘을 받게 되어 어려움이 곧바로 닥쳐든다. 교육자나 종교인에게 좋다. '氺(수)'자가 들어간 사람이나 지명을 만나면 크게 길하다.

• 폐나 신장이 좋지 않고, 북방이 좋으며, 자일(子日)이 길하다. 정해 정유 정미년에 태어났거나 음력 2월~8월 사이(특히 7월)에 태어난 사람에게 좋다.

소망	믿음과 정직으로 나아가면 이룬다.	증권	보합세를 유지하다가 상승하기도 하지만, 대개는 하락세이다.
사업	욕심 부리지 말고 현업에 성실하면 좋다.	여행	즐겁게 다녀온다.
개업	좋다. 공익을 위한 사업이 좋다.	가출	북쪽에 있다.
승진	승진한다. 선공후사(先公後私)로 임하라.	실물	북쪽에 있다.
시험	합격한다.	질병	비용과 기운이 빠지나 악화되지는 않는다.
혼인	손해보는 것 같지만 길하게 된다.	기후	비 온다.
출산	건강한 여아를 낳는다.	의장	흰색과 검은색, 밝게 보이는 옷, 절도 있어 보이는 옷.
매매	이익 보면서 성립된다.	음식	물고기, 조개 등 해물류, 잔치음식, 천렵해서 잡은 재료.
재수	차츰 좋아진다.		
소송	유리하다.	사람	믿는 사람, 생각이 많은 사람, 수도자.
출마	원칙을 고수하라. 어렵게 당선된다.	장소	북방, 물가, 한적하고 조용한 곳.

2태 4진 5 ○ 수(隨) 오효동
좋은사람 성실교제

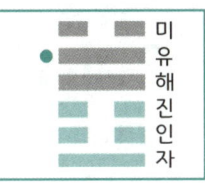

미 유 해 진 인 자

- 믿을 만한 사람에게 일을 맡기고 거기서 나오는 이득을 얻는다. 전폭적인 신뢰를 주면서 일을 맡기고 자신은 주인행세를 하지 않으니, 서로 아껴주고 일도 잘 풀린다. 이치에 맞고 옳은 일을 행하니, 직장에서는 승진하고 하는 일은 순조롭다. 혹은 좋은 배필, 좋은 동업자를 만나 모든 일을 믿고 위임한다.
- 아랫사람 등 주변의 도움으로 만사가 순조롭게 잘 풀린다. 이 모두가 개인적인 욕심을 버리고 공익적인 차원에서 일하기 때문이다.
- 기관지가 약하며, 동방이 길하고 묘일이 좋다. 정해 정유 정미년에 태어났거나 음력 2월~8월 사이(특히 7월)에 태어난 사람에게 좋다.

상괘 **2**
하괘 **4**
隨

소망	원하는 바를 이룬다.	증권	반드시 강세가 온다. 거래가 빈번해지고 상승세가 발생한다.
사업	번창한다. 사람이 와서 돕는다.		
개업	길하다.	여행	길하다.
승진	승진한다.	가출	동쪽에 있다가 온다.
시험	합격한다.	실물	동쪽에 숨겨져 있다.
혼인	성립되고 길하다.	질병	차도가 보인다.
출산	남아를 낳는데 쌍둥이일 수가 있다.	기후	갑자기 우레치고 소나기 온다.
매매	이익보고 성립한다.	의상	흰색과 녹색, 활동복, 운동복, 예복.
재수	좋다.	음식	희귀한 음식, 회식, 자라탕, 꽃게탕.
소송	승소한다.	사람	후계자, 덕망 있는 사람, 경영자.
출마	당선된다.	장소	동방, 서방에서 동방을 바라보고 앉는다. 숲, 산속의 누각, 큰 도로.

2태 4진 6 ×
불륜이다 동정금물

수(隨) 상효동

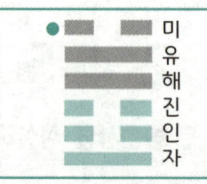

• 온 마음을 다해서 성실하게 행동해야 사람들도 따르고, 하늘에서도 그 정성을 알아준다. 공경하고 삼가며 정성으로 대접하고 은혜를 베풀어야 한다. 시간이 지나 사람들이 감동하면 뜻을 이룰 수 있다. 하지만 엄청난 고생을 한 뒤에야 결과가 있다.

• 명예는 높아지지만 경제적으로나 권력 등 실질적인 이익은 없다. 혹 운이 나쁜 사람은 하는 일마다 풀리지 않아서 산속 등 외진 곳에서 숨어 지낸다. 대개 오래 지속되는 일이 없고, 복잡할 정도로 얽히고 매이는 일이 많아 뜻하는 일을 이루지 못한다. 산천에 가서 빌거나 조상제사를 지내면 일이 잘 풀린다. 덕을 쌓는다는 마음으로 살다보면, 먼 훗날 복이 되어 돌아올 것이다.

• 신경쇠약증에 걸리기 쉽고, 서방과 서북방 그리고 유일 술일 해일이 무난하다. 정해 정유 정미년에 태어났거나 음력 2월~8월 사이(특히 7월)에 태어난 사람에게 좋다.

소망	이루기 어렵다.	증권	상승한다. 만약 몇몇 종목만 상승할 때는 거래가 성립되지 않을 수도 있다.
사업	크게 도모하지 마라. 냉정해질 필요가 있다. 내가 돕는 것이 아니라 주변의 도움을 받아야 한다.	여행	고생만 한다.
		가출	서북쪽에 있는데 구금된 상태이다.
개업	불가하다.	실물	서북쪽에 있는데 찾기 어렵다.
승진	안 된다.	질병	합병증이 많다.
시험	안 된다.	기후	흐리다가 맑아진다.
혼인	이리저리 매인 데가 많아서 어렵다.	의상	흰색 계통, 위엄 있는 옷, 장식이 많은 옷, 얼기설기 엮은 옷.
출산	여아를 낳는다.		
매매	순조롭지 못하다. 방해가 많다.	음식	제사음식, 비빔밥, 섞어찌개.
재수	잃는 것이 많다.	사람	부탁하는 사람, 묶인 사람, 제사지내는 사람.
소송	화해할 수 있을 때 화해해야 한다.		
출마	낙선이다.	장소	서북방, 등나무 아래, 지휘소.

2태5손1 △ 대과(大過) 초효동

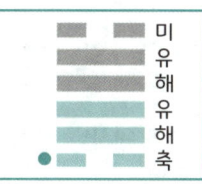

정성스레 고사지냄

상괘 2
하괘 5
大過

- 자신이 약하다는 것을 깨닫고, 상대방을 공경하며 조심함으로써 허물을 적게 한다. 덕행을 닦고 겸손하고 공경하게 처신한다면 복을 누리고 안전할 수 있다. 직장에 있는 사람은 신중하고도 삼가는 마음으로 행동하니, 현재 처한 지위가 더욱 견고해진다. 그 밖의 사람도 삼가고 절약함으로써 재산이 늘어난다.

- 뜻하고 꾀하는 일이 맑고 투명하며 욕심 또한 없어서, 산림에 묻혀 지내며 잘못을 저지르지 않는다. 점술가나 도인 또는 무당에게 좋고, 정성을 다해 제사를 지내고 기도를 하면 풀린다. 혹 부모상을 입어 묘를 조성하는 수도 있다.

- 하체에 풍기가 있어 마비가 오기 쉽고, 서북방과 술일 해일이 이롭다. 신축 신해 신유년에 태어났거나 음력 2월에 태어난 사람에게 좋다.

소망	신중하면서도 기도하는 마음으로 하면 이룬다.	**증권**	상승한다.
사업	신중하면서도 성심으로 한다.	**여행**	산기도 또는 성지를 순례한다.
개업	해도 된다.	**가출**	동북에 있다.
승진	열심히 노력한 데다 기도까지 하니 금상첨화다.	**실물**	동북에 있다.
시험	합격이다.	**질병**	풍기가 있는데, 기도해서 낫는다.
혼인	근신하여 좋은 남자를 만난다. 그러나 혼인은 늦어진다.	**기후**	바람 불고 한랭하다.
출산	남아를 낳는다.	**의상**	흰색 계열, 옅은 녹색 하의, 소박한 옷, 맞춤복.
매매	조금 낮춰서 이룬다.	**음식**	무성귀, 담백한 맛, 싸고 맛있는 음식, 정성이 담긴 음식.
재수	보통이다.	**사람**	솔직하고 듬직한 사람, 명예를 중시하는 사람. 정성을 다하는 사람.
소송	화해하라. 패하기 쉽다.	**장소**	서북방, 소박하고 운치 있는 곳, 고풍스러운 곳. 고사지내는 곳.
출마	낙선이다. 정성을 다해 준비하고 노력하면 평판이 좋아져 다음번에 된다.		

2태 5손 2 ㅇ 　**대과(大過) 이효동**
오랜사랑 연상애인

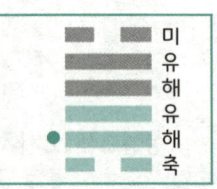

• 남자가 여인의 도움을 받고, 군자가 소인의 도움을 받아서 길하게 된다. 특별히 분발하여 혼란하고 어지러운 일을 바로잡는다. 죽을 자리에서 살아나고, 어려운 처지에서 나오며, 젊어서는 고통과 어려움 속에서 살지만 만년에는 영화롭게 된다. 자리를 떠났던 사람이 복직되고, 오랫동안 막혔던 일이 풀린다.

• 남편은 나이가 많아서 자식 두기가 힘들더라도 젊은 부인을 얻어 자식을 두기도 한다. 첩 또는 숨겨진 여인과의 사이에서 자식을 낳게 된다. 수도하는 사람이라면 제자를 얻고, 양자를 들일 수도 있다.

• 허벅지 아래가 저리고 마비되며, 동북방과 축일 인일이 길하다. 신축 신해 신유년에 태어났거나 음력 2월에 태어난 사람에게 좋다.

소망	성공한다.	여행	동북쪽으로 가서 새로운 인연을 맺는다.
사업	갑자기 생기를 얻는다.	가출	남녀관계로 동북쪽에 있다.
개업	좋다.	실물	동북쪽에 있다.
승진	승진한다.	질병	풍기로 수족이 저린다. 우연히 명의를 만난다.
시험	합격이다.		
혼인	성사된다. 재혼이다.	기후	바람 불다가 그친다.
출산	우연히 여자를 사귀어 여아를 순산한다.	의상	녹색과 황토색, 생기 있는 옷, 젊어 보이는 옷, 주름 잡힌 옷.
매매	이루어진다.	음식	닭고기, 토끼고기, 물고기, 작은 돼지, 제철음식.
재수	좋다. 의외의 복이 있다.		
소송	승소한다.	사람	연하의 애인, 결혼할 사람, 어린 아이, 뜻이 통하는 사람. 나이차가 많이 난다.
출마	당선이다.		
증권	등락이 적고, 장세 전체가 안정적이다.	장소	동북방, 물가, 버드나무 있는 곳.

2태 5손 3 ×
사고조심 바람조심

대과(大過) 삼효동

상괘 2 하괘 5 大過

- 지나치게 강하게 행동함으로써 일을 그르친다. 용기와 능력은 뛰어나나, 흉포하게 행동하여 화를 당하고, 성공하기 직전에 엎어먹는 일이 발생한다. 억울하더라도 참고 양보하며 포기하는 자세를 배워야 한다. 혹 형벌과 상처를 입어 손해보고 꺾이는 수가 있다.
- 직장인은 견제를 받고 좌천될 것을 경계해야 하며, 부도가 나는 등 기울어지고 엎어지는 환난을 경계해야 한다. 산사태·지진·교통사고 등 불의의 사고를 조심하라.
- 사고를 당해 운신이 어렵고, 혹 발이나 눈에 질병이 생긴다. 북방과 자일이 해롭다. 신축 신해 신유년에 태어났거나 음력 2월에 태어난 사람에게 좋다.

소망	이루어지지 않는다.	여행	가면 다칠 확률이 높다.
사업	부도난다.	가출	북쪽에 있다.
개업	불가하다.	실물	북쪽에 있다.
승진	자기의 능력만 믿다가 안 된다.	질병	발을 다치고 악화된다.
시험	안 된다.	기후	바람 불고 비 온다.
혼인	너무 과감하거나 줏대 없이 행동하여 성립되기 어렵다.	의상	짙은 녹색, 작업복, 상의가 너무 무거운 색이다, 상의를 단순하고 소박하게 하라.
출산	남아를 순산한다.		
매매	이루어지지 않는다.	음식	물고기, 과식하거나 잘못 먹으면 체한다, 과부하가 걸린다.
재수	없다.		
소송	화해하라.	사람	과분한 사람이라 어렵다, 상대방의 꿍꿍이가 깊다, 안 만나는 것이 좋다.
출마	떨어진다.		
증권	시장의 분위기가 약세다. 하락이 계속될 때 이 점괘를 얻었다면, 바닥을 친 것이다.	장소	북방을 피하라, 동남방이 무난하다, 너무 과분한 곳을 피하라.

2태 5손 4○ 대과(大過) 사효동
부하덕분 배려감사

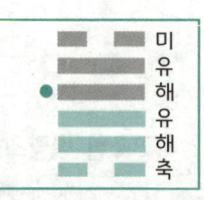

• 강함과 부드러움이 서로 조화를 이룬다. 중책을 맡은 사람이 강과 유를 적절히 구사하여 자신의 책무를 다해나간다. 다만 강하게 나가야 하는데, 너무 부드럽게 하는 것이 흠이다. 명예와 신망이 있다. 세상에 크게 쓰이지 못하더라도 집안을 융성하게 하고 복과 도량이 넓은 사람이다.

• 직장이 있는 사람은 2인자가 되는 등 중책을 얻고 크게 출세한다. 일반인도 하는 일이 잘 풀리며, 특히 집을 짓고 수리하는 일에 좋다. 자칫 너무 느슨하게 하다가 시비에 휘말려 제재를 받게 된다.

• 기관지와 심장이 약하고, 북방과 자일이 길일이다. 정해 정유 정미년에 태어났거나 음력 2월에 태어난 사람에게 좋다.

소망 잘 된다.
사업 좋다. 새 건물로 이사 간다.
개업 좋다. 높은 빌딩에서 개업하거나 건설업이면 더욱 좋다.
승진 희망처를 바꾸지 말라.
시험 한 곳을 고집해서 합격한다.
혼인 마음을 바꾸지 않으면 길하다.
출산 건강한 여아를 출산한다.
매매 조금 지체된다.
재수 기다리면 좋은 수가 생긴다.
소송 점차 피곤해진다.
출마 당선이다.
증권 안정적이면서도 조금 내려간다.
여행 유익한 여행이다.
가출 북쪽에 있다.
실물 북쪽에 있다.
질병 폐질환으로 잘 낫지 않는다.
기후 갑자기 비 온다.
의상 흰색과 검은색, 상의는 희고 밝은 색, 윗사람을 배려한 색, 조금 비싼 옷.
음식 물고기, 탕 종류, 대접하는 음식, 돼지고기.
사람 존경할 사람, 윗사람, 모셔야 할 사람, 지혜를 감춘 사람.
장소 북방, 서쪽도 좋다, 높은 기둥이 있는 집, 물가의 큰 빌딩, 바다.

2태 5손 5 △ 대과(大過) 오효동
그저그런 연상애인

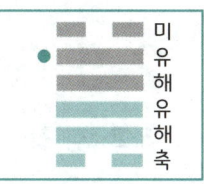

상괘 2
하괘 5
大過

• 강함과 부드러움을 겸비하기는 하였지만 조화를 잘 이루지 못하여 세상의 칭송을 받지 못한다. 강이 지나치게 극성해서 제대로 된 사람을 만나지 못하고, 아부하는 소인을 좋아하니, 일을 이룰 수 없게 된다. 먹고 입는 것은 풍족하나, 일을 이루지 못했으니, 공도 없고 화도 없다.

• 아내의 나이가 더 많거나 성질이 사나워 남편을 제압하며, 뒤를 이을 후사는 없는데 목숨이 얼마 남지 않은 경우를 뜻한다. 직장인은 현재의 직위에 오래 있을 수가 없고, 경영하는 일이 어렵게 된다. 대개 현재는 좋지만 뒤에 어렵게 된다. 늙은 부인 또는 어머니의 잘못으로 근심이 생기고, 좋았던 일이 추하게 된다. 뒤를 이을 자식을 못 낳거나, 후계자를 양성하지 못하는 경우이다.

• 폐 또는 간장에 이상이 생기고, 동방과 묘일이 좋다. 정해 정유 정미년에 태어났거나 음력 2월에 태어난 사람에게 좋다.

소망	처음은 순조롭지만 결과가 별로 없다.	여행	여행가서 여자가 연하의 남자와 인연을 맺는다.
사업	처음은 진전이 있으나 실속이 없다.		
개업	하지 않는 것이 좋다.	가출	동쪽에 있다.
승진	승진은 되지만 의욕상실증이다.	실물	동쪽에 있다.
시험	합격은 된다.	질병	간이 약해져서 눈이 시린다.
혼인	재혼인데 자식을 낳지 못한다. 여자의 나이가 많다.	기후	흐리고 벼락 친다.
		의상	흰색 바탕에 녹색, 엷은 녹색, 약간 화려한 옷, 키가 커 보이는 옷, 생기 있는 옷.
출산	자궁 외 임신이거나 임신이 어렵다.		
매매	별 이득이 없다.		
재수	실속이 없다.	음식	특이하고 화려한 음식, 죽순, 족발.
소송	이긴다.	사람	연상의 여인, 연하의 남자, 배우자, 임신하기 어려운 사람, 나이든 여자.
출마	여자 때문에 위태하다.		
증권	높은 가격에서 거래가 이루어지나, 큰 등락은 없다.	장소	동방, 화려한 곳, 강가, 누각, 정자.

2태 5손 6 ×
사고조심 찾길조심

대과(大過) 상효동

- 어려운 시국에 마음대로 움직이다가 결국 화를 당한다. 뜻은 크나 지혜가 모자라 경거망동하다가 화를 자초한다. 어려움을 헤쳐 나가려고 정신없이 일하다보니, 윗사람 보다 권세가 더 커져서 윗사람으로부터 제재를 받기도 한다.
- 혹 어려움을 당해서 살신성인하는 사람을 뜻하기도 한다. 머리에 질병이 생기고 이마를 다치게 된다. 수재(水災)를 방비하고 산사태를 조심하라. 조심 또 조심하고 될 수 있으면 움직이지 않는 게 좋다.
- 서방과 유일이 처음에는 좋다가 나중에는 괴롭다. 정해 정유 정미년에 태어났거나 음력 2월에 태어난 사람에게 좋다.

소망	안 된다.	여행	다치고 흉하게 된다. 물가에 가지 마라.
사업	좋지 않다. 머리 아플 일만 생긴다.	가출	서북방에 있다.
개업	안 된다.	실물	서북방의 물가에 있다.
승진	안 된다.	질병	머리가 아프고 어지럽다.
시험	안 된다.	기후	한랭성 고기압이다.
혼인	성립되지 않는다. 동성을 좋아한다.	의상	흰색 계열, 젊어 보이면서도 위엄 있는 옷, 모자 또는 안전모를 쓴다.
출산	여아를 낳는다.		
매매	안 된다.	음식	선짓국, 머리 고기, 뼈가 많은 음식, 조금만 먹는다.
재수	없다.		
소송	화해하라.	사람	머리를 다친 사람, 퇴직한 사람, 형벌을 받게 된 고위층.
출마	떨어진다.		
증권	상승하기는 하나 나중에 하락한다.	장소	서북방을 피하라. 움직이지 않는 것이 좋다.

2태6감1 × 곤(困) 초효동
좌불안석 곤란하네

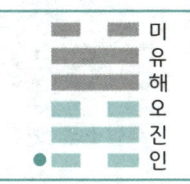

상괘 **2**
하괘 **6**
困

- 곤란한 처지에 놓였는데 스스로 빠져 나올 능력도 없다. 혼자서 지조를 지키며 조용하고 깊은 산속에 사는 등 세상을 등지고 살면 좋다. 능력도 없고 성격도 물러터진데다 앞날을 내다보는 지혜가 없으므로 곤궁한 현실을 빠져 나오지 못한다. 직장 있는 사람은 퇴직하고, 시험을 보려는 사람은 재수하며 기다려야 한다.

- 어렵고 힘들어서 유혹의 손길이 미치기 쉽지만, 그 유혹을 뿌리치고 탈속의 경지로 관조하며 산다면 화를 입지 않는다. 절대로 욕심을 낸다거나 성취하려고 무리해서는 안 된다. 항상 기도하는 마음으로 조심하고 또 조심한다. 병점을 치면 죽어 관에 들어갈 점괘고, 혹 가까운 사람의 초상을 치르게 될 운을 뜻하기도 한다.

- 무인 무진 무오년에 태어났거나 음력 5월에 태어난 사람에게 좋다. 피부병 부종을 조심하고, 서방과 유일이 불리하다.

소망	이루시 못한다.	여행	불리하다.
사업	어둠속에서 헤맨다.	가출	서쪽에 있는데, 3년 동안 보지 못한다.
개업	불가능하다.	실물	서쪽에 있다.
승진	안 된다.	질병	부종이다. 오랫동안 입원하거나 깊이 들어가 요양한다.
시험	불합격이다.		
혼인	3년후에나 가능하다.	기후	큰 비가 온다.
출산	남아를 낳는다.	의상	검은색과 흰색, 어둡고 해진 옷을 입어 기분이 우울하다.
매매	안 된다.		
재수	없다.	음식	양고기, 돼지고기, 회, 혼밥, 혼술.
소송	3년을 끈 뒤에 판결이 난다.	사람	만나지 못한다.
출마	떨어진다.	장소	서방을 피하라. 변두리 오지, 은둔한 곳. 만나지 않는 것이 좋다.
증권	조금 오르다가 안정된다.		

2태**6**감**2** △
곤할수록 기다려라

곤(困) 이효동

• 자신은 능력도 있고 덕도 있지만 주변의 환경이나 때가 좋지 않다. 앞장서는 일은 피하라. 상대방이 손을 내밀 때까지 기다려야 좋다. 어려움을 참고 기다리면, 귀인이 이끌어주고 주변에서 알아주어서 승진되고 영전된다. 제일 좋은 것은 산제를 지내거나 조상제사를 잘 모시는 등 정성을 모으는 것이다. 기도를 하는 마음으로 정성을 모으면, 한직에 있다가도 영전되는 등 어려움이 사라지게 된다.

• 권력 있고 부유한 사람에게 붙어서 먹을 것을 탐내며, 술을 좋아하고 한쪽으로 치우친 성격을 쓰기가 쉽다. 혹은 무당이 되어서 의식이 풍족할 운이다. 이도 저도 아니고 수가 흉한 사람은 상복을 입을 수가 있다.

• 무인 무진 무오년에 태어났거나 음력 5월에 태어난 사람에게 좋다. 신장병을 조심하고, 서남방과 미일 신일이 길하다.

소망	점차 이룬다.	여행	이롭다.
사업	점차 진전있다.	가출	서남쪽에 있다.
개업	윗사람의 도움으로 한다.	실물	서남쪽에 있다.
승진	된다.	질병	신장병이다.
시험	합격이다.	기후	비오고 습하다.
혼인	성립이 늦다.	의상	붉은색, 주황색, 황토색, 네모지고 각진 제복, 오래되어 낡은 정장.
출산	여아를 낳는다.		
매매	늦게 이룬다.	음식	제사음식, 술과 고기가 부족함, 채소류.
재수	있다.	사람	후견인, 뜻 맞는 동지, 배우자.
소송	화해하는 것이 좋다.	장소	토지신에게 고사 지내는 곳, 기도처, 사당, 자신이 거주하는 곳.
출마	당선이다.		
증권	조금 상승한다.		

2태 6감 3 ×
좌불안석 위험하다

곤(困) 삼효동

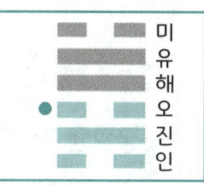

- 재주도 없고 덕도 없으니 제 몸조차 간수하기 어렵다. 걸림돌을 피해가면 되는데, 쓸데없는 고집을 피우며 가다가 걸려 넘어져 다친다. 또 가시처럼 사람을 찌르며 못살게 구는 사람이 많은 곳은 살 수가 없는 곳인데, 쓸데없는 고집을 피우며 살다가 가시에 찔려 다치게 된다. 그러니 가장 친하고 도움이 될 아내조차도 등을 돌리는 것이다.
- 처나 첩에 좋지 않은 일이 생기거나 헤어질 운이므로 가정을 지키기 어렵다. 뿐만 아니라 자신도 죽을 수 있다. 혹 종교기관에 들어가 독신으로 있으면 제 한 몸은 보존하고 산다.
- 무인 무진 무오년에 태어났거나 음력 5월에 태어난 사람에게 좋다. 우울증 자폐증을 조심하라. 동남방과 진일 사일이 좋지 않다.

상괘
2
하괘
6
困

소망	바라지 마라.	여행	가면 고생하고 갇힌다.
사업	사건 사고가 빈번하다. 겸손해야 유지한다.	가출	동남쪽에 있다.
		실물	동남쪽에 있다.
개업	할 수 없다.	질병	기맥이 막힌다.
승진	어렵다.	기후	비오고 바람 분다.
시험	어렵다.	의상	녹색과 흰색, 검은색, 제대로 된 옷이 없다.
혼인	한쪽이 사고가 나거나 죽는다.		
출산	남아를 낳는다. 혹 이란성 쌍둥이다.	음식	거친 음식밖에 없다. 수도하는 마음으로 먹는다.
매매	이루지 못한다.		
재수	손해가 있다.	사람	이혼한 배우자, 사별한 사람, 만나기 어렵다.
소송	불리하다.		
출마	떨어진다.	장소	동남방을 피하라, 자리가 딱딱해서 엉덩이가 아프다.
증권	보합세를 유지한다. 전체적인 증시는 상황이 어렵다.		

2태 6감 4 △
곤궁할땐 하향지원

곤(困) 사효동

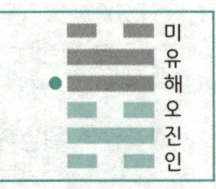

- 재주와 덕이 부족해 자신을 따르는 사람의 어려움을 해결해주지 못한다. 아랫사람과 만나서 합심해야 하는데 중간에 막는 사람이 있어서 만나지를 못한다. 사실은 그 사람이 막는 것이 아니라 스스로가 그렇게 느낀 것이다. 오해임을 깨닫고 과감히 아랫사람을 만나야 한다. 이럴까 저럴까 망설이는 가운데 곤궁함이 더해진다. 과감하게 결단하는 것이 필요하다.
- 가까운 데서는 유익한 친구를 만나기 어렵다. 사업의 성공도 매우 늦어지고, 승진하는 데도 어려움이 극심하지만, 일단 풀리게 되면 특진을 할 수가 있다.
- 병점을 쳤다면 초상을 치를 점괘고, 장사하는 사람이라면 차나 손수레 때문에 문제가 생긴다. 정해 정유 정미년에 태어났거나 음력 5월에 태어난 사람에게 좋다. 소갈증을 조심하고, 북방과 자일을 피하라.

소망	어렵고도 더디게 이룬다.	증권	크게 하락한다.
사업	초중기에는 많이 곤하다.	여행	무해무득하다.
개업	갑작스런 좌절을 조심하라.	가출	북쪽에 있다.
승진	천신만고 끝에 된다.	실물	북쪽에 있다.
시험	노력으로 합격한다.	질병	전립선염으로 자주 소변을 본다.
혼인	늦게 성립되고 불리한 조건이다.	기후	비 온다.
출산	건강한 여아를 낳는다. 혹 쌍둥이다.	의장	상복, 빈곤한 옷, 좋은 옷이 없다.
매매	더디다.	음식	제사음식, 검소하고 소박하게 먹는다, 물고기, 돼지고기.
재수	나중에 있게 된다.		
소송	화해하는 것이 좋다.	사람	유족, 빈민, 나보다 못한 사람, 아랫사람, 어린사람.
출마	위태하다.		
		장소	북방, 어두운 곳, 습기찬 곳을 피하라.

2태6감5 ○ 곤(困) 오효동
명예추락 차츰회복

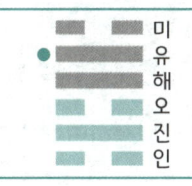

상괘 **2**
하괘 **6**
困

• 자기자신은 모든 사람을 포용하고 올바르게 행동하는 덕이 있어서 일을 잘 풀어나갈 수 있지만, 주변의 환경이 곤궁한 때이기 때문에 어렵다. 자신을 도와서 보필할 아랫사람을 잘 선택하고, 극진히 돌보면서 친목을 다져야 한다. 너무 곧게 나가면 주변의 모함을 받게 된다. 혹 송사를 당하고 형벌을 받는 소란이 일어날 수도 있다.

• 스스로는 신도 감동시킬 수 있는 정성으로 일처리를 해 나가므로, 뜻맞는 동료(또는 아랫사람)를 만난다면 일시에 풀려나갈 것이다. 처음에는 막히다가 나중에는 풀린다. 주변 사람들의 의사소통을 책임지는 일을 맡아서 곧은 말을 하게 된다. 산천에 제사를 지내고 조상에 제사를 지내면 어려움이 풀린다.

• 정해 정유 정미년에 태어났거나 음력 5월에 태어난 사람에게 좋다. 비염 또는 피부병을 조심하고, 동방과 묘일이 좋다.

소망	더디게 이룬다. 간절히 기도하라.	가출	동쪽에 있다.
사업	천신만고 끝에 성공한다.	실물	동쪽에 있다.
개업	아랫사람의 협조가 있다면, 해도 좋다.	질병	비염이다.
승진	처음에는 어렵다가 나중에 된다.	기후	흐리고 천둥친다.
시험	재수해서 합격한다.	의상	흰색과 녹색. 붉은색 입고 오는 사람이 길한 사람이다. 제사지낼 때 입는 옷.
혼인	많은 반대를 무릅쓰고 연애로 이룬다.		
출산	남아를 낳는다.	음식	제사 음식, 색다른 음식, 잉어, 죽순, 오곡밥.
매매	성립된다.		
재수	크게 있다.	사람	나를 보필할 사람, 배우자, 서로 도움이 될 사람.
소송	질질 끌다가 이긴다.		
출마	당선된다.	장소	동방, 먼 곳, 큰길가, 숲속, 연못 있는 정원, 고사지내는 곳, 제사.
증권	조금 상승한다.		
여행	길하다.		

2태6감6 △
반성하면 길해지네

곤(困) 상효동

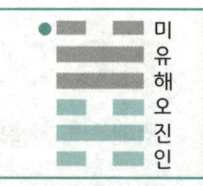

- 어려움을 구제할 덕과 재주가 부족하다. 그래서 구속되거나 지조가 꺾이게 되는 어려움이 있다. 잘못된 책임이 자신에게 있다고 반성을 하면, 그때부터 일이 풀린다. 그러나 반성하기가 어렵다. 상복을 입을 수도 있다.
- 현재 상황은 옴짝달싹하지 못할 처지이다. 앞길이 어렵다고 하여 그대로 눌러 앉으면 일이 풀리지 않는다. 장사나 여행하는 사람은, 일을 시작하거나 개척하는 일에 유리하다. 자신의 본래 터전을 떠나 멀리 가서 자립할 운이다.
- 정해 정유 정미년에 태어났거나 음력 5월에 태어난 사람에게 좋다. 두통 편두통을 조심하고, 서북방과 술일 해일을 피하라. 북방은 무난하다.

소망	바라기 어렵다.	증권	등락이 일정하지 않다. 처음에는 오르다가 나중에 하락한다.
사업	부도내고 감옥에 간다.		
개업	안 된다.	여행	일 때문에 가는 것은 좋다.
승진	불가능하다.	가출	서북쪽에 있다.
시험	떨어진다.	실물	서북쪽에 있다.
혼인	잘 안 된다. 된다 해도 좋지 않다. 잘못된 만남이다. 스토커를 만났다.	질병	두통이 심하다.
		기후	맑고 한랭하다.
출산	여아를 낳는다.	의상	죄수복, 무늬가 요란한 옷.
매매	안 된다.	음식	잡탕밥, 볶음밥, 나물비빔밥, 머리 고기.
재수	없다.	사람	경찰, 판사, 수갑을 채울 사람, 목회자, 여행가이드.
소송	화해한다.		
출마	떨어진다.	장소	북방, 바람이 잘 통하는 곳, 관공서, 회사, 면접 보는 곳, 법원, 감옥, 병원.

2태 7간 1 △
처음연애 살금살금

함(咸) 초효동

상괘
2
하괘
7
咸

• 주변에서는 모두 감정을 느끼면서 좋아하는 때에, 홀로 감정을 느끼지 못하고 멀리 떨어졌다. 능력은 없고 신분은 낮은데 이상은 높고 크다. 때를 기다리고 실력을 길러서 나아가야 한다. 당장에 원하는 것을 얻으려고 하면 성공하기 어렵다. 남녀간 성교를 할 때에 전희에 해당하는 운이므로, 천천히 무르익을 때를 기다려야 한다. 초년에는 고생하나 중년이후로 좋아진다. 혹 중년에 고향을 떠나 타향살이를 하게 된다.

• 중앙부처에서 나와 지방의 한직에 기용되고, 시험이나 취직도 늦게 이루어진다. 장사를 해도 먼 곳으로 떠돌며 하게 되고, 스님이나 도인 목회자 등도 한곳에 있지 못하고 떠돌게 된다. 마음을 급하게 먹으면 일을 이루기 어렵고, 장기적으로 계획을 세우고 꾸준히 실행해 나가야 성공할 수 있다.

• 발에 병이 생겨 멀리 가지를 못한다. 동북방이 무난하고 축일이나 인일이 무난하다. 병진 병오 병신년에 태어났거나 음력 1월에 태어난 사람에게 좋다.

소망	밖으로 다니며 하는 일은 가망있다.	가출	남녀관계로 남쪽에 있다.
사업	급하게 하려 하면 안 된다.	실물	남쪽에 있고 아랫사람의 소행이다.
개업	큰 기대는 하지 않는다.	질병	발병이다. 서쪽에 가서 치료하고 싶지만 잘 안 된다.
승진	조금 지체된다.		
시험	조급히 생각마라. 지체된다.	기후	흐리다 맑아진다.
혼인	급한 마음을 앞세우나 지체된다.	의상	붉은색, 하의 특히 신발이 포인트, 발가락이 나오는 신발도 좋다.
출산	아들을 순산한다.		
매매	되지 않는다.	음식	꿩, 거북이, 소라, 조개, 가재, 달팽이, 마른 고기, 구운 고기.
재수	크게 바라지 마라.		
소송	유리한 조건하에 있다.	사람	초보 문인, 미팅 또는 맞선, 처음 소개받은 사람.
출마	포기하고 다음기회에 도전하라.		
증권	상승할 일이 생긴다.	장소	동북방, 너무 밝고 화려하지는 않은 곳.
여행	길하다.		

2태 7간 2 △ 함(咸) 이효동
차근차근 연애하라

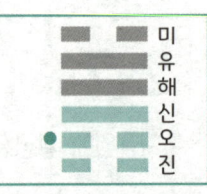
미 유 해 신 오 진

• 조용히 있으면서 자신의 분수를 지키면 이롭고, 새로운 것을 찾아 움직이면 해롭다. 윗사람에게 순종하고 존경하며 따르고, 아랫사람의 뜻을 잘 살펴서 행동한다. 한 자리에서 의리를 지키며 있는 것이 길하고, 파도에 휩쓸리듯이 자리를 옮기면 공연한 수고만 한다.

• 요컨대 욕심을 내서 눈앞의 것만을 추구하지 말고, 현재 있는 자리에서 소나기를 피하고 있으면 저절로 좋은 일이 생긴다. 남녀간 성교를 할 때에 조금 진전된 애무에 해당하지만, 아직 전희에 해당할 뿐이다. 그 상태를 유지하고 있으면 서로간의 느낌이 통해서 원하는 것을 얻게 될 것이다.

• 동북방이 무난하고 축일이나 인일이 무난하다. 장딴지가 부어올라 통증이 생긴다. 병진 병오 병신년에 태어났거나 음력 1월에 태어난 사람에게 좋다.

소망	욕심을 줄이는 것이 좋다.	가출	남녀관계로 동남방에 있다.
사업	절제력이 부족하다.	실물	동남방에 있으나 찾지 못한다.
개업	특별히 잘되지는 않는다.	질병	대장 또는 장딴지에 통증이 있고 오래간다.
승진	턱걸이 한다.		
시험	턱걸이 한다.	기후	흐리고 바람 분다.
혼인	상대방에 마음을 빼앗겨 이루어진다.	의상	녹색 계열, 공손해 보이는 옷, 끈 등 장신구, 노출이 없는 옷.
출산	여아를 출산한다.		
매매	안 된다.	음식	닭고기, 국수, 물고기, 산에서 나는 재료, 가까운데서 먹는다.
재수	보통이다.		
소송	패한다.	사람	재주 있는 사람, 과부, 약을 파는 여인, 형벌을 주관하는 관리.
출마	떨어진다.		
증권	거래는 있으나 강세를 보이지는 못한다.	장소	동북방, 산속에 있는 집, 정자.
여행	안 가는 것이 좋다.		

2태 7간 3 △
집착금물 순리대로

함(咸) 삼효동

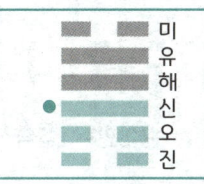

상괘
2
하괘
7
咸

• 감정에 치우쳐 일처리를 잘 못한다. 임기응변으로 위기를 모면하나 좌천되기 쉽고, 또 일처리를 잘했다는 평을 듣지 못한다. 사랑과 감정에 눈이 멀어 앞뒤 가리지 않으니, 연애하거나 동거하는 일은 이룬다.

• 역시 함괘의 초효 이효와 마찬가지로 전희에 해당하나, 삽입하기 바로 직전의 흥분한 상태를 표현한다. 느낌에만 충실하고 상대방과 함께 있기만을 원하니, 자연 일처리에는 실수가 많다. 대체로 고위직은 두루 살피지 못한 책임으로 좌천되고, 일반인은 자신의 일에만 충실할 뿐 주변에는 배려를 하지 못한다.

• 위가 더부룩하고 위산이 많이 나와 속이 쓰리다. 서남방이나 동북방이 좋고 남방은 무난하다. 유일 또는 축일 그리고 오일도 길한 날이다. 병진 병오 병신년에 태어났거나 음력 1월에 태어난 사람에게 좋다.

소망	너무 한쪽으로 치우친 생각은 일을 어렵게 한다.	여행	특별한 이익은 없다. 사랑여행이다.
사업	자신의 꾀에 자신이 빠지지 않도록 주의한다.	가출	서남방에 있는데 자기보다 어린 사람과 교제중이다.
개업	다른 사람의 밑에서 일하는 게 이롭다.	실물	서남방에 있는데 못 찾는다.
승진	간신히 승진한다.	질병	위궤양이 될 우려가 있다.
시험	간신히 합격한다.	기후	흐리고 습하다.
혼인	먼저 야합을 하였다.	의상	황토색, 너무 요란하지 않은 옷, 예절에 합당한 옷.
출산	남아를 낳는다.		
매매	반반이다. 다른 사람의 의견을 존중하라.	음식	소고기, 뿌리 식물, 갈비탕, 보통의 가격, 다리 고기.
재수	좋은 것도 있고 나쁜 것도 있다.	사람	연상의 여인, 연하의 남자, 적당히 친할 사람, 나이든 여자.
소송	화해하라.	장소	서남방, 넓고 시야가 트인 곳, 논, 정원, 위에서 아래를 내려다보는 곳.
출마	떨어진다.		
증권	상승하기는 하나 곧 안정된다.		

2태 7간 4 ㅇ 함(咸) 사효동
임신한다 접촉사랑

• 일의 중심부에서 실천하는 행동대장의 운이다. 따라서 자신의 행동이 옳으면 일이 잘 풀리고 자신의 행동이 그르면 일을 망치게 된다. 온 힘을 바쳐 정성을 다해 일하면 상하가 모두 감동할 것이고, 한쪽으로 치우치게 행동하면 지탄을 받을 것이다. 성교에 있어서 삽입하여 왕복운동을 하는 상태를 표현한다. 자신을 중심으로 모두가 소통이 된다.

• 공부하는 사람이나 수도하는 사람은 빛나지 못한 운이고, 일반인도 작은 일은 이루나 큰일은 이루지 못한다. 영업하는 사람은 자주 대화하고 만나야 원하는 바를 이룬다. 일반적으로 뜻이 맞는 사람끼리만 좋고 다른 사람과는 이해가 맞지 않으므로 인색하다는 평을 듣는다. 틀려도 행동을 고치지 못하는 흠이 있다.

• 북방이 무난하고 자일(子日)이 이롭다. 정해 정유 정미년에 태어났거나 음력 1월에 태어난 사람에게 좋다.

소망	바쁘기만 하다.	여행	길하다.
사업	부지런해야 상대방이 감동한다.	가출	북쪽에 있는데 왔다가 또 나간다.
개업	동업이 좋다.	실물	북쪽에 있는데 어지럽게 위치를 옮긴다.
승진	한우물을 파면 좋으련만 마음이 왔다 갔다 한다.	질병	조울증이나 의처증으로 자주 발작을 한다.
시험	마음이 왔다갔다 한다.	기후	비가 많이 온다.
혼인	빈번히 만나기만 한다.	의상	흰색과 검은색의 배합, 상대방의 의견을 묻는다.
출산	여아를 낳는다.		
매매	곧 될 듯 하지만 안 된다.	음식	물고기, 해산물, 돼지고기, 조금씩 여러 번 먹는다.
재수	득실이 반반이다.		
소송	피차가 마음을 바꾼다.	사람	지혜로운 사람, 자주 만날 사람, 마음을 터놓고 말할 사람.
출마	노력하면 가능하다.		
증권	반드시 하락하나, 전체적으로는 움직임이 적다.	장소	북방, 조용하고 아늑한 곳, 혹은 사람이 많은 곳, 또래들이 많은 곳.

2태 7간 5ㅇ
오감만족 깊은사랑

함(咸) 오효동

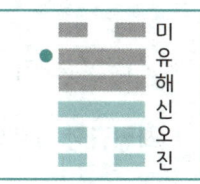

- 뜻 맞는 사람끼리만 절친하게 통하고 다른 사람에게는 아무런 감동을 주지 못한다. 대의를 위해서라기보다 자신의 생각과 감정에 충실하니, 공과 업적을 세우지는 못하나 또한 허물을 저지르거나 누도 끼치지 않는다. 뜻이 한쪽으로 치우치고 근본보다는 지엽적인 것에 신경을 쓰니, 주변 사람과 화합하기 어렵다. 동료의 환심을 잃기 쉽고, 자신만의 길을 가니, 스스로 세운 작은 일을 경영하며 산다.
- 성교의 절정에 이르러 등줄기까지 그 환희를 느끼는 상태다. 오로지 상대방과의 즐거움만 신경 쓸 뿐 다른 일은 아랑곳없다. 오로지 내가 정한 내 일만 할 뿐이다. 세상일에 아랑곳 않고 세상의 평판도 아랑곳 않고 그저 내 일과 내 생각만 있을 뿐이다.
- 옆구리에 통증이 있고, 동방이 마음 편하며, 묘일이 무난하다. 정해 정유 정미년에 태어났거나 음력 1월에 태어난 사람에게 좋다.

상괘 **2**
하괘 **7**
咸

소망	고집을 버리고 두루 살피는 것이 좋다.	가출	동쪽에 있는데 돌아온다.
사업	꾸준히 진행한다.	실물	동쪽에 있는데 찾는다.
개업	작게 시작한다. 동업이 좋다.	질병	상체가 불편하다. 조금 낫는 기미가 보인다.
승진	어렵게 이룬다.		
시험	어렵게 이룬다.	기후	비오고 천둥친다.
혼인	성사된다.	의상	밝은 녹색 계열, 뒷모습이 잘 드러나는 옷, 주변과 잘 조화되는 옷.
출산	남아를 순산한다.		
매매	성립된다.	음식	죽순요리, 특이한 음식, 족발, 수경재배한 재료.
재수	얻는 것이 있다.		
소송	이긴다.	사람	마음이 통하는 사람, 맘에 드는 사람.
출마	당선된다.	장소	동방, 호수가의 정자, 시끄럽고 번잡한 시장, 주택가, 큰길가.
증권	상승할 일이 생긴다.		
여행	길하다.		

2태 7간 6 ○ 함(咸) 상효동
사랑감정 표현하자

• 말로 사람을 감동시키고 실망시킨다. 말이 조리 있고 글솜씨가 좋아서 사람을 감동시키나, 교묘한 말로 풍속을 어지럽혀 허물을 짓기도 한다. 참소와 탄핵을 조심해야 한다. 대개는 말로써 사람을 설득하는 중개인, 논평을 하는 사람, 헐뜯기를 잘하는 사람, 잡기가 많은 사람 등에 해당한다.

• 성교를 마치고 입으로 다독거리는 후희에 해당한다. 하는 말에 따라 상대방의 마음이 움직이니, 첫째는 성실해야 하고 둘째는 표현을 잘해야 한다. 잘하면 모든 일이 뜻대로 되나, 잘못하면 구설수에 오르고 원수가 되기도 한다.

• 입안이나 혀에 병이 생긴다. 서북방이 무난하고, 술일이나 해일도 무난하다. 정해 정유 정미년에 태어났거나 음력 1월에 태어난 사람에게 좋다.

소망	구설수에 오른다.	가출	서북방에서 싸우고 있다.
사업	입조심하라.	실물	서북방에 숨겨져 있다. 장물을 잘못 사서 시비가 붙는다.
개업	하지 않는 것이 좋다.		
승진	구설수만 초래한다.	질병	입병이 있거나, 삼초에 열이 심하다.
시험	구설수만 초래한다.	기후	흐리고 한랭하다.
혼인	사소한 일로 다투게 된다.	의상	둥근 형체의 흰옷, 금은보석의 장식, 얼굴이 돋보이는 모자.
출산	여아를 낳는다.		
매매	서로 헐뜯는 시비가 있다.	음식	과일과 채소, 뼈가 많은 고기, 밤, 오이, 콩.
재수	재물로 인해 구설수에 오른다.		
소송	시비가 많다. 화해하라.	사람	뜻이 맞는 고위직 공무원, 아버지, 유명한 사람, 지점장.
출마	구설수에 오른다.		
증권	상승하는 형태를 보이지만 하락하기 시작한다.	장소	서북방, 큰 도시, 명승지, 높은 집, 관공서.
여행	구설수에 오른다.		

2태8곤1 △ 취(萃) 초효동
초지일관 내뜻관철

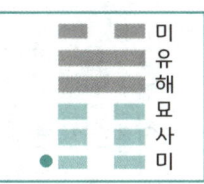

- 욕심 때문에 모이는 군중 속에 섞이지 말고 바른 길을 지키며 가야 길하게 된다. 자기의 주관대로 잘 판단하여 허물을 고쳐서 올바른 길을 가는 것이다. 그렇지만 주변 환경에 자주 마음이 쏠리고 허물어져서 근심과 기쁨이 반복되고, 옳은 행동과 그른 행동을 반복한다. 작은 일은 이룰 수 있으나 크게 성공하기 어렵다.

- 공직자는 강등되거나 쫓겨나는 등 직장을 옮기게 된다. 대체로 소인의 속임수에 넘어가 어려움을 겪는 운으로, 처음에는 고난을 겪으나 마음을 다잡아먹음으로써 다시 길하게 된다. "누가 뭐라고 해도 내 갈 길을 간다." 하는 마음으로 살아가면 당장에는 비웃음을 사고 곤란할지라도 결국 큰 어려움이 없게 된다.

- 항문 또는 음부에 병균과 습기가 생겨 가렵게 되고, 서방과 유일이 좋고, 서남방과 동방 그리고 미일 신일 묘일이 좋지 않다. 을미 을사 을묘 계미 계사 계묘년에 태어났거나 음력 6월에 태어난 사람에게 좋다.

상괘
2
하괘
8
萃

소망	사사로운 정에 얽매이지 말고 의지대로 나아가면 끝에 가서 희망이 보인다.	여행	불리하다.
사업	곤란한 처지에 있다.	가출	남녀관계로 동쪽에 있다.
개업	어렵다. 마음이 갈팡질팡 한다.	실물	동쪽에 있다.
승진	현재는 안 된다.	질병	하체에 습진이 생긴다.
시험	불합격이다.	기후	흐리고 천둥친다.
혼인	아직 결정하지 못했다.	의상	연한 녹색, 소박한 옷, 요란한 무늬는 금물, 활동적인 옷.
출산	남아를 낳는다.	음식	과일과 채소, 색다른 재료, 단순한 음식, 푸른색 채소, 죽순.
매매	안 된다.		
재수	없다.	사람	후원자, 후견인, 한 사람을 잘 골라 끝까지 믿음.
소송	승소는 어렵다.		
출마	떨어진다.	장소	서방, 먼 곳, 숲 속, 큰길가, 시끄럽고 번화한 곳.
증권	보합세를 유지하다가 상승한다.		

2태8곤2ㅇ 믿음으로 크게모임

취(萃) 이효동

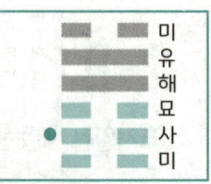

• 능력도 있고 윗사람을 섬기는 정성도 있는 사람의 운이다. 마음이 너그럽고 넓은 사람이다. 어진 사람을 밀어주고, 능력 있는 사람을 추천하며, 덕 있는 사람을 따라가며 배운다. 윗사람에 대한 충성과 정성이 귀신까지도 감동을 주니, 공과 명예가 드높다. 윗사람의 전적인 신임을 받으면서 자신의 능력을 마음껏 편다.

• 윗사람의 추천과 이끌어줌에 힘입어 승진되고 좋은 보직을 받는다. 대체로 서로 이끌어주고 돕는 사람이 많아 계획하고 운영하는 일이 순조롭다. 제사를 지내고 기도를 하는 등 정성을 모으면 일이 잘 풀린다.

• 세균성 배앓이를 하게 되고, 북방과 자일이 이롭다. 을미 을사 을묘 계미 계사 계묘년에 태어났거나 음력 6월에 태어난 사람에게 좋다.

소망 윗사람이 이끌어 줌에 힘입어 성실히 하므로 길하다.
사업 뜻대로 이루어 길하다.
개업 윗사람의 도움으로 시작한다.
승진 추천도 되고 실력도 있어서 이룬다.
시험 합격이다.
혼인 나보다 나은 데로 간다.
출산 여아를 낳는다.
매매 성립된다.
재수 좋다.
소송 승소한다.
출마 당선된다.
증권 하락한다. 하락할 때 이런 점을 얻었다면, 나중에 반드시 상승한다.

여행 이롭다.
가출 북쪽에 있다.
실물 북쪽에 있다.
질병 간이 부어서 복수가 찬다. 혹 식중독이다.
기후 흐리고 비 온다.
의상 법도에 맞는 옷, 황토색과 검은색, 간소복.
음식 물고기, 탕류, 돼지고기, 간단한 음식, 토란국.
사람 후견인, 후원자, 스승, 종교인, 뜻 맞는 동지, 배우자.
장소 북방, 물이 흘러가는 곳, 조용하고 아늑한 곳.

2태8곤3 △ 취(萃) 삼효동

겸손하면 허물없다

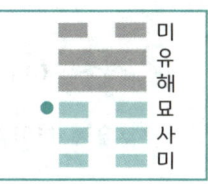

- 주변에 좋지 못한 소인이 많아서, 사귐에 도움이 되지 않는다. 주변에 도와주려는 사람은 많지만 옳고 정당한 방법이 아니다. 정당하지 않은 방법으로 협조를 받기 시작하면 몸과 마음을 망치게 된다. 친척이 서로 냉담하고 전해 내려온 가업이 별 볼일 없다. 고향을 떠나 타향에서 자립하는 것이 좋다.

- 중앙근무를 하지 못하고 지방으로 전근하게 되는 등 뿌리를 내리기 어렵다. 집이 편안하지 못하고 친척 때문에 손해를 보게 되므로, 집을 떠나면 타향을 전전한다. 남들은 서로 만나 즐거워 할 때도 의지할 곳이 없어 한탄한다.

- 위가 답답하고 막히는 증세가 있고 악성종양으로 진전할 수도 있다. 동북방이 좋지 않고 축일 인일이 좋지 않다. 을미 을사 을묘 계미 계사 계묘년에 태어났거나 음력 6월에 태어난 사람에게 좋다.

상괘 **2**
하괘 **8**
萃

소망	돕는 사람이 없어 슬퍼한다.	여행	불리하다.
사업	전망이 보이지 않으니 달리 방도를 생각해야 한다.	가출	동북방에 있는데 돌아오기 어렵다.
		실물	동북방에 있다.
개업	믿었던 사람이 도움을 주지 않는다.	질병	위가 처져서 소화시키기 어렵다.
승진	어렵다.	기후	흐리다 갠다.
시험	어렵다.	의상	매듭이 많은 옷, 황토색과 검은색, 검소한 옷.
혼인	서로 잘난 체해서 어렵다.		
출산	남아를 낳는다.	음식	작은 과일과 채소, 오리 등 작은 동물의 고기, 토란탕.
매매	안 된다.		
재수	없는 편이다.	사람	별 도움이 안 되는 후원인, 곧 헤어질 사람, 젊은 남자.
소송	화해한다.		
출마	떨어진다. 줄마지를 옮긴다.	장소	동북방을 피하라, 오솔길, 문을 사이에 두고 막힌 곳.
증권	보합세를 유지하다가 하락하거나, 처음부터 하락한다.		

2태8곤4 △ 큰포용력 모임완성

취(萃) 사효동

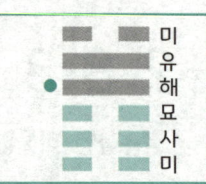
미유해묘사미

- 임금을 보필하고 백성을 다스릴 책임을 맡은 고급 관리이다. 위로는 임금의 덕을 높이고 아래로는 백성에게 은택이 골고루 가도록 해야 크게 길하게 된다. 재주와 뜻은 있으나 덕이 모자라면, 국가를 망치고 집안을 망친다.

- 대체로 주변에서 시기하고 비방하는 것을 주의해야하니, 높은 자리를 버리고 낮은 자리로 가거나 현재의 지위에서 빨리 물러나는 것이 좋다. 그러지 않고 직책에 연연하면 부당한 허물을 뒤집어쓰게 되거나, 뇌물에 대한 욕심으로 몸을 망치게 된다. 정도를 따라 바르게 처신하지 못한데서 오는 결과니, 오직 덕과 지혜가 남보다 훨씬 뛰어난 사람이라야 이런 운을 감당할 수 있다.

- 입에 염증이 생기거나 폐에 문제가 생기고, 북방과 자일이 이롭다. 정해 정유 정미년에 태어났거나 음력 6월에 태어난 사람에게 좋다.

소망	현재에 만족해야 한다.	증권	보합세를 유지한 후에 하락한다.
사업	주변의 시기와 비방을 조심하라.	여행	반반이다.
개업	적극적인 능력이 있는 자만이 크게 길하고, 그렇지 않은 사람은 해롭다.	가출	북쪽에 있다.
		실물	북쪽에 있다.
승진	이루지만 부당하게 잘못을 뒤집어쓴다.	질병	피부병이다. 차도가 있다.
		기후	비가 많이 온다.
시험	낮춰서 지원한다.	의상	흰색과 검은색, 검소하고 소박한 옷, 회색, 줄무늬 옷.
혼인	혼인한 후 명예에 손실이 있다.		
출산	건강한 여아를 낳는다.	음식	물고기, 술이 있는 음식, 짠맛, 돼지고기, 탕종류.
매매	이루기 어렵다.		
재수	얻는 것도 없고 잃는 것도 없다.	사람	아랫사람, 잘 대접하고 마음을 다독여주어야 할 사람, 단체를 이룬 사람.
소송	그만두는 것이 좋다. 상대방이 강하다.		
출마	공연히 이름만 더럽힌다. 덕을 베풀어야 크게 길하다.	장소	북방 또는 서남방, 물가, 조명이 약한 곳.

2태 8곤 5 ○ 취(萃) 오효동
큰모임을 주재하라

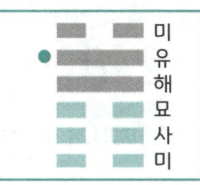

상괘 **2**
하괘 **8**
萃

- 최고로 높은 자리에 앉았고 덕을 쌓은 사람의 운이다. 반대하던 사람까지 자신의 편으로 끌어들일 수 있다. 자신의 지위와 명예 높은 것을 자랑하지 않고, 항상 공경하며 두려워하는 마음으로 행동한다. 부귀를 오래 간직할 수 있는 사람으로, 정당의 당수나 다른 사람과 의사소통을 해서 화합하는 일에 적합하다. 관직에 있지 않더라도 스스로 몸을 닦고 반성하며 조심하는 사람으로 가업을 크게 일으킨다.
- 사람들이 믿지 않아서 뜻을 크게 펴지 못하는 경우가 있고, 처신을 제대로 하지 못해 주변의 지탄을 받게 된다. 덕이 있는 사람에게는 대길한 운이지만, 자신을 반성하고 남을 공경할 줄 모르는 사람은 주변의 화합을 이끌지 못해서 실패하게 된다.
- 과로로 인해 간장이 나빠지고, 동방과 묘일이 크게 길하다. 정해 정유 정미년에 태어났거나 음력 6월에 태어난 사람에게 좋다.

소망	마음을 크게 가져라.	증권	상승한다.
사업	사람들을 화합시키는 것이 가장 중요하다.	여행	이롭다.
		가출	동쪽에 있다.
개업	해도 좋다.	실물	동쪽에 있다.
승진	된다. 그러나 자신의 도덕을 더 닦아야 한다.	질병	간장이 좋지 않다.
		기후	흐리고 바람 분다.
시험	실력이 조금 모자라지만 합격한다.	의상	녹색과 흰색, 활동복, 위엄 있으면서도 분위기에 맞는 옷, 소박한 옷.
혼인	서로 깊은 이해와 노력으로 된다.		
출산	남아를 순산한다.	음식	죽순, 색다른 음식, 상대방에게 맞춤, 잔치 음식, 회식, 신맛.
매매	이룬다.		
재수	얻는 것이 있다.	사람	설득할 사람, 군중, 양보를 바라는 사람, 양보해야 좋다.
소송	승소한다.		
출마	당선된다.	장소	동방, 먼 곳, 숲속, 큰길가, 시끄럽고 번화한 곳.

2태8곤6 ⊠ 취(萃) 상효동
다 떠나서 슬퍼하네

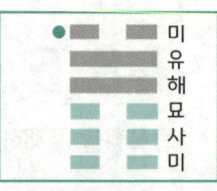

• 재주도 없고 지위도 없으면서 세상의 모임을 주재하려고 한다. 유약해서 하는 일 없이 근심걱정으로 날을 보내니, 주변 사람들이 멀리해서 도움을 받지 못한다. 빨리 자리에서 물러나는 것이 상책이다. 승진하는 것이 뜻대로 되지 않고 일이 번잡하고 요란스러워 안정을 찾지 못하니 한탄하고 눈물을 흘린다. 밖에서는 윗사람과 아랫사람이 핍박을 해오고, 안에서는 어른과 어린이가 일을 저질러 근심걱정으로 날을 보낸다.

• 빨리 물러나야 하는데 주저주저하니, 물러나서도 후회하고 슬퍼한다. 명예와 이익이 없음은 물론 수명조차 얼마 남지 않았다. 아주 자질구레한 일은 이룰 수 있다.

• 폐병이 중해지고 교통사고, 뇌졸중 등이 우려되고, 서북방과 술일 해일이 해롭다. 정해 정유 정미년에 태어났거나 음력 6월에 태어난 사람에게 좋다.

소망	욕심을 버려라.	여행	불리하다.
사업	일이 번잡해지면서 여러 여건이 안 좋은 쪽으로만 흐른다.	가출	서북방에서 울고 있다.
		실물	서북방에 있다.
개업	안 된다.	질병	폐병이다. 혹 눈병이 생긴다.
승진	안 된다.	기후	흐리고 한랭하다.
시험	떨어진다.	의상	둥근 형체의 흰옷, 상복, 소박한 옷, 관복이나 제복.
혼인	연애하는데 말만 많다.		
출산	여아를 낳는다.	음식	머리 고기, 뼈 있는 고기, 허파, 매운 맛, 큰 과일.
매매	안 된다.		
재수	없다.	사람	상주, 조문객, 슬픔에 싸인 사람, 위로할 사람.
소송	화해하라.		
출마	떨어진다.	장소	서북방을 피하라. 변두리, 큰 건물.
증권	인기가 약하고 거래량이 한산하다.		

주역점
비결

상괘수가 3일때

3리 1건 1 △ 대유(大有) 초효동
순정사귐 부끄부끄

사미유진인자

- 신중하게 처신하면서 어려운 처지를 잘 헤쳐 나가도록 주의해야 한다. 재주와 덕을 갖춘 사람으로 아직 이끌어줄 사람을 못 만났다. 자신의 마음을 굳게 지키면서 욕심을 내지 않으면 허물을 면할 수 있다.
- 항상 다른 사람이 헐뜯고 흠집을 내려고 해서 어렵고 힘들다. 기회를 보아 용퇴하는 것이 좋고, 지위나 월급에 연연하다가는 화를 당한다. 승진하고자 하면 오히려 좌절되고 내쳐지는 결과를 가져오고, 자신의 마음을 다스리지 못해서 근심과 번뇌가 생긴다. 자신의 이익을 챙기려고 윗사람을 속이고 능멸하면 재앙급 어려움이 생긴다. 대체로 어렵고 위태한 처지에 놓였다는 생각으로, 조심하면서 중심을 잡아나가다 보면 어려움이 풀리게 된다.
- 다리를 비롯한 하반신이 불편. 동남방과 진일 사일이 이롭다. 갑자 갑인 갑진 임자 임인 임진년에 태어났거나 음력 1월에 태어난 사람에게 좋다.

상괘 3
하괘 1
大有

소망	조심조심하고 열심히 해야 이룬다.	증권	상승하다가 변동수가 있고 또 오른다.
사업	처해있는 상황에서 더 발전하려고 나서면 위험하다.	여행	가지 않는 것이 좋다.
		가출	외롭다는 생각으로 집을 떠났는데 동남쪽에 있다.
개업	조금 더 기다려라.		
승진	고관은 어려우나 낮은 직급이라면 된다.	실물	가까운 동남쪽에 깊이 감추어져 있다.
		질병	좋은 의원을 만나 회복된다.
시험	작은 시험은 합격한다.	기후	맑았다가 바람 분다.
혼인	반흉반길이다. 성사는 된다.	의상	둥근 형체의 흰옷 바탕에 청록색이나 짙은 파랑 겉옷, 검소해 보이는 것이 좋다.
출산	조산하는 편이고 남아를 낳는다.		
매매	작은 거래는 이루어진다.	음식	과일과 채소, 선짓국 머리 고기, 푸른색 채소, 보편적이고 대중적인 음식.
재수	반쯤 좋다.		
소송	승소하지만 화해하는 것이 좋다.	사람	나이든 여성 공무원, 간호원, 기술자.
출마	당선은 안 된다.	장소	동남방, 서북에서 동남을 바라보고 앉는다. 조심스러운 만남.

3리 1건 2○ 대유(大有) 이효동
임무막중 이겨낸다

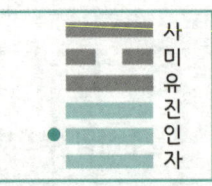
사미유진인자

• 천하를 감당하는 무거운 소임을 맡더라도, 능력이 뛰어나 잘 처리할 수 있는 사람의 운이다. 큰 재주와 덕이 있어서 혼란을 다스리는 큰 공을 세운다. 복과 수명을 누리고 거처함에 여유롭고 걱정이 없다.

• 한직에 있거나 휴직하고 있는 사람이라도 대접을 받으면서 크게 쓰이고, 장수는 전쟁터에 나가 큰 공을 세운다. 꾀하는 일이 잘 되고 재산이 풍부해진다. 간혹 정신적 육체적 피로가 누적되어 병치레를 하고 수명이 짧아지는 흠이 있다.

• 남쪽과 오일이 크게 이롭다. 갑자 갑인 갑진 임자 임인 임진년에 태어났거나 음력 1월에 태어난 사람에게 좋다.

소망	운기가 좋아 이룬다. 단 장수하기는 어렵다.	여행	큰 사명을 띠고 가는 것이거나, 큰일을 하기 위해 가서 공을 세운다.
사업	큰 사업을 성취한다.	가출	큰돈을 가지고 집을 나갔다. 남쪽으로 갔다.
개업	대길하다.		
승진	승진하여 중책을 맡는다.	실물	남쪽에서 잃어버렸다.
시험	합격한다.	질병	휴식을 취한다. 환자가 장수할 체질은 아니다.
혼인	좋은 배필을 만나 늦게 이루어지는데, 혼인 후에 이혼할 수도 있다.	기후	쾌청하다. 여름날이면 폭염이다.
출산	여아를 낳는데, 혹은 남녀 쌍둥이를 낳을 수도 있다.	의상	붉은색 계열, 통이 큰 옷, 지휘복 또는 작업복
매매	크게 이익 본다.	음식	많은 음식, 여러 사람과 같이 먹음, 구이, 바비큐.
재수	큰 득이 있다.		
소송	승소한다. 또 재판할 필요도 없다.	사람	능력 있는 사람, 중립을 지키는 사람, 덕이 있는 사람.
출마	무조건 당선된다.		
증권	반드시 상승한다.	장소	남방, 아궁이, 환한 곳, 찜질방, 화려한 곳, 많은 사람이 모이는 곳.

3리 1건 3 △ 대유(大有) 삼효동
선공후사 욕심버림

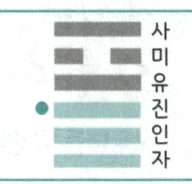
사미유진인자

상괘 3
하괘 1
大有

- 자신을 알아주는 훌륭한 지도자를 만나서 전적으로 신임을 받으며 큰 공을 세우는 운이다. 전권을 위임받아 일처리를 한다. 관직에 있는 사람은 중앙부서의 중책을 감당하고, 시험 보는 사람은 수석으로 합격한다. 재산을 많이 벌어서 사회에 환원하는 운이다.
- 일반인은 생각이 모자라고 욕심이 많아서 재앙과 어려움을 자초하게 되니, 하는 일이 지체되고 실수하며, 소인배의 농간에 말려 사기를 당하기도 한다. 윗사람을 영예롭게 하고 힘을 다해 도와야지, 사사로운 이익을 챙기면 반드시 큰 해를 입고 쫓겨날 것이다. 자칫하면 다치거나 형벌을 받게 되니, 일반인은 크게 경계해야 된다.
- 기관지가 약하고 피부병이 있다. 서쪽과 유일이 이롭다. 갑자 갑인 갑진 임자 임인 임진년에 태어났거나 음력 1월에 태어난 사람에게 좋다.

소망	능력 있는 사람은 크게 잘되고, 그렇지 못한 사람은 오히려 해를 입는다.	출마	아랫사람으로 인해 문제가 생긴다.
		증권	이유 없이 상승하다가 안정된다.
사업	재력은 넉넉하지만 통제능력이 부족하다.	여행	돈 쓰면서 즐기는 여행이다.
개업	믿을 수 있는 사람에게 역할을 나누어 주면 좋다.	가출	불화로 인해 큰돈을 갖고 서쪽으로 나가서 다 쓰고 온다.
		실물	서쪽에 있는데, 도둑의 소행이다.
승진	고관은 되고, 보통사람은 안 된다.	질병	낫지도 않고 더하지도 않는다.
시험	일반인은 불합격이다.	기후	맑았다가 흐려진다.
혼인	삼각관계에 있다. 믿을 수 있으면 좋지만 그렇지 못하면 그만두는 것이 좋다.	의상	흰색 계열, 예복, 윗사람을 만나 예를 갖춰야 한다.
출산	남아를 낳는다.	음식	생고기, 회, 예물 음식.
매매	잘못하면 속임수에 넘어간다.	사람	모셔야 될 윗사람, 희고 늘씬한 사람, 젊어 보이는 여인.
재수	심부름을 잘못시켜 손해를 본다.		
소송	화해하라. 상대방의 성실함을 늦게 깨닫는다.	장소	서방, 물가 또는 호수, 바닷가, 콘서트, 야구장 축구장 등 여럿이 응원하는 곳.

3리 1건 4△
모두내몸 주변배려

대유(大有) 사효동

사미유진인자

• 일인지하 만인지상의 권력을 가진 고급관리의 운이다. 자신을 경계하고 절제할 줄 알아야 허물이 적게 된다. 높으면 높을수록 조심해야 자리를 유지할 수 있다. 사사로운 욕심을 버리고 교만하거나 음탕하지도 않으며, 자신의 공도 자랑하지 않는 사람이라면 부귀를 누리고, 그렇지 않은 사람은 도리어 큰 화를 불러 자신뿐 아니라 주변까지 망치게 된다.

• 자칫 받은 상훈(賞勳)을 모두 박탈당하고 죄를 뒤집어 쓸 수도 있다. 일반인은 현재의 일상적인 일에 충실하면 화가 없다.

• 눈병이 생기기 쉽고 협심증을 조심해야 한다. 동북방이 이롭고 축일 인일이 좋다. 기유 기미 기사년에 태어났거나 음력 1월에 태어난 사람에게 좋다.

소망	현재에 만족하라.	증권	변동이 없다가 차차 상승한다.
사업	확대하지 마라.	여행	가도 좋으나, 너무 떠벌리지는 마라.
개업	분수껏 작게 열면 좋다.	가출	강한 자에게 이끌려 나갔으므로 쉽게 돌아오기 힘든다. 동북쪽으로 갔다.
승진	좋은 성적으로 승진하여 중요한 직책을 맡는다.	실물	동북쪽에 숨겨져 있다.
시험	좋은 성적으로 합격한다.	질병	속히 치료하면 좋다. 눈병이다.
혼인	너무 높은 자리나 부를 바라서는 안 된다.	기후	맑았다가 구름 낀다.
출산	여아를 낳는다. 태아가 너무 커서 난산이 우려된다.	의상	절제된 옷, 검거나 황토색, 너무 돋보이지 않는 옷.
매매	너무 큰 이익만을 고집하면 안 된다.	음식	산에서 나는 재료, 보편적 음식, 대중식당.
재수	큰 욕심만 안내면 좋다.	사람	관대하게 포용해야 할 사람, 소인배, 참모.
소송	승소해도 별 이득이 없으니, 화해하라.		
출마	밝은 지혜로 당선된다.	장소	동북방, 산이나 들, 대중적인 곳.

3리 1건 5◎
믿음위엄 성공행복

대유(大有) 오효동

상괘
3
하괘
1
大有

• 위엄과 신의를 가지고 국민을 다스리는 임금의 운이다. 윗사람과 아랫사람이 서로 신뢰를 하며 함께 일을 하되, 상하간의 위계를 지켜야 오랫동안 부귀를 누릴 수 있다. 상하간에 규율을 엄히 하지 않으면 조직이 무너져서 성공할 수 없다. 또 은혜를 베풀어도 고마운지를 모르고 오히려 헐뜯고 원망한다.

• 너무 경솔하거나 교만하여도 화를 부르고, 너무 게을러 느리게 행동하거나 위엄이 없어도 화를 부르니, 항상 중도에 맞게 절도를 지켜야 한다. 대체로 신의를 바탕으로 화합을 하면서도 정숙하고 위엄 있게 하여 상하간의 구별을 명확히 해야 길한 운이다. 성실한 행동으로 만인이 우러러보는 지도자가 되고, 특별히 신경 쓰지 않아도 인기가 집중된다.

• 지나친 걱정을 하다 뇌졸중으로 쓰러지기 쉽다. 서북방이나 술일 해일이 크게 길하다. 기유 기미 기사년에 태어났거나 음력 1월에 태어난 사람에게 좋다.

소망	모든 사람들이 도와 크게 이룬다.	증권	갑자기 상승했다가 나중에 하락한다.
사업	크게 번창한다. 상하 위계질서를 분명히 하라.	여행	잘 다녀온다.
		가출	남녀관계로 서북쪽으로 갔다.
개업	대길이다.	실물	서북쪽으로 멀리 있다.
승진	좋은 성적으로 승진하고 신임을 받는다.	질병	위태롭지만 죽지는 않는다.
		기후	맑게 갠다.
시험	좋은 성적으로 합격이다.	의상	흰색 또는 붉은 색, 위엄 있는 옷, 믿음이 가는 옷.
혼인	여자는 좋고, 남자는 그저 그렇다.		
출산	명석한 남아를 낳는다. 혹 쌍둥이다.	음식	과일과 채소, 선짓국 머리 고기, 우아하고 귀한 음식.
매매	믿음으로 행해 이루어진다.		
재수	크게 길하다.	사람	나를 보좌할 참모, 후견인.
소송	승소한다.	장소	서북방, 바람 부는 정자, 명승지, 공식적인 장소.
출마	당선이다.		

3리 1건 6 ◎ 대유(大有) 상효동
욕심줄면 명예부귀

사미유진인자

- 강하고 크면서도 겸양하는 사람으로, 주변의 신망과 존경을 받는다. 덕을 베풀기를 하늘의 뜻과 합치되게 하고 하늘을 감동하게 하니, 부귀를 누리고 하늘(윗사람)이 먼저 돕기를 원한다.
- 크게 승진하고 명예를 얻게 되며, 존귀한 사람의 추천과 보호를 받게 되고, 하는 일마다 저절로 잘 풀린다. 깜짝 놀랄 정도로 잘 풀리는 운은 과거에 덕을 쌓았기 때문이다.
- 동쪽과 묘일이 이롭고, 눈이 잘 안 보이는 경향이 있다. 1m 50cm 정도 앞에 한 점을 찍고, 허리를 펴고 똑바로 앉은 채 하루에 10분이나 20분 정도 집중하면 저절로 안력이 회복된다. 조직의 장이 되어도 좋지만 고문으로 있으면서 충고하는 것이 더욱 편하고 효과 있다. 기유 기미 기사년에 태어났거나 음력 1월에 태어난 사람에게 좋다.

소망	명예와 부가 따른다.	여행	잘 갔다가 돌아온다.
사업	크게 성공한다.	가출	동쪽으로 갔는데 곧 돌아온다.
개업	크게 성공한다.	실물	동쪽에 있는데 뜻밖의 장소에서 나타난다.
승진	좋은 성적으로 승진하여 능력을 발휘한다.		
		질병	신의 가호로 회생된다.
시험	좋은 성적으로 합격이다.	기후	청록색 계열, 믿음과 신의를 주는 옷,
혼인	우연히 좋은 사람 만나서 잘 산다.	의상	장소에 맞는 옷.
출산	크게 복 있는 여아를 낳고, 산모도 건강하다.	음식	과일과 채소, 선짓국 머리 고기, 귀한 음식.
매매	서로 이익을 보고 성립된다.	사람	나를 도와줄 사람, 의로운 사람, 순리대로 따르는 사람.
재수	길할 뿐만 아니라 의리에도 합당하다.		
소송	많은 사람이 도와주어 유리하다.	장소	동방, 서방에서 동방을 바라보고 앉는다. 숲, 산속의 누각, 큰 도로.
출마	당선된다.		
증권	반드시 상승한다.		

3리 2태 1 △ 규(睽) 초효동
다툼조심 악인조심

상괘 3
하괘 2
睽

• 처음에는 손실이 있으나 저절로 회복된다. 덕망이 높아 사람들의 공경과 신뢰를 받고, 다른 사람의 모범이 된다. 초년에는 어렵지만 말년에 원하는 것을 크게 이룬다. 태어난 환경이 어렵고 귀인을 만나기 어려우나, 자신의 성실함을 알아주고 이끌어주는 사람의 도움으로 어려움이 풀린다. 악한 사람을 만나면 자신을 고치고 반성하는 계기로 삼고, 또 신변의 안전을 위해 일시적으로 악인에 의지하는 수가 있다.

• 휴직했던 사람은 복직되고, 강등되거나 지방으로 좌천되었던 사람은 승진하게 된다. 범인의 죄를 다루거나 선도하는 직업에 좋다. 다만 시험을 보면 합격이 더디게 되며, 가축을 기르면 손실이 예상된다. 일반적으로 처음은 어렵다가 뒤에 화합하고 성공하게 된다.

• 오줌소태에 걸리고, 북방과 자일이 이롭다. 정사 정묘 정축년에 태어났거나 음력 2월에 태어난 사람에게 좋다.

소망	때가 거의 되었다.	증권	조금 강세를 보이다가 보합세를 유지.
사업	처음에는 어렵다가 나중에 된다.	여행	고통이 따른다.
개업	중도에 어려운 일이 많다. 사기꾼을 조심하라.	가출	북에 있고, 돌아온다.
		실물	북에 있다.
승진	한번은 실패하나, 다음엔 된다.	질병	신장병으로 합병증이 온다.
시험	지체된다. 성적이 부실하다.	기후	비 온다.
혼인	처음에는 어긋나지만 늦게 이룬다.	의상	검은색, 넉넉한 옷, 겉옷을 잠시 잃어버릴 수 있다.
출산	남아를 낳되, 아기가 커서 난산이다.		
매매	예상치 못한 일로 지체된다.	음식	물고기, 매운탕, 돼지고기, 짠맛, 호기심으로 먹는다.
재수	처음에는 없다가 나중에는 있다.		
소송	불리한 조건이다.	사람	중년 남성, 마음에 들지 않는 사람, 나를 해치려던 사람.
출마	적대시하는 사람과 손을 잡으면 가능하다.		
		장소	북방, 물가, 어두운 곳, 멀리 떨어진 강.

3리 2태 2 ○
다툼조심 근검절약

규(睽) 이효동

사미유축묘사

• 서로 어긋나는 때를 만났지만, 정성을 다해서 사람들을 화합하게 한다. 윗사람의 그릇된 편견을 바로잡고 아랫사람의 뒤틀린 마음을 바꾸게 한다. 사람들과 직접 맞닥뜨려 본마음을 보이며 정을 나누니 도와주는 사람이 많다. 시골에 숨어살아도 주변사람들과 잘 어울린다. 다만 윗사람에게 정성을 보일 때는 한적한 곳에서 비밀리에 만나는 방법을 쓰고, 아랫사람에게는 공명정대하게 한다.

• 자신을 알아주는 사람을 만나게 되니, 시험에 합격하고 지위가 승진된다. 도와주는 사람이 많아서 계획하고 뜻하는 일이 저절로 풀린다. 체면이나 격식에 매이지 말고 적극적으로 인정에 호소하라. 마음의 밑바닥부터 서로 신뢰할 수 있게 되면 원수가 은인이 된다. 돈이 필요하면 돈 있는 사람에게 정성을 보이고, 지위가 필요하면 지위 있는 사람에게 자신의 진실을 밝혀라.

• 간에 무리가 오고, 사고로 다리를 다칠 염려가 있다. 동쪽과 묘일이 이롭다. 정사 정묘 정축년에 태어났거나 음력 2월에 태어난 사람에게 좋다.

소망	희망적이다. 남쪽 또는 불과 관련된 사람을 사귀면 좋다.	증권	가격이 정해지기 어렵다. 거래는 한산하고 가격은 내린다.
사업	뜻을 알아주는 사람을 만나 상의하고, 일을 빨리 처리하도록 하는 것이 좋다.	여행	동으로 갔다.
		가출	동쪽의 후미진 곳에 있다.
개업	윗사람(여인)의 도움을 받는다.	실물	동쪽에 숨겨 두었다.
승진	주변의 도움으로 이루어진다.	질병	간이 좋지 않다.
시험	낮추면 합격이다.	기후	흐리고 바람 분다.
혼인	성사된다.	의상	녹색, 대중적인 옷, 소박한 옷, 겸손해 보이는 옷, 세로 줄무늬.
출산	여아를 순산한다.		
매매	은근히 이루어진다.	음식	뱀장어, 잉어, 채소, 연뿌리, 수경재배 채소.
재수	득이 있다.		
소송	이긴다.	사람	평상복을 한 고위층인사, 후계자.
출마	남쪽의 권세가를 몰래 만나면 된다.	장소	동방, 교외, 사방이 트인 곳, 한적한 곳.

3리 2태 3 △ 규(睽) 삼효동
다툼조심 나중좋음

- 처음엔 어긋나지만 나중에 잘 화합한다. 재주는 뛰어나지만 타고난 성품이 예민해서 의심이 많다. 사람들과 다투고 사이가 좋지 않아서 모함을 받고 누명을 쓰는 경우가 많지만, 시일이 지나 경험이 늘고 성격이 느긋해지면 사람들과 합심하여 순조롭게 된다.

- 탈 것을 타다가 다치는 등 몸에 상처가 많다. 육체적인 노동을 하게 되어 힘드나 나중에는 편안하게 된다. 혹 누명을 쓰고 형벌을 받는 수도 있다. 아첨하고 간사한 무리 때문에 고생하고, 보직을 늦게 받아 마음이 괴로우며, 진취적인 일을 하려할 때 장애가 많다. 구조조정이나 기업 청산하는 일에 좋다. 자신은 물론이고 부모형제 등 가까운 피붙이가 형벌을 받거나 다치는 경우가 많다. 일반적으로 처음은 다치고 어려우나 뒤에 가서 풀린다.

- 탈모증, 축농증 등 머리와 코를 다치거나 병든다. 서북방과 술일 해일이 이롭다. 정사 정묘 정축년생이거나 음력 2월에 태어난 사람에게 좋다.

소망	처음에는 이득하다가, 계속 빌고 나가면 성취한다.	증권	오르는 듯 하다가 안정세를 유지한다. 그러다 갑자기 상승한다.
사업	방해와 장애가 많지만 길하게 된다.	여행	사고를 조심하라.
개업	생각지 못한 어려운 일이 많이 생긴다.	가출	서북쪽에서 죄 없이 의심받고 있다.
승진	대기발령을 받고 오랜 기다림 끝에 요직에 오른다.	실물	서북쪽에 있다.
시험	보결로 간신히 된다.	질병	비염이다. 조금 낫는다.
혼인	공연한 오해로 인해 성사 어렵다.	기후	한랭성 고기압이다.
출산	여아를 낳는다.	의상	흰색, 회색, 둥근 옷, 제복, 단체복, 투우복, 군복, 죄수복.
매매	이루어지지 않는다.	음식	큰 과일, 머리 고기, 소고기, 회식 마감시간에 가서 먹는다.
재수	먼저는 잃고 나중은 얻는다.		
소송	서로의 오해가 많다. 대화로 해결하라.	사람	천생배필, 고위 공무원, 만나기가 꺼려지는 사람, 망설이는 사람,
출마	낙선이다.	장소	서북방, 면회실, 공관, 투우장, 이발소.

3리 2태 4 ○ 규(睽) 사효동
늦게만난 착한사람

- 일이 자꾸만 어그러지던 사람이 귀인을 만났으니, 그 재주가 쓰이지 된다. 스스로 겸손하고 공손하게 처신하니, 처음에는 뜻이 안 맞아 떠나가더라도 뒤에 다시 와서 화합한다.
- 여자가 이런 운을 만나면 명예를 얻는다. 주변의 추천으로 승진하고, 자신을 알아주는 사람을 만나 합격하여 발탁된다. 결혼하고자 하는 사람은 좋은 짝을 만나고, 위험에 처했던 사람은 편안해지며, 별 볼일 없는 직책에 있던 사람은 좋은 보직을 얻는다. 바깥에서 하는 일, 특히 외교관이나 무역업에 좋다.
- 식도에 염증이 생겨 소화불량이 된다. 서쪽과 유일이 좋고, 동북방과 축일 인일도 무방하다. 기유 기미 기사년에 태어났거나 음력 2월에 태어난 사람에게 좋다.

소망 혼자 힘으로는 어렵지만, 도와주는 사람이 생긴다.
사업 서로 힘을 합하면, 어렵더라도 진전이 있다.
개업 여자는 해볼 만하다.
승진 된다.
시험 합격이다.
혼인 알던 사람을 다시 만난다. 의기투합하여 성사되나, 다소 손실이 있다.
출산 남아를 낳는다.
매매 교제를 잘하면 종국에는 이루어진다.
재수 조금 득이 있다.
소송 화해하라. 나를 해치고자 하는 사람이 아니다.
출마 낙선이다.

증권 내리는 추세다. 공급량이 적어 거래가 적다.
여행 길하다.
가출 동북쪽에 있고 친구 따라 갔다.
실물 동북쪽에 있다.
질병 식도에 염증이 생겨 붓는다. 명의를 만나 치유된다.
기후 해 났다가 구름 낀다.
의상 밝은 황토색, 소박하고 꾸밈이 적은 옷, 주름이 잡힌 옷, 절제된 옷.
음식 거위구이, 오리구이, 산나물, 작은 열매, 조촐한 밥상.
사람 청년, 진실한 사람, 연하의 연인, 처음에는 어색하나 말이 잘 통하는 사람.
장소 동북방, 오솔길, 등산길, 사찰, 고궁.

3리 2태 5 ○ 규(睽) 오효동
좋은사람 좋은만남

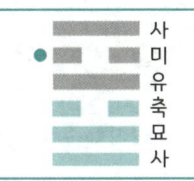

• 덕이 두텁고 지위가 높은 사람이다. 자신은 재주가 없지만, 겸손하면서도 공손한 자세로 능력 있는 사람을 등용해서 일을 성공시킨다. 혹은 자신은 별 노력을 하지 않아도 주변에서 도와줌으로써 일이 저절로 풀린다. 자신을 알아주는 사람을 많이 만나는 등 인복이 두텁다. 시험을 보면 1등으로 합격하고, 지위는 높아진다. 미혼인 사람은 배우자를 얻고, 사업하는 사람은 인덕을 인정받아 도와주는 사람이 생긴다. 일반적으로 인간적인 덕을 많이 쌓음으로써 주변의 도움으로 성공하게 된다.

• 혹은 너무 쉽게 보임으로써 친한 친구가 배신하며 미워하게 되고, 가까운 친족이 다치거나 형벌을 받게 되며, 자신도 송사에 휘말리기 쉽다. 혹 개나 기타 가축에게 물려서 상처를 입는다.

• 머리에 열이 많아져 뇌막염에 걸리기 쉽고, 서북방과 술일 해일이 이롭다. 기유 기미 기사년에 태어났거나 음력 2월에 태어난 사람에게 좋다.

상괘 3
하괘 2
睽

소망	아랫사람의 도움으로 성취된다.	여행	길하다.
사업	동업자와 뜻이 맞아 성공한다.	가출	서북쪽에 있는데 돌아온다.
개업	동업이 좋다.	실물	서북쪽에 있는데 찾는다.
승진	이루어진다.	질병	뇌막염 또는 안질이다.
시험	좋은 성적으로 합격이다.	기후	해났다가 서늘해진다.
혼인	의기투합하여 성사된다.	의상	밝은 흰색, 돋보이는 옷, 위엄 있으면서도 친근한 옷.
출산	여아를 순산한다.		
매매	이루어진다.	음식	큰 과일, 머리 고기, 소고기, 연한 살코기, 단 둘이 만나서 먹는다.
재수	좋다.		
소송	승소한다.	사람	마음이 통하는 참모, 친한 친구, 고위공무원, 아버지.
출마	당선이다.		
증권	부분적으로 치우치면서 거래가 된다. 오르락내리락 하다가 상승한다.	장소	서북방, 공관, 화려하고 큰 집, 도심.

3리 2태 6 △
의심백출 나중화해

규(睽) 상효동

• 처음에는 뜻이 맞지 않아 의심하고 멀리하지만, 나중에는 뜻을 같이해서 일을 성공시킨다. 뛰어난 재주로 지나치게 밝게 살피며, 의심도 많고 상대방을 좋지 않게 본다. 옳고 그름의 기준이 일정하지 않아서 주변의 원망을 산다. 고독하게 되고 모함과 질시에 더럽혀지나, 오해가 풀리면 좋아진다.

• 근거없는 낭설을 믿거나, 의심해서는 안 될 사람을 의심한다. 심지어는 배우자까지 의심하게 되니, 높은 지위에 있는 사람은 비방과 원망을 받다가 좌천되거나 실직하기 쉬우며, 시험 보는 사람은 헤매다가 늦게야 합격한다. 일반적으로 쓸데없는 오해를 사서 어려우나 나중에 서서히 풀리게 된다.

• 갑상선 등 소모성 질환에 걸리고, 서쪽이 좋고 유일이 길하다. 비오는 날이 일이 잘 풀리는 날이다. 기유 기미 기사년에 태어났거나 음력 2월에 태어난 사람에게 좋다.

소망	전혀 가망이 없다가 끝에 이룬다.	여행	흉하다가 길하게 된다.
사업	사기당할 것을 조심하라.	가출	동쪽에서 횡액에 걸렸다.
개업	좋지 않다. 고생이 심하다.	실물	동쪽에 있다.
승진	갖은 고통 끝에 된다.	질병	남을 의심하는 병이다. 점차 회복한다.
시험	늦게 된다.	기후	해났다가 바람 분다.
혼인	꾸준히 믿고 따르면 끝내 성사된다. 재혼이 많다.	의상	밝은 녹색 계열, 발이 잘 드러나는 옷, 유혹하는 옷.
출산	여아를 순산한다.	음식	돼지고기, 과일과 채소, 족발, 죽순, 전복, 해삼.
매매	서로를 불신하다가 오해가 풀려 이루어진다.	사람	오랜 연인, 화해할 사람, 혼인할 사람, 중년 남자.
재수	먼저는 잃고 나중에는 크게 얻는다.	장소	서방, 큰 도로, 사통팔달 거리, 시끄러운 장터.
소송	질질 끌다가 모든 오해가 풀린다.		
출마	격전을 벌이다 당선된다.		
증권	등락의 왕래가 있어서 가격이 정해지기 어렵다가 갑자기 상승한다.		

3리3리1 △ 리(離) 초효동

조심조심 발끝조심

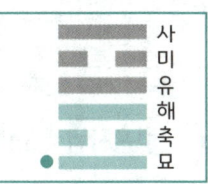

- 잘못된 행실을 고치고 덕을 따르는 자로, 처음에는 행실에 어긋남이 많으나 나중에는 복을 받고 잘 살게 된다. 자기중심적이고 망령된 행동을 하지 말고, 항상 공경하고 조심해야 현상유지가 된다. 바른 마음으로 공경하며 신중하게 처신하여 얽힌 것을 풀어나가면, 공을 이루고 지위가 높아져 존경을 받게 된다.
- 조급하게 움직이며 조심하지 않다가 다치게 되고, 이치에 어긋나고 분수에 넘는 행동을 하다가 일을 그르친다. 대체로 일의 순서와 경중을 몰라 헤매다가 나중에 안정된다.
- 혈액순환이 좋지 않고, 길을 가다가 발을 헛디뎌서 다치는 수가 있으며, 동북방과 축일 인일이 무난하다. 기묘 기축 기해에 태어났거나 음력 4월 5월 6월에 태어난 사람에게 좋다.

상괘 3
하괘 3
離

소망	이루기 어렵다.	가출	동북방에 있다. 찾기 어렵다.
사업	늘 조심하며 상대방을 공경해야 한다.	실물	동북방에 있다. 찾기 어렵다.
개업	작게 하면 좋다.	질병	심장이 좋지 않아 심장박동이 불규칙해서 불안하니 안정을 요한다.
승진	늦어진다.		
시험	안 된다.	기후	맑았다가 흐려진다.
혼인	성립되기까지 여러 가지로 꼬인다.	의상	밝은 황토색, 상하 언밸런스, 튀는 것을 자제하라.
출산	아들을 낳되 난산이다.		
매매	안 된다.	음식	작은 동물, 바비큐, 산나물 비빔밥, 정성스럽게 만든 음식.
재수	보통이다.		
소송	불리하다.	사람	지혜로운 소년, 존경하고 공경해야 할 사람.
출마	떨어진다.		
증권	안정세라서 움직임이 있기 어렵다.	장소	동북방, 산속, 오솔길, 운치 있는 곳.
여행	조심하고 또 조심한다.		

3리 3리 2 ◎ 리(離) 이효동
좋은사귐 얽혀보자

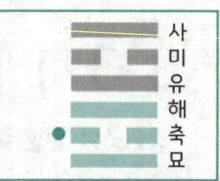

- 치우치지 않은 사람이다. 중심을 잘 잡는 신하가 임금을 잘 보필함으로써, 문명한 정치를 잘 이룬다. 겸손하고 부드럽게 중정한 도를 행한다. 위로는 현명하고 능력 있는 임금을 도와 인자한 정치가 베풀어지게 하고, 아래로는 조직 관리를 잘 하니, 복이 많고 마음이 관대하고 크며, 사람 됨됨이가 좋고 지식이 많다.
- 성실하고 부지런하며 신중하다. 가업을 흥성하게 하고 평생을 편안하게 즐기며 산다. 훌륭한 윗사람을 만나 보필하며 뜻을 펴고, 시험은 반드시 수석이고, 재물은 더욱 불어난다.
- 서북방과 술일 해일이 길하고, 고혈압과 피부병을 조심하라. 기묘 기축 기해년에 태어났거나 음력 4월 5월 6월에 태어난 사람에게 좋다.

소망	크게 이룬다.	증권	상승하기는 하나, 상승국면이 이어지다가 결국 하락한다.
사업	자기가 하는 일에 충실하고, 새로운 기술을 개발한다.	여행	길하다.
개업	부지런히 뛰어 성공한다.	가출	서북방에 있는데, 스스로 온다.
승진	수석으로 된다.	실물	서북방에 있고 찾게 된다.
시험	수석으로 된다.	질병	혈압이 높다. 회복하게 된다.
혼인	이룬다. 좋은 짝이다.	기후	맑고 한랭하다.
출산	순산하며, 나중에 좋게 될 여아를 낳는다.	의상	둥근 형체의 흰색, 황색계열의 밝은 색, 위엄과 자상함.
매매	성립된다.	음식	과일과 채소, 머리 고기, 좋은 재료, 골고루 먹는다.
재수	얻는 것이 많다.		
소송	이긴다.	사람	지혜롭고 위엄 있는 사람, 덕 있는 사람.
출마	당선된다.	장소	서북방, 남방에서 서북방으로 간다, 제일 번화한 곳, 따뜻하고 포근한 곳.

3리 3리 3 × 리(離) 삼효동
길은멀고 해는지고

- 장차 쇠퇴하는 운이다. 막아보려고 애쓰지만 능력이 안 된다. 흥성하고 쇠퇴하는 순환의 이치와, 자라서 차고 사라져 없어지는 상도(常道)를 잘 살펴서, 분수를 지키며 즐기면 복과 덕에 손실이 없다. 그러나 대부분의 사람은 일을 확장하고 새로운 일을 벌이다가 몸을 상하게 하고 재물을 잃게 되며, 아내와 자식에게까지 화를 미치게 된다.
- 관직에 있는 사람은 휴직하게 되고 욕을 보게 되니, 즐거움 속에서 슬픔이 생기고, 길한 가운데 안 좋은 일이 생기며, 어려움이 계속해서 발생하고, 심지어는 죽음에 이르는 사람도 있다.
- 과로와 스트레스로 간이 나빠진다. 황병을 조심하고, 동방과 묘일이 불리하다. 기묘 기축기해년에 태어났거나 음력 4월 5월 6월에 태어난 사람에게 좋다.

소망	고난이 예상된다.	여행	흉하다.
사업	실패는 쉽고 성공은 어렵나. 현상유지에 총력을 기울여라.	가출	동쪽에 있다. 어려운 상황이다.
		실물	동쪽에 있다.
개업	하지마라.	질병	뜻대로 속마음을 펼치지 못한 답답증이다. 마음을 안정시켜라.
승진	불가하다. 화를 당하기 십상이다.		
시험	불합격이다.	기후	해 나고 바람 분다.
혼인	된다. 도움이 되는 혼사다.	의상	밝은 녹색, 약간 낡은 옷, 편한 옷.
출산	쉽게 남아를 낳는다.	음식	술과 안주, 잔칫상, 특별한 음식, 죽순, 족발.
매매	불가하다.		
재수	잃는 것이 많다.	사람	나이 많은 노인, 곧 죽을 사람, 광대, 가수.
소송	유리하나 화해함이 좋다.		
출마	떨어진다.	장소	동방을 피하라. 화려한 곳, 누각, 정자, 잔칫집.
증권	인기가 있고 거래도 상승국면이다.		

3리 3리 4리 ×× 돌발사고 흥분금지

리(離) 사효동

- 아랫사람이 자신의 강함만을 믿고 함부로 개혁하려 하다가 화를 부르고 죽음을 재촉한다. 옛 것을 지키고 현재의 생활에 안주함으로써, 위로는 법을 어기어 형벌 받는 일을 범하지 않고, 아래로는 원수를 짓지 않아야 생명을 보존할 수 있다. 그러나 대부분의 사람은 중심을 잡지 못하고 피하지도 않으며 양보할 줄도 모르며 대화나 타협을 하지 않는다. 윗사람을 핍박하고 생각나는 대로 함부로 행동하다가 큰 죄를 저지르게 된다.
- 스스로 총명하다고 생각하여 윗사람을 능멸하고 핍박하다가 쫓겨나고 다치게 된다. 혹 전쟁의 화를 입게 되고, 혹 죽게 되어 버림받고 쫓겨나니, 백가지 안 좋은 징조를 피하기 어렵게 된다.
- 동북방과 축일 인일이 흉하다. 기사 기미 기유년에 태어났거나 음력 4월 5월 6월에 태어난 사람에게 좋다.

소망	일찌감치 포기하고, 마음을 다스려라.	가출	동북방에 있는데 돌아오지 않는다.
사업	자신을 과신하다가 실패한다.	실물	동북방에 있는데 결국은 찾지 못한다.
개업	불가하다.	질병	홧병이다. 죽는다. 단 늘 심신을 수양하는 사람은 별 문제없다.
승진	자만하다가 안 된다.		
시험	자만하여 공부를 게을리 하였다.	기후	맑았다가 흐린다.
혼인	혹 이루어지면 돌발사고가 난다.	의상	밝은 황토색, 매듭 있는 옷, 절제된 옷, 현란한 옷은 삼가라.
출산	여아를 낳는다. 혹 사산이다.		
매매	불가하다	음식	산나물 비빔밥, 작은 동물 구이, 식중독 배탈 등 주의.
재수	완전 손실이다.		
소송	불리하다.	사람	성격 급한 사람, 소인배, 교통사고 난 사람, 타박상을 입은 사람.
출마	떨어지며, 잡혀 들어가기도 한다.		
증권	갑자기 상승하나 큰 움직임은 없다.	장소	동북방을 피하라. 산속, 오솔길, 조용한 곳, 다치지 않도록 주의하라.
여행	흉하다.		

3리 3리 5 ○ 리(離) 오효동
슬픔끝에 고진감래

상괘 3
하괘 3
離

- 윗사람으로서 태평한 세상을 보존하려는 노력을 다한다. 치우치지 않은 마음으로 부드럽게 대처하며, 겸양함으로써 화합을 이끈다. 위태한 처지에 놓인 듯이 조심하며, 환난이 다가올 것을 깊이 걱정하니, 주변 사람들이 방자하게 행동하지 못한다. 따라서 복과 부귀를 오랫동안 즐기고 근심이 없게 된다. 혹 귀인에 의지해서 뜻을 펴면 처음에는 어렵다가 나중에는 쉽게 된다.

- 높은 관직에 있는 사람은 뜻을 얻고, 퇴직한 사람은 위험하게 되는 경우가 많다. 선비는 명성을 얻기 힘들고, 경영하는 사람은 막히고 지체되는 경우가 많으며, 심할 경우 근심과 슬픔으로 슬피 울게 된다. 혹 유약하고 어리석어서 자신의 권리를 다른 사람에게 빼앗긴다.

- 서북방과 술일 해일이 이롭다. 기사 기미 기유년에 태어났거나 음력 4월 5월 6월에 태어난 사람에게 좋다.

소망	성실함으로 이루게 된다.	여행	길하다.
사업	일이 자주 막힌다. 귀인을 구한다.	가출	서북방에 있다.
개업	자칫 사기에 걸린다.	실물	서북방에 있다.
승진	열심히 해서 영전된다.	질병	머리에 화기로 인해 이상이 온다.
시험	열심히 해서 합격된다.	기후	맑고 한랭하다.
혼인	연애로 이루어진다. 재혼이다.	의상	둥근 형체의 흰옷, 밝은 색, 상복.
출산	남아를 순산한다.	음식	머리 고기, 바비큐, 화려한 식탁.
매매	성립된다.	사람	책임자, 사장, 권력자, 자상하게 보살필 사람.
재수	얻는 것이 있다.		
소송	승소한다. 화해하라.	장소	서북방, 남방에서 서북방으로 간다, 제일 번화한 곳, 따뜻하고 포근한 곳.
출마	많은 땀이 필요하다. 당선된다.		
증권	상승하다 보합세를 유지하지만, 인기는 계속된다.		

3리 3리 6 ㅇ
주변정리 신변정리

리(離) 상효동

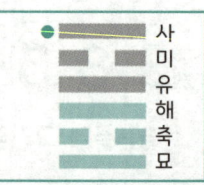

• 최고위직에 있는 사람으로 큰 위기를 극복하여 성공한다. 굳건한 힘과 명철한 지혜를 멀리까지 떨친다. 형벌을 남용하지 않는 자로, 문과 무를 겸비하여 태평한 세상의 기틀을 연다. 관직에 있는 사람은 전쟁터에 나가 공을 이루고 수석으로 등용되며, 일반인은 기쁨을 만나게 되고, 경영하는 바에 이득을 얻게 된다.

• 수가 흉한 사람은 큰 집이 다 망해서 고요하고 따르는 사람이 없게 된다. 혹은 병졸 또는 장사꾼으로, 분주하기만 하고 실속은 적어서 간신히 먹고 입는 사람이다. 혹 추악한 명성을 얻은 자이다.

• 머리와 눈에 질병이 있고, 동방과 묘일이 무난하다. 기사 기미 기유년에 태어났거나 음력 4월 5월 6월에 태어난 사람에게 좋다.

- **소망** 어려움이 많지만 끝내 이루게 된다.
- **사업** 총력을 기울인다. 포용력이 필요하다.
- **개업** 좋다.
- **승진** 수석으로 승진된다.
- **시험** 수석으로 합격된다.
- **혼인** 잘 맞는 사람과 결혼하게 된다.
- **출산** 여아를 낳는다.
- **매매** 성립한다.
- **재수** 좋다.
- **소송** 유리하다.
- **출마** 당선된다.
- **증권** 갑자기 상승할 일이 생긴다. 그러나 나중에 하락한다.
- **여행** 길하다.
- **가출** 동쪽에 있다.
- **실물** 동쪽에 있다.
- **질병** 머리와 눈에 병이 생기고 심해진다.
- **기후** 맑다가 바람 분다.
- **의상** 밝은 녹색, 약간 낡은 옷, 편한 옷, 골프복, 승마복, 사냥복.
- **음식** 과일과 채소, 머리 고기, 푸른색 채소, 먼저 먹는다, 맛만 본다.
- **사람** 우두머리, 승복시킬 사람, 벌을 주어야 할 사람.
- **장소** 동방, 화려한 곳, 누각, 정자, 잔칫집, 논 공행사 장소.

3리 4진 1 ×
복지부동 사고조심

서합(噬嗑) 초효동

- 잘못을 저질렀을 때 좀 심하게 징계를 당함으로써 큰 허물을 짓지 못한다. 일이 미미할 때 조심하고, 잘못된 행실을 고쳐 덕을 쌓는다. 지위가 낮고 천한 일에 종사하는 사람으로, 겁이 많아 뒤로 물러나기를 잘한다. 일을 벌이기보다는 현상유지에 힘써라.

- 불명예 퇴직을 하거나 좌천되고, 능력을 제대로 평가받지 못 한다는 불만을 가지게 된다. 형벌을 조심하고 전염병을 예방해야 한다. 발에 질환이 생기거나 행동이 자유롭지 못하게 된다. 매사에 조심하고 일을 벌이지 않는 것이 좋다.

- 서남방이 좋지 않고, 미일 또는 신일이 불리하다. 경자 경인 경진년에 태어났거나 음력 2월~9월(특히 9월) 사이에 태어난 사람에게 좋다.

상괘 **3**
하괘 **4**
噬嗑

소망	이루기 어렵다.	증권	반드시 상승한다.
사업	근신하며 때를 기다려라.	여행	흉하다. 못 간다.
개업	불리하다.	가출	서남방에 발이 묶였다.
승진	더욱 노력하며 때를 기다려라.	실물	서남쪽에 감춰져 있다.
시험	더욱 노력하며 때를 기다려라.	질병	전염병과 발 턱 등을 주의해라.
혼인	성립은 되나 길하지는 못하다.	기후	바람 불고 다습하고 안개 낀다.
출산	남아를 낳는다.	의상	집에서 입는 옷, 작업복. 허드레옷, 품이 넉넉한 옷.
매매	어렵다.		
재수	없는 편이다.	음식	집에서 소박하고 검소하게 먹는다.
소송	패소한다.	사람	할머니, 사람을 만나지 않는 것이 좋다.
출마	낙선이다.	장소	서남방에서 만나겠지만 안 만나는 것이 좋다.

3리 4진 2 △ 서합(噬嗑) 이효동
과거반성 다툼불가

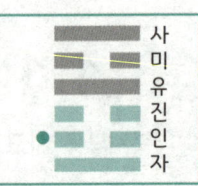
사 미 유 진 인 자

• 사람을 다스리는 역할을 맡았지만 상대방이 강하게 반발한다. 어쩔 수 없이 죄보다 더 큰 형벌을 주어 상처를 입히고 자신도 어느 정도 상처를 입게 된다. 전시에는 군대를 이끌고 악한 무리를 정벌하고, 평화시기에는 형벌을 시행한다.

• 몸에 지병이 있고, 자신의 형제가 다치거나 상하는 경우가 많다. 상대방에게 욕을 먹고 제재를 당해 다치며, 자신의 잘못을 인정하지 않는 사람으로 인해 시비가 어지럽게 얽힌다. 이름을 숨기고 수도하는 사람은 좋다.

• 비염 또는 피부병을 주의해야 하고, 서쪽 방향과 유일(酉日)이 무난하다. 경자 경인 경진년에 태어났거나 음력 2월~9월(특히 9월) 사이에 태어난 사람에게 좋다.

소망	성의를 다하면 작은 일은 이루어진다. 혹 시비에 휘말린다.	증권	변동이 있어서 그때그때 대응하기가 어렵고, 서로 속이는 말이 생겨난다.
사업	조금 이루어지나 그 댓가도 크다.	여행	서쪽은 무해하다.
개업	불리하다. 손해는 보지 않지만 희생이 크다.	가출	서쪽에서 시비에 휘말리고 있다.
승진	어렵다.	실물	서쪽에 깊이 숨겨져 있다.
시험	어렵다.	질병	비염·피부염, 수술할 단계는 아니다.
혼인	연애결혼이며 여자가 적극적. 혹 상대방에게 못된 버릇과 병이 있다.	기후	천둥치고 비 온다.
출산	여아를 난산한다.	의상	흰색 계열, 중립적인 옷, 분수를 벗어나는 옷은 구설수, 충분히 소화할 수 있는 옷.
매매	성립된다.	음식	잘 씹히는 살코기, 육회, 물고기 회, 소화 잘 되는 음식.
재수	보통이다.		
소송	승소하나 그로인해 피해가 많다.	사람	내 말을 잘 들어주는 사람, 상담인, 쉽게 설득되는 사람.
출마	어렵다. 상대방으로부터 온갖 비방과 헐뜯음을 당한다.	장소	서쪽, 호수, 연못 있는 정원, 바다, 먼 오지.

3리 4진 3 △ 서합(噬嗑) 삼효동

좌우경계 사고조심

• 사람을 다스릴 힘과 권한은 없지만, 윗사람으로서 충고했는데 상대방이 승복하지 않고 대드니 망신이다. 그러나 의리에 어긋난 행동을 한 것은 아니니 허물될 것은 없다.

• 일을 하려는 뜻은 높으나 재주가 부족하고, 덕과 힘이 모자라 욕을 당하며 손해를 부른다. 쉬운 일을 어렵게 처리하고, 혹 심복으로부터 배신을 당해 낭패를 본다. 사기 당할 것을 경계하고, 놀라게 되거나 험한 일을 방비하라. 이해관계 없이 남의 일에 나서기를 좋아해서 눈치 없다는 핀잔을 듣기도 한다. 쉬워 보이는 일 속에 생각지 못한 어려움(흉하고 독한 것)이 숨어있는 운세다.

• 식중독 등 상한 음식과 독성 있는 음식으로 인한 병이고, 혹 종양이 생긴다. 남쪽이 불리하고, 오일(午日)이 좋지 않다. 경자 경인 경진년에 태어났거나 음력 2월~9월(특히 9월) 사이에 태어난 사람에게 좋다.

소망	주변에 방해자가 있다.	여행	도중에 해를 당한다.
사업	함정에 빠질 염려가 있다.	가출	남쪽에서 고통을 받고 있다.
개업	사기당할 염려 있고, 어렵다.	실물	남쪽에 있다.
승진	경쟁자들이 강하다.	질병	식중독 또는 종양이나 회복된다.
시험	실력이 부족하다.	기후	바람 불다 맑아진다.
혼인	사기에 말려들 염려가 있다.	의상	붉은색 계열, 화려한 색, 돋보이는 옷.
출산	남아를 낳는데 태독이 있다.	음식	말린 고기, 견과류, 말린 식품, 단 잘 씹어 먹어야 한다.
매매	사기 당한다.		
재수	없는 편이다.	사람	쉬워 보이지만 어려운 사람, 나이 들고 지혜로운 여성.
소송	숨은 흉계가 있다.		
출마	낙선되며 모략에 걸린다.	장소	남방을 가되 조심하라, 찜질방, 화려한 곳, 뜨겁고 더운 곳.
증권	시장의 주가가 높음세를 유지한다.		

3리 4진 4○
가시조심 뒤끝조심

서합(噬嗑) 사효동

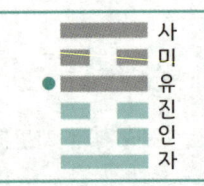

• 벌을 주는 것이 마땅하더라도 신중하게 대처하여야 성공한다. 책임이 막중하고 정직하게 일처리를 해서 어려운 과업을 완수한다. 주변의 반발을 뚝심으로 밀어붙이되 신중하고 또 신중하게 처리해야 한다. 혹 정당하지 못한 방법으로 부를 취하는 좀벌레와 같은 짓을 하기도 한다.

• 천거되어 발탁되는 뜻이 강하여 영전하고 등용된다. 매사 신중해야 이익을 볼 수 있다. 금기운이 강하므로 의리를 취하면 이롭고, 뜻을 굽혀 이득을 취하려 하면 오히려 형벌을 당하게 된다.

• 동북방이 길하고 축일 인일 또는 유일이 좋다. 폐에 질환이 생기기 쉽다. 기유 기미 기사년에 태어났거나 음력 2월~9월(특히 9월) 사이에 태어난 사람에게 좋다.

소망	신중하게 행동하여 서서히 이룬다.	여행	길하고 이롭다.
사업	처음은 어려운 듯 하나 결국은 편안해진다.	가출	동북방에서 돈벌고 있다.
개업	좋다.	실물	동북쪽에 있는데 찾게 된다.
승진	성취된다.	질병	심장과 폐장에 병이 있다. 많이 약해진다.
시험	더욱 노력해야 합격된다.	기후	맑다가 흐리게 된다.
혼인	처음에는 조금 막히나 서로 좋은 혼처가 된다.	의상	검고 황색 계열, 품위 있는 옷, 매듭 있는 옷, 나를 잘 표현하는 옷.
출산	여아를 낳는다.	음식	말린 고기, 견과류, 말린 식품, 단 딱딱하므로 잘 씹어 먹어야 한다.
매매	성립된다.		
재수	좋다.	사람	힘든 상대이나 나에게 명예와 부를 주는 사람, 지혜로운 사람, 유명한 사람.
소송	처음에는 조금 막히나 승소한다.		
출마	간신히 당선된다.	장소	동북방, 산속, 등산로, 오솔길, 교외.
증권	상승하면서 높은 장세를 유지한다.		

3리 4진 5ㅇ 서합(噬嗑) 오효동
조심하면 성공행운

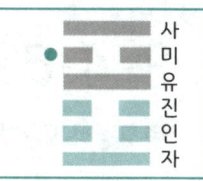

- 다른 사람의 잘못을 다스리는데, 상대방이 잘못을 인정하지 않아서 어려움을 겪는다. 그렇지만 정도를 지켜나가면 늦게나마 상대가 잘못을 인정하여 막히고 지체되었던 일이 풀려진다. 어려운 일을 현명하게 처리함으로써 크게 부유하고 의식이 풍족하며 명성이 높아진다.
- 병이 난 사람도 치유되고, 원한이 있었더라도 서로 잘못을 인정하여 풀리게 된다. 처음에는 오해를 하여 어긋나지만 결국에 가서는 크게 풀리는 운으로, 부귀를 누리게 된다.
- 서북방이 좋고, 술일 또는 해일이 길하며, 피부병과 폐병을 주의해야 한다. 기유 기미 기사년에 태어났거나 음력 2월~9월(특히 9월) 사이에 태어난 사람에게 좋다.

소망	뜻대로 된다.	가출	서북쪽에 있는데 돌아오고 찾게 된다.
사업	성공하나, 신중할 필요가 있다.	실물	서북쪽에 있는데 찾게 된다.
개업	길하다.	질병	안정되어 회복세다. 피부병이 많다.
승진	승진하여 잘 풀린다.	기후	맑고 한랭한 고기압이다.
시험	합격하여 잘 풀린다.	의상	가죽옷, 장식물이 많은 옷, 흰색 계열, 위엄 있는 옷.
혼인	연애로 이룬다.		
출산	남아를 순산한다.	음식	과일과 채소, 선짓국 머리 고기, 말린 고기, 견과류.
매매	성립된다.		
재수	있다.	사람	나에게 명예와 부를 줄 사람, 어려운 사람, 명성 있는 사람.
소송	승소한다. 서로간의 원한이 풀린다.		
출마	당선이다.	장소	서북방, 유명한 곳, 명승지, 큰 건물, 높은 건물.
증권	높은 장세를 유지한다.		
여행	길하다.		

3리 4진 6 ☒ 서합(噬嗑) 상효동
충고경청 내탓반성

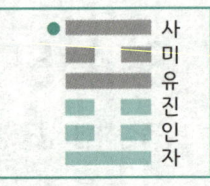
사미유진인자

- 강력범죄를 저질러 항상 두렵고 조심하는 마음이 생긴다. 힘이 세고 재력이 풍부하더라도, 지나치게 강하고 악하게 행동함으로써 위태하고 험하여 시비에 휘말린다.
- 감옥살이가 걱정된다. 참소로 인해 오명을 뒤집어쓰고 쫓겨나고 갇힌다. 명예가 손상되고 소송을 당하여 어렵게 된다. 충언을 들어야 하는데, 나에게 좋은 말을 하는 사람은 밉고, 아부하는 사람만 마음에 들어 가까이 한다. 인적 없는 깊은 곳에서 은둔하며 지내면 화가 없다.
- 눈과 귀가 어둡게 되고 혈기가 불순하여 순환기 질환에 걸린다. 심지어 목숨을 내놓아야 할 수도 있다. 동쪽 방향이 해롭고 묘일도 해롭다. 기유 기미 기사년에 태어났거나 음력 2월~9월(특히 9월) 사이에 태어난 사람에게 좋다.

소망	이루지 못한다.	여행	불가하다.
사업	잘 나가다가 부도난다.	가출	감옥에 있다.
개업	흉하다.	실물	서북쪽에 있다.
승진	된다 하더라도 떨려난다.	질병	눈과 청각에 장애가 있다. 기운이 잘 통하지 못하여 병이 심해져서 죽는다.
시험	합격하더라도 다니지 못한다.		
혼인	이루어지더라도 불리하다.	기후	맑다가 천둥 번개 친다.
출산	여아를 낳는다.	의상	눈에 안 띄는 옷, 소박한 옷.
매매	성립되지 않는다.	음식	머리 고기, 볼따구살, 소박한 음식.
재수	없다.	사람	법관, 변호사, 후견인.
소송	패소한다. 없던 송사에 휘말린다.	장소	동방에서 만나겠지만 만나지 않는 것이 좋다. 감옥.
출마	낙선이다.		
증권	올랐다 내린다. 거래량이 많다.		

3리5손1 △
한눈팔아 의외소득

정(鼎) 초효동

• 덕과 재주가 훌륭한 사람으로 옛 것을 개혁해서 공을 이룬다. 자신의 뜻을 굽히고 다른 사람의 좋은 의견을 따른다. 젊어서부터 문장으로 이름이 나서 말년까지 복이 융성하다. 혹 성씨를 바꾸고 타향에서 입신한다. 초기에는 역경이 많으나 차츰 순조롭다. 명예보다는 이득을 중히 여기고, 첩을 얻어 배다른 자식을 둔다.

• 처음에는 실패했다가 나중에 좋아진다. 직장 또는 직책을 옮기고, 생각지 않던 남의 도움으로 이익을 본다. 근심하던 사람은 좋은 일이 생기고, 미천했던 사람은 나중에 귀해진다. 대체로 불륜의 만남 등 공식적이고 바른 만남이 아니지만 결과적으로 좋게 된다.

• 발을 다치게 되고, 서북방과 술일 해일이 좋다. 신축 신해 신유년에 태어났거나 음력 12월에 태어난 사람에게 좋다.

상괘 3
하괘 5
鼎

소망	조금 낮추어서 이룬다.	증권	상승하다가 하락한다.
사업	여자 또는 아랫사람의 도움으로 잘 된다.	여행	여자를 동반한다.
		가출	남녀관계로 서북방에 있다.
개업	좋다. 특히 여자의 도움으로 된다.	실물	서북쪽에 있는데 여자소행이다.
승진	된다.	질병	넘어져 발을 다친다.
시험	마음에 드는 곳에 합격한다.	기후	바람 불고 맑다.
혼인	남자는 재혼, 또는 이중살림이다.	의상	둥근 형체의 녹색 바탕에 흰색, 더러워진 옷, 빨아서 깨끗해진 옷.
출산	귀하게 될 아들이다.		
매매	여자가 중개해서 된다.	음식	탕이나 찜, 머리 고기, 매운맛.
재수	여자로 인해 좋다.	사람	하급직 공무원, 전화위복이 된 사람, 주변의 걱정을 이겨낸 사람.
소송	패소하는 것 같다가 승소한다.		
출마	여자의 도움이 필요하다.	장소	서북방, 주방, 세탁소, 법원.

3리 5손 2 △
뇌물조심 바람조심

정(鼎) 이효동

사미유유해축

• 스스로의 분수를 잘 지킬 수 있는 운으로, 재주와 덕을 갖추고 윗사람을 공경하고 아랫사람에게는 덕을 베풀 수 있는 사람이다. 성품이 관대하고 여유로워서 덕과 인품으로 일처리를 함으로써 집안의 기틀을 풍부하게 다진다.

• 스스로는 공평하게 일처리를 하나 친했던 사람의 시기질투를 면하기 어렵다. 자신을 알아주는 사람을 만나기가 어렵고, 주변과 아랫사람의 시기와 모략을 견뎌야 한다. 나에게 호의를 베풀며 다가오는 사람이 있을 때 그 진의를 잘 분별해야 한다. 그가 곧 나의 앞길을 막는 원수가 된다.

• 복부에 팽만감이 있고 더부룩하다. 동북방과 축일 인일이 무난하다. 신축 신해 신유년에 태어났거나 음력 12월에 태어난 사람에게 좋다.

소망	방해가 있다. 특히 여자의 유혹을 떨쳐야 한다.	증권	보합세를 유지한 후에 하락하고, 이어서 안정세를 유지한다.
사업	여자관계를 주의하고 일을 공평히 하라.	여행	불리하다.
		가출	동북방에서 잘 지내고 있다.
개업	아랫사람의 시기와 불화를 조심하면 가능하다.	실물	동북쪽에 있다.
		질병	음식에 미련을 두어서 체중이 불어난다.
승진	여자관계로 어렵다.	기후	바람 불다가 그친다.
지험	여자관계로 공부 못해서 합격하기 어렵다.	의상	녹색과 황토색, 통기성 좋고 매듭 있는 옷, 주방에 어울리는 옷, 수선한 옷.
혼인	성립된다.	음식	작은 열매, 마른고기, 작은 동물고기, 채소, 혐오식품(썩힌 오리알, 애벌레 요리, 제비집, 보신탕, 뱀탕, 두리안 등)
출산	여아를 순산한다.		
매매	이루지 못한다.		
재수	조금있다.	사람	소인배, 불량청소년, 병든 사람.
소송	승소한다.	장소	동북방, 산속, 오솔길, 병원, 경찰서.
출마	공천을 받아야 한다. 사기꾼을 조심해야 한다.		

3리 5손 3 △ 정(鼎) 삼효동

아직밥이 덜익었다

상괘 3
하괘 5
鼎

- 솥 안의 음식물을 익힐 때처럼, 처음에는 갖가지 사람들이 서로 잘났다고 나서다가 차츰 조화를 이루게 된다. 처음에는 서로 조화를 못 이루지만, 각자가 자기 할일에 충실하며 스스로를 갈고 닦으니 조화를 이루게 되는 것이다. 따라서 좋은 덕과 재주가 있다하더라도 초반에는 막힘이 많다가 나중에 잘된다.

- 덕과 재주가 있어도 쓰이질 못하니, 혹 잘못 생각하여 의리를 버리고 이익을 추구하려 한다. 늙은 사람은 복을 받고, 젊은 사람은 잘 안 풀리며, 능력에 비해서 아랫자리를 전전한다. 대체로 일이 연기되고 정체되다가 나중에 가서야 풀린다.

- 북방과 자일이 길하고, 남방과 오일도 좋다. 신축 신해 신유년에 태어났거나 음력 12월에 태어난 사람에게 좋다.

소망	처음에는 막히다가 점차 이룬다.	증권	보합세를 유지하다가 하락한다.
사업	처음에는 어렵다가 불화를 잘 융합하여 차츰 나아진다.	여행	반은 길하다.
		가출	북쪽에 있다.
개업	멀리보고 한다.	실물	북쪽에 있다.
승진	될 듯하며 안 된다.	질병	간과 신장이 좋지 않다.
시험	어렵다.	기후	바람 불고 비 온다.
혼인	늦게 성립된다.	의상	녹색과 검은색, 비옷, 어깨 없는 옷, 줄무늬, 물결무늬.
출산	남아를 낳는다.		
매매	아직은 어렵다.	음식	기름기 없는 음식, 물고기, 돼지껍질, 제비집, 탕 종류.
재수	아직은 없다.		
소송	주변의 오해로 방해를 받다가 점차 유리해진다.	사람	중년의 남자, 애인, 불륜의 애인, 사귀던 사람하고 헤어지고 새로 만남.
출마	떨어진다. 다음 기회를 기다린다.	장소	북방, 은밀한 곳, 분수대, 폭포수 밑.

3리 **5**손 **4** ×
회식하다 다툼한다

정(鼎) 사효동

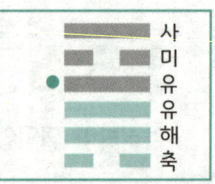

- 사람을 잘못 써서 일을 망친다. 만약 지위가 높은 고관이라면 아랫사람을 잘못 써서 그 화에 연루된다. 재주는 있으나 덕이 부족해서 잘못된 처사를 따르고, 지위와 힘만 믿고 함부로 행동하다 화를 당한다. 뇌물을 받으면 안 된다.
- 물려받은 일을 망하게 하고 외지에서 입신하기도 하지만 오래가지 못한다. 강등되고 좌천되며, 재물과 집안이 파손된다. 판단이 흐려지고 중책에 대한 중압감으로 실수를 한다.
- 열을 수반하는 풍토병 또는 기운이 떨어져 식은땀을 흘린다. 남방과 오일이 무난하다. 기유 기미 기사년에 태어났거나 음력 12월에 태어난 사람에게 좋다.

소망	예전의 공덕이 애석하다.	여행	불길하다.
사업	실패하고 감옥에 간다.	가출	동북방에 갇혀있다.
개업	하면 망한다.	실물	동북방에 있다.
승진	안 된다.	질병	간과 신장이 약하다.
시험	떨어진다.	기후	맑다가 흐리게 된다.
혼인	이루어지지만 손해가 크다.	의상	붉은색과 황토색, 하이힐, 마스크, 매듭이 있는 옷.
출산	여아인데 유산된다.		
매매	안 된다.	음식	족발, 탕종류, 구운 고기, 개고기, 작은 동물고기, 거위 오리고기, 단맛.
재수	잃는 것이 많다.		
소송	힘이 딸린다.	사람	소인배, 불량청소년, 병든 사람, 잘못된 만남, 도와주면 안 될 사람.
출마	떨어진다.		
증권	생각지 않은 거래가 발생하는데 부분적으로 하락한다. 정보가 유출된다.	장소	남방, 서남방을 피하라. 산속, 오솔길, 병원, 경찰서.

3리 5손 5 ◉ 정(鼎) 오효동
잘익은밥 나눠주네

- 현명한 사람이라서 중임을 맡아 잘 처리하지만, 더욱더 바르게 하려고 노력해야 한다. 마음을 비우고 현명한 사람을 맞아들여 일이 잘 되도록 하니 윗사람이나 아랫사람이 모두 믿고 좋아한다. 충직한 성품으로 사람들과 정을 나누어 통하니, 가업이 풍성해지고 복이 많아진다.
- 조만간 승진하고 합격한다. 문필을 쓰는 직책 또는 재정을 담당한다. 장사하는 사람은 이득을 얻고, 승려와 도인은 주지가 된다.
- 귀나 눈에 이상이 생기기 쉽고, 서북방과 술일 해일이 크게 이롭다. 기유 기미 기사년에 태어났거나 음력 12월에 태어난 사람에게 좋다.

상괘 3
하괘 5
鼎

소망	이룬다. 많이 베풀어라.
사업	성공해서 많은 재물을 쌓는다.
개업	길하다.
승진	이룬다.
시험	합격이다.
혼인	이룬다.
출산	남아를 낳는다.
매매	이룬다.
재수	크게 얻는다.
소송	승소한다.
출마	당선된다.
증권	강세를 보이다가 안정세로 돌아선다. 큰 하락은 없다.
여행	길하다.
가출	서북방에 있다.
실물	서북방에 있다.
질병	신장부실로 아래허리와 귀에 병이 생긴다.
기후	맑다.
의상	둥근 형체의 붉은색 속옷에 흰색겉옷, 황금색, 위엄 있고 실속 있는 옷.
음식	큰과일, 머리 고기, 뼈가 있는 고기, 구이, 매운맛.
사람	CEO, 요리사, 실속 있는 사람.
장소	서북방, 큰 건물, 관공서, 법원, 요리집.

3리 5손 6 ◎ 모두모여 회식하네

정(鼎) 상효동

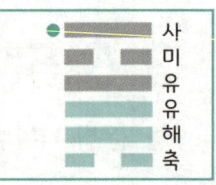
사미유유해축

• 덕과 재주가 있는 사람으로 큰 공을 세워 부귀와 명성을 크게 얻는다. 부귀를 바탕으로 많은 사람에게 혜택이 가도록 한다. 나아갈 줄도 알고 물러날 줄도 아는 현명한 사람으로, 문관으로는 비서실, 연구원, 학자, 청와대수석 등으로 근무하고 무관으로는 지역 사령관이 된다. 여자는 명예롭게 훈장을 받는 귀부인이 된다. 또 바위틈 산골에 은둔해 산다 해도 재물과 복이 많다. 뱀띠와 토끼띠를 만나면 좋다.

• 보직을 못 받은 사람은 보직을 받게 되고, 이미 높은 지위를 얻은 사람은 한직으로 밀리게 된다. 일반인은 편안하고 돈을 잘 벌며 꾀하는 일이 성취된다. 덕을 베푸는 대로 복이 되어 돌아온다.

• 고혈압을 주의하고 동방과 묘일이 크게 이롭다. 기유 기미 기사년에 태어났거나 음력 12월에 태어난 사람에게 좋다.

소망	크게 이룬다. 베풀수록 더 이룬다.	여행	길하다.
사업	크게 발전한다.	가출	동쪽에 있다.
개업	크게 길하다.	실물	동쪽에 있다.
승진	좋은 자리로 영전한다.	질병	혈압이 상승하고 심장박동이 일정치 않아서 위태하다.
시험	좋은 성적으로 합격한다.		
혼인	연애로 된다.	기후	맑은 하늘에 바람이 세게 분다.
출산	여아를 순산한다.	의상	붉은색과 청록색, 우아한 액세서리, 고품격의 활동성.
매매	성립된다.		
재수	크게 얻는다.	음식	잘 요리된 음식, 족발, 야생동물, 채소, 물고기, 고기만두.
소송	모든 것이 유리한 조건이다.		
출마	큰 표차로 당선이다.	사람	노익장, 우아하고 능력 있는 사람, 강약이 조화된 사람.
증권	갑자기 거래가 발생하면서 올랐다가 하락한다.	장소	동방, 운동장, 우아하고 화려한 곳, 사람 많고 시끄러운 곳.

3리 6감 1 △
먹어봐야 상한음식

미제(未濟) 초효동

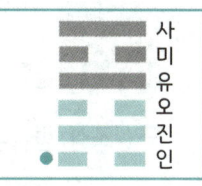

- 자신의 성격이 유약해서 앞에 펼쳐진 험하고 어려운 사건을 감당하기 어렵다. 자신을 도와주는 윗사람을 만나기만 하면 어려움이 일시에 풀릴 수 있다는 환상을 가지고, 능력도 없이 험한 길을 떠나는 무지한 결정을 내렸다. 일을 하면 자신도 모르게 실수를 하게 되고, 또 생각지 않은 돌발변수가 생겨 손해를 본다.

- 다행히 윗사람을 만나게 되면 살지만 확률적으로 어렵다. 공직자는 험하고 막히며, 일반인도 일이 막히고 잘 안 풀린다. 특히 배를 타고 다니는 사람은 배가 새서 물에 빠지는 것을 방비해야 한다.

- 방광염을 조심하고, 서방과 유일이 좋지 않다. 무인 무진 무오년에 태어났거나 음력 7월에 태어난 사람에게 좋다.

상괘 3
하괘 6
未濟

소망	어렵다.	여행	좋지 않다. 특히 물을 건너는 여행은 흉하다.
사업	함정도 있고 때도 아니어서 막혀 있다.	가출	서쪽에 있다.
개업	불가하다.	실물	서쪽에 있다.
승진	눈높이를 낮추면 가능하다.	질병	요도 또는 방광에 염증이 생겨서 오줌을 지린다.
시험	낙방 혹은 턱걸로 간신히 합격한다.		
혼인	어렵다.		
출산	남아를 낳는다.	기후	비오고 흐리게 된다.
매매	안 된다.	의상	검은색과 흰색, 엉덩이를 강조한 옷, 소매나 허리부분이 너무 길지 않도록 한다.
재수	없다.		
소송	불리하다.		
출마	낙선이다.	음식	꼬리곰탕, 매운탕, 매운맛, 족발.
증권	약간의 강세를 띤 등락이 있다. 아무 이유없이 하락하거나 상승하는 일이 발생한다.	사람	막차를 탄 사람, 능력이 부족한 데 많은 것을 요구하는 사람.
		장소	서방을 피하고, 바닷가, 저수지, 변두리 오지 역시 피해야 한다.

3리 6감 2 ○ 미제(未濟) 이효동
조심조심 점점좋아

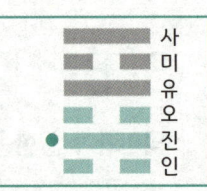

- 윗사람을 도와 어려움을 헤쳐 나가게 할 수 있으나, 주변 사람들이 질시하며 꺼려한다. 함부로 나서지 말고 덕을 쌓고 있으면, 윗사람은 이끌어주고 질시는 사라질 것이니, 자신의 포부와 능력을 발휘해서 성공할 수 있을 것이다.
- 아랫사람으로서의 도리를 잘 지키는 사람이다. 직책을 혼 정성을 다해서 수행하니, 전적으로 총애와 신임을 얻는다. 평상시대로 소신껏 밀고 나가면 일을 이룰 수 있을 것이다.
- 무인 무진 무오년에 태어났거나 음력 7월에 태어난 사람에게 좋다. 신장염을 조심하고, 서남방과 미일 신일이 무난하다.

소망	분수를 지키면서 중심을 잃지 않으면 가능하다.	출마	2등이다.
		증권	반드시 상승해서 높은 가격이 된다.
사업	평상대로 꾸준히 노력하면 진전이 있다.	여행	멀리가지 않는 것이 좋다.
		가출	서남쪽에 있다.
개업	하지 않는 것이 좋다.	실물	서남쪽에 있다.
승진	평상시 실력을 발휘해서 승진하기는 하나 좋은 점수는 아니다.	질병	신장이 크게 나빠진다.
		기후	비온 뒤에 흐리게 된다.
시험	평상시 실력을 발휘하면 된다. 좋은 점수는 아니다.	의상	검은색과 황토색, 앉을 때 편한 옷, 펑퍼짐한 옷, 소박한 옷, 정성이 담긴 옷.
혼인	오랜 교제 끝에 이룬다.	음식	곰탕, 설렁탕, 오곡밥, 토란, 제사음식, 내장탕.
출산	여아를 낳는다.		
매매	최선을 다하면 이룬다.	사람	공무원, 큰 상인, 나를 말려줄 사람, 상담사.
재수	노력 여하에 달렸다.		
소송	화해하는 것이 좋다.	장소	서남방, 개활지, 큰 광장, 경관이 좋은 곳, 사당, 갯벌.

3리 6감 3 △
저질러야 일생기지

미제(未濟) 삼효동

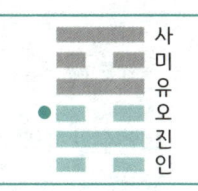

- 제대로 되는 일이 없다. 앞길이 어지럽고 혼란스러운데 헤쳐 나갈 능력도 없고 자리도 마땅치 않다. 그렇다고 그냥 앉아서 망할 수는 없으니, 성심으로 주변의 협조를 구하고 죽을 각오로 노력한다면 어려움이 수그러들면서 편안하게 될 것이다.
- 덕과 재주가 모자라니, 큰 바다를 조그만 조각배로 떠가는 격이다. 능력 있는 사람을 정성껏 모셔서 힘을 빌리면 일을 망치지 않지만, 공경하고 겸손한 정성이 모자라면 어려움을 겪는다. 산이나 육로를 피하고, 강이나 바다로 나가면 이롭다. 물에 관련된 성씨(沈, 江, 川 등)나 사업이 모두 좋다.
- 무인 무진 무오년에 태어났거나 음력 7월에 태어난 사람에게 좋다. 간장 특히 복수가 차는 것을 조심하고, 남방은 좋고 북방은 좋지 않으며, 오일은 좋고 자일은 좋지 않다. 동남방은 무난하다.

상괘 **3**
하괘 **6**
未濟

소망	남의 도움을 얻으면 가능하다.	증권	새로운 사업에 의하여 거래가 많아진다. 시장의 구조가 바뀐다.
사업	쇠퇴일로이다. 윗사람의 도움을 받아 총력을 다해 변혁을 시도해 볼만하다.	여행	육로여행은 흉, 수로여행은 길.
개업	전심전력을 다할 각오가 아니면 안하는 것이 좋다.	가출	동남쪽에 있다.
		실물	동남쪽에 있다.
승진	안 된다.	질병	간염 또는 신장염이다.
시험	떨어진다.	기후	비오고 바람 분다.
혼인	교제중이다. 전심전력을 해야 가능하다.	의상	검은색과 녹색, 낡은 옷, 바람이 잘 통하는 옷.
출산	튼튼한 남아를 낳는다.	음식	각종 채소, 미역, 다시마 등 해조류, 생선회.
매매	안 된다. 총력을 다하면 가능하다.		
재수	없는 편이다.	사람	같이 노력할 사람, 동지, 상담사, 용기를 불어넣어줄 사람.
소송	천신만고 끝에 큰 해는 면한다.		
출마	떨어진다. 주변 사람의 도움을 청하면서 전력을 다하면 역전이 가능하다.	장소	동남방, 남방, 북에서 동남을 바라보고 앉는다. 강, 바다.

3리 6감 4 ㅇ	미제(未濟) 사효동	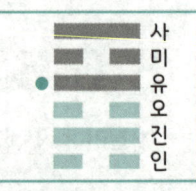
오랜수고 빛보인다		

• 어지러울 때에 중임을 맡아 난국을 타개한다. 윗사람으로부터 깊은 신임을 받아 일을 전적으로 처리한다. 강하고 밝은 재주로 윗사람을 보필하여 공을 세우니 어려움을 벗어나 상을 받게 된다. 대개 어려움은 북쪽, 도둑, 좀먹는 일 등에 있고, 상으로는 진급하게 되고 또 부동산을 받게 된다. 처음에는 조직원들의 개성이 너무 강해서 어렵다가 차츰 조화를 이룬다. 자신보다 지위가 낮더라도 어진 사람의 말을 잘 따른다.

• 외직으로 나선 사람은 전권을 위임받아 공을 세우고, 중앙부서에 있는 사람은 최고 경영자의 신임을 받아 2인자로서의 자리를 굳히고 큰 상을 받는다. 모든 직책에 있어서 잘 풀리고, 수험생은 1등으로 합격한다. 일반인도 윗사람이 잘 이끌어준다.

• 기유 기미 기사년에 태어났거나 음력 7월에 태어난 사람에게 좋다. 위장병을 조심하고, 북방으로 가서 일이 잘 안 풀리나 3년이 지나면 크게 성공한다. 자일이 고생스럽기는 하나 성공의 기회가 되는 날이기도 하다.

소망 희망적이나, 노력을 필요로 한다.
사업 지금은 어렵지만 앞날이 있다.
개업 길하다.
승진 된다.
시험 합격하고 장학금을 받는다.
혼인 이루고 칭찬받는 가정이 된다.
출산 건강한 여아를 낳는다.
매매 성립된다.
재수 있다.
소송 좋은 변호사를 만나 승소한다.
출마 많은 표차로 당선한다.
증권 보합세를 유지하고 거래가 많으며, 하락하지는 않는다.

여행 길하다.
가출 동북쪽에 있다.
실물 동북쪽에 있다.
질병 각막염 또는 위장병이다.
기후 맑다가 차차 흐리게 된다.
의상 주황색과 황토색, 전투복, 작업복, 매듭이 많은 옷.
음식 오리 구이, 거위 구이, 꼬리곰탕, 탕 종류, 잔치음식.
사람 동급생, 같이 고생해줄 사람, 반드시 이겨야 할 사람, 소인배, 숙적.
장소 동북방, 오솔길, 산속의 별장, 풍광 좋은 정원, 등산로, 사찰.

3리 6감 5 미제(未濟) 오효동
좋다좋다 빛나누나

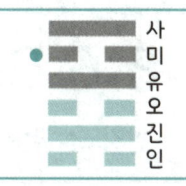

사미유오진인

상괘 3
하괘 6
未濟

- 공을 이루기 어려운 때이나, 어지러운 세상을 만나 아랫사람과 힘을 합해 헤쳐 나가니, 고난 끝에 일을 이루어 명예와 함께 특진을 하게 된다. 자신을 비움으로써 아랫사람의 도움을 얻어 공을 이룬다. 문장이 뛰어나고 사업을 잘 이끌어간다. 자질구레한 일거리가 항상 많다. 세심하게 처리하는 습관을 들여라.
- 직책이 있는 사람은 선발되고 특진되는 기쁨이 있으며, 시험 보는 사람도 뛰어난 문장을 칭찬받으며, 일반인은 하는 일이 잘 풀려서 재물이 축적된다. 문서적으로 유리하다. 대체로 처음은 지체되다가 나중에 풀린다.
- 기유 기미 기사년에 태어났거나 음력 7월에 태어난 사람에게 좋다. 머리에 고열이 나서 괴롭고, 서북방과 술일 해일이 길하다.

소망	이룬다.	가출	서북쪽에 있다.
사업	진전있고 재물도 축적된다.	실물	서북쪽에 있다.
개업	길하다.	질병	고혈압으로 안압이 올라가고 두통이 심하다.
승진	파격적인 특진이 예상된다.		
시험	합격된다.	기후	고기압으로 쾌청하다.
혼인	성사된다.	의상	붉은색과 흰색, 숄과 악세사리, 화려한 옷, 모자패션.
출산	남아를 낳는다.		
매매	성립된다.	음식	큰 과일과 채소, 선짓국, 머리 고기, 뼈있는 고기, 아린 맛, 회식.
재수	있다.		
소송	승소한다.	사람	나를 보필하고 빛내줄 사람, 할아버지, 아버지, CEO, 인기스타.
출마	당선이다.		
증권	강세를 보이다가 하락한다.	장소	서북방, 공공건물, 경찰서, 밝고 명랑한 곳, 공연장.
여행	길하다.		

3리6감6 △ 미제(未濟) 상효동
만취조심 절제필요

사미유오진인

• 묘시주(卯時酒)는 '卯酒' 또는 '卯飮'이라고도 하는데, 아침 식전에 먹는 술이나 이른 아침에 먹는 술을 말한다. '술 주(酒)'는 'ㅓ+酉'로 유시(오후5~7시)부터 마셔야 별 탈이 없다. 묘시는 아직 술을 소화시킬 장기가 활동하기 전이어서 빨리 취하고, 또 아침부터 술에 취하면 하루를 망치게 된다. 점을 친 사람이 간질환이나 신장계통에 병이 있음을 알 수 있다. 이제 어려움이 끝났다고 축배를 든다. 그렇지만 아직 안심할 때는 아니다.

• 술을 마시거나 술과 관련된 일이 생기는 등 축하할 일이 많으나, 지나치면 잘못이 생기기 마련이다. 평소 자신을 잘 관리한 사람은 높은 자리로 가게 되고, 그렇지 못한 사람들은 술에 취해서 화를 당하거나 물에 빠져 죽는다. 혹 나이 많은 분들은 마을에서 경로잔치가 있게 된다.

• 기유 기미 기사년에 태어났거나 음력 7월에 태어난 사람에게 좋다. 횟병을 조심하고, 북방과 자일이 좋지 않다.

소망	신의와 절제로 노력하면 이룬다.	**증권**	거래가 급증, 나중에 하락한다.
사업	개척정신으로 노력하여 진전 있다. 술을 조심하라.	**여행**	술과 물놀이를 조심하라.
		가출	동쪽에 있다.
개업	새 기반을 닦는다.	**실물**	동쪽에 있다.
승진	승진하고 승승장구한다.	**질병**	과음으로 치매증세가 심해진다.
시험	여자친구와 술을 절제하면 좋은 점수로 합격한다.	**기후**	맑고 바람 분다.
		의상	주황과 청록색, 활동복, 비옷, 연회복, 골프복.
혼인	이루어진다. 술 조심하라.		
출산	여아를 낳는다.	**음식**	족발, 죽순, 야생동물, 큰 물고기, 만두, 큰 열매.
매매	성립된다.		
재수	좋다.	**사람**	친구, 브레이크가 안 걸리는 사람, 절제가 어려운 사람, 중년이상의 남성.
소송	너무 지나치게 상대방을 몰아치지 말고 적당한 선에서 화해한다.		
		장소	동방, 호수근처 둘레길, 큰길가, 시끄러운 곳, 그늘진 곳, 숲속, 병원, 강가.
출마	술조심 하고 신의로써 표를 얻어라.		

3리7간1 × 려(旅) 초효동
나그네가 쪼잔하네

사 미 유 신 오 진

- 떠돌이 나그네가 처신을 잘 못해서 비열하다는 말을 들으니 재앙을 면할 수 없다. 재주와 지모는 뛰어나지만 교만하고 교활하게 행동한다. 힘이 있을 때는 넘어가지만, 한번 막혀 힘이 없게 되면 사람들의 미움을 사고, 덕이 없고 국량이 편협하여 사방이 적으로 변한다. 할 일 없이 고생하며 외지로 돌아다닌다.
- 재주와 역량이 있어서 높은 지위를 차지했더라도, 덕이 부족하여 일이 뜻대로 안 풀린다. 자기 잇속만 챙기려고 한다. 대체로 비천한 처지로 있다가, 일이 조금만 풀리면 자랑하고 교만하여 재앙을 불러들인다.
- 병은 신장에 열이 생김으로 인한 염증이고, 남방이 불리하고 동북방이 무난하다. 오일이 좋지 않고, 축일이나 인일은 무난하다. 병진 병오 병신년에 태어났거나 음력 5월에 태어난 사람에게 좋다.

상괘 3 하괘 7 旅

소망	이루지 못한다.	출마	떨어진다.
사업	조그만 이익을 구하려다 너 큰 것을 잃게 된다. 빨리 자신의 분수와 역량을 파악해서 줄이는 것이 좋다.	증권	보합세를 유지하다가 오른다.
		여행	불리하다.
		가출	남쪽에서 고생하고 있다.
개업	밑천을 들이지 않는 떠돌이 영업은 그런대로 좋다.	실물	남쪽에 있다.
		질병	대장 또는 신장에 염증이 있다.
승진	안 된다.	기후	구름 끼다 맑아진다.
시험	떨어진다.	의상	황토색에 주황색, 낡고 찌든 옷, 준 노숙자 스타일이다.
혼인	이루어져도 안 좋다.		
출산	체중미달인 남아를 낳는다. 혹 쌍둥이다.	음식	먹다 남은 것, 초라한 음식.
		사람	중년여성, 만나야 소용없음, 마음에 들지 않는 사람.
매매	손실이 있다.		
재수	없다.	장소	남방을 피하라. 산속에 있는 집, 겉보기만 그럴듯하고 실속이 없는 집.
소송	불리하다.		

3리 7간 2 ㅇ
여행길에 행복하네

려(旅) 이효동

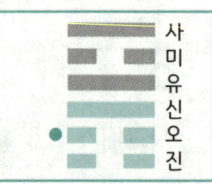

• 나그네로서 자신의 처지를 감안하여 잘 처신한다. 비록 어려운 시기에 처했으나 재주도 많고 덕도 많으며 돈도 많다. 정치적으로 어려움을 헤쳐 나가고, 스스로 사업을 일으켜 재산을 불리며, 또는 외지에 나가 자립한다.

• 집을 화려하게 꾸미거나 새로 짓는 일에 좋다. 또 자식을 비롯하여 밑에 부리는 종업원도 마음으로 승복하여 말을 잘 듣는다. 주변과 조화를 잘 이룸으로써 무관으로 나가면 길하고, 정치적 타협도 잘하며, 사업을 일으켜도 길하다.

• 허리와 무릎에 통증이 생기기 쉽다. 동남방이 길하고, 진일 또는 사일이 길하다. 병진 병오 병신년에 태어났거나 음력 5월에 태어난 사람에게 좋다.

소망	이룬다.	증권	거래가 이루어지면서 높은 가격이 된다.
사업	아랫사람이 잘 돕고 또 늘어나며 재물도 풍성해지는 등 전망이 있다. 특히 지점이 늘어날 수다.	여행	길하다.
		가출	동남쪽에 있다.
		실물	동남쪽에 있다.
개업	크게 하지는 마라. 대리점이 좋다.	질병	허리를 비롯한 하체가 좋지 않다.
승진	이룬다.	기후	구름 끼고 바람 분다.
시험	합격이다.	의상	황토색과 녹색, 주름을 잡은 통기성 있는 옷, 부유해 보이는 옷.
혼인	먼 곳 사람과 이룬다.		
출산	건강한 여아를 낳는다.	음식	돼지고기, 거위, 풍성한 식탁, 넓적다리 고기, 각종 채소.
매매	이롭다.		
재수	얻는 것이 있다.	사람	돈 있는 중년여성, 말 잘 듣는 아랫사람.
소송	유리하다.	장소	동남방, 숲속, 바람이 잘 통하는 곳, 유흥가.
출마	당선이다. 특히 타지가 더 좋다.		

3리 7간 3 ×
돈떨어진 나그네라

려(旅) 삼효동

• 나그네가 갑자기 지위가 높아지고 부유하게 되지만, 분수를 잊고 교만하게 처신함으로써 다 잃게 된다. 뿌리도 제대로 내리지 않았는데 교만하게 행동하니 누가 미워하지 않겠는가? 스스로 잘나서 스승보다 높고 조상보다 높으며 귀인보다 존귀하다고 생각하니, 고향을 떠나고 조상과 귀인을 바꾸고 떠나며 스스로 최고라 일컫는다.

• 견책을 받아 직장을 그만두고, 명예를 잃게 되며, 혹 집을 잃고 식구도 잃어 터전을 떠나게 된다. 화재를 조심하고 식구를 잃게 되는 액운을 조심하라. 아래에서 부리는 종업원의 마음도 잃고 거래처도 끊어진다.

• 위장이 약해져 자주 체한다. 서남방이 불리하고 동북방에 있으면 무난하다. 미일이나 신일을 조심하고, 혹 할 일이 있으면 축일이나 인일에 하라. 병진 병오 병신년에 태어났거나 음력 5월에 태어난 사람에게 좋다.

상괘 **3**
하괘 **7**
旅

소망	바랄 수 없다. 갖고 있던 것도 빼앗긴다.
사업	당장 줄이지 않으면 부도난다.
개업	말아먹고 후회한다.
승진	안 된다. 현 직책 유지에 힘써라.
시험	눈이 높아서 떨어진다.
혼인	이룬다 해도 살길이 막막하다.
출산	남아를 낳는다.
매매	실패한다.
재수	잃는 것이 많다.
소송	패소한다.
출마	떨어진다.

증권	차츰 상승하고 인기도 좋다.
여행	목적 없이 떠돈다.
가출	서남쪽에서 고생하고 있다.
실물	서남쪽에 있다.
질병	위장병이다.
기후	습기가 많은 우울한 날씨다.
의상	황토색, 노란색, 유행에 뒤떨어진 옷, 여행에 찌든 옷.
음식	먹거리 구하기 힘들다. 밭에서 나는 채소와 곡식, 산나물.
사람	나이든 여성 공무원, 사기꾼, 도둑.
장소	서남방을 피하고, 평평한 곳을 피하라. 산 근처의 밭.

3리 7간 4 △
돈만있는 나그네라

려(旅) 사효동

• 나그네로서 처신을 잘하는 사람이지만, 자신보다는 주변을 더욱 걱정한다. 무인으로 변방에 나가 공을 세운다. 혹 장사하러 외지로 가서 온갖 어려움 끝에 많은 이득을 보게 된다. 항상 이득 뒤에 숨어 들어오는 근심을 경계하라. 당장은 소인의 도움을 받아 편할 수 있으나, 뒤에 그 바라는 댓가를 감당할 수 없다. 받지 말아야 하는 도움인데 하면서도 우선 단맛에 받아 먹는 형상이다.

• 장사하는 사람에게 좋다. 대체로 경제적으로는 안정을 찾아가지만, 안정 뒤에 숨어들어오는 부정과 불확실성에 대한 근심 때문에 마음은 편치 않다.

• 심근경색 또는 순환이 잘 안 되는 병을 앓고, 동북방이 조금 이롭다. 축일이나 인일에 경제적 이익은 있지만 마음은 썩 유쾌하지 못하다. 기유 기미 기사년에 태어났거나 음력 5월에 태어난 사람에게 좋다.

소망	겉은 이루나 속마음은 편치 않다.	여행	좋다.
사업	이득은 있으나 경영권이 불안하다.	가출	동북쪽에 있다.
개업	조심조심하며 벌인다.	실물	동북쪽에 있다.
승진	임시직은 된다.	질병	심장의 박동이 일정치 않고 초조하다.
시험	실력으로 붙은 것은 아니다.	기후	맑다가 흐리게 된다.
혼인	성사는 되나 마음이 흡족하지는 않다.	의상	붉은색과 황토색, 부티 나지만 마음에 들지 않는 옷, 주름을 잡은 옷.
출산	건강한 여아를 낳는다. 난산이다.		
매매	성립은 되나 마음에 들지는 않는다.	음식	산나물, 작은 동물, 거위, 오리, 개, 맛은 없으나 풍성하다.
재수	반짝하다 만다.		
소송	서로가 어려워서 그런 것이니 화해하라.	사람	소인배, 부유하나 마음에 들지 않는 사람.
출마	돈이 많이 들고 되지 않는다.	장소	동북방, 오솔길, 언덕, 산길, 벌목장.
증권	보합세를 유지. 거래량이 준다.		

3리 7간 5 ◎ 려(旅) 오효동

명예복록 다생겼네

- 처음에는 조금 잃는 것이 있지만 결국은 크게 얻게 된다. 문장력이 뛰어나고 덕이 두터우니 젊어서부터 명성을 이룬다. 윗사람이 잘 이끌어주어 크게 공명을 이룬다. 그동안 이리저리 헤매고 다니다가 일시에 운세가 풀린다. 특별한 보직이 없던 사람도 요직에 발탁된다.
- 청탁과 천거로 요직에 발탁되는 등, 주로 윗사람의 도움을 받고 귀인을 만나 발복한다. 적은 자본으로 좋은 기회를 잡아 성공한다. 명예와 부를 함께 누리는 좋은 운이다.
- 신경을 많이 씀으로 인해 뇌에 통증이 온다. 서북방이 좋고, 술일 또는 해일이 길일이다. 기유 기미 기사년에 태어났거나 음력 5월에 태어난 사람에게 좋다.

상괘 **3**
하괘 **7**
旅

소망	그동안의 노력이 소문나서, 우연찮게 순조로운 운을 타고 이룬다.	**여행**	길하다.
사업	크게 진전 있다.	**가출**	서북쪽에 있다.
개업	작은 투자로 큰 이익이 있다.	**실물**	서북쪽에 있다.
승진	된다. 능력이 좀 부족해서 불안하다.	**질병**	뇌신경통 또는 눈병으로 고생한다.
시험	합격이다.	**기후**	맑고 청명하다.
혼인	공들인 혼사다. 연애로 성사된다.	**의상**	붉은색과 흰색, 평무늬 옷(왕비 대관식 옷), 화려한 옷, 모자패션.
출산	남아를 낳는다.	**음식**	꿩고기, 머리 고기, 뼈있는 고기, 논공행상 회식.
매매	크게 이익을 보고 이룬다.		
재수	있다.	**사람**	능력 있는 CEO, 사냥꾼, 명성을 얻은 사람.
소송	승소한다.		
출마	당선이다.	**장소**	서북방, 환한 관공서, 탁 트인 곳, 공공건물.
증권	처음에는 강세를 보이나, 거래량이 거의 없어지면서 약세로 돌아선다.		

3리 7간 6 × 려(旅) 상효동
기분내다 다잃었네

• 나그네로써 너무 잘난 체 하다가 흉하게 된다. 강하고도 밝은 재주를 믿고 교만하다가 화를 부른다. 잘 되었다고 자만하지 마라, 좋은 운이 화를 부른다네.

• 혹 눈병이 나거나 화재로 인한 재앙을 받으며, 버럭 화를 내다가 손해를 본다. 나그네로 유랑하든가 이리 저리 분주하게 돌아다녀야 한다. 이사를 가거나 집을 새로 지음으로써 액땜을 해보는 것도 좋다. 대개 처음은 잘 되다가 나중에 잘못된다.

• 남방은 무난하고 동방은 해로우며, 오일은 좋으나 묘일은 좋지 않다. 기유 기미 기사년에 태어났거나 음력 5월에 태어난 사람에게 좋다.

소망	좋다가 흉하니 더욱 견디기 힘들다.	여행	도피성 여행이다.
사업	좋다가 말았다. 파국에 이른다.	가출	동쪽에 있다.
개업	좋아보여도 하지마라. 위험이 너무 심하다.	실물	동쪽에 있다.
승진	안 된다.	질병	홧병이 골수까지 침범한다.
시험	떨어진다.	기후	맑다가 강풍이 분다.
혼인	흉한 혼사다. 결혼 후 성격차이로 자주 다툰다.	의상	붉은색에 청록색. 너무 비싸고 화려하다. 특히 머리모양이 그렇다.
출산	여아나 유산된다.	음식	새, 소고기, 제비집 요리, 구이가 너무 탔다.
매매	안 된다.	사람	사기당한 사람, 이혼당한 사람, 퇴직당한 사람, 욕심이 과한 사람.
재수	없다.		
소송	유리해 보여도 패소한다.	장소	동방을 피하라, 화려했다 쇠퇴한 곳, 큰 길 가, 시끄럽고 변화한 곳.
출마	떨어진다.		
증권	안정세를 유지하면서 상승한다. 내부 거래는 어렵다.		

3리8곤1 △
남의일에 참견마라

진(晉) 초효동

상괘 3
하괘 8
晉

- 덕 있는 사람으로 세상을 원망하지 않고 지조를 지켜가며 산다. 뜻을 굽혀가며 권력에 영합하지 않고, 순리대로 마음 편하게 지내므로 허물이 없어진다.

- 일을 만들어서 하려고 하면 지체되고 막히며, 그나마 자기 직분에 성실하지 못하여 자리에서 물러나거나, 하는 짓이 졸렬하고 수명을 누리지 못하기도 한다. 간사한 참소에 막히게 되고, 임금이나 시험관에게 믿음을 받지 못해서 합격하기 어렵다. 대체로 서로가 서로를 믿지 못하여 화합하지 못하므로, 반은 길하고 반은 흉한 운이다. 수도를 하는 도인이나 종교인 교육자에게는 좋다. 따라서 물러나 수양을 쌓고 있으면 길하고, 적극적으로 활동하면 흉하게 된다.

- 위장과 신장에 병이 있고, 서남방과 미일 신일이 무해무득하다. 을미 을사 을묘 계미 계사 계묘년에 태어났거나 음력 2월에 태어난 사람에게 좋다.

소망	여유 있게 때를 기다린다.	여행	불리하다.
사업	앞장서면 위태하고, 따라하면 이롭다.	가출	동쪽에 있다.
개업	시기가 이르다.	실물	동쪽에 있다.
승진	때가 아직 안됐다.	질병	위장병·신장병. 나았다 더해졌다 한다.
시험	때가 아직 안됐다.	기후	습하다가 바람 분다.
혼인	여유를 가지고 기다려라.	의상	황토색과 녹색, 활동복, 품이 넉넉한 옷.
출산	남아를 낳는다.	음식	과일과 채소, 선짓국, 머리 고기, 족발, 게장, 혼자 먹는다.
매매	질질 끌기만 한다.		
재수	보통이다.	사람	한가한 사람, 은둔한 사람, 스님, 수사, 철학자, 조언해 줄 사람.
소송	포기하라.		
출마	낙선이다.	장소	동방을 피하라. 철학관, 사찰, 큰 도로.
증권	인기리에 거래된다. 갑자기 상승하는 거래가 발생한다.		

3리8곤2○
걱정마라 순조롭다

진(晉) 이효동

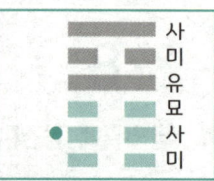

- 현재는 근심되는 일이 많으나 그동안 쌓은 덕으로 인해 복을 받는다. 하늘의 명령을 두려워하고, 사람들이 곤궁하게 된 것을 슬퍼하며, 자기의 도가 행해지지 못함을 근심한다. 근심과 기쁨이 반반으로, 할머니나 어머니 또는 귀한 여자의 총애와 신임을 받아 도움을 많이 받는다.
- 현명한 임금에게 능력이 알려져 중용되며, 처음에는 좌절되나 나중에 뜻을 얻는 사람이다. 여인을 잘 대접하라. 여인으로부터 복이 온다. 특히 어머니뻘 되고 할머니뻘 되는 사람이 귀인이다.
- 신장 또는 배에 염증이 있고, 남방과 오일이 이롭다. 을미 을사 을묘 계미 계사 계묘년에 태어났거나 음력 2월에 태어난 사람에게 좋다.

소망	조금 늦게 성취한다. 여인이 도와준다.	증권	갑자기 상승하면, 나중에 하락할 가능성이 있다. 보합세를 유지한다.
사업	서서히 진전하여 뜻을 이룬다.		
개업	새롭게 시작한다.	여행	안전하게 다녀온다.
승진	뜻밖의 좋은 자리에 된다.	가출	북쪽에 있다.
시험	낮추면 늦게나마 합격한다.	실물	북쪽에 있다.
혼인	연애로 이룬다. 좋은 혼처다. 연상의 여인일 가능성이 높다.	질병	부종이다. 나이 많은 여의사를 만나 낫는다.
출산	여아를 낳는다.	기후	흐리다가 비 온다.
매매	이롭게 이룬다.	의상	검은색, 초라한 옷, 상복, 신사복, 정장.
재수	할머니 아내 등 여인으로부터의 복이 있다.	음식	물고기, 매운탕, 돼지고기, 짠맛.
		사람	나이든 여성 공무원, 어머니, 할머니, 여사장.
소송	잘 풀린다.		
출마	처음에는 어렵다가 당선된다.	장소	북방, 물가, 술집, 찻집.

3리 8곤 3 ○	진(晉) 삼효동	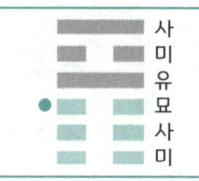
주변도와 순조롭다		

• 같은 길을 가려는 사람들이 뜻을 모아 함께 나아감에 막힘이 없게 된다. 목표가 같고 생각이 같은 사람끼리 서로 믿고 덕행을 닦으며 소원을 이룬다. 성실하고 바르게 사는 어진 사람으로 도와주는 사람이 많고 원수진 사람이 적으니, 평생 안락하고 근심 걱정이 없다.

• 처음에는 막힌 것 같아도 곧 일이 풀리게 된다. 공직자는 영전하게 되고, 승진하려는 사람은 천거 받아 뜻을 이룬다. 대체로 벗을 얻어 일을 같이 하는데 좋고, 계획하고 경영하는 일이 뜻대로 된다. 좋은 운을 즐기다가도 돌연히 벗을 잃거나 사람이 죽는 일이 발생할 수도 있다.

• 위가 답답하고 막힌 것 같다. 동북방과 축일 인일이 길하다. 을미 을사 을묘 계미 계사 계묘년에 태어났거나 음력 2월에 태어난 사람에게 좋다.

상괘 3
하괘 8
晉

소망	동료와 같이 성취한다.	여행	길하다.
사업	동업형식이면 더욱 좋다.	가출	동북쪽에 친구와 어울려 있다.
개업	좋다.	실물	여러 사람의 소행이다. 동북쪽에 있다.
승진	친구 덕으로 된다.	질병	소화불량이다. 달리기를 하면 두 달 안에 낫는다.
시험	합격이다.		
혼인	연애결혼이다.	기후	습하고 구름 낀다.
출산	남아를 낳는다.	의상	황토색과 검은색, 오래 입은 옷, 익숙한 옷, 대중적인 옷, 주름을 잡은 옷.
매매	여러 사람의 도움으로 된다.		
재수	좋다. 차츰 더 좋아진다.	음식	오이, 채소, 거위 오리 등 작은 동물의 고기, 콩, 청국장, 흙에서 나는 재료.
소송	여러 사람이 돕는다.		
출마	당선이다.	사람	윗사람, 산속에 사는 사람, 신망 있는 사람.
증권	거래가 거의 없다. 혹 자신의 주식만 강세를 보인다. 또 자신의 주식이 안정세를 유지하면 다른 것은 상승한다.		
		장소	동북방, 산길, 오솔길, 사당.

3리 8곤 4 × 진(晉) 사효동
능력없어 눈치본다

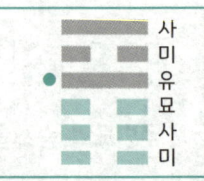

- 자신이 차지한 지위와 명성에 비해 덕과 능력이 모자란다. 그래서 행여 다른 사람에게 자기 자리를 빼앗길까봐 경계하고 시기하며 모함한다. 남을 해치면서까지 자신의 이득을 도모하나 별 소득이 없다.
- 주변의 뜻있는 사람들에 의해 탄핵되어 자리를 잃게 되고, 요행을 바라고 승진하기를 바라나 뜻대로 되지 않는다. 또 남을 폭행하고 헐뜯어서 소송을 당하게 된다. 매사를 부정적으로 보아 부당한 일을 저지른다. 심약하고 의심이 많아 과감한 투자를 못한다.
- 의처증 의부증 등 상대방을 의심하는 병이 심하고, 동북방과 축일 인일이 좋지 않다. 기유 기미 기사년에 태어났거나 음력 2월에 태어난 사람에게 좋다.

소망	요행을 바라는 격. 꾸준히 자신의 실력을 기르고, 주변을 의심하지 말라.	가출	동북방에 있다.
사업	의심이 많아 어렵다.	실물	동북방에 있다.
개업	주변사람을 믿지 못해서 망설인다.	질병	정신적인 결함으로, 남을 의심하는 병이다. 마음을 편히 하고 환경을 바꾸며 무엇보다도 자신의 실력을 길러야 한다.
승진	될 듯하다 안 된다.		
시험	요행만을 바라니 불합격이다.	기후	맑다가 흐리게 된다.
혼인	의심하다 안 된다.	의상	짙은 황토색, 신중히 선택한 옷, 무난한 옷, 예의 바른 옷.
출산	여아를 낳는다.		
매매	서로 불신하다 안 된다.	음식	오이, 채소, 거위 오리 등 작은 동물의 고기, 콩, 흙에서 나는 재료, 불로 잘 익힌 음식.
재수	없는 편이다.		
소송	불신 때문에 소송을 당한다. 어렵다.		
출마	낙선이다.	사람	윗사람, 산속에 사는 사람, 신망 있는 사람, 조심해야 할 사람, 지위가 불안정한 사람.
증권	큰 폭으로 하락한다. 갑자기 강세를 보이다가 처음보다 높아지면 반드시 하락한다.		
		장소	동북방, 산길, 오솔길 등을 피하라, 사당, 어려운 자리.
여행	흉하다.		

3리 8곤 5 ◎ 진(晉) 오효동
근심마라 경사났네

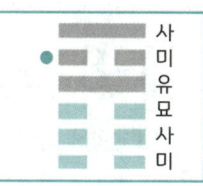

- 높은 자리에서 사심없는 교화를 널리 폄으로써 온 세상이 그 덕을 칭송한다. 문장과 도덕으로 세상에 이름이 나고, 의지가 굳건해서 훌륭한 도를 펼친다. 예측하는 일이 틀림이 없고, 일을 성공하여도 자신의 공으로 삼지 않는다. 얻고 잃는 것을 자연에 맡기고 주변에 공을 돌리니 모두가 존경하며 따른다.
- 높은 자리에 발탁되어 중용된다. 이익과 손해를 따지지 마라. 다 좋게 된다. 모든 일에 과감히 투자해도 될 정도로 좋은 운을 맞았다.
- 눈에 염증이 생기고, 서북방과 술일 해일이 길하다. 기유 기미 기사년에 태어났거나 음력 2월에 태어난 사람에게 좋다.

소망	처음에는 어렵다가 나중에는 크게 이룬다.	여행	좋다.
사업	큰 진전이 있다.	가출	서북쪽에 있다.
개업	크게 길하다.	실물	서북쪽에 있다.
승진	이루어진다. 이름이 난다.	질병	안면 또는 눈병이다. 신경 쓰지 않아도 낫는다.
시험	합격이다.	기후	한랭하고 고기압이다.
혼인	좋은 인연으로 이루어진다.	의상	밝은 적색, 흰색, 개성 있는 옷, 위엄 있어 보이는 옷.
출산	남아를 낳는다.		
매매	성립된다.	음식	말고기, 뼈가 있는 고기, 용안육, 맵고 아린 맛, 머리 고기.
재수	좋다.		
소송	승소한다.	사람	최고 경영자, 아버지, 고위 공무원, 지점장.
출마	당선이다.		
증권	인기가 있어 강세를 보이고 거래량도 많으나, 곧 하락할 것을 알아두어야 한다.	장소	서북방, 관청, 큰 집, 명승지, 사람이 많이 다니는 기념관.

3리 8곤 6 △ 진(晉) 상효동
내탓이오 반성하라

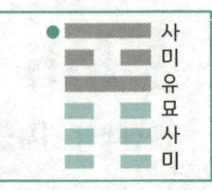
사미유묘사미

- 덕이 모자란 사람이 남의 윗자리에 있으면서 물러날 줄을 모른다. 재주가 덕을 이기는 사람으로, 강한 힘을 믿고 다른 사람을 굴복시키려 하니 화합하지 못하고 싸움이 자주 일어난다. 벼슬은 높지 못해서 군수정도이고, 군인으로 치면 대위나 소령급의 장교로 관직이 빛나지는 못한다.
- 조그마한 집단을 독립적으로 다스리는 사람으로, 일을 처리함에 개인적인 고집이 많다. 집을 수리하거나 새로 짓는 즐거움이 생긴다. 혹 전쟁에 참여하거나 소송에 휩싸이게 된다.
- 우울증에 시달리고 동방과 묘일에 길흉이 반복한다. 기유 기미 기사년에 태어났거나 음력 2월에 태어난 사람에게 좋다.

소망	빛나지는 못하지만 그런대로 기쁨이 있다.	증권	갑자기 가격이 상승한다. 높은 가격이 된다.
사업	비온 뒤에 단단해지는 격으로, 어려움을 잘 극복한다.	여행	마음을 안정시키고자 하는 여행이면 좋다.
개업	현재의 일을 잘 고쳐서 하는 것이 좋다.	가출	동쪽에 있다.
승진	이루어지기는 하지만 큰 기쁨은 없다.	실물	동쪽에 있다.
시험	합격은 한다.	질병	심장이 빨리 뛴다. 마음을 안정시켜야 한다.
혼인	결혼하면서 재산이 늘어난다.	기후	맑다가 바람 분다.
출산	여아를 낳고 산모도 건강하다.	의상	녹색 계열, 주황색도 좋음, 마음을 안정시키는 옷, 모자.
매매	반은 이루어지고 반은 이루어지지 않는다.		
재수	좋은 편이다.	음식	보신용 음식, 죽, 죽순, 수수팥단자.
소송	일단 소송이 일어나면 어려워진다.	사람	퇴직을 앞둔 사람, 원로, 노인.
출마	아쉽게 낙선한다.	장소	동방, 철학관, 사찰, 큰 도로, 사람이 많이 모이는 곳, 교회.

주역점
비결

상괘수가 4일때

4진 1건 1 × 대장(大壯) 초효동
조급하다 사고난다

- 함부로 마구잡이식으로 나아가다가 곤궁하게 된다. 강한 것만 믿고 앞만 보고 나아가니 꺾이고 다치는 수모를 겪는다. 조용히 변화를 관찰하며 기회를 도모한다면 명예와 재산을 온전히 보존할 수 있다.
- 공직에 있는 사람은 간사한 사람의 참소와 비방을 예방해야 하고, 수험생은 요행을 바라다가 치욕을 당한다. 일반인은 작은 일로 다투고 송사하다가 후회하게 되며, 장사하는 사람은 주먹구구식으로 밀고 나가다가 낭패를 본다. 혹은 발병이 나서 움직이지를 못한다.
- 풍기가 있고, 동남방이나 진일 사일이 불리하다. 갑자 갑인 갑진 임자 임인 임진년에 태어났거나 음력 2월 7월 8월에 태어난 사람에게 좋다.

상괘 **4** 하괘 **1**
大壯

소망	어렵다.	여행	흉하다.
사업	계획성이 없어 부진하다.	가출	동남방에 있다.
개업	불가하다.	실물	동남방에 있고, 찾지 못한다.
승진	주먹구구식이어서 안 된다.	질병	풍기가 있다. 혈압을 조심하라.
시험	안 된다.	기후	맑고 바람 분다.
혼인	간신히 이룬다.	의상	밝은 녹색 계열, 발이 잘 드러나는 옷, 주변과 잘 조화되는 옷.
출산	남아를 순산한다.		
매매	이루어지지 않는다.	음식	족발, 야채, 돼지고기, 닭고기.
재수	없다.	사람	나이든 여성 공무원, 간호원, 기술자, 발이 빠른 사람.
소송	유리하나 자제한다.		
출마	낙선이다.	장소	동남방을 피하고, 산속에 있는 집, 정자를 피하라.
증권	거래가 발생하면서 조금 오른다.		

4진1건2ㅇ 좋은계획 좋은실천

대장(大壯) 이효동

• 바른 도를 얻어 바르게 처신하니, 하는 일마다 성공한다. 잘못된 것을 바로잡고 지나친 것을 잘 조절한다. 중요한 관직을 차례로 맡는 영광을 얻으며, 조직에서는 대들보가 된다.

• 개인사업을 하는 사람은 평온하고 실속 있으며, 의식이 풍족하고 재앙이 없다. 공직에 있는 사람은 정직하게 직무를 이행하여 승진하고, 일반인은 하는 일이 뜻대로 이루어지며, 무모한 일은 하지 않는다.

• 신장이나 방광에 이상이 있고, 남방이나 오일이 이롭다. 갑자 갑인 갑진 임자 임인 임진년에 태어났거나 음력 2월 7월 8월에 태어난 사람에게 좋다.

소망	큰 욕심을 내지 않으니 이룬다.	여행	길하다.
사업	주변을 잘 살펴 모나지 않게 잘 이끌어 간다.	가출	남쪽에 있다.
		실물	남쪽에 있다.
개업	해도 좋지만 현업을 유지한다.	질병	신장에 염증이 생긴다.
승진	된다.	기후	개이고 해난다.
시험	된다.	의상	밝은 적색, 잘 돋보이는 옷, 개성 있는 옷.
혼인	늦어지나 이룬다.		
출산	여아를 난산한다.	음식	바비큐, 꿩고기, 소라, 조개, 게, 가재, 자라.
매매	이루어진다.		
재수	좋다.	사람	장래성 있는 문인, 학자, 총명한 사람.
소송	유리하나 손해를 보니 화해하라.	장소	남방, 밝고 깨끗한 집, 화려한 건물, 찜질방.
출마	당선이다.		
증권	갑자기 상승하나 결국 반드시 하락한다.		

4진1건3 × 대장(大壯) 삼효동
쉽게보다 큰코다침

• 자신의 힘만 믿고 날뛰다가 어려움을 겪는다. 신중하게 변화를 관찰하지 못하고 경솔하게 행동하다가 위험에 처한다. 사람을 업신여기다가 다친다. 혈기를 못 이겨 급하고도 용감하게 싸움에 끼어드니, 허물을 부르고 재물을 잃어서 집안을 어렵게 한다.

• 공직에 있는 사람은 공연히 남의 분란에 끼어들어 이러지도 저러지도 못하며, 일반인은 송사에 연루되어 여러 가지 고초를 겪는 등, 사람도 잃고 재물도 없어진다. 허세를 부리다 망하고, 권력을 남용하다 형벌을 받는다.

• 폐질환이나 피부병을 앓고, 혹 사고를 당해 머리를 다친다. 서쪽이나 유일이 해롭다. 갑자 갑인 갑진 임자 임인 임진년에 태어났거나 음력 2월 7월 8월에 태어난 사람에게 좋다.

상괘 **4** 하괘 **1** 大壯

소망	힘만 믿고 나아가다 허망하게 된다.	여행	멀리 오지로 간다.
사업	자만은 실패를 부른다.	가출	서쪽 멀리 있다.
개업	하면 안 된다.	실물	서쪽 멀리 있다.
승진	자만하다 안 된다.	질병	피부질환이다. 혹 머리에 외상이 생긴다. 뼈를 다친다.
시험	자만하다 안 된다.		
혼인	낮추면 된다.	기후	소나기가 내린다.
출산	남아를 낳는다.	의상	흰색 계열, 약간 해진 옷, 운동복.
매매	이루어지지 않는다.	음식	양고기, 물고기, 떡, 맵고 아린 맛.
재수	없다.	사람	성격 있는 소녀, 성질 급한 사람, 말이 빠른 사람, 다른 사람을 업신여기는 사람, 탤런트, 무당.
소송	자만하다 패한다. 화해하는 것이 좋다.		
출마	낙선이다.		
증권	등락거래가 어지러이 발생하다가 갑자기 오르니, 마음을 편히 먹고 기다려라.	장소	서쪽을 피하라. 물가에 있는 집, 나무 울타리 집.

4진1건4 대장(大壯) 사효동
과감실천 파죽지세

술신오진인자

• 어려움을 겪고 헤쳐 나와 좋은 운으로 들어선다. 자신이 강하더라도 잘 감추고 부드럽게 대하니, 막힘이 없고 오히려 주변에서 도와주어 성공한다. 청년시절에 이미 문장이나 재주로 명성을 얻고, 말년에는 여유롭게 인생을 즐긴다.

• 한가롭게 휴직했던 사람은 다시 등용되고, 오랫동안 승진을 못했던 사람들은 반드시 고용된다. 오랫동안 침체되었던 사업을 재개하는 등 대체로 새로운 활기를 맞이한다. 이제껏 막던 장애물이 없어지고 앞날이 활짝 열렸다.

• 장기능이 약화되고 구안와사에 걸릴 염려가 있다. 서남방과 미일 신일이 이롭다. 경오 경신 경술년에 태어났거나 음력 2월 7월 8월에 태어난 사람에게 좋다.

소망	승승장구한다.	여행	길하다.
사업	진전이 있다.	가출	서남쪽에 있는데 찾는다.
개업	좋다.	실물	서남쪽에 있는데 찾는다.
승진	이루어지고 영전한다.	질병	소화기관이 약해진다.
시험	합격이다.	기후	바람 불고 다습하다.
혼인	성립되고 임신도 된다.	의상	녹색과 황토색, 네모지고 넉넉한 옷, 여유로운 옷.
출산	여아를 순산한다.		
매매	이루어진다.	음식	소고기, 뿌리식물, 채소, 조금 먹는다.
재수	좋다.	사람	나이든 여성 공무원, 거상, 부자, 고위공무원.
소송	승소한다.		
출마	당선이다.	장소	서남방, 넓고 시야가 트인 곳, 고층 건물, 막히지 않은 곳.
증권	보통의 기세로 보합세를 유지하다가 오르나, 결국 반드시 하락한다.		

4진 1건 5 △ 대장(大壯) 오효동
지피지기 백전불태

술신오진인자

- 덕이 부족해서 큰일을 할 수 없다. 다만 부드럽게 중심을 잘 잡아서 처신하고, 교만하거나 오만하지 않으면 모든 것이 순리대로 되어서 일을 그르치지 않는다. 강한 상대를 정면에서 제어하지 않는 것처럼, 부드럽게 여유를 가지고 제어할 지혜가 있다면 크게 명예를 얻는다. 힘보다는 지혜를 써야 풀린다.
- 그러나 대개는 유약하여 스스로 자립하지 못하고 남의 밑에 의지해 살다가 일찍 죽게 된다. 공직에 있는 사람은 너무 물러 터져서 기강이 문란해지고, 시험을 보면 의지가 박약하여 떨어지기 쉽다. 계획을 세우지 못하고 세웠다 하더라도 지키지 못함으로써 일을 그르친다.
- 간이 안 좋고, 급히 서두르다가 사고를 당하기 쉽다. 서쪽과 유일이 무난하다. 경오 경신 경술년에 태어났거나 음력 2월 7월 8월에 태어난 사람에게 좋다.

상괘 4
하괘 1
大壯

소망	지혜가 필요하다.	여행	길하다.
사업	순리대로 슬기롭게 추진하라.	가출	서쪽에 있다.
개업	나쁘지는 않다. 새로운 아이디어가 필요하다.	실물	서쪽에 있다.
승진	어렵다. 스스로 포기한다.	질병	넘어져 다친다.
시험	어렵다.	기후	천둥치고 소나기가 내린다.
혼인	대단히 늦어진다.	의상	엷은 녹색, 운동복, 친화력 있는 옷, 부드러워 보이는 옷.
출산	남아를 낳는다.		
매매	도움 없이는 안 된다.	음식	양고기, 물고기, 맵고 아린 맛, 잘 숙성된 맛.
재수	좋지 않다.		
소송	패할 가능성이 크다.	사람	노처녀, 말하기 좋아하는 사람, 능력 있는 무당, 상담인.
출마	부정에 연루된다.	장소	서방, 바닷가, 관공서, 허름한 집.
증권	부분적으로 상승한다. 만약 큰 폭으로 상승한다면 주의해야 한다.		

4진 1건 6 × 대장(大壯) 상효동
진퇴양난 어찌할꼬

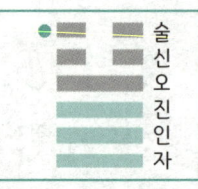

• 처음에는 힘만 믿고 마구 행동하다가 큰 피해를 본다. 부드러움이 강함을 이긴다는 것을 깨달으면 운이 바뀐다. 신중하고 경건한 마음으로 처신해서, 안으로는 일의 기틀을 살피고 밖으로는 때와 형세를 살펴서 움직이니, 굳건하고 씩씩한 자질이 비로소 쓰이게 된다.

• 공직에 있는 사람은 파직될 염려가 있고, 일반인은 분수에 넘치는 일을 하다가 시비와 송사에 휘말릴 염려가 있다. 오직 겸손하며 조심조심 나아가야 좋은 길이 열리니, 어렵고 어려운 운을 맞았으므로 한 걸음 한 걸음 조심하며 걸어야 한다.

• 고혈압으로 인한 뇌졸중을 조심하고, 남방과 오일이 조금 불리하다. 경오 경신 경술년에 태어났거나 음력 2월 7월 8월에 태어난 사람에게 좋다.

소망	바라지 마라. 현상을 유지하고 있으면 저절로 풀릴 때가 있다.	가출	남쪽에 있다.
		실물	남쪽에 있다.
사업	부진하여 감옥에 가기 쉽다.	질병	혈압에 이상이 있어서 머리가 무겁다. 거의 사경에 이르다가 어렵게 깨어난다.
개업	하지마라. 현상유지에 힘써라.		
승진	안 된다.	기후	바람 불고 해난다.
시험	안 된다. 불합격이다.	의상	주황색 계열, 눈에 띄지 않는 옷, 보통의 평상복.
혼인	이루기 어렵다. 상대방을 공경하라.		
출산	여아를 낳는다.	음식	양고기, 바비큐, 버섯구이, 암소고기, 즐기되 체하면 약이 없으니 적게 먹어야 한다.
매매	이루어지지 않는다.		
재수	불리하다.		
소송	불리하다.	사람	고집 세우는 학자, 문인, 너무 나이 들어서 자기주장만 하는 사람.
출마	낙선이다.		
증권	처음에는 상승했다가 나중에 내린다.	장소	남방, 만나지 않는 것도 방법, 너무 화려하게 드러나지 않는 곳.
여행	움직이면 좋지 않다.		

4진 2태 1 △ 귀매(歸妹) 초효동
들러리가 주인공됨

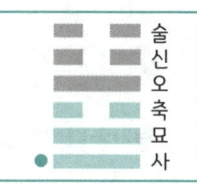

- 재주와 덕이 있는데도 자신을 이끌어주는 사람이 없어서 일이 막힌다. 때를 못 만나고 아랫자리에 있는데다 자신을 돕는 사람이 없다. 비록 큰 성공을 하지는 못하지만 성실함을 바탕으로 작은 성공은 이룬다.
- 항상 자신의 분수를 지키고, 자신의 이익보다는 남의 이익을 먼저 챙긴다. 어렵기는 하지만 차츰 나아진다. 자신이 장이 되기보다는 장을 돕는 참모가 되는 것이 이롭다. 세력 있는 사람에게 붙어서 순종을 미덕으로 알고 생계를 꾸리게 된다. 너무 좋은 보직은 욕심 있고 힘 있는 사람들이 차지하니, 스스로는 이를 멀리하는 것이 좋다.
- 방광이 잘못되어 허리가 아프거나 절름발이가 된다. 북방이 무난하고 자일이 무해무득하다. 정사 정묘 정축년에 태어났거나 음력 7월에 태어난 사람에게 좋다.

상괘 **4**
하괘 **2**
歸妹

소망	남을 도와 자기보다 위에 세우고 그 처분을 따른다.	증권	보합세를 유지. 상승했다가 하락한다.
사업	남의 뒤를 따라가며 무리하지 않는다.	여행	혹 발을 다칠 수가 있다.
개업	작게 하는 것이 좋다.	가출	북쪽에 있다.
승진	눈에 띄지 않을 작은 승진은 가능하다.	실물	북쪽에 있다.
시험	낮추어 본다.	질병	발을 다쳐서 걷기 어렵다.
혼인	재혼이다. 내가 상대방에게 베푼다.	기후	비가 많이 온다.
출산	남아를 낳는다.	의상	흰색과 검은색, 언밸런스, 화려해서 안 어울린다, 줄무늬 옷.
매매	조금 이익을 남기고 성립한다. 중개자가 더 많은 이득을 본다.	음식	호텔 뷔페, 족발, 회. 식비를 과다 지출한다.
재수	조금 얻음이 있다.	사람	절름발이, 능력이 부족한 사람, 과대포장인 사람, 본성은 착한 사람.
소송	화해하라.		
출마	2등이거나 다른 사람에게 양보한다.	장소	북방, 어두운 곳, 분수에 넘치는 장소.

4진 2태 2 △ 귀매(歸妹) 이효동
팅기거나 헤어지자

• 덕과 재주가 있지만 자신을 알아주는 사람을 만나지 못했다. 현재의 분수를 지키며 조용히 살아가는 것이 중요하다. 배움이 적은 경우는 만족하기 어렵다. 배움이 있고 도가 있는 사람은, 산림에 숨어 지내면서 스스로 만족하며 지내므로, 재물이 풍족하고 복 받는 생활을 하게 된다. 담백하고 고요한 사람에게 좋다.

• 스스로 옮기는 것은 어렵지만, 사람을 통해 한가로운 자리로 옮겨가는 것이 좋다. 새로이 승진하기는 어렵고 현실에 만족하며 성실히 살면 큰 잘못이 없다. 눈병이 생기기 쉽고, 사교성이 부족한 사람으로 혹 자폐증이 있다. 적극적인 삶을 살고자 하면 다치거나 심하면 죽게 되는 수도 있다. 매사에 겸손하고 근신하는 자세로 살아가면 해로움이 없다.

• 동쪽과 묘일이 무해무득하다. 정사 정묘 정축년에 태어났거나 음력 7월에 태어난 사람에게 좋다.

소망	세속적인 소망은 이루기 어렵다.		여행	불리하다.
사업	부진하다.		가출	동쪽에 숨어 지낸다.
개업	안하는 것이 좋다.		실물	동쪽에 있다.
승진	안 된다.		질병	눈병이 심하다.
시험	떨어진다.		기후	흐리고 바람 분다.
혼인	사기당할 염려가 있다.		의상	흰색과 청록색, 선글라스와 안경패션, 소박하고 조용한 옷.
출산	여아를 순산한다. 혹 쌍둥이다.			
매매	어렵다.		음식	뿌리음식, 채소, 배춧국, 미역국.
재수	없다.		사람	눈을 다친 사람, 은둔한 사람, 자폐증 환자.
소송	패소한다.			
출마	떨어진다.		장소	동방, 안과, 병원, 조용한 은둔처.
증권	거래가 늘면서 오른다.			

4진 2태 3 △ 귀매(歸妹) 삼효동
이성교제 하향대타

- 덕과 재주가 없는데다 자신을 도와주는 사람도 없다. 현재 처한 자리에 있는 것도 불편하고 떨쳐버리고 일어나고자 하여도 어렵다. 예를 들어 곱게 자란 누이동생을 첩으로 시집보낼 수밖에 없는 처지다. 좋은 기회가 있어도 막히고 방해를 받아 이룰 수 없으니, 차라리 눈높이를 낮춰서 실행하는 것이 좋다.
- 꾀하는 일이 자꾸 늦어지고 원하는 만큼의 성과를 얻지 못한다. 뜻이 원대하지 못하고 마음이 작다. 세도가나 마을 유지에게 의탁하여 살면서 크게 욕심내지 마라. 지위가 강등되고 지방으로 내려간다. 수고롭기만 하고 결과물은 작다. 혹 뜻하지 않게 첩을 얻는 수가 생긴다.
- 다리를 절고 머리를 다칠 것에 대비하라. 서북쪽과 술일 해일이 좋지 않다. 정사 정묘 정축년에 태어났거나 음력 7월에 태어난 사람에게 좋다.

상괘 **4** 하괘 **2** 歸妹

소망	이루지 못한다.	증권	인기가 좋아서 오른다.
사업	안 된다. 은근히 회사를 다른 사람에게 판다.	여행	불길하다.
		가출	서북쪽에 있다.
개업	얼마 못가서 그만두게 된다.	실물	서북쪽에 있다.
승진	안 된다.	질병	두통이 잘 낫지 않는다.
시험	떨어진다.	기후	한랭성 고기압이다.
혼인	정식으로는 되지 않는다.	의상	흰색, 발랄한 옷, 조금 유치해 보이는 옷, 소박한 옷.
출산	남아를 낳는다.		
매매	안 된다.	음식	죽순, 채소, 나물, 잉어탕.
재수	잃는 것이 많다.	사람	연상의 애인, 오랜만에 만나는 사람, 불륜 애인.
소송	어렵다. 뒤로 화해한다.		
출마	떨어진다.	장소	서북방을 조심하라. 관공서, 높은 정자, 바닷가 등을 피하는 것이 좋다.

4진 2태 4 △ 결혼늦음 기다려라

귀매(歸妹) 사효동

• 덕과 재주가 있지만 기회가 늦게 온다. 대기만성이 나의 지침이니, 바르고 큰 재주가 있지만, 분수를 지키면서 때를 기다린다. 결혼도 늦게 하고, 늦게 취직하고, 성공도 늦다. 초기에는 어렵고 막힘이 많으나, 한 가지 일에 매진하여 자신을 갈고 닦으면서 때를 기다리면 명성과 이득을 얻는다.

• 합격을 하였어도 보직이 없어서 기다린다. 기약도 없고 가망도 없어 보일지라도 꾸준히 참고 기다려라. 기회는 반드시 온다.

• 근심걱정이 지나쳐 위장에 병이 생긴다. 서남방과 미일 신일이 길하다. 경오 경신 경술년에 태어났거나 음력 7월에 태어난 사람에게 좋다.

소망	아주 늦게 이룬다.	증권	보합세를 유지하면서 안정된다.
사업	오랜 시일이 지난 뒤 진전이 있다.	여행	늦게 돌아온다.
개업	멀리 보고 한다. 당장에는 진전이 없다.	가출	서남쪽에 있다.
		실물	서남쪽에 있다.
승진	늦어진다.	질병	위장병으로 오래간다.
시험	빨라야 후기에 합격한다.	기후	바람 불고 흐리게 된다.
혼인	늦게 성립되거나 중간에 깨진다.	의상	청록색과 황토색, 소박한 옷, 네모나고 넉넉한 옷.
출산	여아를 낳는다.		
매매	포기하는 마음이 들어선 후 우연히 이룬다.	음식	과일과 채소, 선짓국, 머리 고기, 오랫동안 끓인 탕, 기다렸다 먹는다.
재수	처음에는 없다가 늦게 있다.	사람	어긋났던 연인, 늦게 얻은 애인, 어머니, 장모.
소송	늦게 승소한다.		
출마	나중을 기약한다.	장소	서남방, 평평한 곳, 길가의 농원.

4진 2태 5 ○
겸손하라 하향결혼

귀매(歸妹) 오효동

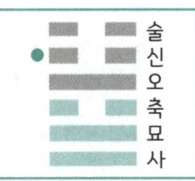

- 순수하고 검소한 덕이 있어서 풍속을 교화시킬 수 있다. 재주와 덕이 뛰어난 사람이면서 넓은 국량으로 다른 사람을 포용한다. 허황된 것을 버리고 순수하고 실질적인 것을 숭상한다. 귀하고 부유하면서도 소박함을 중시하고 교만하지 않으며, 전통을 숭상하여 예의와 체통을 잘 지키니 주변의 칭송을 듣는다.
- 남의 것을 욕심내지 않고 귀한 사람을 잘 접대하고 천한 사람을 무시하지 않는다. 능력을 인정받아 승진하고, 시험을 보면 합격한다. 계획해서 하는 일이 성공하고 혼인해서 재물이 늘어난다. 혹 다른 나라에 가서 귀하게 된다.
- 피부트러블이 생기고 폐가 좋지 않다. 서쪽과 유일이 길하다. 경오 경신 경술년에 태어났거나 음력 7월에 태어난 사람에게 좋다.

상괘 **4**
하괘 **2**
歸妹

소망	희망적이다.	여행	길하다.
사업	나보다 종업원을 더 생각하고, 또 현실적인 경영으로 성공한다.	가출	서쪽에 있다.
		실물	서쪽에 있다.
개업	좋다.	질병	팔 또는 다리에 타박상이나 피부병으로 장애가 있다.
승진	이룬다.		
시험	합격이다.	기후	바람 불고 구름 낀다.
혼인	늦게 이루어진다. 여자는 좀 낮추어 한다.	의상	청록색과 흰색, 소박한 옷, 지위보다 겸손한 옷.
출산	남아를 낳는다. 혹 쌍둥이다.	음식	물고기 회, 부분고기, 양고기, 국이 있는 밥.
매매	성립된다.		
재수	있다.	사람	연하 또는 지위가 낮은 배우자, 여러 가지로 나보다 못한 사람.
소송	유리하지만 화해하라.		
출마	나보다 남을 더 생각하는 마음으로 하니 당선이다.	장소	서방, 바닷가, 호수주변, 변두리 오지, 서향집.
증권	공급량이 적은 상태로 안정된다.		

4진 2태 6 ×
자식없고 결실없네

귀매(歸妹) 상효동

- 덕도 없고 도와주는 사람도 없어서 약속을 지키지 못한다. 재주가 있어도 쓰이기 어렵고, 아내가 있어도 자식이 없다. 외롭고 괴롭지만 벗어날 방법이 없다. 움직이면 움직일수록 더욱 어렵다. 노력은 많이 하지만 결과물이 없다.

- 직업은 이름만 있고 실속이 없으니, 헛된 명함에 수익이 없다. 목말라 샘을 파도 성과가 없다. 서로 믿음이 없으니 교제를 해보아도 결과가 없다. 헛되이 돌아다니지 말고 마음을 가라앉혀라.

- 홧병이다. 남방과 오일을 피하라. 경오 경신 경술년에 태어났거나 음력 7월에 태어난 사람에게 좋다.

소망	소리만 요란하고 결과는 없다.	여행	흉하다.
사업	부진하고 실속이 없다.	가출	남쪽에 있다.
개업	하지마라.	실물	남쪽에 있다.
승진	안 된다.	질병	심신이 허해진다. 남자는 무정자증이고 여자는 자궁이상이다.
시험	불합격이다.		
혼인	파혼이다.	기후	바람 불고 해난다.
출산	불임증이나 유산이다.	의상	청록색과 붉은색, 허영기 있는 옷, 머리치장.
매매	안 된다.		
재수	없다.	음식	치장만 요란한 음식, 양고기, 씨 없는 과일.
소송	포기하라.		
출마	떨어진다.	사람	무정자증 배우자, 허영기 있는 사람, 사기꾼, 중년여성, 요리사.
증권	인기가 좋으나, 뒷심이 적어서 보합세를 유지한다.		
		장소	남방을 피하고, 주방, 꽃밭 등을 피하라.

4진 3리 1 ○
겸손하면 재물풍성

풍(豊) 초효동

상괘 **4**
하괘 **3**
豊

- 풍요롭고 밝은 세상을 만났다. 서로 간에 능력과 덕을 인정하고 힘을 합해 공을 세운다. 다만 아직 높은 지위에 오르지 못한 때이므로, 남에게 오만하게 하고 일을 급진적으로 고치려 한다면, 꾀하는 일을 못 이룰 뿐만 아니라 주변까지 다치게 된다. 항상 신중히 생각하되, 자신을 이끌어주는 사람이 보이면 10일 내로 급히 찾아가 자문을 구하도록 노력한다.
- 자신을 알아주는 윗사람을 만나 특채되고 승진되며, 주변에 좋은 벗을 만나 성공한다. 너무 지나치게 앞서 나가면 예기치 못한 화를 당하게 된다.
- 질병은 과민성 대장염 또는 신부전증이다. 동북방과 축일 인일, 묘방과 묘일이 길하다. 기묘 기축 기해년에 태어났거나 음력 2월~9월(특히 9월) 사이에 태어난 사람에게 좋다.

소망 귀인이 이끌어주어서 이룬다.
사업 자신을 높이 평가하는 사람을 존경하며 따라야 성공한다.
개업 동업도 좋다.
승진 성취하여 실력이 비슷한 동료와 좋은 라이벌이 된다.
시험 합격이다.
혼인 서로가 알아주고 존경한다.
출산 건강한 남아를 낳는다.
매매 상대방의 입장에서 조금 양보하라.
재수 조금 있다.
소송 상대방을 배려하여 화해하라.
출마 유리하다. 상대방과 선의의 경쟁.
증권 오르는 것이 눈에 띌 정도이나 나중에 하락한다.

여행 길하다.
가출 동북쪽에 있다.
실물 동북쪽에 있다.
질병 신부전증이다. 열흘이 고비다.
기후 맑았다 흐려진다.
의상 주황색과 황토색, 검소한 옷, 주름을 잡은 옷.
음식 작은 동물구이, 바비큐, 산나물, 약초를 넣어 만든 음식.
사람 귀한 친구, 연상의 애인, 나보다 나은 친구, 존경할 사람.
장소 동북방, 오솔길, 꽃이 핀 산길, 화려하면서 조용한 곳.

4진 3리 2 △ 풍(豐) 이효동
풍성재물 조심하라

- 덕과 재주가 있으나 알아주는 사람이 없다. 정성을 다하고 또 정성을 다함으로써 주변의 마음을 서서히 돌린다. 그렇지만 도와주어도 오히려 욕을 하고, 친하게 하려 해도 의심만 사기 쉽다.
- 진정에서 우러나는 충심을 몰라주니 답답하다. 그렇지만 오랫동안 정성을 들이면 조금씩 마음을 돌리게 된다. 모든 일이 처음에는 답답하게 막혔다가 나중에 풀린다. 특히 송사를 하지마라. 마음고생이 심하다. 답답함으로 인한 울혈이 병이 된다. 이 역시 시간을 두고 해결해야 낫는다.
- 묘방과 묘일은 처음은 어렵다가 나중에 풀리고, 술일과 해일은 현재의 피난처다. 기묘 기축 기해년에 태어났거나 음력 2월~9월(특히 9월) 사이에 태어난 사람에게 좋다.

소망 여러 오해 끝에 어렵게 이룬다.
사업 부진하다. 상대방이 나의 호의를 몰라 주니 안타깝기만 하다.
개업 많은 고생과 오해가 따른다.
승진 의심 때문에 안 된다.
시험 합격하기 어렵다.
혼인 의심을 버리면 곧 성사되나, 그것이 쉽지 않다.
출산 여아를 순산한다.
매매 의심 때문에 어렵다.
재수 남에게 의심을 산다.
소송 의심을 받다가, 승소하고 신의를 회복한다.
출마 떨어진다. 안개속이다. 신의를 지켜야 한다.

증권 큰 인기 속에 오른다.
여행 불리하다.
가출 서북쪽에 있다.
실물 서북쪽에 있다.
질병 심장 또는 눈병이다. 시일이 지나면 저절로 풀린다.
기후 맑고 춥다.
의상 붉은색과 흰색, 숄과 카디건, 별무늬 옷, 신뢰감 주는 옷.
음식 풍성한 음식, 머리 고기, 뼈 있는 고기, 칠면조.
사람 믿음으로 사귈 사람, 먼저 연락 오기를 기다린다, 처음에는 서로 의심한다.
장소 서북방, 환한 관공서, 탁 트인 곳.

4진3리3 ✕
재물많아 사고난다

풍(豐) 삼효동

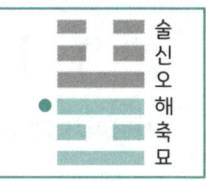

- 윗사람을 잘못 만나 밝은 덕과 지혜를 쓰지 못한다. 지도자의 수족과 같은 참모가 되지만, 윗사람의 안목이 부족하고 주변의 헐뜯음을 당해서 피해자가 된다. 친척이 다치고, 가문의 일이 잘못된다. 이럴 때는 나서지 말고 집에서 수양을 쌓으며 훗날을 도모하는 것이 최상책이다.

- 최고 책임자의 수족 같은 참모가 될지라도 오래가지 못한다. 하고자 하는 일에 시기가 많고, 스스로 쓰이고자 노력하나 알아주지 않는다. 다툼과 송사가 끊이지 않는다.

- 손과 발에 병이 생기거나 다치게 되고, 묘일과 묘방이 크게 좋지 않다. 기묘 기축 기해년에 태어났거나 음력 2월~9월(특히 9월) 사이에 태어난 사람에게 좋다.

상괘
4
하괘
3
豐

소망	실패한다.
사업	도와주던 사람도 어렵게 되었으니 속수무책이다.
개업	흉하다.
승진	어렵다.
시험	떨어진다.
혼인	안 된다.
출산	남아를 낳는다. 불구 또는 쌍둥이로 태어나기 쉽다.
매매	안 된다.
재수	크게 잃는다.
소송	패소한다.
출마	떨어진다.
증권	거래량이 많아지면서 상승하나, 계속하여 높은 가격을 유지하기는 어렵다.
여행	흉하다.
가출	동쪽에 있다.
실물	동쪽에 있다.
질병	손 또는 발을 절단 당한다.
기후	맑다가 큰 바람이 불거나 우레 친다.
의상	주황색과 청록색, 큰 숄과 카디건, 왼쪽과 오른쪽의 언밸런스.
음식	바비큐, 뿌리를 요리한 음식, 포장만 요란한 음식.
사람	의심하다 좋은 사람 놓친다, 중년 이상의 남자, 팔을 다친 사람.
장소	동방을 피하라, 정형외과, 어두침침해서 잘 못 본다.

4진3리4 △

사람써서 재물관리

풍(豐) 사효동

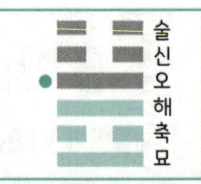

- 덕과 재주가 뛰어나지만 써줄 사람이 없다. 중간에 다리를 놓아줄 사람이 오히려 시기하며 막아서니, 위로 올라가 뜻을 펼 수 없다. 주변의 뜻 맞는 사람들을 모아 작은 일이나 이룰 수밖에! 이럴 때는 외지로 나가서 새로 개척하면 입신하게 된다. 혹은 친척에 의지해서 생계를 꾸리며 때를 기다린다.
- 직장에서는 시기하는 사람이 많아 뜻을 제대로 펴지 못한다. 다만 장사하는 사람은 멀리 돌아다니며 좋은 기회를 얻는다. 여행자도 뜻밖의 기회를 얻지만, 배를 타고 가는 여행은 삼가는 것이 좋다. 아랫사람과 뜻을 같이해야 앞날이 열린다.
- 심장과 간을 조심하라. 남방과 오일이 좋고, 서남방과 미일 신일은 보통이다. 경오 경신 경술년에 태어났거나 음력 2월~9월(특히 9월) 사이에 태어난 사람에게 좋다.

소망	혼자는 어렵고 친구의 힘을 청하라.	여행	서남쪽이 길하다. 배타고 가는 여행은 위험하다.
사업	자신을 이해하고 도와줄 친구를 찾아 교제를 하라.		
		가출	서남쪽에 있다.
개업	처음에는 어렵다.	실물	서남쪽에 있다.
승진	어려우나 혹 친구의 도움으로 된다.	질병	간이 안 좋아진다.
시험	간신히 합격한다.	기후	바람 불고 다습하다.
혼인	주변의 도움으로 서로를 잘 이해하게 되어 이룬다.	의상	청록색과 황토색, 소박한 옷, 네모나고 넉넉한 옷, 믿음이 가는 옷.
출산	여아를 낳는다.	음식	풍성하면서도 실속 있는 음식, 소고기, 각종 채소, 한정식.
매매	겨우 성사된다.		
재수	처음은 없고 나중에는 좋다.	사람	나이 어린 동반자, 나를 보필할 아랫사람, 어머니, 할머니.
소송	어려움을 겪다가 승소한다.		
출마	낮은 자리는 가망 있다.	장소	남방, 평평한 곳, 길가의 농원.
증권	생각지 않은 하락국면을 맞는다. 거래가 이뤄지지 않을 수도 있다.		

4진 3리 5 ◎ 풍(豊) 오효동
재물풍성 경사났네

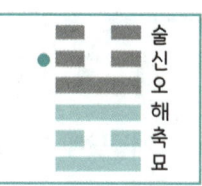

• 윗사람에게 어진 사람을 천거하여 좋은 자리에 앉게 한다. 처음에는 주변 사람이 자신의 자리를 차지할까봐 꺼리는 것도 많지만, 차츰 마음을 바꾸어서 자신의 욕심을 버린다. 명성과 칭찬이 따르고 문장이 빼어난 후덕한 사람이다.

• 자신이 덕을 베풀고 주변에서도 이끌어주니, 소망하는 것을 뜻대로 이루고 일마다 칭찬이 따른다. 자신의 부족함을 다른 사람의 능력에 의해 보충한다. 친구와 더불어 공부를 하여 합격한다. 크게 부유하고 영예도 높다.

• 폐장과 피부병, 그리고 과로로 인한 간장질환을 조심하라. 남방과 오일, 서방과 유일이 모두 길하다. 경오 경신 경술년에 태어났거나 음력 2월~9월(특히 9월) 사이에 태어난 사람에게 좋다.

상괘 **4**
하괘 **3**
豊

소망 크게 이룬다.	**증권** 공급량이 적어서 오른다.
사업 능력 있고 어진 사람을 영입하여 진전된다.	**여행** 길하다.
	가출 서쪽에 있다.
개업 길하다. 앞날이 밝다.	**실물** 서쪽에 있다.
승진 된다. 혹 좋은 사람의 추천으로 된다.	**질병** 안면, 특히 눈이 안 좋아진다.
시험 합격이다.	**기후** 흐리고 가끔 비 내린다.
혼인 좋은 혼처를 소개받는다.	**의상** 청록색과 흰색, 소박한 옷, 겸손하지만 위엄 있는 옷, 잘 재단된 옷.
출산 남아를 낳는다.	
매매 성립된다.	**음식** 채소 겉절이, 물고기 회, 양고기, 매운맛.
재수 크게 얻는다.	**사람** 지원자, 배우자, 초대해서 만나는 능력 있는 사람.
소송 점차 유리해진다. 현명한 변호사를 선임하면 더욱 좋다.	
	장소 서방, 바닷가, 호수주변, 변두리 오지, 서향집, 밝고 환한 곳.
출마 당선된다.	

4진 3리 6 ×
재물탓에 인심잃네

풍(豐) 상효동

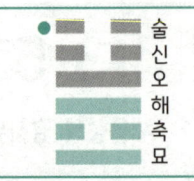

- 밝고 풍성함이 한계를 넘어서 어둡고 쓸쓸하게 된다. 좋은 직업을 마다 하고 총명한 재질을 허황되게 쓰니, 다가오는 재앙을 막을 길이 없다. 스스로 잘난 체 하고 기고만장하니, 주변의 친척과 벗이 모두 등을 돌린다. 오직 승려나 도인으로 산속에 숨어 살면 재앙과 허물을 면한다.

- 높은 자리에 있으면 있을수록, 재산이 많으면 많을수록 더 많은 위험을 부른다. 친척끼리 다투고 소송으로 옥살이를 하며 구설수에 끊임없이 말려든다. 큰 집 또는 감옥에 홀로 살게 되거나, 병원 등에서 홀로 투병생활을 한다. 혹 자폐증환자이다.

- 홧병으로 인한 뇌졸중 당뇨 심장병을 조심하라. 남방과 오일이 좋지 않다. 경오 경신 경술년에 태어났거나 음력 2월~9월(특히 9월) 사이에 태어난 사람에게 좋다.

소망	다치고 잃을 것을 근심하라.	여행	흉하다.
사업	안 된다.	가출	남쪽에 있다.
개업	하지 마라.	실물	남쪽에 있다.
승진	안 된다.	질병	뇌졸중으로 식물인간이 되거나 자폐증이다.
시험	떨어진다.		
혼인	성립되지 않고, 돈만 날린다.	기후	바람 불고 해난다.
출산	여아를 낳는다. 혹 쌍둥이다.	의상	청록색과 주황색, 너무 크고 화려함, 선녀 날개옷.
매매	이루어지지 않는다.		
재수	크게 잃는다.	음식	너무 요란한 대접, 음식이 많이 남는다, 바비큐, 구이.
소송	차츰 불리해진다.		
출마	떨어진다.	사람	허영기 있는 여성, 갑질 하는 사람.
증권	높은 가격의 거래가 발생한다.	장소	남방을 피하고, 꽃밭, 휘황찬란한 곳을 피하라.

4진 4진 1 ○
무서웠다 나중웃네

진(震) 초효동

- 두려워 할 것을 알아서 두려워하므로 처음에는 어렵지만 나중에는 잘 된다. 강하고 큰 재주를 타고 난 사람으로, 문장이 뛰어나고, 위엄과 신망이 뛰어나다. 혹 실족을 해서 식물인간이 되거나 벙어리가 되는 수도 있다.
- 공직자는 처음엔 두렵고 놀라지만 뒤에는 기뻐하는 징조고, 취직준비생은 한 번 발탁되면 사람을 놀라게 하며, 군수나 동장 또는 제사를 주재하는 직책을 받게 된다. 일반인은 헛되이 놀라는 수가 많으나, 나중에는 기쁘게 된다.
- 심장에 무리가 가서 자주 놀라고, 혹 발을 다쳐 거동이 불편하다. 서남방과 미일 신일이 무난하고, 경자 경인 경진년에 태어났거나 음력 10월에 태어난 사람에게 좋다.

소망	처음은 힘들지만 나중에는 이루게 된다.	증권	거래가 발생하면서 오른다.
		여행	길하다.
사업	놀랄 일이 생긴다. 그 고비를 지나 크게 이룬다.	가출	서남쪽에 있다.
		실물	서남쪽에 있다.
개업	희망적이다.	질병	발을 다치거나 혹은 사고를 당해서 식물인간이 된다.
승진	된다.		
시험	합격이다.	기후	천둥치고 바람 불며 음습하다.
혼인	된다. 한번 큰 고비가 있다.	의상	청록색과 황토색, 소박한 옷, 각진 옷, 넉넉한 옷.
출산	남아를 낳는다.		
매매	된다.	음식	소고기, 뿌리식물, 야채, 단맛, 족발.
재수	있다.	사람	겁이 많은 할머니, 두려워하는 공무원, 집회에 나선 사람들.
소송	승소한다.		
출마	어려움 끝에 당선된다.	장소	서남방, 개활지, 창고, 사람이 많은 곳.

4진 4진 2 △
잃었다가 나중찾네

진(震) 이효동

- 어려워질 것임을 알고 대비하기 때문에, 나중에는 원하는 것을 얻고 편안해진다. 재주가 좋고 생각이 깊고 원대해서, 어려움을 만나더라도 잘 처리하는 지혜가 있다. 비록 새로운 사업을 창립하지는 못하나, 내려온 가업을 보존하고 지킬 수는 있다. 혹 위험한 처지에 있으면서도 피할 줄 모르고, 재물을 탐내서 놓을 줄 모르니, 근심과 걱정 속에 사방으로 뛰어 다닌다.

- 대체로 처음은 뜻대로 안되지만 '7(7시간, 7일, 7개월… 등)'이라는 숫자 안에 해결되는 뜻이 있으니, 먼저는 위태하나 뒤에는 편안해진다. 공직자는 음험하고 간사한 사람을 만날 염려가 있고, 취직준비생은 먼저는 헤매다가 뒤에는 안정되며, 일반인은 송사에 패소해서 재물을 잃는 우환이 있다. 늙은 사람은 수명이 위험하고, 젊은 사람은 놀랄 일이 생긴다.

- 서쪽과 유일이 길하다. 경자 경인 경진년에 태어났거나 음력 10월에 태어난 사람에게 좋다.

소망	한번쯤 놀랄 일이 있다가 이룬다. 사기와 도난당할 것을 조심하라.	증권	갑자기 거래가 발생하다 안정된다.
사업	7일(또는 7개월) 안에 고비가 있다.	여행	7일(또는 7개월)만에 돌아온다.
개업	하지 마라.	가출	서쪽에 있는데 7일(또는 7개월)만에 돌아온다.
승진	어렵사리 된다.	실물	서쪽에 있는데 돌아온다.
시험	두 번째 시험에 합격이다.	질병	무릎에 통증이 있다가 회복한다.
혼인	늦게 연애로 성립된다.	기후	바람 불고 흐리며 천둥친다.
출산	여아를 낳는다.	의상	녹색과 흰색, 장신구를 잃어버린다, 찢어졌다가 수선한 옷.
매매	7개월 안에 성립된다.		
재수	처음은 잃고 나중은 얻는다.	음식	조개구이, 조개탕, 해물탕, 흠 있는 재료.
소송	7개월 또는 7년을 끈다.	사람	피난민, 헤어졌다 만나는 사람, 마음이 흔들리는 사람.
출마	여러 번 떨어진 후에 당선된다.	장소	서방, 재난지역, 바닷가, 언덕.

4진 4진 3 △
두번놀라 진정하네

진(震) 삼효동

상괘 4
하괘 4
震

• 덕이 없어 화를 부른다. 지금은 편안해도 위태하게 될 때를 대비해야 한다. 크게 사업을 확대하지는 못하나, 또한 조심하고 반성하며 열심히 일함으로써 자기의 분수를 지키고, 자기의 처지에 맞는 일을 행하며, 자신의 몸과 마음을 잘 수양해서 날마다 진전이 있게 된다. 그러나 대부분은 유약해서 자립하지 못하며, 놀라고 당황해서 자기의 뜻을 잃게 되며, 진퇴에 일정한 법칙이 없으니, 명예와 이익을 모두 잃게 된다.

• 공직자는 직위만 차지하고 책임을 다하지 못함으로써 꾸지람을 당하며, 취직준비생은 자기계발을 하지 못하는 걱정이 있게 된다. 일반인은 재앙과 손해가 있고, 근심스럽고 두려운 일이 있게 될 것이니, 삼가하고 경계해야 흉함을 면할 것이다.

• 남방과 오일이 불리하고, 간질이나 경기 등을 조심하고, 경자 경인 경진 년에 태어났거나 음력 10월에 태어난 사람에게 좋다.

소망	성실하지 못하니 희망이 없다.	**여행**	흉하다.
사업	능력이 모자라 감당하기 어렵다.	**가출**	남쪽에 있다.
개업	하지마라.	**실물**	남쪽에 있다.
승진	안 된다.	**질병**	신경쇠약이다.
시험	노력을 안 하니 떨어진다.	**기후**	천둥 친 후에 해 난다.
혼인	어렵다. 돼도 좋지 않다.	**의상**	녹색과 붉은색, 언밸런스한 의상, 계획에 없던 옷.
출산	남아를 낳는다.		
매매	안 된다.	**음식**	조개류, 게, 악어고기, 꿩, 만두.
재수	없다.	**사람**	혼란스러운 사람, 정신박약아, 의식불명, 기절했다 깨어난 사람, 중년 여성.
소송	감당하기 어렵다.		
출마	떨어진다.	**장소**	남방, 화려하고 시끄러운 곳을 피하라. 병원, 자신과 어울리지 않는 곳.
증권	보합세를 유지하다가 소폭 오른다.		

4진**4**진**4**□ △
돌진하다 힘빠지네

진(震) 사효동

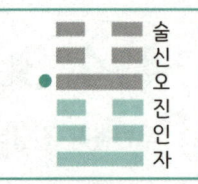

• 처지를 생각 하지 않고 욕심을 부리다가 위태해진다. 일을 잘 처리해서 크게 성공하지는 못하나, 또한 현 상태를 유지하면서 위험에 빠지지는 않는다. 그러나 대부분은 구차스럽고 비열하며 천하게 행동해서 바른 몸가짐을 잃으니, 진흙 속에 빠져 더렵혀지는 격으로 생애가 어설프고 메마르다.

• 공직자는 강등되어 쫓겨나는 위험이 있고, 취직준비생은 정체되고 뜻을 이루지 못해 좌절된다. 일반인은 비열하고 더러우며 구차하고 천해서 하나의 계획도 펴지 못하고, 심지어는 구속되고 옥에 갇혀서 햇빛 볼 날이 없게 된다. 수렁에 빠지기 쉽다. 욕심을 잘 절제해서 방탕하지 않으면, 잘못된 길로 빠지는 데까지 이르지는 않는다.

• 서남방과 미일 신일이 불리하고, 비장에 무리가 온다. 경오 경신 경술년에 태어났거나 음력 10월에 태어난 사람에게 좋다.

소망	어렵다.	가출	서남쪽에 있다.
사업	의욕감퇴로 부진하다.	실물	서남쪽에 있다.
개업	좋지않다.	질병	신경이 예민해졌다. 마음을 편히 하고 약은 귀비탕(歸脾湯)을 쓴다.
승진	능력은 있지만 안 된다.		
시험	떨어진다.	기후	바람 불고 흐린다.
혼인	안 된다. 서로간에 맞지 않는다.	의상	녹색과 황토색, 더러워진 옷, 빛바랜 옷, 네모지고 펑퍼짐한 옷.
출산	여아를 낳는다.		
매매	안 된다.	음식	미꾸라지, 메기, 뿌리식물, 흙이 잔뜩 묻은 재료.
재수	없다.		
소송	어렵다.	사람	어려움에 처한 할머니, 고위공무원, 미아, 갈 길을 잊은 사람.
출마	떨어진다.		
증권	거래가 꾸준하다. 갑자기 상승했다가 안정세로 돌아선다.	장소	서남방을 조심하라, 개활지, 창고, 사람이 많은 곳, 갯벌, 머드축제장.
여행	불리하다.		

4진 4진 5 ○ 진(震) 오효동
위험해도 소득크다

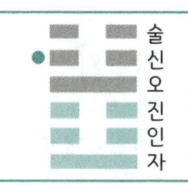

• 재주가 없어서 위태함을 면할 수 없으나, 능력 있는 사람에게 구원을 청함으로써 어려움에서 빠져나간다. 자신의 재주는 부족하지만 인덕이 있어서, 예전부터 내려오는 터전과 업적을 보존하고 세상을 바꾸는 공적을 이루어 유명해질 수 있다. 마음을 충성되고 후덕하게 가져서, 굳게 자신의 뜻을 지킨다. 초년에는 분주하게 뛰어다니나, 말년에는 편안하다.

• 공직자는 현재의 직책을 유지할 수 있고, 취업준비생은 평상시의 일상생활을 그대로 유지해야 하며, 일반인은 약간의 근심이 생긴다.

• 혹 간이 좋지 않고 손과 발에 병이 생기는 우환이 있다. 서방과 유일이 길하다. 경오 경신 경술년에 태어났거나 음력 10월에 태어난 사람에게 좋다.

상괘 4
하괘 4
震

소망	겸양의 태도로 나가면 이룰 가능성이 높다.	증권	소폭의 등락. 보합세를 유지하다가 조금 상승하나, 결국 하락한다.
사업	현상을 유지하면서 주변에 덕을 많이 베풀어라.	여행	길하다.
		가출	서쪽에 있다.
개업	신중하게 결정하면 희망적이다.	실물	서쪽에 있다.
승진	어려운 과정을 겪은 뒤에 된다.	질병	간과 담에 문제가 생긴다.
시험	우여곡절 끝에 합격하기는 한다.	기후	바람 불고 구름 낀다.
혼인	연애로 이루어지나 늦다.	의상	녹색과 흰색, 활동복, 위엄 있으면서도 분위기에 맞는 옷, 소박한 옷.
출산	남아를 낳는다.		
매매	된다.	음식	횟감, 잉어탕, 양고기, 잔치음식, 큰 고기의 일부로 만든 음식.
재수	보통이다.		
소송	어렵다. 화해를 유도하라.	사람	젊은 여자 CEO, 젊어 보이는 여사장, 지위가 흔들리는 사람.
출마	당선된다.	장소	서방, 재난지역, 바닷가, 큰 도로, 꽃이 핀 길.

4진 4진 6 △ 진(震) 상효동
조심조심 주변조심

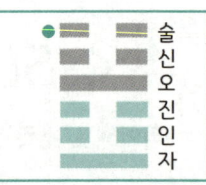

• 능력이 없어서 흉함을 면할 수 없다. 혹 근심과 해로움이 이르기 전에 먼저 대비하면, 위엄과 명망이 생기고 자신과 가문을 보호할 수 있다. 그러나 대부분의 사람은 조심하고 두려워하지 않으며 강하고 사납게 대하여 화를 부른다. 처와 첩이 서로 화목하지 못하고, 피로에 지쳐 초라한 행색이다. 혼인에 구설수가 따른다.

• 강등되고 좌천되는 좌절을 맛보게 된다. 조심해서 방비하면서 외딴 곳에서 몸과 마음을 수양하면 길하다. 혹 부부가 반목하게 되고, 친한 이웃이 환난을 만난다.

• 과로로 간이 나빠진다. 동쪽이 이롭고 남쪽이 해로우며, 묘일이 좋고 오일이 좋지 않다. 경오 경신 경술년에 태어났거나 음력 10월에 태어난 사람에게 좋다.

소망	안 된다.	여행	불길하다.
사업	현상유지에 총력을 다하라.	가출	남쪽에 있다.
개업	하지 마라. 힘이 너무 든다.	실물	남쪽에 있다.
승진	안 된다.	질병	정신이 극도로 약해져서 기절한다.
시험	안 된다.	기후	바람 분 후에 맑다.
혼인	안 된다. 된다 해도 좋지 않다.	의상	검소하고 소박한 옷, 녹색과 붉은색, 머리에 꽃 장식.
출산	여아를 낳다가 산모가 졸도한다.		
매매	안 된다.	음식	잘 장식한 음식을 피하고 검소하게 한다.
재수	잃는 것이 많다.		
소송	패소한다.	사람	파혼할 사람, 헤어질 사람, 이웃, 중년의 여자.
출마	떨어진다.		
증권	상승하나, 계속해서 높은 가격을 유지하기는 어렵다.	장소	남방을 조심하라, 화려하고 시끄러운 곳, 정신병원, 자신과 어울리지 않는 곳.

4진 5손 1 ✕	항(恒) 초효동
너무심각 너무집착	

- 자기의견만 주장하고 환경이 좋지 못한 것을 헤아리지 못한다. 분수를 살피지 못하고 명령을 따르지 않으며, 얕고 깊은 것을 헤아리지 못하니, 행하는 일마다 잘못되어 성공하기 어렵다.
- 윗사람의 신임을 얻지 못하고 '사오정같다'는 소리를 들으며, 자신을 알아주는 사람을 만나지 못한다. 자신의 권리는 꼬박꼬박 주장하고, 의무는 멀리한다. 마음만 급하여 일확천금을 꿈꾸고 높은 자리를 원하는 등 이리저리 헤매나 자신을 돌아보며 반성하는 것이 상책이다.
- 풍기(風氣)가 있으며, 서북방과 술일 해일이 좋지 않다. 신축 신해 신유 년에 태어났거나 음력 1월~8월 사이(특히 1월)에 태어난 사람에게 좋다.

상괘 **4**
하괘 **5**
恒

소망	바라지 마라.	여행	흉하다.
사업	진척이 없다.	가출	서북쪽으로 가서, 돌아오지 않는다.
개업	좋지 않다. 전업인 경우 지금보다 좋아진다.	실물	서북쪽 깊은 곳에 감춰져 있다.
승진	안 된다.	질병	허벅지와 무릎이 아픈 고질병이다.
시험	안 된다.	기후	바람 불고 한랭하다.
혼인	고지식해서 어렵다.	의상	둥근 형체의 흰옷 바탕에 청록색이나 짙은 파랑 배합, 단색은 피하라.
출산	아기를 갖기 어렵다. 가져도 산모에 해롭다.	음식	과일과 채소, 선짓국, 머리 고기, 큰 과일, 마른 고기, 배탈 나지 않도록 주의.
매매	이루어지지 않는다.	사람	은둔한 철학자, 공무원, 자기 생각에 빠진 사람, 너무 깊이 생각하는 사람.
재수	없다.		
소송	패소한다.	장소	서북방을 조심하라. 여러 곳을 다니며 만나는 것도 좋음.
출마	낙선이다.		
증권	급히 상승한다. 급히 상승하지 않는다 해도 강세를 보인다.		

4진 5손 2 ○ 항(恒) 이효동
근심걱정 없어지네

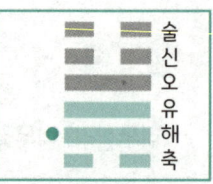
술신오유해축

- 중심이 튼튼하여 바른 마음으로 소신을 펼치니 후회와 허물이 적다. 착한 것을 보면 마음으로부터 우러나와 따라하고, 악한 것을 보면 고쳐나가므로, 부귀와 복록을 오랫동안 누릴 수 있다. 평생 동안 흉한 일이 발생하지 않고 무병장수하며 명예를 누린다.
- 직책에 충실하고 일처리를 잘해서 칭찬을 듣고, 분수를 잘 지켜 손해를 보는 일이 없다. 중간관리자 정도가 되어 일을 잘한다는 평을 들으며 그 자리를 오랫동안 유지한다.
- 혈액 또는 기순환이 잘 안되어 고생하며, 동북방과 축일 인일이 이롭다. 신축 신해 신유년에 태어났거나 음력 1월~8월 사이(특히 1월)에 태어난 사람에게 좋다.

소망	희망적이다.	가출	동북으로 갔는데, 돌아온다.
사업	신중하게 행동하여 진전이 있다.	실물	동북쪽에 있으며, 찾게 된다.
개업	희망적이다.	질병	점차 회복된다.
승진	능력도 있고 운도 있다.	기후	바람 불다가 그친다.
시험	노력 끝에 합격한다.	의상	황토색과 검은색, 오래 입은 옷, 익숙한 옷, 주름을 잡은 옷.
혼인	성사된다.		
출산	여아를 낳는다.	음식	과일과 채소, 작은 동물고기, 많은 반찬, 뷔페음식, 늘 먹던 음식.
매매	이루어진다.		
재수	있다.	사람	오랜 친구, 보증인, 의심이 많은 사람, 고향사람.
소송	승소한다.		
출마	당선이다.	장소	동북방, 산속, 오솔길, 골목길, 담장길, 사당.
증권	보합세를 유지하다가 상승한다.		
여행	길하다.		

4진 5손 3 ×
왔다갔다 마음변덕

항(恒) 삼효동

- 자신이 나아갈 잘 알고 있으나, 변덕스럽게 행동해서 손가락질을 받는다. 일처리에 원칙이 없고, 절개를 잃고 뇌물을 받으며, 공사를 구별 못하는 일처리를 하니 지탄을 받는다.
- 언론의 규탄을 받아 자리에서 물러나고, 이중잣대로 자신에게 유리할 때는 과감하고 남을 이롭게 하는 일에는 적극적이지 않다는 비난을 들으며, 송사에 휘말리는 화를 입는다.
- 간장과 신장에 병이 생기며, 북방이나 남방이 모두 불리하고, 자일(子日)이 해롭다. 신축 신해 신유년에 태어났거나 음력 1월~8월 사이(특히 1월)에 태어난 사람에게 좋다.

상괘
4
하괘
5
恒

소망	바라지 마라.	가출	북쪽에서 창피를 당한다.
사업	부진하다.	실물	북쪽에 있는데 찾지 못한다.
개업	하지마라.	질병	배에 물이 찬다.
승진	안 된다.	기후	바람 불다 비 온다.
시험	안 된다.	의상	검은색, 짙은 녹색, 알록달록한 옷은 후회한다, 평소 입던 옷.
혼인	잘 안 된다. 되더라도 오래 못 간다.		
출산	남아를 낳는다.	음식	해산물, 돼지고기, 하나의 음식만 먹겠다고 고집하지 마라.
매매	이루어지지 않는다.		
재수	손해를 본다.	사람	지혜 있는 사람, 마음이 왔다 갔다 하는 사람.
소송	중간에 화해하라.		
출마	낙선이다.	장소	북방을 조심하라, 만나지 않는 것도 좋다, 조용한 곳, 또래들이 많은 곳.
증권	안정세이다.		
여행	흉하다.		

4진 5손 4 ✕ 항(恒) 사효동
떠난뒤에 나팔불기

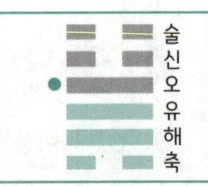

- 얻을 수 없는 것에 오래도록 집착하다가 실패한다. 한때 이상한 술책이나 기이한 능력으로 주변을 혹하게 하나 결국 실패한다. 혹 담백한 생애를 살면서 사냥과 낚시로 시간을 보내는 사람이다.
- 직장에 있는 사람은 한직으로 좌천되고, 일반인은 하는 일에 이익은 없고 힘만 들게 된다. 혹시나 하는 마음으로 버티고 있어도 결국 얻는 이익이 없다. 하루 빨리 직업을 바꾸거나 옮기는 것이 상책이다.
- 고혈압으로 인한 뇌졸중을 주의하고, 서남방과 미일 신일이 좋지 않다. 경오 경신 경술년에 태어났거나 음력 1월~8월 사이(특히 1월)에 태어난 사람에게 좋다.

소망	희망이 없다.	여행	흉하다.
사업	어렵게 된다.	가출	서남쪽에서 고통을 받고 있다.
개업	불가하다.	실물	서남쪽에 있는데, 찾지 못한다.
승진	안 된다.	질병	소화기능이 떨어져 식음을 전폐한다.
시험	안 된다.	기후	마른하늘에 갑자기 번개 친 후에 습해진다.
혼인	성립은 되나 무언가 허전하다.		
출산	여아를 낳는데, 잘못될 확률이 높다.	의상	황토색, 넉넉하고 통이 큰 옷, 남의 옷을 빌려 입는다.
매매	이루어지지 않는다.		
재수	손해를 본다.	음식	소고기, 뿌리 식물, 갈비탕, 보통의 가격, 실속을 차려라.
소송	패소한다. 이겨도 득이 없다.		
출마	낙선이다.	사람	나이 든 여성 공무원, 실속 없는 사람, 허영기 있는 사람.
증권	상승한다. 특히 가을에 점을 쳤다면 반드시 상승한다.		
		장소	서남방을 조심하라. 넓고 시야가 트인 곳, 논, 사냥터, 위에서 아래를 내려다보는 곳.

4진 5손 5 △ 항(恒) 오효동
여성은길 남성은흉

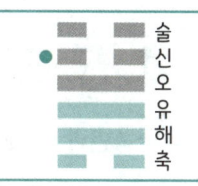
술신오유해축

- 부드럽게 대처하는 것이 제일 좋은 길이라고 생각하다가 잘못된다. 때로는 강하고 엄하게 해야 하는데, 유순하게만 대처해서 흉하게 된다.
- 권세가 자신이 아닌 다른 사람에게 있고, 자신이 아닌 배우자에게 있게 되니, 어떻게 일을 주도해서 마칠 것인가? 권문세가에게 아부하고 아내에게 아부하다가 비난을 듣고, 요행수를 얻어서 부귀를 꿈꾸니 일이 잘못된다. 헐뜯기고 비방당하다가 손해 보며 배척당한다.
- 간에 질환이 생기기 쉽고, 대체로 남자에게는 좋지 않고 여자에게는 좋으니, 남자는 서방이나 유일이 좋지 않고, 여자는 길하다. 경오 경신 경술 년에 태어났거나 음력 1월~8월 사이(특히 1월)에 태어난 사람에게 좋다.

상괘 **4** 하괘 **5** 恒

소망	여자는 희망적이다.	여행	여자는 길하고, 남자는 흉하다.
사업	여자는 진전 있고, 남자는 부진하다.	가출	서쪽에 있다. 여자는 돌아오고, 남자는 안 돌아온다.
개업	여자는 가능하다. 남자는 전업해야하고, 여자는 하던 일을 계속히리.	실물	서쪽에 있다. 여자는 찾고 남자는 찾지 못한다.
승진	여자는 되고, 남자는 안 된다.	질병	부인은 낫고, 남자는 병이 심하다.
시험	여자는 되고, 남자는 안 된다.	기후	비가 올듯 말듯 한다.
혼인	여자는 좋고, 남자는 드센 여자를 만난다.	의상	흰색 계열, 은은한 녹색, 위엄이 풍기는 옷.
출산	남녀 쌍둥이를 낳는데, 여아만 좋다.	음식	양고기, 물고기, 떡, 전통 음식.
매매	여자는 이루고, 남자는 그렇지 못하다.	사람	유명인, 말을 잘하는 사람, ㅅㅈㅊ이 들어간 이름, 한자로 ㅁ 또는 金이 들어간 사람.
재수	여자는 유리, 남자는 없는 편이다.		
소송	여자는 승소, 남자는 패소한다.		
출마	여자는 당선, 남자는 낙선이다.		
증권	상승하는 형태를 보이지만 곧 안정세로 돌아선다.	장소	동남방이 좋다. 한 곳에 오래 머무른다, 물가에 있는 집, 공부하는 장소.

4진 5손 6 ×
마음변덕 실패원인

항(恒) 상효동

• 마음대로 조급히 움직이면서 분수를 지킬 줄 모른다. 큰 것만을 좋아하고 공 세우는 것을 좋아한다. 임의대로 법을 어기고 급히 움직이니, 어지러워지고 잘못되기가 쉽다. 본인은 그릇된 것을 혁신했다고 생각하나 도리어 더 나빠졌으니 어찌할 것인가?

• 자잘한 일에 마음을 쓰느라 큰일을 보지 못하고, 움직임은 많지만 이룸은 적다. 명성을 바라고 이익을 바라나, 작은 일만 간신히 이룰 뿐이다. 여자에게는 남편이 방해가 된다.

• 눈병이 나기 쉽고 남방과 오일(午日)이 좋지 않다. 경오 경신 경술년에 태어났거나 음력 1월~8월 사이(특히 1월)에 태어난 사람에게 좋다.

소망	어렵다.		여행	흉하다.
사업	실패한다.		가출	남쪽에서 위태한 처지이다.
개업	하지마라.		실물	남쪽에 흔적도 없다.
승진	안 된다.		질병	의식이 흐려진다.
시험	안 된다.		기후	바람이 세게 불고 해 난다.
혼인	눈이 높아 고르다가 안 된다.		의상	붉은색 계열, 너무 튀는 옷은 좋지 않다, 녹색의 잔잔한 옷 추천.
출산	여아인데 유산한다.			
매매	이루어지지 않는다.		음식	구운 고기, 마른 고기, 꿩고기, 배탈에 유의.
재수	손해를 본다.			
소송	불리하다.		사람	총명한 문인, 자기 자랑하는 사람, 고집 센 사람.
출마	낙선이다.			
증권	갑자기 상승해 높은 가격을 유지하고 전망도 밝다.		장소	남방을 피하라, 만나지 않는 것도 방법, 너무 화려하게 드러나지 않는 곳.

4진 6감 1 △
처음사귐 마음풀려

해(解) 초효동

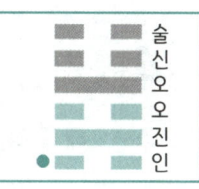

• 서로 화합하고 소통하는 때를 만났다. 마음을 편안하게 가지고 있으면 주변에서 도와준다. 너무 지나치게 일을 하자고해서 다른 사람을 괴롭히지 않고, 청렴하면서도 조용히 차근차근 해나간다. 정신없이 일에 매진하다 보면 어느새 성공한다.

• 아직 승진은 못했지만 윗사람이 이끌어주고 주변에서 도와주니 기회가 많다. 미혼인 사람은 혼인하고, 시험 보는 사람은 합격한다. 묵은 빚을 청산하고 사업은 풀릴 기미가 보인다.

• 신장성 부종이 의심스럽고, 서쪽과 유일이 이롭다. 동쪽에서 귀인이 온다. 무인 무진 무오년에 태어났거나 음력 12월과 2월~8월 사이에 태어난 사람에게 좋다.

상괘 **4**
하괘 **6**
解

소망	이제 막 운이 이르기 시작했다.	여행	보통이다.
사업	어려운 고비를 넘겼다. 확장해도 좋다.	가출	서쪽에 있다.
개업	열심히 뛰면 성공한다.	실물	서쪽에 있다.
승진	된다.	질병	신장병으로 인한 부종이다. 회복된다.
시험	합격이다.	기후	비오고 흐리게 된다.
혼인	이루어진다. 강함과 부드러움이 조화를 이룬다.	의상	검은색과 흰색, 발랄한 옷, 활동적인 옷.
출산	남아를 낳는다.	음식	물고기, 매운맛, 외식, 탕종류.
매매	이루어진다.	사람	나이 어린 여성, 처음에는 조용하나 친해지면 말을 잘 하는 사람.
재수	좋다.	장소	서방, 북에서 서쪽을 보고 앉는다, 호수 또는 바다, 우물, 커피 또는 술을 마시는 곳.
소송	유리해진다.		
출마	다음 기회에 된다.		
증권	등락이 있어서 가격이 일정하지 않다. 또 갑작스럽게 거래량이 많아진다.		

4진 6감 2ㅇ 해(解) 이효동
주변오해 풀리는날

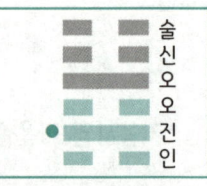

- 간사함을 잘 제거한다. 중립을 지키며 공정하게 행동한다. 인품이 높아서 간사한 사람을 물리치고 현명한 사람을 등용한다. 현명한 사람과 친하게 지내고 유력인사와 혼인을 맺으며 부유하게 산다.
- 공직은 중앙정부의 고위직으로 승진하고, 시험을 보아 합격하거나 주변에서 천거하여 발탁된다. 일반인은 농사를 지으면 풍작이 되고, 일을 시작하면 꾀하는 대로 이루어진다. 혹 경찰이나 군인은 범인을 체포하러 가거나 적당을 토벌하러 가서 공을 세운다.
- 신장이 약하고, 서남방과 미일 신일이 이롭다. 무인 무진 무오년에 태어났거나 음력 12월과 2월~8월 사이에 태어난 사람에게 좋다.

소망	이룬다.	여행	길하다.
사업	많은 이득이 있다.	가출	서남방으로 있다.
개업	길하다.	실물	서남방에 있다.
승진	된다.	질병	신장병이다. 어렵지만 투병 끝에 쾌유된다.
시험	합격한다.		
혼인	대상자 셋 중에서 고르다가 늦어진다.	기후	비 오고 습하다.
출산	여아를 낳는다.	의상	각진 형체의 검은색 바탕에 황토색, 전투적 성향의 옷.
매매	성공한다.		
재수	크게 얻는다.	음식	멧돼지, 낚시 또는 사냥해서 잡은 고기, 육류.
소송	어렵다. 상대가 삼면에서 합공한다.		
출마	당선된다.	사람	동업자, 사기꾼, 공무원, 나를 후원해줄 나이든 여성.
증권	내려가는 양상을 보이다가 상승한다. 길하다.	장소	서남방, 강이 있는 개활지, 공터.

4진 6감 3 ×
과한욕심 내탓이오

해(解) 삼효동

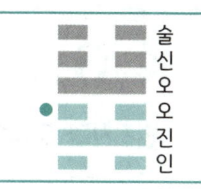

- 덕도 없고 능력도 없는 사람이 높은 지위를 차지했기 때문에 화를 면치 못한다. 낮고 미천한 데서 시작하여 부귀하게 되나, 그 과정에 부정한 면이 있어서 고발을 당한다. 혹은 사기를 일삼고 탐욕스러워서 남의 것을 부당하게 취하다가 형벌을 받게 된다. 여자가 이런 운을 맞으면 어떻게 감당할 수가 없다.
- 공직에 있는 사람은 과거의 잘못이 들춰져서 내쫓기고, 일반인은 도둑맞고 소송당하며 구설수에 말려든다. 도박을 멀리하고 뇌물을 멀리하라. 대체로 분수를 모르고 날뛰다가 화를 당한다.
- 간장과 신장이 나쁘고, 동남방과 진일 사일이 흉하다. 무인 무진 무오년에 태어났거나 음력 12월과 2월~8월 사이에 태어난 사람에게 좋다.

상괘 **4**
하괘 **6**
解

소망	가망 없다.	여행	흉하다.
사업	풀리지 않는다.	가출	사기를 당해 동남방에 있다.
개업	불가하다.	실물	도둑소행으로 동남방에 있다.
승진	안 된다. 오히려 내쳐진다.	질병	신장병이 악화된다.
시험	떨어진다.	기후	비오고 바람 분다.
혼인	사기 당하거나 스스로 부정을 저지른다.	의상	녹색 하의, 통기성 좋은 옷, 소박한 옷.
출산	남아를 유산한다.	음식	과일과 채소, 푸른색 채소, 소박하게 먹는다.
매매	안 된다.	사람	나를 비난하러 오는 사람, 반성하며 기다린다, 간호원, A/S 기술자.
재수	없다.		
소송	불리해진다.	장소	동남방을 피하라. 북방이 무난하다. 바람이 잘 통하는 곳.
출마	떨어진다.		
증권	조금 강세를 보이나 높은 가격을 유지하지는 못한다. 거래량이 많은 것 같으나 평소와 별 다름이 없다.		

4진 6감 4 ㅇ 해(解) 사효동
먼저사과 모두화해

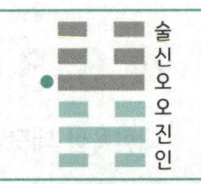

- 단호하게 간사한 사람을 끊어야 된다. 덕 있는 사람은 지조 있고 단정해서 간사한 사람을 멀리하고, 현명한 사람들과 함께 협력함으로써 계획하는 일마다 성공한다. 그렇지만 대부분의 사람은 소인을 멀리하고 군자를 가까이 해야 하는데도 실천을 하지 못해서 일을 그르친다.
- 공직에 있는 사람은 계파를 만들어 자기들끼리만 스스럼없이 지내다 다치고, 공부하는 사람은 방탕한 벗이 생겨 학업을 그만두게 되고, 일반인은 간사한 무리가 일을 그르치도록 인도한다. 근원을 찾아 해결하면 처음에는 어려워도 벗이 와서 도와줄 것이나, 그러질 못하고 어려움을 자초한다.
- 위장병이 심하다. 서남방과 미일 신일이 무난하다. 경오 경신 경술년에 태어났거나 음력 12월과 2월~8월 사이에 태어난 사람에게 좋다.

소망	이루어지기는 하지만 손가락질을 당한다.	증권	올랐다가 내린다.
		여행	보통이다.
사업	간사한 무리를 조심하라.	가출	남쪽에 있다.
개업	소규모로 시작한다.	실물	남쪽에 있다.
승진	겸양하면 된다.	질병	간과 위가 좋지 않다.
시험	좋지 못한 친구의 꼬임으로 마음을 잡지 못한다.	기후	바람 불고 흐려진다.
		의상	각이 졌지만 활동적인 옷, 청색과 황색, 무난한 옷.
혼인	가까운 친구의 소개로 이룬다. 먼저 마음을 열어야 한다.		
		음식	육류, 뿌리, 여럿이 먹는 음식, 회 또는 육회.
출산	여아를 낳는다.		
매매	불가하다.	사람	나이든 여성 공무원, 고위직, 부유한 상인, 활동적이고 포용서 있는 여성.
재수	보통이다.		
소송	사기 당하기 쉽다.	장소	서남방, 교통이 좋은 곳, 혹은 멀리 떨어진 개활지, 여럿이 모일 수 있는 곳.
출마	낙선이다.		

4진6감5 ○   **해(解) 오효동**

마음풀면 모두복종

- 군자가 악한 사람을 쫓아내는데 성공하지만 힘과 비용이 많이 든다. 먼저 자신의 어려움과 잘못을 해결한 뒤에 다른 사람의 잘못을 척결한다. 어진 사람을 내세우고 간사한 사람을 물러나게 하니, 국가는 평안하고 백성들은 안정된다. 정성스럽고 신의가 돈독해서 윗사람과 마음으로 화합하고, 아랫사람에게는 사랑과 은혜를 베풀어 한마음으로 힘을 합한다.
- 공직에 있는 사람은 요직에서 간사한 사람을 물리치고, 전쟁을 수행하는 군인이라면 전권을 갖고 공을 세운다. 일반인은 송사가 풀리고 이익을 얻으며 병든 사람은 낫는다. 대체로 처음은 어렵다가 자신에 대한 철저한 반성 후에 한꺼번에 풀리게 된다.
- 폐 또는 간이 나쁘고, 서쪽과 유일이 이롭다. 경오 경신 경술년에 태어났거나 음력 12월과 2월~8월 사이에 태어난 사람에게 좋다.

상괘 4
하괘 6
解

소망	너그러운 마음으로 나아가면 가망이 있다.	여행	길하다.
사업	믿음을 가지고 노력한다. 널리 베풀어라.	가출	서쪽에 있다.
		실물	서쪽에 있다.
개업	길하다.	질병	간과 폐에 병이 생긴다. 오래된 병이나 점차 나아진다.
승진	된다.		
시험	합격이다.	기후	천둥치고 흐려진다.
혼인	연애로 늦게야 성사된다.	의상	활동적이고 발랄한 옷, 녹색 또는 흰색.
출산	남아를 낳는다.	음식	양고기, 매운맛, 회.
매매	이룬다.	사람	내편 네편 가리지 않고 만나서 포용함, 인자한 덕을 보여줌.
재수	얻는 것이 있다.		
소송	승소한다. 화해하는 것도 좋다.	장소	서방, 동에서 서쪽을 보고 앉는다, 호수 또는 바다, 우물, 커피 또는 술을 마시는 곳.
출마	당선된다.		
증권	내린다. 강세일 때 이런 점괘를 얻으면 갑자기 하락세로 변한다.		

4진 6감 6 ◎ 해(解) 상효동
모두포용 모두화합

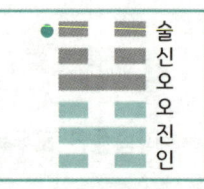

- 난리의 원인을 찾아 해결함으로써 오랫동안의 고생을 끝낸다. 재주가 뛰어나고 덕망이 높아서, 평화로운 때는 밝은 정치를 펴서 세상을 편안하게 하고, 혼란한 시기에는 환란을 잘 진압해서 안정되게 한다. 덕 있는 사람들의 추대를 받아 승진하고, 소인배들은 두려워하면서 공경한다.
- 휴직하던 사람은 특진해서 공을 세우거나 오랫동안 풀리지 않던 일을 일거에 해결하고, 일반인은 문과 담장을 새롭게 수리하고, 영업하여 큰 이익을 본다. 대체로 대기만성형으로 큰 어려움을 인내와 노력으로 극복하고 고생한 경험을 바탕으로 정상에 오른다.
- 혈압이 높아 뇌졸중에 걸리기 쉽고, 남쪽과 오일이 크게 이롭다. 경오 경신 경술년에 태어났거나 음력 12월과 2월~8월 사이에 태어난 사람에게 좋다.

소망	크게 이룬다.	가출	남쪽에 있다.
사업	역량을 다 펼칠 수 있다.	실물	남쪽에 있다.
개업	길하다.	질병	고혈압이다. 마음이 안정되면서 차츰 좋아진다.
승진	능력을 마음대로 발휘한다.		
시험	능력발휘하여 명예를 날린다.	기후	큰 바람 분 후에 맑아지며 해난다.
혼인	이루어서 집을 넓히고 수리한다.	의상	붉은색, 화려하고 위엄 있는 옷, 활동적인 옷.
출산	여아를 낳는다. 아기가 건강하다.		
매매	이득을 본다.	음식	오리 등 날짐승, 오랫동안 먹고 싶었던 음식.
재수	뒤에 크게 좋다.		
소송	크게 포용하여 화해하라.	사람	오랜 숙적, 뇌물을 받아먹던 사람, 준비했던 카드를 꺼냄, 묵은 앙금을 털어냄.
출마	당선이다.		
증권	등락이 발생하다가, 조금 강세를 띤 보합세를 유지한다.	장소	남방, 누구나 다 볼 수 있는 높고도 넓은 장소, 멀리 떠나도 좋다.
여행	무해무득하다.		

4진 7간 1 ⊠	소과(小過) 초효동
능력부족 날개다침	

- 아래로 내려가며 겸손해야 마땅한데, 세력과 능력을 믿고 오만하게 추진하다가 일을 그르친다. 또 하찮은 사람이라고 무시하면 그 사람으로 인해 재앙을 부른다. 겸손과 포용하는 마음으로 돌다리도 두드려보는 심정으로 일을 처리하면 현상유지를 할 수 있다.

- 고위직에 있거나 부유한 사람은 급하게 일처리를 하다가 화를 입고, 하위직에 있거나 가진 것이 없는 사람은 한 번의 기회에 명성을 얻을 수 있다. 그러나 대개의 경우는 사사로운 욕심과 자존심에 매이다가 손실을 보게 된다.

- 대장에 염증이 생기기 쉽고, 동방과 남방이 불리하고, 묘일과 오일이 불리하다. 병진 병오 병신년에 태어났거나 음력 2월에 태어난 사람에게 좋다.

상괘
4
하괘
7

小過

소망 욕심이 과한 것을 후회한다.	**증권** 보합세를 유지하고, 약간의 등락이 발생하나, 많이 오르지는 않는다.
사업 때에 따라 능소능대해야 하는데, 항시 잘될 줄만 아니 실패한다.	**여행** 흉하다.
개업 흉하다.	**가출** 남쪽에 있다.
승진 일단은 된다.	**실물** 남쪽에 있다.
시험 어렵다. 혹 이름을 내며 합격한다.	**질병** 성병이다.
혼인 떠들썩하게 이루되 불길하다.	**기후** 흐리다가 해난다.
출산 남아를 낳는다.	**의상** 황토색과 주황색, 소박하고 검소한 옷, 화려한 옷을 입으면 망친다.
매매 안 된다.	
재수 없다.	**음식** 음식을 하다가 태운다. 국과 구이, 쓴맛.
소송 어렵다.	**사람** 중년 여성, 무리수를 둔 사람, 능력에 비해 과대평가된 사람.
출마 떨어진다. 당선되어도 소송에 휘말린다.	**장소** 남방을 피하라. 안 만나는 것이 좋다. 주방, 용광로, 찜질방도 피하라.

4진 7간 2 △
성실하게 겸손지원

소과(小過) 이효동

- 아랫사람으로서의 직분을 다함으로써 허물을 적게 한다. 분수를 잘 지킨다. 겸손하고 공경하며 신중하게 조심하니, 윗사람이 이끌어주고 조상이 이끌어준다. 혹은 여자가 도와준다. 도움을 받을 때 처음 먹은 마음이나 의리를 잘 지켜야 한다.
- 대개는 귀한 사람이 이끌어 주어 영전하고 꾀하는 일이 이루어진다. 혹 어머니나 할머니가 돌아가실 수 있다. 동방과 묘일이 길하며, 연상의 여인이 도와준다.
- 소화기관이 몹시 안 좋고, 동남방과 진일 사일이 좋지 않다. 병진 병오 병신년에 태어났거나 음력 2월에 태어난 사람에게 좋다.

소망	과욕은 금물이다.	여행	길하다.
사업	항상 차선 정도로 만족하는 마음을 갖는다. 혹 여인의 도움이 있다.	가출	동남쪽에 있다.
		실물	동남쪽에 있다.
개업	길하다. 조금씩 늘려나간다는 자세로 임한다.	질병	위장에 풍기가 들어 구안와사 증세가 있다.
승진	눈높이를 조금 낮추면 된다.	기후	흐리고 바람 분다.
시험	낮춰가면 합격이다.	의상	황토색과 녹색, 주름을 잡은 통기성 있는 옷, 조금 검소한 옷.
혼인	이룬다. 남자는 자신을 도와주는 좋은 여성을 만난다.	음식	원하던 것보다 낮은 가격의 음식을 먹는다, 돼지고기, 산나물, 각종 야채.
출산	여아를 낳는다.		
매매	성립된다.	사람	중년이상의 여인, 눈높이를 낮춘다, 할머니, 과부.
재수	조금 있다.		
소송	승소한다.	장소	동방으로 가라, 조금 싸고 지대가 높은 곳.
출마	여인의 도움을 받아 유리하다.		
증권	보합세를 유지한다.		

4진 7간 3 ˣ
냉정하게 관계끊기

소과(小過) 삼효동

- 음흉한 모략을 막아야 하는데, 막지 못해서 화를 입는다. 내 뒤에서 몰래 음해하는 사람을 경계하라. 자신의 강함만 믿다가 질투와 시기에 화를 당하고 후회한다. 지나치다 싶을 정도로 방비하고 또 방비하라. 주변에 나를 해치는 소인배가 있다.
- 뒤를 따르는 강도를 조심하고, 술과 여색을 삼가며, 밤늦게 다니지 않는 등 불시에 다가오는 재앙을 피하라.
- 서남방이 좋지 않고, 미일 신일을 조심하라. 위에 병이 생긴다. 병진 병오 병신년에 태어났거나 음력 2월에 태어난 사람에게 좋다.

상괘 **4**
하괘 **7**
小過

소망	이루지 못한다.	여행	도적 또는 강도를 당할 염려가 있다.
사업	불의의 재앙에 대비해야 한다.	가출	서남쪽에 있다.
개업	안하는 것이 좋다.	실물	서남쪽에 있다.
승진	안 된다.	질병	소화 장애가 있다.
시험	떨어진다.	기후	흐리고 나습하다.
혼인	예기치 못한 다툼으로 안 된다.	의상	노란색 계열, 품이 넉넉한 옷, 아주 검소한 옷.
출산	남아를 낳는다.		
매매	생각지 못한 방해꾼 때문에 안 된다.	음식	소고기, 산나물, 오곡밥, 검소한 식탁
재수	없다.	사람	뒤담화를 할 사람, 주의해야 할 사람, 스토커.
소송	화해하는 것이 상책이다.		
출마	떨어진다.	장소	서남방을 피하라, 산 앞의 평지, 개활지, 광장.
증권	오른다.		

4진 7간 4 △ 소과(小過) 사효동
고집접고 조심조심

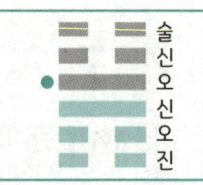

• 본인의 잘못은 없으나 아랫사람이 강한 것이 문제다. 스스로는 지나칠 정도로 공손하여 부지런하고 양보하는 미덕이 있다. 만약 아랫사람의 개혁하자는 말을 듣고 윗사람을 설득하려하면 오히려 무시를 당하고 실패할 것이니, 자중하고 경계하라.

• 영화도 없고 욕됨도 없다. 실력보다 낮춰서 가거나 소소하고 작은 시험은 합격한다. 현재의 일을 유지하는 데는 좋다. 가난함을 편안히 여기고 분수를 지키는 사람으로, 손해보고 망하는 위험은 없다.

• 서남방이 좋고, 미(未)일 신(申)일이 길일이다. 식도나 위에 병이 생긴다. 경오 경신 경술년에 태어났거나 음력 2월에 태어난 사람에게 좋다.

소망	미미하나마 이룬다.	여행	이롭다.
사업	신중하게 행동함으로써 현상태를 유지한다.	가출	서남쪽에 있다.
		실물	서남쪽에 있다.
개업	반반이다.	질병	위에 문제가 생긴다.
승진	작은 시험은 된다.	기후	바람 불고 다습하다.
시험	낮추면 합격이다.	의상	청록색과 황토색, 활동적인 옷, 풍성하고 넉넉한 옷, 평상복.
혼인	이루어진다.		
출산	여아를 낳는다.	음식	소고기, 족발, 산나물, 오곡밥, 검소한 식탁.
매매	이루어진다.		
재수	보통이다.	사람	공무원, 어머니, 며느리, 조심해야 할 사람.
소송	화해하라.		
출마	작은 선거에는 당선된다.	장소	서남방, 산 앞의 평지, 개활지, 광장.
증권	많은 거래는 없고, 조금씩 거래가 이루어진다.		

4진 7간 5 △ 소과(小過) 오효동
휴식하며 장래계획

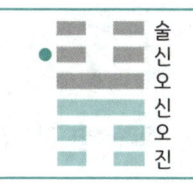

- 아랫사람을 사랑하고 자신이 갖고 있는 것을 베풀어야 하는데 기회를 놓쳤다. 때를 놓치고 형세에 막혔으니, 자신의 재주를 다 펼칠 수 없다. 사람들은 칭찬하고 좋다고 하지만 일을 성사시키지 못한다. 뜻이 맞는 몇몇 사람하고만 교류한다. 자신이 먼저 교류하자고 상대방에게 손을 내밀면 일을 망치기 쉽다. 여러 사람을 선택하지 말고 한 사람만 선택하라.

- 겸손하고 베푸는 도를 시행해야 좋을 운인데 그러지를 못했다. 인적이 드문 곳에서 궁벽하게 사는 데는 이롭다. 또 그렇게 반성하는 마음으로 산다면 갑자기 발탁되는 기쁨도 따른다. 하던 일을 잘 지키며 현상유지에 힘쓰다 보면 먼 훗날에 복이 되리라.

- 서쪽이 이롭고, 유(酉)일이 이롭다. 몸살이 나기 쉽다. 경오 경신 경술년에 태어났거나 음력 2월에 태어난 사람에게 좋다.

상괘 4
하괘 7
小過

소망	신중하게 처신하며 때를 기다리는 것이 좋다.	증권	약간의 등락이 있다가 하락한다.
사업	조심조심 하면서 현상 유지하는데 만족하라.	여행	길하다.
		가출	서쪽에 있다.
		실물	서쪽에 있다.
개업	크게 기대하지 마라.	질병	전신이 신경통으로 찌뿌드드해진다.
승진	어렵다. 줄이 있으면 된다.	기후	바람 불고 흐려진다.
시험	어렵다. 한 가지를 택해서 하라.	의상	청록색과 흰색, 상하 같은 옷, 커플 옷, 활동적이며 짧은 옷.
혼인	아직 때가 아니다.		
출산	튼튼한 남아를 낳는다.	음식	육회, 탕종류, 양고기, 매운맛.
매매	잘 이루어지지 않는다.	사람	꼭 필요한 사람, 유일하게 뜻이 통하는 사람, 젊어 보이는 사람, 말을 잘 하는 사람, 후원인, 자폐증 환자.
재수	있는 편이다.		
소송	변호사 선임이 중요하다.		
출마	기능직은 당선된다.	장소	나만의 장소, 은밀한 곳, 은둔한 곳.

4진 7간 6 ×
뛰려하면 잡혀간다

소과(小過) 상효동

- 작은 재주를 지나치게 자랑하고, 지나치게 큰 것을 바란다. 스스로 겸손하고 억제할 수 있으면 좋으련만 욕심이 그렇지 않다. 어찌 몸과 가정을 보존할 수 있겠는가? 스스로 만든 재앙에 초상까지 겹칠까 두렵다.
- 자랑하고 싶은 마음을 억제하지 못하니, 입으로 모든 화를 토해낸다. 부족한 재주로 큰 것만을 바라다 잘못된다. 지나치게 강하게 나서거나 분수를 넘어서면 재앙을 만난다. 자신을 드러내고 싶지만, 상대방이 인정을 해주지 않으므로 화가 난다.
- 홧병을 얻거나 뇌질환을 얻는다. 일정시간을 할애해서 소리 내어 책을 읽거나 기도문을 소리 내어 외우면 도움이 된다. 남방과 오일이 좋지 않다. 경오 경신 경술년에 태어났거나 음력 2월에 태어난 사람에게 좋다.

소망	지나치게 원하다가 이루지 못한다.	여행	흉하다. 자칫 상복을 입는다.
사업	너무 벌이지 말고 줄여야 한다.	가출	남쪽에 있다.
개업	이미 때를 넘긴 일이다.	실물	남쪽에 있다.
승진	안 된다. 생각지 않게 갑자기 될 수도 있다.	질병	홧병으로 두통이 심하다.
시험	어렵다.	기후	바람 불고 해난다.
혼인	안 된다. 된다 해도 좋지는 않다.	의상	청록색과 붉은색, 너무 화려한 것은 금물.
출산	여아를 낳는다. 혹 사산이다.	음식	음식을 하다가 태운다, 국과 구이, 쓴맛.
매매	안 된다.	사람	중년여성, 무리수를 둔 사람, 능력에 비해 과대평가된 사람, 제멋대로인 사람.
재수	없다.		
소송	불리한 조건이다.	장소	남방을 피하라, 안 만나는 것이 좋다, 주방, 용광로, 찜질방.
출마	떨어진다.		
증권	갑자기 오르나 곧 하락한다.		

4진8곤1 ×
떼쓰지마 욕심흉함

예(豫) 초효동

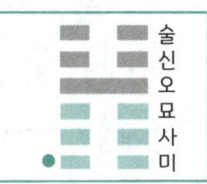
술 신 오 묘 사 미

- 스스로 만족하여 자기의 공과 명예를 자랑한다. 위에서 강력하게 도와주고 때에 맞게 일을 주관하면 작은 일은 성공하게 된다. 그러나 대부분은 얕고 좁은 소견으로 잘 헤아리지 못하며, 배경만 믿고 되지도 않을 욕심을 부리다가 위태롭게 된다.
- 자기만을 위하고 관심을 가져주기를 바란다. 공직자는 자신의 공을 칭찬해 주기만을 기다린다. 다만 작은 승진은 가능하다. 대체로 깜짝 놀랄 근심과 구설 및 험한 액운이 끼는 어려움에 당면하게 된다. 관청에 불려가기도 하나 스스로 해명을 잘하여 화를 면하게 된다. 말을 삼가고 행동을 줄이면 큰 화가 없다.
- 하복부가 뭉치고 염증이 생기며, 동방과 묘일이 좋지 않다. 을미 을사 을묘 계미 계사 계묘년에 태어났거나 음력 2월~8월(특히 5월) 사이에 태어난 사람에게 좋다.

상괘 **4**
하괘 **8**
豫

소망	성취하지 못한다. 혼자만 잘난 것 같이 하지만 실속이 없다.	소송	오히려 상대방에게 걸려서 간신히 해명하고 풀려난다.
사업	포부는 크고 원대하지만, 후회만 남는다.	출마	낙선이다.
개업	해서는 안 된다.	증권	거래가 활발해지며 주가가 상승한다.
승진	실력도 없으면서 높은 자리만 바라므로 되지 않는다. 낮은 자리는 된다.	여행	구설수가 있다.
		가출	동방으로 갔는데 찾기 어렵다.
		실물	동쪽에 있지만 찾기 어렵다.
시험	낮추지 않으면 불합격이다.	질병	회복하기 힘들다.
혼인	위해주기만 바라다가 실패한다.	기후	다습한 속에 지진이 미동한다.
출산	아들을 낳기는 하지만 산모가 약하다. 혹 쌍둥이를 낳는다.	의상	활동적인 옷, 청록색 계열, 눈에 띄지 않는 옷.
매매	너무 크게 바라다 성립이 안 된다.	음식	색다른 음식, 채식. 혼밥.
재수	없다.	사람	자제하고 안 만나는 것이 좋다.
		장소	집에 있는 것이 좋다.

4진 8곤 2 ○ 예(豫) 이효동
절개정조 고고하다

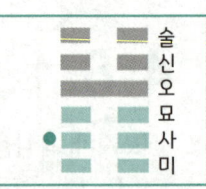
술신오묘사미

• 중심을 지키고 지조를 지키는 사람이다. 일의 기미를 잘 살펴 전체적인 내용을 잘 판단해서 일처리를 한다. 부지런히 덕과 업적을 닦으며, 일을 맡으면 손익을 따지지 않고 바로바로 처리함으로써 명예가 드높아진다. 부귀로 유혹해도 그의 마음을 돌리지 못하고, 빈천하게 살더라도 지조를 바꾸지 않는다. 빛나는 절개와 열렬한 충성심으로 그 집단을 지탱하는 기둥이 된다.

• 인기에 영합하지 않고 나아갈 때 나아가고 물러날 때가 되면 주저 없이 물러난다. 공정하고 의롭게 행동한다. 일반적으로 명예는 높지만 이익은 적은 편이다.

• 위암 또는 복막염을 주의하고 북방과 자일이 길하다. 을미 을사 을묘 계미 계사 계묘년에 태어났거나 음력 2월~8월(특히 5월) 사이에 태어난 사람에게 좋다.

소망	굳건하게 나아가 뜻을 지킨다. 경제적인 이익보다는 명예가 높아진다.	**증권**	처음에는 올랐다가 안정된다.
사업	옛 것을 지켜 유지한다.	**여행**	좋은 편은 아니다.
개업	시기를 기다리면 좋은 기회가 온다.	**가출**	북쪽으로 갔는데 고집을 부리다 곤란에 처해있다.
승진	영전해서 명예가 높아진다.	**실물**	집안에 있는 자의 소행이다.
시험	우수한 성적으로 합격한다.	**질병**	의지로 고친다.
혼인	혼자 곧게만 나가다 성립이 안 된다.	**기후**	흐리다가 비 온다.
출산	절개 있고 의리 있는 딸을 낳는다.	**의상**	검은색 계열, 주변을 생각하지 않는 옷, 예법에 맞는 옷.
매매	서로 이익을 본다.	**음식**	해물. 음식을 혼자 먹는다.
재수	좋은 편이다.	**사람**	지조가 있는 사람, 의리 있는 사람. 일처리가 빠른 사람.
소송	결단을 잘하여 승소한다.	**장소**	북방, 물가, 한적하고 조용한 곳.
출마	당선이다(혹은 옥중 당선이다).		

4진 8곤 3 ×
미련둬야 소용없다

예(豫) 삼효동

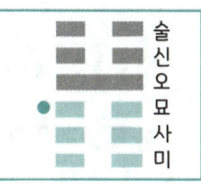

상괘 **4**
하괘 **8**
豫

- 조심하며 뉘우칠 줄 알아야 후회가 없다. 윗사람이 적극적으로 도와주더라도 일처리를 잘 못하고, 낮은 직책과 쉬운 일을 맡아도 그 일을 제대로 수행하지 못하고 실패한다. 또 스스로도 나아가고 물러남에 적당한 때를 놓치고 심지가 불안하다.

- 대체로 계획해서 실천하는 일에 결실을 보지 못하고 손해를 보며, 일의 진퇴를 몰라서 우왕좌왕하기 쉽고, 옳고 그름을 판단함에 일정한 기준도 없고 판단할 능력도 없다. 자신의 능력은 생각하지 못하고 남 잘되는 것만 부러워하며 한탄한다.

- 신경성 울화병을 조심하고, 동북방과 축일 인일을 조심하라. 을미 을사 을묘 계미 계사 계묘년에 태어났거나 음력 2월~8월(특히 5월) 사이에 태어난 사람에게 좋다.

소망	너무 의탁을 하여 이루지 못한다.	여행	가지 말아야 될 데를 간다.
사업	자기는 충실치 못하면서 허황되게 하니 위태롭다.	가출	동북쪽에 있고 딩치않은 색정관계이다.
개업	해서는 안 된다. 남까지 괴롭힌다.	실물	멀리 동북쪽으로 갔다.
승진	높은 지위를 바라다 안 된다.	질병	낫지도 더하지도 않는다. 안정을 요한다.
시험	불합격이다.	기후	흐리고 안개 낀다.
혼인	당치않은 곳을 바라다 안 된다.	의상	주름을 잡은 옷, 검고 황토색, 짝퉁.
출산	남아를 낳되 기형아일 수가 있다.	음식	작은 동물고기, 산에서 나는 재료, 콩으로 만든 고기, 오리고기.
매매	이루어지지 않는다.		
재수	후회만 남는다.	사람	좋아하는 사람이나 만나기 어렵다.
소송	부당한 소송이므로 패소한다.	장소	동북방, 산, 좁은 길, 오솔길을 피하라, 칸막이 있는 방.
출마	낙선이다.		
증권	등락이 드물게 있고, 증시 전체가 보합세를 이룬다.		

예(豫) 사효동

4진 8곤 4 ◎ 능력있다 인기절정

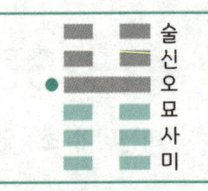

- 사람들을 기쁘게 하고 또 그 기쁨을 유지하게 하는 능력도 있는 사람이다. 명성이 드높고 덕이 많은 사람으로, 권세가 높고 공도 많이 세운다. 큰일을 행하고 많은 어려움을 결단하여 성공한다. 여러 무리들의 존경을 한 몸에 받으며 부부간에 좋은 금슬로 백년을 해로한다.
- 하고자 하는 일에 자신의 능력을 인정받아 성공과 기쁨이 있게 된다. 특히 음력으로 1월, 4월, 6월이 좋다. 모든 일이 의심할 필요도 없이 잘 풀린다. 재수는 대통하고 지휘자로 총 책임을 진다.
- 습기로 인해 몸이 붓고 부스럼이 생긴다. 서남방과 미일 신일이 대길하다. 경오 경신 경술년에 태어났거나 음력 1월~8월(특히 5월) 사이에 태어난 사람에게 좋다.

소망 크게 이룬다.	**증권** 갑자기 강세로 돌아서나, 곧 하락한다. 하락해도 현재보다는 상승한다.
사업 번창한다.	
개업 좋다.	**여행** 대길이다.
승진 승진한다.	**가출** 서남쪽으로 갔으나 곧 돌아오게 된다.
시험 합격한다.	**실물** 서남쪽에 있다.
혼인 훌륭한 남자니 따르는 여자가 많아서 걱정이고, 여자는 다재다능하여 경쟁자가 많다. 성사된다.	**질병** 회복된다.
	기후 천둥치고 흐려진다.
	의상 황토색, 펑퍼짐한 옷, 각진 옷, 액세서리로 장식한 옷.
출산 딸을 낳는다. 만약 아들을 낳으면 큰 인물이 된다.	
	음식 암소고기, 과일과 채소, 선짓국 머리고기, 잔칫상, 회식.
매매 크게 이익 본다.	
재수 크게 좋다.	**사람** 능력 있고 공 세운 사람, 중심이 되는 사람, 고위 공무원, 거상, 부유한 할머니.
소송 승소한다.	
출마 당선이다.	**장소** 서남방, 평지, 사람이 많이 모인 곳, 공원, 개활지.

4진 8곤 5 ㅇ 예(豫) 오효동
상대배려 돕고산다

술신오묘사미

상괘 **4** 하괘 **8** 豫

- 자신의 사사로운 기쁨에 마음이 해이해져서 절제하지 못하고 잘못되어간다. 운은 좋은데 스스로 절제하지 못하기 때문에 큰일을 하기 어렵고 현상유지는 간신히 할 수 있다. 귀인으로 존경을 받는데도, 심지가 유약하고 남에게 의지하여 일처리를 하려한다. 따라서 자신이 주인이면서도 권세가 다른 사람으로부터 나오게 되어, 그를 경계하느라 또 화병이 생긴다. 항상 병을 안고 살지만 의외로 장수한다.
- 은총을 굳게 믿고 권세에 의지한다. 스스로 일처리 할 의지가 없다. 이끌어주고 도와줄 사람에게 사업을 맡긴다. 꼭 마음에 드는 것은 아니지만, 그렇다고 망하지는 않고 그냥저냥 유지해 나간다.
- 신경성 질환 또는 복부에 질환이 생긴다. 서방과 유일이 조금 길하다. 경오 경신 경술 계축 계해 계유년에 태어났거나 음력 2월~8월(특히 5월) 사이에 태어난 사람에게 좋다.

소망	심지가 곤건하지 못해서 크게 이루기 어렵다. 작게는 이룬다.	증권	갑자기 상승하나 뒤에 하락한다.
사업	타인의 도움은 물론 자본과 능력이 부족하다. 간신히 유지는 한다.	여행	건강과 이성문제가 발생한다.
		가출	서쪽에 이성문제로 얽혀있다.
개업	유지는 하겠지만 마음고생이 많다.	실물	서쪽에 있으며 찾기 어렵다.
승진	건강이나 이성관계로 어렵다.	질병	늘 아프다. 특히 복부가 약하다.
시험	합격은 한다.	기후	천둥치고 소나기가 내린다.
혼인	여자는 남자 하나를 두고 경쟁한다.	의상	식물성 섬유, 녹색과 흰색, 유행에 맞는 옷.
출산	남아를 낳는다. 모체가 약하다.	음식	조금 먹는 것이 좋다, 술과 고기, 양고기, 물고기.
매매	정보가 막혀서 처음에는 막히다가 이루어진다.	사람	늘씬한 처녀, 나를 도와줄 참모, 법률가, 변호인.
재수	보통이다.		
소송	길게 끌면 불리하다.	장소	북방, 물가, 한적하고 조용한 곳. 동방도 좋다.
출마	된다. 혹 아랫사람이 오히려 당선된다.		

4진 8곤 6 ×
판단미스 고집버려

예(豫) 상효동

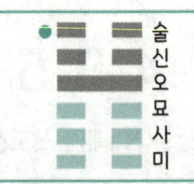

- 절제하지 않고 방종해서 마음껏 즐기다가 몰락하게 된다. 만약 충언을 받아들여 개과천선 한다면 허물을 없앨 수 있을 것이다. 즐거움이 지나치면 슬픔이 싹트는 법이다.
- 공직자는 부정부패로 벌을 받고, 취직을 하거나 승진하려는 사람은 자신의 어리석음과 분별력 없음으로 인해 욕을 먹는다. 대체로 교만하고 오만함으로 인해 다툼에 휘말리게 된다. 다만 어떤 계기로 고집을 버리고 마음을 다스린다면 허물을 면할 수도 있다.
- 간염 또는 눈병을 조심하라. 남방과 오일이 좋지 않다. 경오 경신 경술년에 태어났거나 음력 2월~8월(특히 5월) 사이에 태어난 사람에게 좋다.

소망	오히려 화를 입는다.	여행	불길하다.
사업	어리석음으로 인해 파산한다. 지금이라도 영업방침을 바꿔라.	가출	남쪽에 있는데 찾기 어렵다.
		실물	남쪽 깊은 곳에 숨겨져 있다.
개업	해서는 안 된다.	질병	낫지는 않고 환자의 힘과 재산이 많이 소비된다.
승진	성적부진으로 안 된다.		
시험	불합격이다.	기후	바람 불다가 해난다.
혼인	이루어져도 다툼이 많다.	의상	어두운 붉은 색, 습기에 잘 견디는 옷, 꾸민 것이 드러나지 않는 화려함.
출산	딸을 낳는다.		
매매	성립이 안 된다. 잘못 다툼에 말린다.	음식	구운 고기, 소고기, 탕, 잉어탕.
재수	없다.	사람	만나지 않는 것이 좋다, 혼란스런 친구.
소송	헛욕심만 낸다.	장소	남방을 피하고, 찜질방, 환하고 밝은 곳, 아궁이 등을 피하라.
출마	낙선이다.		
증권	반드시 상승해 높은 가격을 유지한다.		

주역점
비결

상괘수가 5일때

5손1건1 ○ 소축(小畜) 초효동
자립하면 재물온다

- 순리대로 행하고 조짐을 보고 그치는 등 현명하게 대처해서 길하다. 허황되고 화려한 것을 좋아하지 않고 산뜻하고 깨끗함을 즐긴다. 남의 도움 없이 홀로 사는 사람 또는 수도하며 깨끗이 사는 사람이다.
- 휴직 또는 한직에 있던 사람은 좋은 보직을 받게 되고, 떠돌며 여행하던 사람은 다시 고향으로 돌아가며, 잠시 휴학하던 사람은 복학하게 되는 등, 자신의 본래 업무로 복귀한다.
- 동남방이 이롭고 진일과 사일이 좋으며, 다리에 통증(통풍으로 인한)이 와서 잘 걷지 못한다. 갑자 갑인 갑진 임자 임인 임진년에 태어났거나 음력 11월에 태어난 사람에게 좋다.

상괘 **5**
하괘 **1**
小畜

소망	점차 바라는 대로 이루게 된다.	여행	좋다.
사업	아직은 작은 규모이지만 차차 크게 발전한다.	가출	멀리 갔다가 돌아오는데 동남쪽에 있다.
개업	시작하면 차츰 좋아진다.	실물	동남쪽에 있는데 찾게 된다.
승진	능력대로 이루어진다. 또는 원래의 전공으로 돌아온다.	질병	운동으로 건강을 회복한다. 약은 대방풍탕(大防風湯)을 쓴다.
시험	합격한다.	기후	청명하고 바람 분다.
혼인	성립된다.	의상	둥근 형체의 흰옷 바탕에 청록색이나 짙은 파랑 겉옷.
출산	아들을 순산한다. 쌍둥이일 수도 있다.	음식	과일과 채소, 선짓국 머리 고기, 푸른색 채소.
매매	조금 끌지만 곧 성사된다.		
재수	결과가 좋다.	사람	나이든 여성 공무원, 간호원, 기술자, 공평한 사람.
소송	이긴다.		
출마	열전을 벌인 후 당선된다.	장소	동남방, 서북에서 동남을 바라보고 앉는다.
증권	변동수가 있고 강세를 보인다. 진사술해(辰巳戌亥)일은 더 상승한다.		

5손1건2○ 소축(小畜) 이효동
귀인오니 재물온다

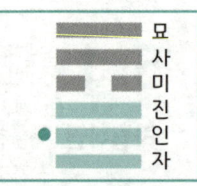

• 뜻과 능력이 비슷한 사람의 도움을 받아서 성공한다. 훌륭한 재질과 덕이 많은 사람으로 현명한 사람을 가려서 사귀니, 하는 일이 쉽게 잘 이루어진다. 윗사람의 도움을 받아 동료 중에 가장 빠르게 승진하고, 일반인은 뜻 맞는 사람과 동업하여 하는 일이 번창한다.

• 소인과 사귀면 자신의 능력을 발휘하지 못하고 크게 쓰이지 못하게 된다. 또 친구나 남에게 이리저리 이끌림을 반복하다가 일을 그르치는 운이 될 수도 있다. 요컨대 사람을 잘 사귀어야 성공한다.

• 신장염 또는 방광염을 조심하고, 남방과 오일이 크게 이롭다. 갑자 갑인 갑진 임자 임인 임진년에 태어났거나 음력 11월에 태어난 사람에게 좋다.

소망	서로 도와주어 이룬다.	증권	조금 상승한다.
사업	처음에는 뜻대로 되지 않다가, 협조자(특히 윗사람)의 도움으로 점차 나아진다.	여행	가지 않는 것이 좋다.
		가출	현재 남쪽에 있는데, 다른 사람이 데려온다.
개업	조금 있으면 협조자가 생긴다.	실물	남쪽으로 가져갔다.
승진	이끌어주어 된다.	질병	속앓이 병이다.
시험	서로 격려하며 공부하여 합격한다.	기후	맑다.
혼인	여러 사람의 중매와 협조로 이루어진다.	의상	붉고 화려한 색, 보석 등의 장식.
		음식	말고기, 소고기 구이, 돼지고기 구이, 둥글면서 화려한 음식.
출산	좋은 성품의 여아를 낳는다.		
매매	주변의 도움으로 성립된다.	사람	나를 이끌어줄 사람, 변호사, 선생님, 목회자.
재수	좋은 편이다.		
소송	중지하고 화해하라.	장소	남방, 위엄 있고 화려한 곳, 찜질방, 용광로 근처, 양지바른 곳.
출마	여러 사람이 협조해서 당선된다.		

5손 1건 3 ⊠ 소축(小畜) 삼효동
친한사이 싸움난다

• 지나치게 강하게 행동하다가 오히려 소인에게 발목을 잡힌다. 작은 일은 그런대로 성공할 수 있으나, 욕심을 내서 일을 크게 벌이면 안으로부터 불화가 싹터 망하게 된다. 윗사람과 아랫사람이 불신하고, 남편과 아내가 믿지를 못하며, 자잘한 일로 얼굴을 붉히다가 일을 그르치니, 어찌 큰 일이 성공하고 유지되겠는가?

• 잘되다가도 불화의 기운이 싹튼다. 충고를 해도 고집만 부린다. 혹 발이나 눈에 질환이 생기고, 혹은 식구가 반목하다가 이별하여 흩어진다. 여색을 탐하지 말고, 도덕적인 문제로 직장에서 쫓겨날 것을 조심하라.

• 기관지가 약하고, 간장기능이 약해진다. 서쪽과 유일이 불리하다. 갑자 갑인 갑진 임자 임인 임진년에 태어났거나 음력 11월에 태어난 사람에게 좋다.

상괘 **5** 하괘 **1** 小畜

소망	오히려 욕을 보고 화를 당한다.	여행	가지 않는 것이 좋고, 이성관계로 누명을 쓸 수도 있다. 병이 생길 수 있다.
사업	구설수가 생기고 몸에 병이 생긴다. 가정이 평탄치 않다.	가출	이성관계로 가출해서 서쪽에 있다.
개업	해서는 안 된다.	실물	도둑 누명을 쓸 수도 있고, 집안사람들끼리 반목한다.
승진	되지도 않고, 된다 해도 말썽이 일어난다.	질병	발이나 눈이 아프다. 회복하기 어렵다.
시험	불합격이다.	기후	맑았다가 구름 낀다.
혼인	된다 해도 이혼하거나 사별한다.	의상	틈이 많아 속살이 보이는 옷, 희고 화려한 옷.
출산	기대하기 힘들다.	음식	양고기, 선짓국, 머리 고기, 간과 폐, 육회, 생선회, 발효음식.
매매	시비가 있게 된다.		
재수	없다.		
소송	끝까지 시비만 하게 된다.	사람	불륜, 다투다가 헤어질 사람, 탈이 날 젊은 여자, 이혼할 부부.
출마	구설수만 있고 안 된다.		
증권	강세를 보이기는 하나, 보합세를 유지하다가 하락한다.	장소	서방을 피하라. 윗사람의 방, 호수, 바다, 멀리 떨어진 교외.

5손1건4 △
윗사람과 신용쌓기

소축(小畜) 사효동

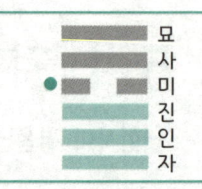

• 지성으로 사람을 감동시켜서 허물을 면하게 된다. 마음을 비우고 순리대로 바름을 지키다 보면, 귀인을 만나 어려움에서 나오게 된다. 내직에서 근무하던 자는 외직으로 가게 되고, 공부에 전념하던 자는 좋은 보직을 얻어 학문을 활용하게 된다.

• 동지들의 추천을 받아 선발되고, 있던 자리에서 다른 곳으로 영전하게 된다. 혹 혈육을 잃게 되고, 발을 다치게 되거나 기혈의 운행에 문제가 발생한다. 예능이나 기술직이라면 발탁되어 능력을 발휘하게 된다.

• 서북방이 좋고 술일 해일이 이롭다. 신미 신사 신묘년에 태어났거나 음력 11월에 태어난 사람에게 좋다.

소망 위급한 상황을 차츰 면하게 된다.
사업 끈기 있게 버텨서 막 부도위기를 넘겼다.
개업 해서는 안 된다. 그 자리를 모면해서 다른 자리로 가면 좋다.
승진 어렵다. 다만 윗사람의 추천을 받으면 된다.
시험 어렵다.
혼인 여자는 남자가 너무 많고, 남자는 여자가 없어 성립되기 어렵다.
출산 유산할 염려가 있다. 여아를 낳는다. 쌍둥이일 수도 있다.
매매 큰 손해는 면하게 된다.
재수 간신히 위험에서 벗어났다.

소송 피하고 안하는 것이 좋다.
출마 낙선이다.
증권 갑자기 상승했다가 하락한다.
여행 서북쪽은 좋다.
가출 위급한 상황이지만 빠져 나오는 중이다.
실물 서북쪽에 있다.
질병 어렵다. 자칫 혈육을 잃을 수도 있다.
기후 바람 불고 청명하다.
의상 둥근 패옥, 나무 열매 장식, 비취빛 옷, 정장.
음식 말고기, 간 또는 폐, 말린 고기, 콩.
사람 고관, 거상, 유명인, 지점장, 부장.
장소 서북방, 바람 부는 정자, 명승지.

5손1건5 ㅇ
서로돕기 원원재물

소축(小畜) 오효동

- 인품과 능력이 뛰어나서 사람의 마음을 감동시키고, 하나로 단결시켜서 성공한다. 귀하되 스스로를 높이지 않고, 부유하되 재물을 골고루 나누어 쓰니, 나와 너의 구별도 없고 가진 자와 못가진 자의 구별도 없다. 내 것이 없어도 찬조를 받아 공평하게 나눈다.
- 윗사람은 아랫사람을 신용하고 아랫사람은 윗사람을 존경해서 복종한다. 한마음으로 서로 도우니, 하는 일이 성공하고 재물이 풍성해진다. 큰돈을 벌어서 대중을 위해서 쓰니 덕망과 명망이 드높다.
- 음식물을 먹다가 급체하여 가슴이 답답하고, 동북방과 축일 인일이 크게 길하다. 신미 신사 신묘년에 태어났거나 음력 11월에 태어난 사람에게 좋다.

상괘 5 하괘 1 小畜

소망	여러 사람과 힘을 합해 크게 이룬다.	**여행**	길하다.
사업	여러 사람이 도와주어 이룬다. 또 그 공을 나누어준다.	**가출**	동북방에서 여러 사람과 같이 있다.
개업	동업을 하면 성공한다.	**실물**	동북방에 있다. 여러 사람이 공모했으므로 찾기 힘들다.
승진	좋은 성적으로 된다. 분위기 좋은 부서로 영전한다.	**질병**	낫는다.
시험	좋은 성적으로 된다.	**기후**	바람 불다가 그친다.
혼인	연애로 이루는데, 경쟁자가 많다.	**의상**	바람이 잘 통하면서 주름을 잡은 옷, 황색 또는 갈색, 성실해 보이는 옷.
출산	남아를 순산한다.	**음식**	개고기, 오리고기, 집에서 소규모로 기르는 가축, 산에서 채취한 나물.
매매	성립된다.		
재수	크게 얻어 다른 사람에게 나누어준다.	**사람**	경영자와 사원의 만남, 팬미팅, 신뢰관계에 있는 사람, 수도자.
소송	승소한다.		
출마	당선된다.	**장소**	동북방, 산, 사방이 막힌 곳, 사당, 오솔길, 간섭받지 않는 곳.
증권	처음에는 하락하고 나중에는 상승한다. 대개 급상승은 없다.		

5손 1건 6 ×	소축(小畜) 상효동	
동업금물 의심이별		

• 소인이 이미 세력을 키워서 올바른 사람이 그 해를 당한다. 오랫동안 기다리던 재물을 얻었는데, 서로 공평하게 나누지 않았다고 의심한다. 남자는 적극적으로 활동하는 것이 불리하고, 여자는 겸손해야 손실이 적다. 적극적으로 움직여도 잇속과 명예는 적고 손실은 많다. 특히 여자는 성격이 강하고 사나워서 수명이 단축되고 재물을 잃게 된다.

• 공직에 있는 사람은 소인들의 모함에 의해 쫓겨남을 조심해야 하고, 아첨이나 이간질에 의한 싸움을 경계해야 한다. 서로가 잇속을 탐해서 다툴 때에는 한걸음 뒤로 물러나 때를 기다리면 재앙을 면할 수 있다.

• 신장기능이 약해져서 부종이 생기고, 북방이나 자일이 무난하다. 신미 신사 신묘년에 태어났거나 음력 11월에 태어난 사람에게 좋다.

소망	이루는가 싶더니 별 기쁨 없이 사라진다.	증권	시장 전체가 하락한다.
		여행	가서는 안 된다.
사업	소인의 농간에 빠진다.	가출	북쪽에 잘못 가서 좋지 않다.
개업	해서는 안 된다. 자칫 사기를 당한다.	실물	북쪽에 있다.
승진	이루지 못한다.	질병	기운이 많이 빠진다.
시험	불합격이다.	기후	바람 불면서 비가 온다.
혼인	어렵다. 여자가 드세다.	의상	남자는 평상복, 여성은 도전적인 옷, 밝은 검은색.
출산	만산(晩産)으로 여아를 낳는다.		
매매	이루는 듯 하다가 무산된다.	음식	물고기, 뼈 있는 음식, 말린 해물, 바다에서 채취한 재료.
재수	없다.		
소송	불리하다.	사람	음침한 사람, 기가 센 여성.
출마	안 된다.	장소	북방, 어두운 곳, 물이 흐르는 곳, 조용하게 수도하는 곳, 물과 숲이 있는 곳.

5손 2태 1 △ 중부(中孚) 초효동
신중하고 믿음있게

- 정도를 잘 헤아려서 따르면 길하고 그렇지 못하면 흉하다. 순리대로 치우치지 않는 마음으로 성실하게 행동하여 자신의 운을 개척한다. 대개의 경우 잘 헤아릴 능력을 갖추고 있으므로 크게 잘못되지 않는다. 천거되어 승진하고 귀인이 이끌어 주어 승진한다. 일반적으로 굳은 의지로 좋은 계획을 세워서 나아가면 성공한다.
- 안일하게 생각하면서 뜻을 자주 바꾸면 파산하고 패망하게 된다. 처음 사귄 사람은 끝까지 믿어야 좋다. 행동에 일관성이 없고 뜻을 세워도 갈대와 같이 흔들리면 성공을 못할 뿐만 아니라 몸까지 망치게 된다.
- 신장에 염증이 생기기 쉽고, 북방과 자일이 이롭다. 정사 정묘 정축년에 태어났거나 음력 8월에 태어난 사람에게 좋다.

상괘 **5**
하괘 **2**
中孚

소망	흔들리지 말고 꾸준히 나아가면 이룬다.	**증권**	하락한다.
사업	일관성 있게 추진하여 발전한다.	**여행**	길하다.
개업	여러 사람이 도와주니 안심하고 하라.	**가출**	북쪽에 있다.
승진	회사를 옮기지 마라.	**실물**	북쪽에 있다.
시험	중간에 다른 곳에 한 눈 팔면 떨어진다.	**질병**	신장염인데 치유된다.
혼인	처음 사귄 사람이 제일 좋다.	**기후**	흐리고 비 온다.
출산	건강한 남아를 낳는다.	**의상**	흰색과 검은색, 물결무늬, 평상복, 연회복.
매매	일관성 있게 추진하라. 신경을 많이 쓴다.	**음식**	물고기, 해물탕, 국, 적당히 먹는다.
재수	딴 욕심만 안 부리면 좋다.	**사람**	중년남성, 생각해 가며 만난다, 일단 선택했으면 변치 않아야 한다.
소송	승소한다.	**장소**	북방, 동남방, 물가, 도로변.
출마	오로지 한길로 가면 길이 보인다.		

5손 2태 2 ◎ 중부(中孚) 이효동
이심전심 마음통함

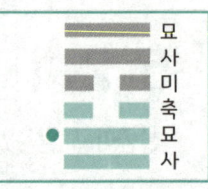

• 덕과 재주가 비슷한 사람끼리 뜻이 맞아 함께 어울리며 돕는다. 윗사람과 아랫사람이 마음이 통하여 서로 이끌어주고 도와준다. 존경할만한 덕행과 학문을 바탕으로 큰 공을 세운다. 귀한 사람이 이끌어주고 조상이 도와주어서 덕과 복이 많고 해로운 일이 생기지 않는다.

• 뜻 맞는 사람끼리 서로 도와가며 일을 처리하니, 하는 일마다 성공하고 이익을 얻는다. 다만 윗사람은 근심과 지병이 있고 아랫사람은 윗사람의 덕택을 많이 보니, 나이가 적거나 지위가 낮은 사람에게 더 유리하다. 매사에 신의를 바탕으로 임하라.

• 간에 염증이 생기고, 동방과 묘일이 이롭다. 정사 정묘 정축년에 태어났거나 음력 8월에 태어난 사람에게 좋다.

소망	대성한다.		여행	크게 길하다.
사업	많은 사람의 협조로 번창한다.		가출	동쪽에 있다.
개업	좋다. 윗사람이 이끌어준다.		실물	동쪽에 있다.
승진	이루어진다. 좋은 보직이다.		질병	간염으로 기운이 없다.
시험	합격이다.		기후	비오고 바람 분다.
혼인	이루어진다. 좋은 가정을 이룬다.		의상	흰색과 청록색, 활동복, 시원한 옷, 커플 옷.
출산	여아를 낳는다.			
매매	성립된다.		음식	술과 음식, 횟감, 색다른 음식, 석류, 채소, 토란.
재수	얻는다.			
소송	승소한다.		사람	배우자, 아들, 동업자, 동지.
출마	당선이다.		장소	동방, 호수 근처 둘레길, 큰길가, 시끄러운 곳, 그늘진 곳, 숲속.
증권	등락의 거래가 발생한다. 조금 강세를 보이나 그 상태가 완만하다.			

5손 2태 3 × 중부(中孚) 삼효동
좌불안석 의심백출

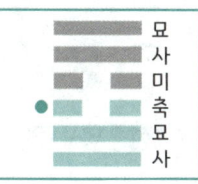

- 주관이 제대로 서지 못해서 방황한다. 자신을 감싸줄 부모나 형제도 없고 존경해서 따를 스승과 벗이 없다. 공을 이루지 못함은 물론 뜻을 세워도 지키지를 못한다. 부귀를 얻더라도 유지를 못하니, 정성과 신의가 없기 때문이다.
- 스스로도 거짓과 속임수에 능하고, 주변에서도 역시 나를 속이지 못해 안달이다. 성공을 하는가 하면 실패하고, 실패하는가 하면 성공하는 등 종잡기가 어렵다. 결혼하면 이혼하기 쉽고, 직장을 얻으면 잃기가 쉽다. 동료끼리 화목하지 못하고 가정도 불화한다. 허풍이 많고 남을 의심하기를 좋아한다.
- 정신불안증에 걸리기 쉽고, 서북방과 술일 해일이 모두 좋지 않다. 정사 정묘 정축년에 태어났거나 음력 8월에 태어난 사람에게 좋다.

상괘 **5**
하괘 **2**
中孚

소망	바랄 수 없다.	증권	보합세를 유지하다가 거래량이 줄면서 조금 오른다.
사업	이랬다저랬다 하는 통에 흐지부지된다.		
개업	안하는 것이 좋다.	여행	오지로 가서 고생만 한다.
승진	안 된다.	가출	서북쪽에 있다.
시험	망설이다 떨어진다.	실물	서북쪽에 있다.
혼인	마음이 갈피를 잡지 못해서 안 된다.	질병	저혈압으로 기운이 없다.
출산	남아를 낳는다.	기후	흐리다가 한랭해진다.
매매	안 된다.	의상	흰옷, 둥근 형태, 정체성 없는 옷, 요란한 옷.
재수	없는 편이다.	음식	이것저것 잡탕, 비빔밥, 섞어찌개.
소송	망설임 끝에 잘못된다.	사람	공무원, 줏대 없는 사람, 가수, 광대.
출마	떨어진다.	장소	서북방을 피하라, 호수 근처 정자, 쉽게 헤어질 수 있는 곳, 시끄러운 곳.

5손 2태 4 ○ 중부(中孚) 사효동
선공후사 의리쌓기

• 사적인 이익을 멀리하고 공적으로 일처리를 하여 성공한다. 사사로운 계파모임을 해산하고 공정하고도 결백하게 일처리를 하니, 덕망으로 추앙받고 윗사람의 총애가 두텁다. 대개의 경우는 높이 승진하고, 시험에 합격하며, 추천되고 천거되어 명성을 날린다. 다만 명성을 얻는 과정에서 배우자를 잃거나 자신의 오른팔이 되어 보필해온 사람을 잃게 되는 슬픔이 있다.

• 반면에 덕이 모자라는 사람은, 남다른 꾀를 내지만 뜻을 이루기 어렵고, 혹 성공을 하더라도 온전하게 유지를 못한다. 혹 혼인을 하더라도 파혼하고 부모나 친척이 유명을 달리하는 등 이별과 사별이 잦다.

• 편두통이 잦고 서북방과 술일 해일이 이롭다. 신미 신사 신묘년에 태어났거나 음력 8월에 태어난 사람에게 좋다.

소망	이룰 가망이 높다.	여행	길하다.
사업	윗사람이 이끌어 주어 진전 있다.	가출	서북쪽에 있다.
개업	길하다.	실물	서북쪽에 있다.
승진	된다.	질병	편두통이다.
시험	합격이다.	기후	바람 불고 한랭해진다.
혼인	이루기는 하는데 배필의 몸이 약하다. 그렇지 않으면 파혼된다.	의상	둥근 형체의 녹색과 흰색, 커플 옷, 이성이 입는 옷.
출산	여아를 낳는데, 산모가 아프다.	음식	큰 과일과 채소, 머리 고기, 위엄 있는 옷, 자존감을 드러내는 옷.
매매	성립된다.		
재수	있다.	사람	공무원, 승마복, 특이한 옷, 개성 있는 옷.
소송	승소한다. 복병을 조심하라.		
출마	당선이다.	장소	서북방, 승마장, 공공건물.
증권	오른다. 경기가 풀리다가 갑자기 하락한다.		

5손 2태 5 ◎ 중부(中孚) 오효동
신뢰최고 서로돕기

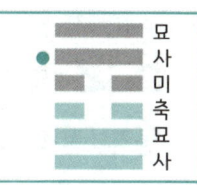

• 윗사람과 아랫사람이 서로 굳게 믿음으로써 큰일을 성공한다. 지극한 정성이 있고 덕과 재주가 뛰어나다. 지극한 정성으로 남을 감화시키니, 모든 사람이 믿고 따르며 돕는다. 큰 공을 세우고 부귀가 저절로 따른다.

• 윗사람과 하나 되어 일을 성공시킨다. 하는 일마다 성공하고 칭송이 자자하다. 정당한 방법을 쓰고 사사로운 정에 구애되지 않아서 공명정대하다. 특히 봉사하는 일에 유리하다. 시험은 합격하고 혼사도 성사된다.

• 수전증이 있고, 위장장애가 생겨 심하면 구안와사로 진행된다. 동북방과 축일 인일이 이롭다. 신미 신사 신묘년에 태어났거나 음력 8월에 태어난 사람에게 좋다.

상괘 5
하괘 2
中孚

소망	대성한다.	여행	크게 길하다.
사업	하는 일마다 저절로 잘 된다.	가출	동북쪽에 있다.
개업	길하다.	실물	동북쪽에 있다.
승진	된다.	질병	간과 위의 기능이 많이 떨어진다.
시험	합격이다.	기후	바람 불고 구름 낀다.
혼인	아무 걱정 없이 이루어진다.	의상	녹색과 황토색, 통기성 있고 주름을 잡은 옷, 운동복, 우아한 옷.
출산	남아를 낳는다.		
매매	성립된다.	음식	돼지고기, 개고기, 거위고기, 집오리, 각종 채소와 산나물.
재수	크게 있다.		
소송	승소한다.	사람	믿음 있는 동지, 배우자, 동업자, 소인배.
출마	당선이다.	장소	동북방, 오솔길, 산속의 별장, 풍광 좋은 정원, 등산로, 사찰, 큰 광장.
증권	하락한다.		

5손 2태 6 ⊠ 중부(中孚) 상효동
능력부족 욕심과다

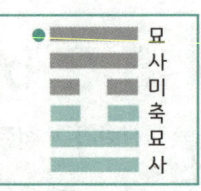

• 믿어서는 안 될 것을 굳게 믿으며 변통할 줄을 모른다. 초기에는 명성과 부를 얻었다 하여도 고집과 시세를 살필 줄 모르는 안목으로 인해 패망하게 된다. 수주대토(守株待兎)의 어리석음을 경계하라. 집안이 한미하다가 갑자기 흥하고 가난했다가 부유해지지만, 오래가지 못할 것을 알아야 한다. 세력이 본래 미미하여 유지하기 어려운 것이다.

• 부귀할 때 스스로 물러나 산 좋고 물 맑은 곳으로 옮겨가면 좋다. 마음을 비우고 운명을 달게 여기면 명예가 따르게 된다. 지도자를 앞세운 참모로 있으면서 제 이름을 드러내지 않아야 좋다. 서로 높이 되려고 다투다가는 곤하게 된다. 장사하는 사람은 많은 이익을 남기려다 손해를 본다. 일반적으로 자신의 재주를 깊이 감추고 드러내지 않는 것이 좋다.

• 간비대증에 걸리기 쉽고, 저혈압증세도 있다. 북방과 자일이 좋지 않다. 신미 신사 신묘년에 태어났거나 음력 8월에 태어난 사람에게 좋다.

소망	일반인은 안 된다.	증권	약간의 등락이 있고, 강세를 보이는 것 같으나 하락한다.
사업	처음에는 잘 나가다가 급속히 몰락한다.	여행	안 가는 것이 좋다.
개업	하지마라. 한적한 곳으로 옮겨라.	가출	북쪽에 있다.
승진	일단은 된다. 분수를 지켜라.	실물	북쪽에 있다.
시험	합격해도 취소될 염려가 있다.	질병	신경성 두통이다.
혼인	이루지만 나중에 깨진다.	기후	바람 불고 비 온다.
출산	여아를 낳는다.	의상	녹색과 검은색, 줄무늬, 활동복, 너무 화려한 옷, 분수에 넘치는 옷.
매매	되었다가 취소하게 된다.		
재수	없는 편이다.	음식	닭고기, 날짐승, 물고기, 닭볶음탕.
소송	신의를 잃으면 패소한다.	사람	중년 남성, 기술자, 퇴직한 사람, 허영기 있는 사람, 꿈속에 사는 사람.
출마	처음에는 되는 것 같이 보였는데 결국 떨어진다.	장소	북방을 피하라, 물가, 도로변 언덕.

5손 3리 1 ○ 가인(家人) 초효동
집안화목 가훈제정

- 집안이 잘 다스려져서 가정이 유지된다. 재주와 덕이 뛰어나고 장래를 보는 안목이 있어서, 일을 잘 계획하고 처리해서 집안을 부유하게 하고 화목하게 한다. 매사에 신중하며 적극적인 공략 보다는 현상을 유지하는 쪽으로 행동한다. 나 자신을 다스려서 모범을 보임으로써 집안을 다스린다.
- 큰일은 이루기 어렵지만, 작은 일을 경영하며 풍파 없이 지내는데 좋다. 승려나 도인은 작은 사찰의 주인이 되고, 결혼을 하지 못한 사람은 결혼을 하게 되며, 승진을 하지 못한 사람은 승진을 하게 되는 등 주로 안정에 뜻이 있다.
- 하체나 발에 병이 생기며, 동북방과 축일 인일이 좋다. 기묘 기축 기해년에 태어났거나 음력 6월에 태어난 사람에게 좋다.

상괘 5 하괘 3 家人

소망	아주 큰 소망은 힘들어도 어느 정도의 것은 이루어진다.	**여행**	여행보다는 집안을 단속하는 것이 좋고, 여행한다 하더라도 가정이나 단체의 화합을 위한 여행이 좋다.
사업	성실과 신의로써 발전한다. 특히 가내업이 좋다.	**가출**	동북방에 있다.
개업	소규모로 하면 좋다.	**실물**	내부소행으로 동북방에 있다.
승진	눈높이를 낮추고, 또 잘 적응한다.	**질병**	하체가 부자연스럽다. 큰 병은 아니다.
시험	큰 시험은 더 노력해야 하지만, 목표를 낮춰서 가면 합격한다.	**기후**	맑다가 흐리게 된다.
혼인	이루어진다.	**의상**	밝은 황토색, 주름을 잡은 옷, 검소한 옷, 눈에 덜 띄는 옷, 일상복.
출산	남아를 낳고, 아기가 튼튼하다.	**음식**	과일과 채소, 선짓국 머리 고기, 오리 거위 등 작은 동물구이, 산나물.
매매	이루어진다.		
재수	좋다.	**사람**	수습사원, 견습공, 어린아이, 학생.
소송	시작하지 않는 것이 좋다.	**장소**	동북방, 오솔길, 산길, 조용하고 한적한 곳, 집.
출마	지방선거는 된다.		
증권	차츰 오르나 급상승은 없다.		

5손3리2 ◎ 가인(家人) 이효동
집안화목 제사지냄

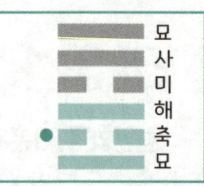

- 남편이나 윗사람의 잘못으로 어려운 일이 생기지만, 아내의 역할을 다하고 아랫사람의 역할을 다하여 집안을 안정시킨다. 순리대로 하고 착한 덕이 있어 교만하지 않으며, 큰 것을 탐내지 않고 눈앞의 작은 일을 차근차근 해결해 나간다. 어렵고 복잡하게 보였던 일을 하나하나 풀지만 그 공을 자랑하지 않는다.

- 정당한 방법과 끊임없는 노력의 대가로, 일반인은 재물과 양곡이 늘어나며, 학자는 학문에 발전이 있고, 도를 닦는 수도자도 정진을 하게 된다. 주로 밖으로 드러나지 않고 안에서 살림을 맡는 직책이 좋다. 식당일을 한다면 밖으로 나서는 서빙이나 계산을 맡기 보다는, 안에서 보이지 않게 노력하는 요리사 또는 안살림이 합당하다.

- 신장 또는 다리에 병이 생기기 쉽다. 술일 해일과 서북방이 좋다. 기묘 기축 기해년에 태어났거나 음력 6월에 태어난 사람에게 좋다.

소망	이룬다.	여행	여행도 좋으나 가지 않는 것이 더욱 좋다.
사업	착실히 하니 진전이 있다.		
개업	좋다.	가출	서북에 있고, 술해(戌亥)일에 돌아온다.
승진	된다. 윗사람을 가까운 거리에서 보좌하는 일이 좋다.	실물	서북쪽에 있다.
		질병	다리를 다친다.
시험	합격하고 장학금을 받는다.	기후	해나고 구름 한 점 없다.
혼인	이룬다. 특히 남자는 좋은 혼처다.	의상	둥근 형체의 흰옷, 참해 보이는 옷, 예의 바른 옷.
출산	훌륭한 여아를 순산한다.		
매매	이루어진다.	음식	뼈가 있는 고기, 마른고기, 제사음식, 집에서 맞이하는 음식.
재수	좋다.		
소송	승소한다.	사람	며느리, 선남선녀, 예의 바른 사람, 성실한 사람.
출마	여자의 도움으로 이루어진다.		
증권	강세로 돌아서며 거래도 활발하다.	장소	서북방, 관공서, 높은 빌딩, 명승지, 도심 한가운데.

5손3리3 △ 가인(家人) 삼효동
처음엄격 나중화목

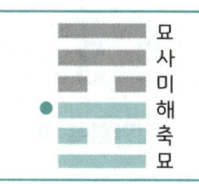

- 집안을 엄하게 다스리면 잘 되나, 너그럽게 풀어주면 기강이 문란해진다. 엄하게 주변을 정리하여 위엄을 보이고, 옳다고 생각되면 강단 있게 제재한다. 정숙한 배우자를 얻게 되고 사람들이 공경하고 두려워한다. 만약 일관된 태도를 취하지 않고, 감정대로 움직이고 욕심대로 행한다면 법도가 무너져 가정이나 기업이 몰락하게 된다.
- 엄하기만 하고 용서하거나 너그럽지 못하니, 자칫 덕이 모자란다고 손가락질을 받는다. 그렇다고 너그럽게 대한다면 곧바로 기강이 무너질 것이니, 조금 엄하다는 말을 듣는 것이 낫다. 금전적인 이익이 있고 군인, 경찰, 금융업이 좋다.
- 가슴과 복부 윗부분에 통증이 생긴다. 묘일과 동방이 이롭다. 기묘 기축 기해년에 태어났거나 음력 6월에 태어난 사람에게 좋다.

상괘 **5**
하괘 **3**
家人

소망	지연된다.	여행	보통이다.
사업	아랫사람에게 위엄을 보여야 한다.	가출	동쪽에 있다.
개업	좋다. 아랫사람을 잘 단속해야한다.	실물	동쪽에 있다.
승진	중간 정도에 승진된다.	질병	장에 염증이 있다. 급히 치료에 응하라.
시험	그렇게 좋은 성적은 못된다.	기후	해나고 바람 분다.
혼인	연애로 성립된다. 조금 지연된다.	의상	밝은 녹색 계열, 발이 잘 드러나는 옷, 예절바른 옷.
출산	남아를 낳는다.		
매매	지연된다.	음식	전통음식, 집에서 정성스럽게 만든 음식, 색다른 음식, 족발, 죽순.
재수	반반이다.		
소송	소송이 안 되도록 상대방에게 위엄을 보여라. 일단 시작되면 오래 끌게 된다.	사람	엄한 시어머니, 사감, 엄한 선생님, 규율을 감독하는 사람.
출마	낙선이다.	장소	동방, 가정집, 교도소, 법원, 수도원, 선원.
증권	등락거래가 있으나 많이 오르지는 않는다.		

5손3리4 ◎ 가인(家人) 사효동
집안화목 풍요재물

- 집안과 나라를 부유하게 하고, 큰 덕을 갖추고 있어 주변사람을 감동시킨다. 훌륭한 인품으로 윗자리에 있으면서 아랫사람에게 은혜를 베푸니, 상하 조화로운 가운데 집안과 나라가 굳건해진다.
- 직장에서는 특진하고 포상을 받으며, 시험도 잘 본다. 사업에 큰 이익을 보고 외롭게 살던 사람은 친척과 지기(知己)를 만나 사이좋게 지낸다. 재산이 느는 것은 물론이고, 자식들이 효도하고 명예롭게 잘 된다.
- 간에 염증이 생기고 늑간에 신경통이 생긴다. 술일과 해일이 길하고 서북방이 좋다. 특히 신·유(辛酉)일이 길하다. 신미 신사 신묘년에 태어났거나 음력 6월에 태어난 사람에게 좋다.

소망	크게 좋다.	여행	길하다.
사업	큰 성과가 있다.	가출	서북에 있다.
개업	좋다. 직원들이 상하 직분을 잘 지키고 친하게 지낸다.	실물	서북에 있다.
		질병	늑막염인데 차차 낫는다.
승진	된다. 좋은 부서에 보임된다.	기후	바람 불고 한랭하다.
시험	성실히 노력하여 합격한다. 장학금을 탄다.	의상	녹색과 흰색, 검소해 보이는 비싼 옷, 우아한 옷.
혼인	좀 늦어진다. 길한 혼인이다.	음식	뼈가 있는 고기, 마른 고기, 잔치음식, 비싼 음식, 대접하는 음식.
출산	딸을 낳는다.		
매매	이루어진다.	사람	공을 세운 사람, 포상할 사람, 성실하고 능력 있는 사람.
재수	크게 얻는다.		
소송	유리하지만 화해하라.	장소	서북방, 관공서, 높은 빌딩, 명승지, 부유한 집, 도심 한가운데.
출마	당선이다.		
증권	오르기는 하나 급상승은 없다. 강보합세를 유지한다.		

5손3리5 ◎ 가인(家人) 오효동
집안화목 산소제사

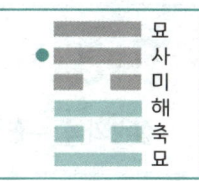

- 윗사람으로서 자신을 잘 보필할 아랫사람을 얻음으로써 하는 일에 경사가 많다. 언행을 바르게 하고 다른 사람의 모범이 되니, 도와주는 사람이 많이 생기고 특별히 근심걱정을 하지 않아도 일이 저절로 풀리게 된다. 의식이 풍족하고 친척이 화목하다.
- 최고 책임자로 승진하게 되고 명성을 날린다. 아랫사람을 잘 배려하고 위해주어 성공한다. 귀한 사람이 이끌어주고, 자신도 윗사람을 잘 보필한다. 수가 흉한 사람은 상복을 입게 되거나 외국으로 망명하게 된다.
- 간에 염증이 생기고 손발이나 안면이 마비되는 수가 있다. 축일과 인일이 길하고 동북방이 좋다. 신미 신사 신묘년에 태어났거나 음력 6월에 태어난 사람에게 좋다.

상괘 5
하괘 3
家人

소망	크게 이룬다.	여행	대길하다.
사업	잘된다.	가출	동북방에 있다.
개업	대체로 길하나, 구업을 지킴이 좋다.	실물	동북방에 있다.
승진	실력도 있고 주변의 도움도 있다.	질병	안면마비 증세다. 치료하여 회복한다.
시험	주변에서 모두 한마음으로 도와서 외지에서 이름을 날린다.	기후	바람 불고 흐리게 된다.
혼인	성사되어 가정을 잘 꾸민다.	의상	녹색과 황토색, 주름을 잡은 옷, 예법에 맞는 옷, 정성이 들어간 옷.
출산	남아를 순산한다.	음식	잔치음식, 회식, 거위나 오리 등 작은 동물고기, 산나물, 진귀한 야채.
매매	성립된다.		
재수	크게 얻는다.	사람	최고 경영자, 아버지, 고위 공무원, 지점장, 논공행상을 하는 사람.
소송	승소한다.		
출마	당선이다.	장소	동북방, 오솔길, 정자, 높은 집, 한적하고 조용한 곳.
증권	하락한 후에 상승한다.		

5손 3리 6 ○ 가인(家人) 상효동
집안화목 수신제가

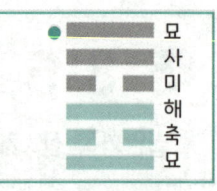

- 끝까지 집안을 잘 다스려서 길하게 된다. 문장이 뛰어나고 위엄과 덕망이 사람들을 굴복시킨다. 강함과 부드러움이 조화를 이룬 사람으로 일도 잘 처리하고 베풂도 많다.

- 그동안의 노력으로 지위가 높아지고 권세가 무거워지며 명성을 얻게 된다. 높을수록 자신을 되돌아보고 겸손하게 지내며, 지위에서 물러나도 원로로서 대우를 받는다. 그렇지만 쇠운으로 들어오기 시작했으므로, 새로운 사업을 벌이기보다는 기존의 사업을 완전하게 만드는 등 현재의 처지에 만족해야 한다.

- 심신이 불안하고 해수병에 걸리기 쉽다. 자일과 북방이 무해무득하다. 신미 신사 신묘년에 태어났거나 음력 6월에 태어난 사람에게 좋다.

소망	어느 정도는 이룬다.	가출	북쪽에 있다.
사업	뜻대로 이루어진다.	실물	북쪽에 있다.
개업	하면 안 된다.	질병	마음이 갈팡질팡하는 등 심신이 불안하다. 자연에 맡기는 자세가 필요하다.
승진	노력 끝에 되고, 충실하게 다닌다.		
시험	노력하면 낮은 데는 된다.	기후	바람 불고 비 온다.
혼인	성사된다. 재혼이다.	의상	검은색 계열, 검소한 옷, 잘 드러나지 않는 옷, 법도에 맞는 옷, 위엄 있어 보이는 옷.
출산	여아를 순산한다.		
매매	이루어진다.		
재수	조금 이롭다.	음식	물고기, 매운탕, 돼지고기, 짠맛.
소송	유리하게 나아간다.	사람	법관, 훌륭한 인격자, 은퇴한 사람, 철학자, 수도인.
출마	정당하게 싸우면 당선도 가능하다.		
증권	오르는 것 같으나 반드시 하락한다.	장소	북방, 물가, 술집, 찻집, 조용한 곳, 법원.
여행	좋다.		

5손 4진 1 ○ 익(益) 초효동
공익우선 선공후사

- 윗사람에게 보답하려면 큰 성공을 해야 하고, 해온 일이 모두 잘 되어야 한다. 단순히 성공만 뜻하는 것이 아니고, 그 일이 의리에 합당하고 많은 사람이 마음속으로부터 칭찬해야 된다는 뜻이다. 개인적인 이익을 챙기면 곧바로 패가망신하게 된다.
- 사업을 크게 벌이고 농지를 크게 경작하는 등 집과 사업을 일으킨다. 공직에 있는 사람은 영전하고, 아주 좋은 성적으로 시험에 합격하는 등 매사 잘 풀린다.
- 위장에 병이 생기기 쉽고, 미일 또는 신일이 길일이다. 경자 경인 경진 년에 태어났거나 음력 2월~8월(특히 7월) 사이에 태어난 사람에게 좋다.

상괘 **5**
하괘 **4**
益

소망	크게는 바라지 마라.	가출	서남방에 있다.
사업	농업 수산업 등 1차산업은 흥한다.	실물	서남쪽에 있다.
개업	좋다.	질병	신경성 위염이다. 음식을 조절하라.
승진	우수한 성적으로 된다.	기후	바람 불고 습기가 많다.
시험	우수한 성적으로 합격이다.	의상	각진 옷에 활동성 있으며 넉넉한 옷, 작업복, 황토색과 청색.
혼인	가능하다. 혼전 임신이다.		
출산	남아를 낳는다.	음식	정성을 다한 음식, 활발하게 움직인 동물의 고기, 방목해서 키운 고기, 각종 채소.
매매	이루어진다.		
재수	윗사람의 도움이 있다.		
소송	승부가 잘나지 않다가 이긴다.	사람	나이든 여성 공무원, 성공은 어렵지만 일을 크게 벌이려고 하는 사람, 나이든 여성.
출마	낙선이다. 아직 능력이 모자란다.		
증권	생각지 않은 일로 갑자기 오른다. 가을에 이런 점괘를 얻으면 갑자기 강세를 보인다.	장소	서남방, 사람이 많이 오고가는 곳, 넓은 공터, 정원.
여행	좋으나 농번기는 불리하다.		

5손4진2 ◎
주변모두 내편일세

익(益) 이효동

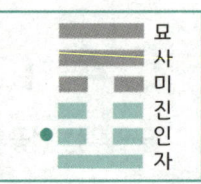

• 마음을 비우고 자신이 베푼 덕이 복이 되어 돌아온다. 분수 이외의 복은 원하지 않고, 자신보다는 주변을 먼저 배려하여 이익을 주니, 모든 사람들이 즐거이 사귀고자하며 존경한다. 산천에 제사를 지내거나 조상제사를 잘 받들면 더욱 길하다.

• 공직생활은 영전하고 명성을 얻으며, 장사를 해도 저절로 이익을 보게 된다. 모든 일에 주변의 신망과 도움을 얻어 잘 풀린다.

• 발목이나 무릎 등 관절에 이상이 생기기 쉽고, 서쪽 방향이 좋고 유일이 좋다. 경자 경인 경진년에 태어났거나 음력 2월~8월(특히 7월) 사이에 태어난 사람에게 좋다.

소망	이룬다.	여행	길하다.
사업	주변의 도움으로 잘된다.	가출	서쪽에 있다.
개업	길하다.	실물	서쪽에 있다.
승진	된다.	질병	관절염이다.
시험	합격해서 이름을 날린다.	기후	바람 불고 흐리게 된다.
혼인	혼인 상대가 한꺼번에 여럿이 온다.	의상	녹색과 흰색, 많이 입어서 해진 옷, 보편적이고 소박한 옷, 가죽옷, 겉이 딱딱한 옷. 커플 옷.
출산	훌륭한 여아를 낳는다. 혹 남녀 쌍둥이다.		
매매	이루어진다.	음식	조개, 랍스타 등 갑각류 구이, 잔치나 회식 음식, 제사음식.
재수	크게 있다.		
소송	너그럽게 화해하라.	사람	CEO, 뜻 맞는 사람, 무당, 목사, 스님, 고사지내는 사람, 모임 결성.
출마	당선이다.		
증권	갑자기 상승세를 보이나 나중에 약세로 돌아선다.	장소	서쪽, 연못, 호수가, 커피집, 술집, 사찰, 교회.

5손 4진 3 △ 익(益) 삼효동
먼저조치 나중보고

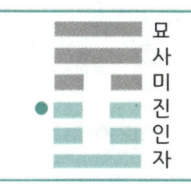
묘 사 미 진 인 자

• 자신의 안위를 돌보지 않고 직분에 최선을 다함으로써, 그 진심이 윗사람에게 통하게 되고, 결국 모든 일이 잘 풀리게 된다. 어려움을 당해서 충성스럽게 간언을 하고 열사(烈士)가 되며, 옳은 일이다 싶으면 소신대로 밀고 나간다. 처음에는 남 보다 월등히 빼어난 식견 때문에 주변에서 이해를 하지 못하나, 사람들을 유익하게 하고 풍속을 교화시키며 어려움을 헤쳐 나가니 모두 존경하며 따르게 된다.

• 전권을 위임받아 하는 일에 유리하고, 소신껏 어려움을 극복했다는 명예가 높아져 승진하며, 일반인은 어려움을 겪은 뒤에 큰 이득을 본다. 다만 시비구설에 휘말릴 염려가 많다.

• 관절에 무리가 오기 쉬우며, 남방이 좋고 오일(午日)이 무난하다. 경자 경인 경진년에 태어났거나 음력 2월~8월(특히 7월) 사이에 태어난 사람에게 좋다.

상괘
5
하괘
4
益

소망	어렵고 힘든 끝에 이루어진다.	**여행**	가면 흉하게 된다.
사업	차차 진전이 있다. 기지가 필요하다.	**가출**	남쪽에 있다.
개업	해도 좋다. 시비구설을 조심하라.	**실물**	남쪽에 있다.
승진	된다.	**질병**	과도하게 움직이다가 관절염으로 악화된다.
시험	합격이다.		
혼인	이루어지는데 길혼은 아니다.	**기후**	바람 불다 해난다.
출산	건강한 남아를 낳는다.	**의상**	황색과 붉은색, 제복, 작업복.
매매	어렵게 이루어진다.	**음식**	조개, 랍스타 등 갑각류 구이, 소박한 음식, 고구마, 감자, 옥수수.
재수	없는 편이다.		
소송	불리하다. 어려움 끝에 나중에야 본뜻을 알아준다.	**사람**	도와주어야 할 가난한 사람, 아픈 사람, 봉사활동, 급히 도움이 필요한 사람.
출마	어렵게 이끌다가 역전한다.	**장소**	남방, 작업장, 봉사현장, 재난현장.
증권	순조롭다. 조금 오르고 큰 등락은 없다.		

5손**4**진**4**ㅇ
이직이사 모두좋음

익(益) 사효동

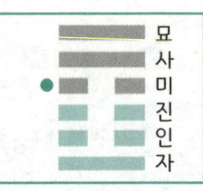

• 주나라의 수도를 옮길 때 공을 세운 진나라 목공과 같다. 조직의 중책을 맡아 구조조정을 하여 어려운 상태를 회복한다. 공평하고 정대하게 하기 때문에 어려움을 겪는 많은 사람들이 믿고 따른다. 윗사람의 총애를 받고 아랫사람의 뜻에 부응해서 큰 허물없이 공을 세운다.

• 이사를 가고 조직을 줄이는 등 획기적으로 기반을 바꾸어 든든하게 하는 역할이다. 회사를 정리하여 탄탄하게 만들고, 집을 수리하여 안락하게 만드는 등 기존의 체계를 바꾸는 역할을 한다. 자신이 개혁하는 주체세력이 되어야 직성이 풀리는데, 그렇지 못하면 그 직장을 떠나 다른 자리를 찾게 된다.

• 간이 약해지고 풍기(風氣)가 있다. 서북방이 좋고, 술일 또는 해일이 길하다. 신미 신사 신묘년에 태어났거나 음력 2월~8월(특히 7월) 사이에 태어난 사람에게 좋다.

소망	성사된다.	여행	목적지를 변경한다.
사업	일이 많다. 확장해서 이사 간다.	가출	서북방에 있다.
개업	크게 벌인다.	실물	서북방에 있다.
승진	지망하는 곳을 바꾼다.	질병	간 또는 담이 약하다.
시험	다른 곳으로 바꾸면 합격한다.	기후	바람 불고 한랭해진다.
혼인	지금까지 사귄 사람이 아닌 사람과 이루어진다.	의상	둥근 형체의 녹색 바탕에 흰옷, 수제품, 활동복, 작업복.
출산	여아를 낳는다.	음식	과일과 채소, 선짓국 머리 고기, 푸른색 채소.
매매	다른 곳을 알아봄이 좋다.		
재수	처음에는 안 좋다가 길해진다.	사람	CEO, 이삿짐센터직원, 출장 가서 만나는 사람, 직속상관.
소송	변호사를 바꾸어서 승소한다.		
출마	선거구 또는 운동원을 바꾸면 당선.	장소	서북방, 높은 건물, 관공서, 새로 장만한 집.
증권	크게 오르는 것 같으나 결과는 별로다. 급상승할 때는 이변이 발생한다.		

5손4진5 ◎ 익(益) 오효동
성공하고 칭찬받고

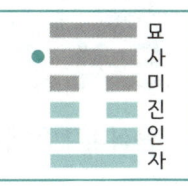
묘 사 미 진 인 자

- 진심으로 아랫사람을 위해 은혜를 베풀고 아랫사람은 그 은혜에 감동해서 따르니, 명예와 이익이 있고 승진하여 올라가고 복록이 풍성하다. 마음가짐이 관대하고 베푸는 것이 많아 많은 사람이 따른다.
- 상인이 되어도 많은 이익을 보고 이익 본 것을 다른 사람에게 사심 없이 나누어준다. 요직에 발탁되어 이름을 날리고, 일반인은 경영하고 꾀하는 일이 뜻대로 된다. 혹 도인 또는 승려나 목회자 등이 되어 후인을 가르치며 존경을 받는다. 목회자는 책임을 맡아 일을 총괄하고, 일이 막혔던 사람도 귀인을 만나 일이 풀리게 된다.
- 견비통으로 고생하고 동북방이 좋으며 축일 또는 인일이 길일이다. 신미 신사 신묘년에 태어났거나 음력 2월~8월(특히 7월) 사이에 태어난 사람에게 좋다.

상괘 5 하괘 4 益

소망	크게 성공한다.	여행	길하다.
사업	크게 흥한다.	가출	동북쪽에 있다.
개업	누구나 이익이 되도록 널리 베푸는 일을 한다.	실물	동북쪽에 있다.
		질병	어깨에 기맥이 막혀서 통증이 심하다. 마음을 편히 가져라.
승진	된다.		
시험	합격해서 이름을 날린다.	기후	바람 불다가 그친다.
혼인	이룬다.	의상	주름을 잡은 옷, 푸른색과 황토색, 유행을 타지 않는 옷.
출산	훌륭한 남아를 어렵게 낳는다.		
매매	이루어지고 이득이 있다.	음식	과일과 채소, 작은 열매, 거위 오리고기, 개고기, 한턱낸다.
재수	크게 좋다.		
소송	크게 승소한다.	사람	지위가 높고 절제력 있는 사람, 지도자와 따르는 사람.
출마	당선이다.		
증권	오르는 듯 하다가 안정세로 돌아선다. 등락거래가 거의 발생하지 않는다.	장소	동북방, 산과 숲, 언덕길, 대문, 사당.

5손4진6 × 익(益) 상효동
욕심내다 인심잃네

- 아직 원하는 것이 더 많은데 주변에서는 분수를 모른다고 하며 비판한다. 아직도 모자라 더 채우려 하는데, 주변에서는 너무 많다고 빼앗으려하니 억울하고 괴로울 따름이다. 적당한 선에서 그쳐야 하는데 욕심이 끝없다.
- 재물을 탐하다가 오히려 손해보고, 명예를 도모하고 이익을 도모하려 하나 오히려 낭패를 본다. 사기라도 쳐서 더 재물을 늘리려 하나 일이 잘못되기만 한다. 재물을 탐하다가 감옥에 가고 좌천당하며 원성을 듣고 어려움을 겪는다.
- 매를 맞거나 사고를 당해 다치기 쉬우니 어두운 데를 피하라. 북방이 해로우며, 자일(子日)이 해롭다. 신미 신사 신묘년에 태어났거나 음력 2월~8월(특히 7월) 사이에 태어난 사람에게 좋다.

소망	바라는 바가 도에 지나친다.	증권	반드시 하락한다.
사업	과도하게 투자하다가 부도나서 잡혀 들어가는 처지에 있다.	여행	흉하다.
		가출	북쪽에 있다.
개업	하지 마라.	실물	북쪽에 있다.
승진	안 된다.	질병	이마에 타박상을 입는다. 차츰 낫는다.
시험	불합격이다.	기후	바람 불고 비 온다.
혼인	서로 손해가 아닌가 의심한다.	의상	검은색, 잘 눈에 띄지 않는 옷.
출산	여아를 순산한다.	음식	술을 곁들인 탕종류, 돼지고기, 물고기, 절제가 필요하다.
매매	이루어지지 않는다.		
재수	크게 잃는다.	사람	경찰, 형사, 사기꾼. 폭력배
소송	할 수 있으면 화해하라. 감옥에 갈 수도 있다.	장소	동남방, 서북에서 동남을 바라보고 앉는다.
출마	낙선되고 소송에 휘말린다.		

5손 5손 1 △
망설이면 손해본다

손(巽) 초효동

• 과단성 있게 행동해야 일이 풀리게 된다. 유약한데다 지위도 낮으니, 스스로 기가 죽어 우왕좌왕하고 결정을 내리지 못한다. 마음을 굳게 먹고 과감하게 행동하도록 자기최면이라도 걸어야 한다.

• 작은 일이나 단기간의 계획은 이룰 수 있지만, 장기적인 계획이나 큰일을 하려고 하면 실패하게 된다. 공업·상업·기술 등 곧바로 이익이 보이는 일은 길하다. 일반인은 임시직을 얻기 쉽고 과단성을 요구하는 무관보다는 문관에 더 어울린다. 이익과 손해는 수시로 얻기도 하고 잃기도 하며, 구설수에 휘말리기가 쉽다.

• 허벅지 아래가 거동하기 불편하고, 서북방 또는 술일 해일이 무난하다. 신축 신해 신유년에 태어났거나 음력 4월에 태어난 사람에게 좋다.

상괘 **5**
하괘 **5**
巽

소망	심약해서 어렵다.	증권	보합세를 유지하다가 오른다. 전체적인 경기가 살아나지만, 거래량은 줄어든다.
사업	과감하게 나가야 하는데 그렇지를 못한다.	여행	불리하다.
개업	용기를 갖고 시작해야 하는데 갈등이 많아 결정을 못한다.	가출	서북방에 있다.
		실물	서북방에 있다.
승진	어렵다. 문필과 관련된 것 또는 임시직은 가능하다.	질병	하체가 몹시 아프다.
		기후	바람 불고 춥다.
시험	문과 쪽은 가능하다.	의상	둥근 형체의 흰옷, 청록색이나 짙은 파랑, 좀 강해보이는 옷.
혼인	마음을 정하지 못했다.		
출산	남아를 낳는다.	음식	채소, 족발, 머리 고기, 뼈있는 고기, 씨 있는 과일.
매매	이루어지지 않는다. 오가는 말만 무성하다.		
		사람	막노동자, 과감하지 못한 사람, 성격이 강한 사람.
재수	없다.		
소송	용기가 없어 패하고 만다.	장소	서북방, 관공서, 데모현장.
출마	떨어진다.		

5손5손2 ○ 손(巽) 이효동
바람몰이 소득있네

묘
사
미
유 해
축

- 아랫사람으로서의 역할을 성실하게 수행한다. 덕과 재주가 있으면서도 겸손하게 처신하니, 명성을 이루고 복이 찾아온다. 윗사람이 잘 알아주지 않더라도 스스로 성실히 움직이다 보면 발탁된다.
- 언로(言路)와 관련된 고위직 공무원이나 글을 쓰는 직업에 좋고, 의사 무당 승려 도인 등에도 좋다. 언론 또는 역사(歷史)를 기록하고 연구함에 성실히 일을 수행하고, 관상대 무당 점술가 등 예측을 하는 일에는 뛰어난 능력이 있다.
- 손과 발에 풍기가 있어 떨리고, 동북방 또는 축일 인일이 길하다. 신축 신해 신유년에 태어났거나 음력 4월에 태어난 사람에게 좋다.

소망	정성껏 노력하면 이룬다.	가출	동북방에 있다. 심적 변화를 일으키고 있다.
사업	사람을 감동시켜 여론을 유리하게 만들어 나아진다.	실물	동북방에 있다.
개업	좋다.	질병	풍이 들어 입이 돌아간다.
승진	된다. 특히 언론계가 좋다.	기후	바람 불고 흐리다가 그친다.
시험	합격이다.	의상	춤복, 무당 옷, 요란한 옷, 녹색과 황토색, 주름을 잡은 옷.
혼인	연애로 이룬다.		
출산	여아를 낳는다.	음식	제물, 여러 가지 잡탕, 작은 씨앗, 거위, 개고기.
매매	이룬다.		
재수	크게 얻는다.	사람	역사가, 소설가, 무당, 점술가, 철학관 상담사. 기상예보관, 증권사직원
소송	이긴다.		
출마	당선된다.	장소	동북방, 오솔길, 산속의 별장, 풍광 좋은 정원, 등산로, 사찰, 기도원.
증권	점차 오른다. 또는 크게 하락한다.		
여행	길하다.		

5손 5손 3 △
망설이다 후회하네

손(巽) 삼효동

- 겸손하지 못하여 허물을 면하기 어렵다. 지나치게 강하고 치우친 행동 때문에 주변의 도움을 얻지 못한다. 자신의 편리한 것만 추구하여 사람들을 해롭게 한다. 뜻을 이루거나 높아지면 교만하게 행동한다. 자신의 단점과 잘못을 알고 반성하나 조금 있으면 옛 습관이 돌아온다. 이를 반복하다가 일을 그르친다.
- 좌천되거나 쫓겨나고, 액운이 닥쳐오는 것을 막기 어렵다. 임시직을 얻거나 두 가지 이상의 일을 겸직하는 등 전문성을 잃게 되고, 그나마 여러 번 바뀌게 된다.
- 위장이 자주 뭉치고, 북방이나 자일이 해로우며, 동남방이나 진일 사일이 이롭다. 신축 신해 신유년에 태어났거나 음력 4월에 태어난 사람에게 좋다.

상괘 **5**
하괘 **5**
巽

소망	줏대가 없어 어렵다.	**여행**	흉하다.
사업	부진하다.	**가출**	북쪽에 있다.
개업	어렵다. 망설이기만 한다.	**실물**	북쪽에 있다.
승진	안 된다. 혹 임시직이다.	**질병**	위장 또는 신장에 이상이 온다.
시험	떨어진다. 혹 청강생이다.	**기후**	바람 불고 비 온다.
혼인	결정을 못 내리고 망설이다 안 된다.	**의상**	녹색과 검은색, 자주 바꿔 입는다. 줄무늬 옷, 단체복.
출산	남아를 낳는다.		
매매	이루어지지 않는다.	**음식**	돼지고기, 물고기, 뷔페음식.
재수	없다.	**사람**	줏대 없는 사람, 마음을 숨긴 사람, 중년 남성.
소송	마음이 흔들려 어렵다.		
출마	떨어진다.	**장소**	북방을 피하라. 바람 부는 강가, 차 안, 사람이 많이 다니는 곳.
증권	강세를 보이지 못한다. 처음에는 오르다가 나중에 내린다.		

5손5손4 ◎
바람몰이 일석삼조

손(巽) 사효동

묘
사
미
유
해
축

- 주변의 환경이 좋아지면서 자신의 포부를 펼치게 된다. 유순하고 겸손하며 좋은 재주가 있으니, 명예와 지위가 높아진다. 처음에는 어렵다가 나중에는 쉬워진다.
- 산천이나 사직에 제사를 주관하는 사람이 되고, 강력범을 체포하고 수사하는 형사반장 또는 검찰, 또는 군대를 총괄하는 지휘관으로 적국을 쳐서 이긴다. 사냥꾼 또는 농장의 주인이 되어 의식이 풍족하고 유유자적하게 지낸다. 뛰어난 재주로 모든 사람을 만족시킨다. 대체로 이득과 복을 얻는다.
- 담이 허해지는 병을 얻고, 서북방과 술일 해일이 길하다. 신미 신사 신묘년에 태어났거나 음력 4월에 태어난 사람에게 좋다.

소망	희망적이다.	여행	길하다.
사업	만족할 정도의 진전이 있다.	가출	서북방에 있다.
개업	좋다.	실물	서북방에 있다.
승진	된다. 군인 경찰 등 무력을 쓰는 곳이면 더욱 좋다.	질병	담이 결린다.
		기후	바람 불고 춥다.
시험	합격이다.	의상	둥근 형체의 녹색과 흰색, 세 가지 색깔, 활동복.
혼인	이루고 크게 만족한다.		
출산	여아를 낳는다.	음식	용안육, 여지, 오이, 머리 고기, 뼈가 있는 고기, 사냥한 고기.
매매	성립된다.		
재수	크게 얻는 것이 있다.	사람	성공한 사람, 돈 많고 능력 있는 사람, 명예를 중시하는 사람, 포수, 사냥꾼, 형사.
소송	승소한다.		
출마	당선이다. 자치단체장 선거면 더욱 좋다.		
		장소	서북방, 사냥터, 시험장, 공공건물.
증권	조금 강세를 보인다. 전체적인 경기는 어렵다.		

5손 5손 5 ○ 손(巽) 오효동
바람몰이 끝이좋다

- 윗사람으로서의 덕이 순수하지 못하기 때문에, 주역 효사에 "바르게 행동해야 잘못이 없어진다."라고 하였다. 먼저는 어렵지만 나중에는 길해지고, 고향에서 보다는 외지에서 잘된다. 일을 시작하기 전에 계획을 철저히 하고, 일이 끝난 뒤에도 '꺼진 불도 다시 보듯이' 결과를 잘 살펴보며 단속해야 한다.

- 일에 변화가 많다. 개혁하는 자세로 임해야 좋다. 일에 대한 의견이 중첩되고 일을 함에 일관성이 없어서 큰일은 하지 못한다. 3일 또는 3주일 3개월 3년 등을 고비로 일이 풀린다. 대개 늦기는 하지만 반드시 명성과 이득이 있다. 일을 하기 전에 신중하게 계획을 세우고, 일을 마친 뒤에도 뒷마무리를 철저히 해야 한다.

- 위장이 더부룩해지고, 동북방과 축일 인일이 길하다. 신미 신사 신묘년에 태어났거나 음력 4월에 태어난 사람에게 좋다.

상괘 5 하괘 5 巽

소망	과정은 어렵지만 결과가 좋다.	여행	길하다.
사업	과감히 새롭게 고쳐서 추진한다.	가출	동북쪽에 있다.
개업	길하다.	실물	동북쪽에 있다.
승진	된다.	질병	위장병이 심하다.
시험	합격이다.	기후	바람 불다가 그친다.
혼인	이룬다.	의상	춤복, 무당 옷, 위엄 있는 옷, 녹색과 황토색, 주름을 잡은 옷.
출산	남아를 순산한다.		
매매	성립된다.	음식	제물, 작은 씨앗, 거위, 개고기, 계획과 준비를 잘 한 음식.
재수	얻는 것이 있다.		
소송	승소한다.	사람	정치가, 혁명가, 무당, 점술가, 철학관 상담사.
출마	당선된다.		
증권	생각지 않은 거래로 큰 등락이 발생한다. 갑자기 오를 때 주의를 요한다.	장소	동북방, 오솔길, 산속의 별장, 풍광 좋은 정원, 등산로, 사찰, 큰 광장.

5손 5손 6 ×
이제그만 다잃는다

손(巽) 상효동

- 지나치게 아첨하고 비굴해서 흉하게 된다. 그릇이 작고 식견이 비루하다는 말을 들으니, 도모하는 일이 어렵고 흉하게 된다. 윗사람에게는 아부하고 아랫사람의 말은 무시하고 듣지 않는다.
- 직장에서 쫓겨나며 너무 아첨하고 비굴하게 하여 곤궁해지니, 대체로 손해보고 병든다. 마음을 화평하게 먹으면서 기다리면, 명줄이 끊어지는 곳에서도 귀인을 만나 성공하게 된다.
- 간이 붓고 눈이 침침해지며, 북방이 흉하고, 자일(子日)도 흉하다. 다만 동남방 또는 진일 사일이 나를 도와주는 방위와 시일이다. 신미 신사 신묘년에 태어났거나 음력 4월에 태어난 사람에게 좋다.

소망	희망 없다.	증권	등락이 거의 없어 보합세를 유지하며 안정적이다.
사업	자신을 스스로 과소평가하여 실패한다.	여행	흉하다.
개업	자신감을 상실한 상태이다.	가출	북쪽에 있다.
승진	안 된다.	실물	북쪽에 있다.
시험	떨어진다.	질병	간이 많이 약해졌다.
혼인	지나친 소극성이 문제다.	기후	바람 불고 비 온다.
출산	여아를 낳는다.	의상	녹색에 검은색, 지나치게 검소하다, 하의가 너무 짧다.
매매	안 된다.	음식	짠맛, 너무 빈약하다, 물고기, 돼지고기.
재수	잃는다.	사람	중년 남성, 너무 검소한 사람, 너무 겸손한 사람.
소송	조건은 유리한데 실천성이 없어 어렵다.	장소	북방을 피하고 동남방으로 가라. 어두침침한 곳, 물가를 피하라.
출마	떨어진다.		

5손 6감 1 ○ 환(渙) 초효동
윗사람이 잘이끄네

- 세상이 모두 흩어졌을 때 현명하고 중심이 흔들리지 않는 사람의 도움을 얻는다. 나를 알아주는 사람을 많이 만나고, 좋은 대책이 그 모임 속에서 얻어진다. 심하게 노력을 안 해도 용이하게 집안을 일으키고, 밖으로 나갈 때는 다른 사람의 시중을 받는다.
- 관직에 있는 사람은 승진이 빠르고, 무관의 경우 더 좋다. 높은 사람의 이끌어줌에 힘입어 꾀하는 일이 뜻대로 이루어진다. 윗사람이 이끌어주고 자신은 유순한 마음으로 따르니 활로를 찾게 된다.
- 무인 무진 무오년에 태어났거나 음력 3월에 태어난 사람에게 좋다. 신장과 방광이 좋지 않고, 서쪽과 유일이 이롭다.

상괘 **5**
하괘 **6**
渙

소망	윗사람의 도움으로 이룬다.	여행	남쪽 또는 서쪽이 길하다.
사업	좋은 협조자를 만나서 어려움을 잘 극복하고 성장한다.	가출	서쪽에 있다.
		실물	서쪽에 있다.
개업	윗사람이 협조로 된다.	질병	신장 또는 방광에 이상이 생긴다.
승진	윗사람의 도움으로 특채된다.	기후	비오고 흐리게 된다.
시험	특차합격이다.	의상	검은색과 흰색, 하의에 신경 쓴다, 상의와 하의의 앙상블. 커플 옷.
혼인	윗사람의 소개로 성립된다.		
출산	남아를 낳는다. 혹 쌍둥이다.	음식	물고기 회, 양고기, 말고기, 오리고기, 떡, 석류, 매운맛.
매매	윗사람의 도움으로 한다.		
재수	남의 도움으로 있다.	사람	나를 잘 보필할 사람, 손발이 잘 맞는 사람.
소송	윗사람의 힘으로 유리하게 된다.		
출마	당선이다.	장소	서방, 물 흐르다 고인 곳, 바닷가, 호수공원.
증권	약간의 등락이 있다가 오른다.		

5손6감2 △ 환(渙) 이효동
편안하게 좋은거야

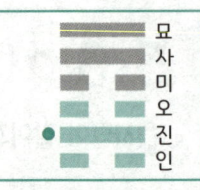

- 흩어지는 때에 거처할 지위를 얻어 안정되어 간다. 강하면서도 중심을 잘 지키는 덕이 있어서 기회를 포착하고 변화에 능하다. 힘을 기르고 위엄을 축적하여 부흥을 꾀할 수 있으니, 먼저는 어렵다가 나중에는 안정된다.
- 혹 조상의 터전을 떠나서 외지로 돌아다니다가 거주할 곳을 정한다. 초년은 어렵다가 만년에는 편안하고 풍족해진다. 관리들의 우두머리가 되어 권세가 크며, 혹 장수가 되어 장막 속에서 계획을 세운다. 능력 있는 아랫사람을 만나서 모든 일을 믿고 맡기면, 그 사람에 의해 혼인 재물 승진 등 모든 복이 나온다. 일반인은 집안을 다시 일으키고 꾀하고 소망하는 바를 이루며, 승려와 도인은 나라로부터 인정을 받는다. 혹 파도에 휩쓸려 다치게 되기도 한다.
- 무인 무진 무오년에 태어났거나 음력 3월에 태어난 사람에게 좋다. 신장이 안좋고 소화기관이 부실하다. 서남방과 미일 신일이 이롭다.

소망	아랫사람의 힘으로 된다.	증권	거래가 발생하면서 강세를 보인다.
사업	아랫사람의 협조하에 번창한다.	여행	물놀이만 하지마라.
개업	아랫사람의 도움으로 한다.	가출	서남쪽에 있다.
승진	이룬다.	실물	서남쪽에 있다.
시험	합격이다.	질병	신장이 안 좋다. 빨리 조치하라.
혼인	아랫사람의 소개로, 연애를 하여 이룬다.	기후	비오고 습하다.
출산	여아를 낳는다.	의상	검은색과 황토색, 앉을 때 편한 옷, 펑퍼짐한 옷.
매매	아랫사람의 협조로 매매한다.	음식	소고기, 오곡밥, 내장탕, 단맛.
재수	혼자 힘으로는 얻기 어렵다.	사람	편한 사람, 날 돕는 사람, 의지가 되는 사람.
소송	아랫사람이나 여자의 힘이 필요하다.	장소	서남방, 앞산, 언덕진 곳, 공원의자, 거실.
출마	당선이다.		

5손 6감 3 △
내몸부터 관리하세

환(渙) 삼효동

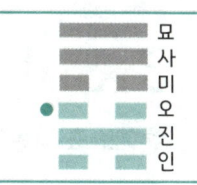

- 가까운 친척은 멀리하고 모르는 사람은 가까이 하며, 조상의 터전을 떠나 외지에서 기반을 세운다. 혹 승려나 도인이 되어 마음을 닦고 성품을 기르는 수도인이다. 자신의 힘이 미약하므로 다른 사람을 구제하지는 못하고, 유약한 힘으로 홀로 바르다고 생각하는 길로 매진한다.

- 중앙부서에 있던 사람은 지방으로 전근가게 되고, 이제 막 승진하려는 사람은 큰 도시를 피하고 변방의 외진 곳을 택하라. 곤란했던 사람은 풀려가기 시작하고, 승진을 원했던 사람은 승진하게 된다. 대체로 막혔던 것이 풀리고, 중앙보다는 지방이 더 유리하다.

- 무인 무진 무오년에 태어났거나 음력 3월에 태어난 사람에게 좋다. 병은 다리가 붓게 되고, 동남방과 진일 사일이 길하다.

상괘 **5**
하괘 **6**
渙

소망	멀리서 구한다.	증권	처음에는 하락했다가 나중에 오른다.
사업	어려움을 헤치고 희망이 보인다.	여행	동남쪽은 좋다.
개업	좋다.	가출	동남쪽에 있다.
승진	외근직 또는 변두리에 있는 지점은 좋다.	실물	동남쪽에 있다.
		질병	신장에 열이 있다.
시험	지방대로 간다.	기후	비오고 바람 분다.
혼인	먼 타향의 사람과 된다.	의상	검은색과 녹색, 통기성 있는 옷, 활동복, 치마 같은 옷, 몸에 편한 옷.
출산	건강한 남아를 낳는다.		
매매	된다.	음식	각종 야채, 돼지고기, 해물탕, 국수.
재수	처음에는 어려워도 끝이 좋다.	사람	중년이상의 여성, 바람잡이, 나를 이끌 사람, 화장을 잘 한 사람.
소송	타인의 힘에 의해 차츰 유리하게 풀린다.		
출마	자치단체 또는 한 단계 낮은 선거는 당선이다. 출마지를 타향으로 정한다.	장소	동남방, 숲속, 바람이 잘 통하는 곳, 동남쪽이 길한 방소.

5손 6감 4 ㅇ
손해봐도 나는이익

환(渙) 사효동

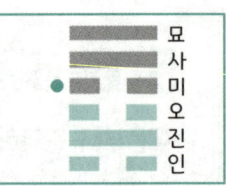

• 아랫사람으로서 윗사람을 높이면 잘된다. 덕이 크고 식견이 높은 사람이다. 사사로운 모임을 없애고 세상을 위해 멸사봉공(滅私奉公)하니 사람들이 모두 존경한다. 덕이 모자란 사람은 재주가 뛰어나기는 하나 마음이 이랬다 저랬다 하며 갈피를 잡기 어렵다.

• 처음에는 어렵지만 뒤에 잘된다. 남이 생각도 못하는 일을 하니, 경쟁자를 물리치고 큰 공을 세운다. 자신의 행운으로 그치지 않고 다른 사람을 구제하니 그 공덕이 빛나고 큰 것이다. 나쁜 것을 흩어버리고 좋은 일을 모으는 중임을 맡는다. 모든 일에 희망을 가지고 임하라.

• 혹 언덕에 장사지내는 흉운을 뜻하기도 한다. 편두통을 조심하고, 신미 신사 신묘년이나 음력 3월에 태어난 사람에게 좋다. 서북방과 술일이나 해일이 길하다.

소망	이룬다. 인화에 힘써라.	증권	하락한다.
사업	모두 협조를 잘하여 진전이 있다.	여행	길하다.
개업	길하다. 초기에는 인사상의 어려움이 있다.	가출	서북쪽에 있다.
		실물	서북쪽에 있다.
승진	된다.	질병	정신쇠약이다.
시험	합격이다. 장학금을 받는다.	기후	바람 불고 한랭하다.
혼인	성립된다.	의상	녹색과 흰색, 조금 돈을 들인 옷, 우아하고 유행을 타는 옷.
출산	여아를 낳는다.		
매매	이루어진다.	음식	조금 비싼 음식, 회식, 머리 고기, 뼈 있는 고기, 단단한 음식.
재수	크게 있다.		
소송	승소한다.	사람	공무원, 명예를 생각하는 사람, 아버지.
출마	당선이다.	장소	서북방, 언덕진 곳, 가까운 곳.

5손**6**감**5** ○
일치단결 다시건설

환(渙) 오효동

- 흩어지고 어려운 때에 사건의 중심에 서서 온 힘을 다해 노력한다. 과감하고도 단호히 일을 처리하여 위엄과 명성이 사방에 떨친다. 승진해서 영전되고, 하는 일이 잘 풀려 이득을 보며, 특히 주변의 도움을 받아 정신없이 노력하다 보면 어느새 크게 성공한다.
- 사사로운 욕심을 부리지 말고 베풀어라. 부귀 보다는 명예가 따른다. 고생과 아픔은 사라지고 승진하고 병이 낫는 등 흉한 것이 사라진다.
- 위장병과 구안와사를 조심하라. 신미 신사 신묘년이나 음력 3월에 태어난 사람에게 좋다. 동북방과 축일 인일이 길하다.

소망	크게 이룬다.	여행	길하다.
사업	부지런하고 성실하여 크게 진전이 있다.	가출	동북쪽에 있다.
		실물	동북쪽에 있다.
개업	크게 이롭다.	질병	소화기능 장애로 안면이 마비된다.
승진	된다.	기후	바람 불고 흐리게 된다.
시험	합격이다.	의상	녹색과 황토색, 통기성 있고 주름을 잡은 옷, 운동복, 우아한 옷.
혼인	좋은 혼처이다.		
출산	훌륭하게 될 남아를 낳는다.	음식	매운맛과 단맛, 땀을 내며 먹는 음식, 산나물 비빔밥.
매매	성립된다.		
재수	크게 얻는다.	사람	나를 도와줄 사람, 삼고초려 해야 할 사람, 소인배.
소송	승소한다. 많은 사람의 도움이 필요하다.		
		장소	동북방, 오솔길, 산속의 별장, 풍광 좋은 정원, 등산로, 사찰, 큰 광장.
출마	당선된다.		
증권	보합세를 유지하며 거래가 빈번하다. 하락하지는 않는다.		

5손 6감 6 △ 환(渙) 상효동
어려움이 풀려가네

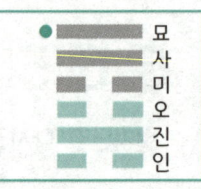

• '가까이 할 수도 없고 멀리 할 수도 없으며, 버릴 수도 없고 귀하게 대접할 수도 없는 상대, 그래서 불가근 불가원(不可近 不可遠)해야 하는 처지다. 마음이 흩어지는 것을 하나로 모아 일을 마무리 지어야 할 입장인데, 친하다는 것 하나만 믿고 "자신만 위하고 자신만 사랑하라."는 어리광을 부리므로 곤란을 겪는다.

• 외직으로 선발되어 일처리를 잘하고, 무관은 난리를 평정하며, 송사를 벌인 사람은 송사가 해결되어 옥에서 나오게 되는 등 어려움이 해결된다. 다만 소인배를 가까이 한다면 피눈물이 날 것이다. 먼 지방을 다니며 외지로 나가면 잘 풀린다. 또 이제껏 어려운 처지에 놓였던 사람은 어려움에서 풀려나게 된다. 절제가 필요한 때이다.

• 중이염 등 귀에 병이 나기 쉽고, 신미 신사 신묘년이나 음력 3월에 태어난 사람에게 좋다. 북방과 자일이 무난하다.

소망	어려움이 풀려나간다.	여행	좋다.
사업	부도위기를 면하고 개혁을 단행한다.	가출	북쪽에 있다.
개업	구석진 자리는 피한다.	실물	북쪽에 있다.
승진	서서히 풀릴 조짐이 있다.	질병	위장병 또는 귀에 통증이 생긴다.
시험	다른 곳을 선택한다.	기후	바람 불고 비 온다.
혼인	타항 사람과 해야 된다.	의상	녹색과 검은색, 줄무늬, 활동복.
출산	여아를 낳는다.	음식	선짓국, 미디움으로 구운 고기, 물고기, 돼지고기, 야채.
매매	장소와 품목을 바꿔서 된다.		
재수	차츰 풀린다.	사람	중년 남성, 기술자, 퇴직한 사람.
소송	유리한 편이다.	장소	북방, 물가, 바람 불고 차가 오가는 곳, 조금 위험한 곳.
출마	격전과 고비를 넘기고 간신히 된다.		
증권	하락한다. 하락하는 때에 이런 점을 얻었으면 상승하는 전환점이 된다.		

5손**7**간**1** △

이성교제 작은구설

점(漸) 초효동

묘
사
미
신
오
진

- 좋은 배우자를 만나기 어렵다. 때를 얻지 못해 편안한 곳으로 나아갈 수 없다. 위험해 보이지만 그냥 저냥 무사하다. 또 앞으로 차츰 나아질 전망이 보인다.
- 말과 글을 쓰는 직업이 좋다. 결혼소개 회사에 근무하거나, 중개인은 좋다. 공직에 있는 사람 또는 언론인은, 그른 것을 고치는 일이라 위태해 보이나 결국은 강하게 보였던 소인을 물리친다. 평범한 사람은 그때그때 위기를 넘기기 바쁘나 큰 재앙은 없다. 대개의 경우는 하는 일에 막힘이 많지만 크게 낭패 보는 일은 없다.
- 남방이 좋고, 오(午)일시가 좋다. 병진 병오 병신년에 태어났거나 음력 1월에 태어난 사람에게 좋다.

상괘 **5**
하괘 **7**
漸

소망	신중하게 옳고 그름을 잘 판단해 처신해야 어려움을 벗어난다.	출마	떨어진다.
		증권	차츰 오른다.
사업	어려움과 두려움이 목전에 있으나 차츰 나아진다.	여행	몸조심하라. 특히 물조심하다.
		가출	남쪽에 있다.
개업	앞날에 대한 두려움이 따르니 점진적으로 한다.	실물	남쪽에 있다.
		질병	공수병 또는 신경쇠약이다.
승진	규모가 작은 곳은 된다.	기후	흐린 후 해난다.
시험	낮추면 된다.	의상	황토색과 주황색, 수영복, 나이 어려보이는 패션, 너무 튀는 옷은 자제하라.
혼인	늦지만 성립된다.		
출산	남아를 낳는다.	음식	작은 동물 구이, 해산물, 바비큐, 꿩고기.
매매	별 이득은 없다.	사람	어린아이, 중년여성, 위태해 보이는 사람, 산만한 사람. 중매서줄 사람.
재수	큰 소득은 없다		
소송	좀 불안하지만 걱정은 없다.	장소	남방, 물가, 언덕이 있는 강가.

5손 7간 2 ◎ 점(漸) 이효동
먹으면서 이성교제

- 연봉도 많고 지위도 높으며, 자신의 직책을 성실히 수행하며 즐겁다. 능력도 있고 인품도 훌륭하며 주변에서 돕는 사람도 좋은 편이어서 같이 즐겁다. 혹 의식이 풍족하고 즐겁게 노니는 한량이다.
- 산신 또는 조상에게 제사를 지내며 비는 것이 좋고, 지방에서 중앙으로 발탁되며, 일반인은 음식점이나 푸줏간의 일을 하면 성공한다. 음식을 맛있게 만든다. 장래를 위해 체력을 단련한다.
- 동남방이 이롭고, 진(辰)일이나 사(巳)일이 좋다. 과식으로 인한 위장장애가 걱정된다. 병진 병오 병신년에 태어났거나 음력 1월에 태어난 사람에게 좋다.

소망	이룬다.	여행	길하다.
사업	많이 벌고 많이 쓰며, 번창의 기업을 닦는다. 요식업이 좋다.	가출	동남쪽에 있다.
		실물	동남쪽에 있다.
개업	여러 사람이 먹고 즐기는 사업이 유망하다.	질병	위장에 무리가 왔으니, 음식조절이 중요하다.
승진	된다. 중앙부서에 배치된다.	기후	흐리고 바람 분다.
시험	합격이다.	의상	황토색과 녹색, 통풍이 잘 되는 옷, 안정감 있는 옷, 파티복. 커플 옷, 상의와 하의의 앙상블.
혼인	좋은 혼처에서 중매가 들어온다.		
출산	여아를 낳는다.		
매매	이룬다.	음식	닭고기, 오리고기, 돼지고기, 각종채소, 산나물비빔밥, 신맛.
재수	소득이 크다.		
소송	승소한다.	사람	요리사, 연회를 즐기는 사람, 중년이상의 여성, 향수를 뿌린 사람.
출마	당선이다.		
증권	보합세를 유지하다가 조금 오른다.	장소	동남방, 서북에서 동남을 바라보고 앉는다. 바람 불고 안정된 곳.

5손**7**간**3** ×

불륜교제 들통난다

점(漸) 삼효동

• 처한 상황이 어려운데 타개할 재주가 부족하다. 혹 본인은 글로 이름을 날리고 무력으로 공을 세운다 하더라도, 아내는 바람피우고 자식은 벗나간다. 조상의 터전을 떠나거나, 변두리로 좌천된다. 혹 도적이 들어와 소중한 것을 가져간다. 주변과 화목하게 살 것을 요구한다.

• 직장인은 비리에 연루되어 강등되거나 좌천될 염려가 많다. 주변 사람과 화목하지 못하여 한 자리에 오래있지 못하고, 주변의 미풍양속을 어지럽혀서 손가락질을 받는다. 불륜을 조심하라.

• 서남방이 좋지 않고 동북방은 무난하다. 미일이나 신일이 불리하고, 축일 인일이 무난하다. 병진 병오 병신년에 태어났거나 음력 1월에 태어난 사람에게 좋다.

상괘 **5**
하괘 **7**

漸

소망	희망이 없다.	여행	흉하다.
사업	안으로부터 부정이 있게 되어 부진하다.	가출	서남방에 있다.
		실물	서남방에 있다.
개업	불길하다.	질병	성병이다.
승진	안 된다.	기후	구름 끼고 습하다.
시험	불합격이다.	의상	황토색, 임신복, 품이 넉넉한 옷, 펑퍼짐한 옷.
혼인	불륜관계이다.		
출산	남아인데 유산이다.	음식	단맛, 소고기, 산과 밭에서 나는 재료, 내장탕, 거위고기.
매매	이루어지지 않는다.		
재수	불리하다.	사람	배가 나온 사람, 임신부, 불륜 애인, 어머니.
소송	가족관계의 일이다. 가능하면 화해하라.		
		장소	서남방이나 평평한 곳을 피하라. 만나지 않는 것이 좋음.
출마	남녀 스캔들로 떨어진다.		
증권	상승한다.		

5손**7**간**4** ○
이성교제 작은고백

점(漸) 사효동

• 어려운 환경 또는 포악한 사람을 만나 어려운 처지에 놓였지만, 유순하고 바르게 처신하여 어려운 환경을 벗어난다. 혹 좋은 지위로 유혹하더라도 잘 살펴서 선택해야 한다. 그렇지 않고 자리를 탐내면 어려움에 처한다. 처한 자리가 마음에 들지 않고 또 타의에 의해 자주 옮길 수 있으나, 공손한 처신으로 늦게나마 성공한다.

• 가난하여 의식이 부족하더라도 놀라고 근심하지 마라. 집을 수리하고 새로 짓는다. 어려움 속에서도 살길이 보인다. 시험에 떨어지면 가을까지 기다려라.

• 서북방이 이롭고, 술일이나 해일이 좋다. 뇌졸중으로 인한 수족마비가 의심된다. 신미 신사 신묘년에 태어났거나 음력 1월에 태어난 사람에게 좋다.

소망	고달픈 처지에 있다.	증권	거래량이 한산하다. 처음에는 상승하다가 나중에 안정된다.
사업	마음만 바쁘다. 겸손해야 한다.		
개업	장소를 잘 가리고 인사를 잘해야 한다.	여행	길하다.
승진	마땅한 곳이 없다. 가을이면 가능하다.	가출	서북방에 있다.
시험	마음을 정하지 못한다. 가을시험이면 가능하다.	실물	서북방에 있다.
		질병	중풍으로 뇌기능에 장애가 온다.
혼인	상대방이 모자란 것 같아서 결정을 못 한다.	기후	바람 불다 그친다.
		의상	둥근 형체의 녹색 속옷에 흰 겉옷, 각진 형태의 옷, 나무 무늬.
출산	여아를 낳는다.		
매매	미지수다.	음식	삼계탕, 머리 고기, 뼈있는 고기, 한약재를 넣고 만든 탕, 오리고기.
재수	보통이다.		
소송	어려우니, 변호사를 잘 선택하라.	사람	각이 진 얼굴, 도움을 받을 사람, 공손하게 만날 사람, 철학자.
출마	소속한 정당과 선거구를 잘 선택하라. 겸손한 것이 최고다.		
		장소	서북방, 나무가 많은 곳, 관공서.

5손**7**간**5** ◯
이성교제 풀려가네

점(漸) 오효동

- 느지막하게 아랫사람의 도움으로 성공한다. 재주가 많고 인품이 훌륭하나 말년에 가서야 뜻을 이룬다. 모든 게 늦어진다. 대를 이을 자식도 늦게 보고, 소원하는 일도 늦게 이룬다. 늙은 사람은 수명을 마칠 수도 있고, 어린이는 기르기 어렵게 된다.
- 정월에 태어난 사람은 부귀하게 되고, 수련하는 사람은 도를 통하는 등 한 소식 듣게 된다.
- 풍으로 인해 기운이 막히고, 여성은 자궁에 이상이 있다. 동북방이 좋고, 축일부터 인일이 길일이다. 신미 신사 신묘년에 태어났거나 음력 1월에 태어난 사람에게 좋다.

상괘
5
하괘
7

漸

소망	3년 뒤에 이룬다.	여행	길하다.
사업	점차 나아져 성공한다.	가출	동북쪽에 있다.
개업	삼년 노력끝에 성공하다.	실물	동북쪽에 있다.
승진	당분간은 어렵지만 뒤에 성취한다.	질병	자궁 또는 신장에 이상이 있다.
시험	3년 정도 예상하고 마음을 편히 가진다.	기후	바람 불고 흐리게 된다.
혼인	3년 교제 끝에 결합한다.	의상	녹색과 황토색, 여성스러워 보이는 옷, 주름을 잡은 옷, 절제된 옷. 커플 옷, 상의와 하의 색깔맞춤.
출산	남아를 순산한다.		
매매	이룬다.	음식	작은 과일과 채소, 탕종류, 산채비빔밥, 산나물.
재수	얻는다.		
소송	오래 끌다가 승소한다.	사람	산에 사는 사람, 배우자, 소통해야 할 사람, 오랫동안 연애한 사람.
출마	어렵게 당선된다.		
증권	거래가 이루어지기 어렵다. 보합세를 유지하다가 조금 오른다.	장소	동북방, 언덕이나 산, 오솔길, 둘레길, 높은 빌딩.

5손7간6 ◎
혼인해도 모두찬성

점(漸) 상효동

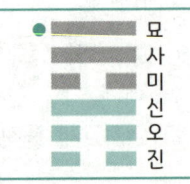

- 세속의 일을 초월한다. 기인이나 수련하는 사람으로 공명을 도외시하는 삶을 산다. 혹 세상의 일에 관여하면 세상의 모범이 되고 도덕과 의리로 존경받는다. 근심과 재앙이 없고 복과 은혜가 많다.
- 수련하는 사람은 스승이 도와주고 자신이 열심히 노력한 결과로 관문을 돌파하여 새로운 경지를 여는 기쁨을 맛본다. 자신이 처한 환경에서 오랫동안 갈고 닦은 실력을 바탕으로 두각을 나타낸다.
- 북방이 좋고, 자일이 이롭다. 순환기 계통, 특히 피의 순환에 문제가 생긴다. 신미 신사 신묘년에 태어났거나 음력 1월에 태어난 사람에게 좋다.

소망	크게 이룬다.	여행	길하다.
사업	이끌어주는 도움으로 크게 발전한다.	가출	북쪽에 있다.
개업	좋다.	실물	북쪽에 있다.
승진	된다.	질병	기맥에 손상이 온다.
시험	합격해서 이름을 날린다.	기후	바람 불고 비 온다.
혼인	연애로 이루어진다. 결혼에 적극적이지는 않다.	의상	날개옷, 선녀복, 녹색과 검은색, 얇고 투명한 옷, 복잡하지 않은 옷.
출산	여아를 낳는다.	음식	오리, 닭고기, 술을 곁들인 만찬, 담백한 음식.
매매	성립된다.		
재수	크게 얻는다.	사람	도통해서 자유자재한 사람, 학문적 성취를 이룬 사람, 각계 원로. 우아한 자태를 뽐내는 사람.
소송	유리하다. 화해하는 것도 좋다.		
출마	당선된다.		
증권	거래가 이루어지기 어렵다. 혹 낮은 가격으로 거래가 이루어진다.	장소	북방, 높은 정자, 스카이라운지, 산정상.

5손8곤1 관(觀) 초효동
눈높이로 계획공부

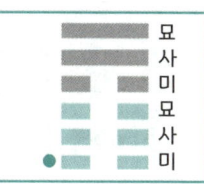

- 덕이 없어서 임금 곁에 있지 못하고 자신의 사사로운 고집만 추구한다. 어려서는 똑똑하다고 소문이 나고 학문을 잘 익히나, 어느 수준 이상이 되면 진척이 없게 된다. 명예와 재물을 얻더라도 소견이 천하고 비루해서 아집에 빠지고 인색하다. 스스로 설정해 놓은 한계를 벗어나지 못하여 큰일을 하지 못한다. 관직을 얻어도 낮은 직책 또는 한직이다.

- 공직자는 운신의 폭이 좁고 지위를 유지하기 어려우며, 합격이 계속 지연되거나 보직을 얻기 어렵다. 대체로 급히 일을 서두르려 하지만 응답이 늦고, 응답을 빠르게 하려고 꼼수를 쓰면 잘못되게 된다. 몽매해서 일을 잘 살피지 못하는 어린아이와 같으니, 조그마한 꾀를 부리다 일을 잘못 처리하게 된다.

- 위장병을 주의하고 동방과 묘일이 그런대로 좋다. 을미 을사 을묘 계미 계사 계묘년에 태어났거나 음력 8월에 태어난 사람에게 좋다.

상괘 **5**
하괘 **8**
觀

소망	작은 일은 좋고, 큰일은 어렵다.	여행	불가하다.
사업	현상유지를 하면서 시일을 보내는 것이 좋다.	가출	소인배의 꼬임에 넘어가 동쪽에 있다.
		실물	동쪽에 있다. 좀도둑의 소행이다.
개업	작게 시작하면서 경험을 쌓는다.	질병	어린아이는 치료되나, 어른은 낫기 힘들다.
승진	지연된다. 넓게 보려는 시각이 필요하다.	기후	흐리다가 번개 친다.
시험	지연된다. 큰 시험은 안 된다.	의상	녹색계열, 둥글면서 삼각형, 나이 보다 어려보이는 옷.
혼인	자꾸 늦어진다.		
출산	남아를 낳는다.	음식	땅에서 나는 재료, 죽순, 색다른 음식, 어려서 먹었던 음식.
매매	소소한 것은 이루어진다.		
재수	없는 편이다.	사람	동창생, 고향사람, 옛날 친구. 어린 사람, 대화수준이 낮은 사람.
소송	패한다.		
출마	낙선이다.	장소	동방, 서남방에서 동방을 바라보고 앉는다. 숲, 산속의 누각, 큰 도로.
증권	변동해서 조금 오른다.		

5손 8곤 2 △ 관(觀) 이효동
스리슬쩍 훔쳐보기

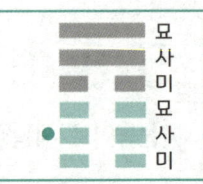

• 장기적인 안목이 없다. 천한 재주와 박한 덕으로 미관말직을 맡는다. 국량이 작고 견식이 없어서 생계마저 구차한 사람도 있다. 혹 여자의 덕으로 귀하게 되거나 부유한 여자의 도움을 받는다. 여자라면 복도 많고 수명도 길다.

• 재주와 능력이 부족하고, 이치에 통하지 못해서 손해를 본다. 집안에 있을 때는 어리석고 집밖에 있을 때는 그런대로 현명하게 행동하니, 집안에 있는 것 보다는 밖으로 활동하는 것이 좋다. 기쁨과 근심이 반복되고 부인으로 인해 어려움을 겪기도 한다. 소규모의 일은 성공할 수 있고, 그것도 자신의 능력 보다는 주변의 도움을 얻어야 한다. 남녀의 애정은 별로다.

• 하복부의 종양을 주의하고, 북방과 자일이 조금 좋다. 을미 을사 을묘 계미 계사 계묘년에 태어났거나 음력 8월에 태어난 사람에게 좋다.

소망	여자는 이룬다. 남자는 여자를 잘 만나야 된다.	여행	활동하는 일이면 좋다.
		가출	남녀관계로 북쪽으로 갔다.
사업	여자는 길하다. 남자는 여인의 도움이 필요하다.	실물	북쪽에 있는데, 여자의 소행이다.
		질병	낫는다. 특히 아내의 지극정성으로 고쳐진다.
개업	여자가 하거나 소규모로 하면 길하다.		
승진	여자는 이루어진다.	기후	흐리고 비 온다.
시험	여자는 이루어진다.	의상	검은색 계열, 네모나면서도 절도 있는 옷, 살짝 속이 보이는 옷.
혼인	여자가 일방적으로 짝사랑한다. 남자는 도움을 받을 여자를 만난다.	음식	물고기, 해산물, 여성이 선택하도록 의향을 물어본다, 비싸지 않은 음식.
출산	여아를 순산한다.		
매매	여자는 이롭다.	사람	베일에 싸인 여성, 상대방 의향 살짝 엿보기, 염탐하는 사람.
재수	여자는 이롭다.		
소송	승소한다.	장소	북방, 물가, 한적하고 조용한 곳, 좀 어두운 곳.
출마	여자는 당선된다.		
증권	하락한다.		

5손 8곤 3 △ 관(觀) 삼효동
자기성찰 마음정리

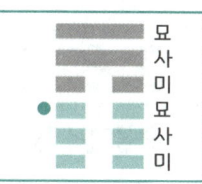

- 주변 환경을 잘 살피며 자신의 지조를 지킨다. 자신이 처한 환경에서 덕을 닦으며 때가 오기를 기다렸다가 공직에 나아가면, 공을 세움에 막힘이 없게 된다. 그러나 수시로 나아갔다 물러났다 하면 뛰어난 공을 세우기 어렵다. 수도를 하는 과정에서 득도하기 직전 마음고생을 하는 때이다.

- 일생에 진퇴가 반복되고, 재물을 얻었다가도 바로 잃고, 잃었다가 다시 얻는 등 일정함이 없다. 마땅히 한 번씩 더 살펴서 일시적인 이익에 현혹되지 말고 싸움을 피하는 것이 상책이다. 다툼이 있으면 잘잘못을 가릴 생각 보다는 화해하여 좋게 지낼 것을 모색하라.

- 윗배가 더부룩하고 답답하다. 동북방과 축일 인일이 무해무득하다. 을미 을사 을묘 계미 계사 계묘년에 태어났거나 음력 8월에 태어난 사람에게 좋다.

상괘 **5**
하괘 **8**
觀

소망	자신의 능력을 살펴서 행동하면 실수가 없다. 조금씩 좋아진다.	증권	점차 상승하되, 급상승은 없다.
사업	급진적으로 하는 것은 좋지 않다.	여행	시기를 보아 행장을 차린다.
개업	자신의 역량을 파악해서 하는 것이 좋다.	가출	동북쪽에서 갈등한다.
		실물	동북쪽에 있다.
승진	처음은 떨어지나 다음번에 승진된다.	질병	나았다 심해졌다 한다.
시험	처음은 떨어지나 다음번에 합격된다.	기후	흐리고 구름 낀다.
혼인	미정이다. 망설이기만 한다.	의상	네모나면서 주름을 잡은 옷, 검은색과 노란색, 내 기분에 맞는 옷.
출산	남아를 낳는다.	음식	산나물, 흙에서 나는 재료, 내가 선택, 분수에 맞는 음식.
매매	관망하는 처지다.		
재수	일희일비다.	사람	나의 분수에 맞는 사람, 내가 선택, 어린 남자.
소송	화해하는 것이 좋다.		
출마	낙선이다.	장소	동북방, 좁은 길, 내가 선택한 곳, 오솔길, 등산로.

279

5손 8곤 4 ○
큰물에서 놀아야지

관(觀) 사효동

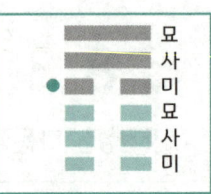

- 큰일을 하는 임금을 만나서 뜻을 같이하여 잘 돕는다. 재주와 덕을 갖추고 임금 가까이에서 보좌하며, 모든 업무를 자신이 주관하는 큰 인물이다. 세상의 추앙을 받으며 자신의 재주를 편다.
- 중앙관서의 고위직을 맡는다. 우수한 성적으로 발탁되어 선진국을 관광하며 배우게 되거나, 나라를 대표하는 외교관이 된다. 일반인도 멀리 외지 또는 국외로 나가 장사하면 큰 이익을 본다. 혹 바람 따라 다니는 풍류객이거나, 수도(修道)를 위해 외국으로 떠다니는 사람이다. 혼인 또는 자손을 낳는 데는 이롭지 못하다.
- 술과 과로로 인해 간이 나빠지기 쉽고, 서북방과 술일 해일이 길하다. 신미 신사 신묘년에 태어났거나 음력 8월에 태어난 사람에게 좋다.

소망	중앙부서로 진출하게 된다.	여행	크게 이롭다.
사업	국영기업체 등 공익을 위한 것은 성취한다.	가출	서북쪽에 있다.
		실물	서북쪽에 있다.
개업	좋다. 자신의 사업보다 다른 사람의 참모로 들어가면 더욱 좋다.	질병	외국에 가서 치료하기도 한다. 점차 차도가 있다.
승진	이루어지고 앞길이 트인다.	기후	바람 불고 한랭해진다.
시험	이루어진다. 유학이면 더 좋다.	의상	여행 옷, 예의 바른 옷, 나를 잘 드러내는 옷, 녹색과 흰색.
혼인	혼인하여 좋은 대접을 받는다.		
출산	여아를 낳는다.	음식	접대음식, 고급음식, 둥근 식탁, 향기로운 음식.
매매	성립된다.		
재수	이롭다.	사람	윗사람, 후견인, 이끌어줄 책임자, 사장, 팀장, 장관.
소송	굳이 할 필요가 없다.		
출마	당선이다.	장소	서북방, 확 트인 곳, 높은 곳, 화려하게 빛나는 곳.
증권	등락이 발생하다가 나중에는 안정된다. 증시경기가 어렵게 살아나면서 인기가 계속되다가 안정세를 유지한다.		

5손**8**곤**5** ◎
능력자면 크게한턱

관(觀) 오효동

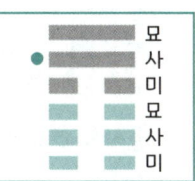

- 임금이 정치를 잘한 뒤에, 스스로 냉정하게 자신이 정치한 내용을 평가하며 즐거워한다. 자신의 훌륭한 덕으로 천하를 바르게 교화시킴으로써 두터운 신망과 명성을 얻게 된다. 복과 수명을 누린다.

- 윗사람을 받들고 아랫사람을 위하는 훌륭한 사람으로 지위가 높아지고 부유해진다. 문장이 뛰어나고 학문이 높으니, 대체로 생계에 걱정이 없고 날로 부유해진다. 큰 사업을 벌여 성공하는 점괘이고, 결혼한 여자는 자식을 낳고 기르는 점괘이며, 병자는 회복되어 생명을 건지는 좋은 점괘이다. 수도자나 도인에게는 아주 좋다.

- 손발이 저리는 증세가 조금 있다. 동북방과 축일 인일이 길하다. 신미 신사 신묘년에 태어났거나 음력 8월에 태어난 사람에게 좋다.

상괘 **5**
하괘 **8**
觀

소망	크게 이루어진다. 수도하는 사람은 득도한다.
사업	성공하여 재산이 날로 는다.
개업	큰 사업을 한다.
승진	이루어진다. 문장과 실력으로 유명해진다.
시험	합격이다.
혼인	좋은 혼처로 잘 이루어진다.
출산	남아를 낳는데 순산이다.
매매	성립되고 이익본다.
재수	여러 가지로 이롭다.
소송	승소한다.
출마	당선이다.
증권	급격히 하락하기는 하나, 언제인지 추단은 어렵다.
여행	좋다.
가출	동북쪽에 있다.
실물	동북쪽에 있다.
질병	회복되고 건강해진다.
기후	바람 불고 구름 낀다.
의상	검고 황색 계열, 품위 있는 옷, 나를 잘 표현하는 옷.
음식	과일과 채소, 산에서 나는 재료, 아랫사람들과 회식, 잔치.
사람	아랫사람, 나를 위해 수고한 사람, 논공행상 평가자, 스님, 목회자, 나 자신.
장소	동북방, 오솔길, 산속의 별장, 풍광좋은 정원, 등산로, 사찰, 기도원.

5손 8곤 6 ○ 관(觀) 상효동
봉사활동 즐거운날

- 자신의 치적이 사람들의 표상이 된다. 큰 재주와 덕을 지닌 뛰어난 사람으로, 아랫사람으로부터 존경과 부러움을 받는다. 진퇴를 잘 살펴 움직이니, 명성을 뒤로하고 후진을 위해 용퇴한다. 혹 자신의 수양에만 힘쓰는 사람으로 세상과 무관하게 맑은 덕을 쌓는 큰 도인이다.

- 공직자는 후진을 위해 자리를 물러날 때를 맞이하였고, 새로이 직장을 얻는 것은 어렵다. 자문역할을 하거나 교육을 하는 직업은 좋다. 대체로 여태껏 해왔던 일을 잘 마무리한다. 병이 있는 사람은 회복하고, 임신한 사람은 좋은 자식을 낳아 즐겁게 기르게 된다.

- 간에 병이 생겨 복수가 생기거나 붓는 증세가 있다. 북방과 자일이 길한 편이다. 신미 신사 신묘년에 태어났거나 음력 8월에 태어난 사람에게 좋다.

소망	수도하는 사람은 크게 득도하고, 일반인은 마음이 평안해진다.	증권	안정세이다. 만약 강세를 보이고 있었다면 하락한다.
사업	막히고 지체되나 잠시 자신을 다질 기회로 삼는다.	여행	수신하는 여행은 좋다.
개업	안 된다. 기존의 일을 잘 마무리한다.	가출	북쪽에서 수양하고 있다.
승진	승진하지만 뜻을 펴기 힘들다.	실물	북쪽에 있다.
시험	합격한다.	질병	회복한다.
혼인	지체되고 어렵다. 남자는 이루어진다.	기후	바람 불고 비 내린다.
출산	여아를 낳아 잘 기른다.	의상	검은색 계열, 유행을 따르는 옷, 대중적인 옷.
매매	이루어지기 어렵다.	음식	보편적인 음식, 물고기, 해산물, 회식.
재수	수도하는 사람만 이롭다.	사람	아랫사람, 나를 위해 수고한 사람, 법과 관련된 사람, 논공행상 평가자, 스님, 목회자.
소송	화해함이 좋다.		
출마	낙선이다. 큰 선거는 오히려 좋다.	장소	북방, 물가, 풍광 좋고 한적한 곳.

주역점
비결

상괘수가 6일때

6감 1건 1 △
마음편히 혼자먹자

수(需) 초효동

- 자신의 역량을 발휘하고 싶으나 아직 때가 안 되었다. 공직자는 청렴하고 공정하며 냉엄해서 예외 없는 원칙주의자이다. 원리원칙대로 규율을 지킨다. 변방을 맡은 하급 직업군인이나 방범순찰이 적격이다. 혹은 산속에 은거하며 자신의 분수와 지조를 지키면서 세상일에 초연하게 산다.
- 승진을 하지도 않지만 쫓겨나지도 않으면서 현상유지를 한다. 욕심을 내지 않고, 옛것을 지키며 작은 일에 만족한다면 별다른 잘못도 없고 재앙도 없다.
- 다리의 오금이 저려 잘 걷지 못하고 신장도 좋지 않다. 술을 멀리하는 것이 좋다. 북방이나 자일은 흉하고 동남방이나 진일 사일은 무난하다. 갑자 갑인 갑진 임자 임인 임진년에 태어났거나 음력 8월에 태어난 사람에게 좋다.

소망	기다리고 있으면 점차 좋은 일이 있다.	여행	득이 없다.
사업	본업을 지키며 때를 기다려라.	가출	동남쪽 가까이 숨어 있다.
개업	시기가 이르다.	실물	내부 소행이다.
승진	준비가 덜되었다. 서두르면 되지 않는다.	질병	차츰 낫는다.
시험	재수한다.	기후	한랭하고 바람 분다.
혼인	지체된다.	의상	둥근 형체의 흰옷 바탕에 청록색이나 짙은 파랑 겉옷, 집에서 입는 소박한 옷
출산	아들을 얻는다.		
매매	서둘면 손해를 본다.	음식	교외에서 식사한다. 동물성은 머리, 식물성은 뿌리.
재수	기다리면 좋다.		
소송	차츰 유리해지나 시일을 끄니 화해하라.	사람	산에서 수도하는 사람, 여자 공무원, 변호사.
출마	아직 때가 아니다.	장소	동남방, 서북에서 동남을 바라보고 앉는다. 동남향 집, 물가에서 떨어진 정자.
증권	장세가 조용한 가운데 하락하다가, 인기리에 모든 종목이 강세를 보인다.		

상괘 **6** 하괘 **1**
需

6감 1건 2ㅇ
기다리면 좋은소식

수(需) 이효동

- 처음에는 어렵고 힘들지만 차츰 뜻대로 이루어진다. 관용과 여유를 갖고 기다리면 각 지점을 감찰하는 감찰관으로 이름이 난다. 혹은 이리저리 별 실속 없이 여행을 다니는 사람이다.

- 잘못을 지적하는 직책이나 언론계에 들어가 정론을 펴는 사람이 된다. 너무 깐깐하게 비판하고 다 밝히다가 구설수에 말리거나 견책을 받기도 하지만 큰 화는 없다. 유치한 시비에 말려들어 말다툼 할 소지가 많다. 어려서 책을 많이 보거나 경험을 많이 쌓은 것이 말년에 빛을 본다. 멀리 미래를 내다보고 학문과 경험을 쌓는 것이 좋다.

- 남방이 길하고 오일이 이롭다. 피부병 또는 소화기 장애다. 갑자 갑인 갑진 임자 임인 임진년에 태어났거나 음력 8월에 태어난 사람에게 좋다.

소망	조심하며 나아가면 차차 나아진다.	여행	가지 말라. 시비가 붙는다.
사업	굳게 자신의 일을 해나가면 마침내 길하다.	가출	남쪽으로 가까이 있다.
		실물	남쪽의 물가에 있다.
개업	조금 더 기다려라.	질병	심신을 수양하면 낫는다.
승진	조금 말썽이 있으나 승진한다.	기후	맑게 개인다.
시험	합격한다. 면접을 주의하라.	의상	붉은색 계통, 보석 등 패물. 약간 평범한 옷.
혼인	조금 구설수가 있으나 좋은 혼처다.		
출산	여아를 낳는다.	음식	꿩고기, 불고기, 숙성시킨 고기, 연뿌리, 만두, 겉포장이 화려한 음식.
매매	다소는 성립이 된다.		
재수	급하게 서두르면 구설수가 따른다.	사람	선생님, 감독관, 문인, 둘째 딸, 사무직 사원.
소송	구설수가 있고 어렵다.		
출마	구설수는 따르지만 관대하게 처신하면 가망 있다.	장소	남방, 서북에서 남쪽을 바라보고 앉는다. 관망하는 곳, 멀리서 살피는 곳.
증권	조금 강세를 보이다가 안정된다.		

6감 1건 3 ×
조심하라 회식자리

수(需) 삼효동

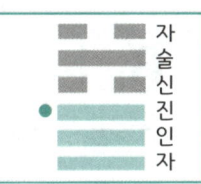

• 재앙이 가까운 곳에 있고, 스스로도 그 재앙을 향해 뛰어들려는 경향이 있다. 이익과 명예를 얻어도 그에 대한 대가가 비싸고 또 곧 잃게 된다. 그럼에도 불구하고 구차하게 이익과 명예를 취하려 한다. 성품과 습관이 굳어져서 남의 충고를 듣지 않고, 아첨하는 말과 그릇되게 인도하는 말만 듣는다.

• 공직자는 자리에서 쫓겨나게 되고, 쫓겨나면서 입은 재앙의 여파가 주변사람까지 어렵게 한다. 강도나 도적맞을 일을 걱정해야 하고, 특히 배를 타고 가는 사람은 물에 빠지거나 다치는 화를 입는다. 대체로 현재 상황에 만족하며 조심하면 무난하나, 욕심을 내면 패가망신한다.

• 피부병 또는 수인성전염병에 걸린다. 북방이 흉하고 자일이 해롭다. 갑자 갑인 갑진 임자 임인 임진년에 태어났거나 음력 8월에 태어난 사람에게 좋다.

상괘
6
하괘
1
需

소망	되는 일 없이 늘 조마조마 하다.	여행	가지 않는 것이 좋다.
사업	이슬이슬 위태하다.	가출	가까운 서쪽 물가에 있다.
개업	하지마라.	실물	찾지 못한다.
승진	방해로 인하여 안 된다.	질병	피부병이다. 마음을 편히 가져라.
시험	불합격이다.	기후	맑다가 구름 낀다.
혼인	번거롭기만 하고 이루지 못한다.	의상	해진 작업복, 오래된 운동복 등산복, 겸손해 보이는 옷, 화려하지 않은 옷.
출산	아들을 낳는다. 산모를 편하게 하는 자식이다.	음식	양고기, 물고기, 맵고 아린 맛, 떡, 호두, 땅콩, 해물.
매매	해롭다.		
재수	많은 손해를 본다. 재물을 빼앗긴다.	사람	잘못을 저지른 공무원, 흠이 있는 아가씨, 송사할 대상, 구설수에 오르기 쉬운 사람.
소송	함정에 빠진다.		
출마	방해로 인하여 낙선한다.		
증권	시장이 절제하는 형세를 취하다가 등락이 빈번해진다. 혹 몇몇 종목에 의지해 강세를 보이다가 하락한다.	장소	서쪽, 이야기 방, 한적한 곳, 개펄, 물가, 북쪽을 피하라.

6감 1건 4 △ 수(需) 사효동
공손겸손 회식예절

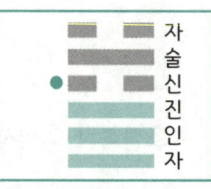

• 위험을 미리 알고 멀리 피한다. 능력 있는 사람은 변화를 살피고 기미를 파악하여 위험으로부터 빠져나온다. 대부분의 사람은 친척과 사이가 좋지 않게 되어 고향을 떠나고, 집을 불편하게 여겨 집을 나와 떠돌게 된다.

• 공직에 있는 사람은 사표를 내고 나와 허물을 피하게 되고, 혹은 고향을 떠나 외지로 가게 된다. 감옥에 갇힌 자는 풀려나게 되고, 오랫동안 억눌렸던 일로부터 해방된다. 임신한 사람은 출산하지만 수술을 하기 쉽다. 어린 사람이라면 믿고 의지할 사람을 잃게 되고, 늙은 사람이라면 부유한 사람 밑에서 심부름을 하는 등 일을 도와주며 살아간다. 상대방의 말을 잘 듣고 따라야 좋다.

• 서방이 길하고 유일이 이롭다. 몸에 피를 보게 되는 것을 주의하라. 무신 무술 무자년에 태어났거나 음력 8월에 태어난 사람에게 좋다.

소망	점차 어려움을 헤쳐 나간다.	여행	물가를 조심하라.
사업	곤경에서 점차 빠져나오는 중이다.	가출	서쪽에 가있는데 어려움에 처해있다.
개업	아직 해서는 안 된다. 다른 장소를 물색하라.	실물	물건을 찾기는 하나, 많이 상해 있다.
승진	윗사람의 도움으로 이루게 된다.	질병	피를 많이 흘려 중태나 회복된다.
시험	늦게 합격한다.	기후	비오고 흐리게 된다.
혼인	남의 도움으로 이룬다.	의상	흰색과 붉은색의 조화, 낡은 작업복, 약간 흠이 있는 옷.
출산	사산 또는 난산하나 산모는 무사하다.	음식	물고기, 양고기, 선짓국, 머리 고기, 간과 폐, 육회, 물고기회.
매매	인내를 가지고 나아가면 나중에 이루어진다.	사람	변호사, 나를 이끌어줄 선생님, 목회자, 스님, 무당, 운명감정가.
재수	손해를 겨우 면한다.	장소	서방, 연못 또는 분수가 있는 곳, 한적한 물가, 겨울 바다.
소송	겨우 피해를 면한다.		
출마	낙선한다.		
증권	오랫동안 보합세를 유지하다, 시장에 특별한 사건이 생겨 강세를 보인다.		

6감 1건 5 ○ 수(需) 오효동
오늘회식 모두만족

• 오랫동안 고생하며 노력한 일이 결실을 보게 되어 잔치를 벌이며 즐긴다. 공직에 있는 사람은 공과 명예를 순탄하게 이루고, 관직이 없는 사람도 창고가 가득 차고 돈도 풍부해서 안정된 복을 누린다.

• 훈장을 받고, 승진을 축하하는 잔치상을 받는다. 먹고 마시는 직업이면 크게 번창한다. 말로 한몫 보는 직업 역시 길하다. 처녀 총각은 예물을 갖추고 혼인을 하는 기쁨이 있다.

• 서남방이 크게 길하고 미일 신일 또한 크게 이롭다. 과음과식으로 인한 병 특히 당뇨병과 고혈압을 주의하라. 무신 무술 무자년에 태어났거나 음력 8월에 태어난 사람에게 좋다.

소망	모든 일이 뜻대로 이루어진다.	**여행**	길하다.
사업	번창한다.	**가출**	서남방에 가면 만난다.
개업	호황이다. 먹고 마시는 사업이 좋다.	**실물**	서남방에서 찾게 된다.
승진	성적이 좋아 요직에 등용된다.	**질병**	점차 회복한다.
시험	성적이 좋아 합격한다.	**기후**	비오고 습하다.
혼인	만혼이나 길하다.	**의상**	연회복, 만찬드레스, 황색과 검은색의 조화.
출산	훌륭한 남아를 낳는다.		
매매	다 같이 이익을 본다.	**음식**	단맛, 소고기, 내장탕, 오곡밥, 잘 숙성된 물고기.
재수	크게 좋다.		
소송	모함을 받아 어려움에 빠지나 결과가 좋다.	**사람**	가까운 벗, 친척, 나이든 여성, 고위 공무원, 선생님, 농부, 학자.
출마	구설수에 오르고, 속임수에 어려움을 겪으나 결국 당선된다.	**장소**	한적한 별장, 도심의 사람 많은 연회장, 서남쪽, 밭이 가까운 저지대.
증권	보합세를 유지하면서 강세를 보이다가 하락하나 곧 안정세를 유지한다.		

상괘 **6**
하괘 **1**

需

6감 1건 6 △ 불청객도 공경하라

수(需) 상효동

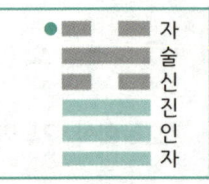

• 뜻하지 않은 일이 발생했을 때 잘 처리하여 큰 복이 온다. 처음에는 어렵고 힘들다가 나중에는 복을 받아 유유자적하게 된다. 젊어서는 뛰어난 두뇌로 명성을 얻고, 말년에는 한적한 곳에 머물면서 인생을 즐긴다. 혹은 순리를 따르는 보통의 삶에 만족하고, 다른 사람을 공경하며 올바르게 인도한다. 불청객이 오더라도 공경하며 맞아들이니, 그 공덕이 크고도 뛰어나다.

• 관직에 있는 사람은 중앙부서로 발탁되고, 학생은 명문 국립학교에 입학하여 실력을 쌓는다. 대체로 근신하며 겸손하면 갑자기 일이 풀려 큰 경사가 있게 되고, 경솔하면 감옥에 가거나 죽게 되는 점괘다. 종교활동에 좋다.

• 자신은 동남방에 있으면서 진일 사일을 기다려 일하고, 상대방은 서북방에서 갑자기 찾아오는 형국이다. 간경화 등 간장에 문제가 생긴다. 무신 무술 무자년에 태어났거나 음력 8월에 태어난 사람에게 좋다.

소망	뜻하지 않은 사람의 도움을 받아 이루어진다.	증권	변동수 없이 강보합세를 유지한다.
사업	외교를 잘해야 한다.	여행	집에 있는 것이 더 좋다.
개업	처음에는 고난이 따르나, 겸손한 마음으로 사람을 공경하면 풀린다.	가출	동남방에 있는데 만나게 된다.
		실물	깊은 굴 같은 곳에 숨겨있다.
승진	처음에는 어렵다가 뜻하지 않은 사람이 와서 도와주어 된다.	질병	뜻밖의 좋은 의사를 만난다.
		기후	비오고 바람 분다.
시험	합격한다.	의상	검은색과 비취색의 조화, 공손해 보이는 옷.
혼인	서북쪽에서 좋은 인연이 찾아온다.		
출산	건강한 여아를 낳는다.	음식	닭고기, 물가에 나는 채소, 밀가루 음식, 신맛, 돼지고기, 오리고기.
매매	사람이 스스로 찾아와서 성사시킨다.	사람	초청하지 않았으나 공경해야 될 사람, 종교인, 유행을 선도하는 사람.
재수	이롭다.		
소송	정성으로 대하면 소송이 풀린다.	장소	동남방, 서북에서 동남을 바라보고 앉는다.
출마	힘들게 당선한다.		

6감 2태 1 △ 절(節) 초효동
문나가면 손해보네

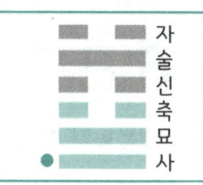

• 때에 맞게 진퇴를 잘 한다. 다만 현재는 막혀있는 때이므로, 분수를 지키며 진출하지 않는다. 고금의 학문에 통하고, 앞날을 잘 예측한다. 정부의 중앙관서 또는 내직에 근무하거나, 지방 큰 도시의 중앙부서에 근무한다. 병력을 파악하고 사람의 수를 파악하는 직책이 어울린다. 자신의 분수를 지키며 다른 사람과 다투지도 경쟁하지도 않는다. 새로운 일을 개척하기는 어려워도 현재의 일은 잘한다.

• 외직 보다는 내직에 어울리며, 혹 외직에 있는 사람도 한가로운 직책에 있으면서 전근하지 않는다. 대체로 승진을 비롯해서 출세하거나 영전하는 데는 불리하고, 현재의 직책을 유지하는 데는 유리하다. 일을 할 때 말이 앞서면 항상 틀어지게 된다. 혹 구덩이나 함정에 빠지는 수가 있다.

• 부종을 조심하고 북방과 자일이 불리하다. 정사 정묘 정축년에 태어났거나 음력 11월에 태어난 사람에게 좋다.

상괘 6
하괘 2
節

소망	현 수준을 유지한다.	출마	떨어진다.
사업	신중을 기하며 현상을 유지하도록 노력한다.	증권	거래가 발생하면서 큰 폭으로 하락한다.
		여행	안가는 것이 여러모로 좋다.
개업	보통의 운이다. 요란하게 광고하지 말고 조금씩 입소문을 내는 것이 좋다.	가출	북쪽에 있다.
		실물	북쪽에 있다.
승진	어렵다.	질병	기맥이 잘 안통해서 찌뿌드드하고 저리며 심하면 마비증세가 온다.
시험	어렵다.		
혼인	어렵다. 조용히 때를 기다리는 것이 좋다.	기후	흐리고 비가 많이 온다.
		의상	흰색과 검은색, 물결무늬, 평상복.
출산	건강한 남아를 낳는다.	음식	물고기, 해물탕, 국, 적당히 먹는다, 집에서 혼자 먹는다.
매매	안 된다.		
재수	보통이다.	사람	없다, 중년남성, 도적, 사기꾼.
소송	어렵다. 신중하게 대처하라.	장소	북방, 만나지 못한다.

6감 2태 2 ×
때를 놓쳐 후회막심

절(節) 이효동

- 기회가 와서 밖으로 진출해야 되는데도 나가지 않으니, 때를 놓쳐서 복이 화로 변한다. 재주가 있어도 베풀 줄 모르고, 때를 만나도 나갈 줄 모른다. 가슴에 큰 뜻이 있으면서도 주저하다 일을 망친다. 자신만 편하게 있으면서 안정을 추구하다 주변을 망친다. 인색해서 베풀 줄 모르고, 사람들과 소통하지 않아서 지탄을 받고 허물을 뒤집어쓴다.

- 융통성 없고 자신의 안락만을 추구하니, 출세도 어렵고 손가락질을 받게 된다. 일을 주관해야 할 사람이 제 역할을 피하니, 처음에는 주변사람을 망치고 결국은 자신도 어려움에 휩싸이게 된다.

- 당뇨병 변비 신장결석 등 배출을 못해서 얻는 병을 조심하고, 동방과 묘일이 좋지 않다. 정사 정묘 정축년에 태어났거나 음력 11월에 태어난 사람에게 좋다.

소망	기회를 놓쳤다. 너무 소극적이다.	여행	가면 좋은 데 가기를 꺼려하여 못 간다.
사업	스스로 소극적이니 기회를 놓치고 오히려 화를 입는다.	가출	동쪽에 있다.
		실물	동쪽에 있다.
개업	기회를 놓쳤다. 강행하면 막차를 탄 격이 된다.	질병	신장결석 또는 가슴에 맺힌 것이 있어서 자폐증에 걸린다.
승진	안 된다.	기후	비오고 바람 분다.
시험	떨어진다.	의상	흰색과 청록색, 평상복, 활동복.
혼인	소극적이어서 어렵다.	음식	과일과 채소, 물고기 회, 죽순, 족발, 국수.
출산	허약한 여아를 낳는다.		
매매	안 된다.	사람	중년 이상의 남성, 활동적인 사람, 그러나 자격지심에 만나지 않는다.
재수	없다.		
소송	패소한다.	장소	동방을 피하고, 호수근처 둘레길, 큰길가, 시끄러운 곳을 피하라. 그러나 집에서 나가지 않는다.
출마	떨어진다.		
증권	오르는 조짐이 보이나 급상승은 없다.		

6감 2태 3 × 절(節) 삼효동
절제못해 후회막심

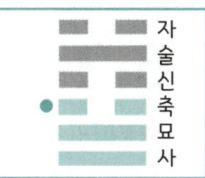

• 절제를 못해서 근심을 불러들인다. 남을 비판하고 아첨하거나, 재물을 마음대로 써서 주변의 빈축을 사고 피해를 입힌다. 사치와 욕심 때문에 어려움이 생기고, 귀가 얇아서 사기를 당하기 쉬우며, 수입보다 지출이 더 많아서 빚에 허덕이게 된다. 웃을 수 있고 잘 나갈 때 어려움에 대비를 해야 하고, 실수했을 때 깊이 반성하여 절제하면 재앙을 면할 수 있다.

• 유약한 재질을 타고났는데 지위는 강양한 자리를 맡았고, 힘은 없는데 앞에는 험난한 어려움이 막고 있다. 어려움은 애써 보려하지 않고, 즐거움에 취해서 지내려 한다. 분수에 넘치는 삶을 추구하고, 능력보다 높은 곳을 추구하다 시험에 떨어진다.

• 혈액순환이 어렵고 얼굴과 손발이 붓는다. 타박상을 주의하라. 서북방과 술이 해일이 좋지 않다. 정사 정묘 정축년에 태어났거나 음력 11월에 태어난 사람에게 좋다.

상괘 **6** 하괘 **2** 節

소망	너무 욕심이 많다.	여행	돈만 많이 든다.
사업	무모한 욕심으로 잘못된다. 비용은 많고 수입은 적다.	가출	서북쪽에 있다.
		실물	서북쪽에 있다.
개업	무모하다.	질병	신장병으로 오줌을 잘 누지 못하여 붓는다.
승진	분수를 모르니 안 된다.		
시험	떨어진다.	기후	한랭성 고기압이다.
혼인	조화가 잘 안 된다.	의상	둥근 형체의 흰색, 검소하고 절제된 옷을 입어야 한다.
출산	남아를 낳는다.		
매매	안 된다.	음식	큰 과일, 상추, 머리 고기, 뼈 있는 고기, 먹는 것을 절제하라.
재수	없다.		
소송	패소한다.	사람	공무원, 아버지, 만남을 절제해야 한다.
출마	낙선이다.	장소	서북방을 피하라. 호수 근처 정자, 쉽게 헤어질 수 있는 곳.
증권	보합세를 유지, 특별한 등락은 없다.		

6감 2태 4 ○ 절(節) 사효동
윗분따라 절제생활

• 고위직을 맡을 포부와 능력이 있다. 나를 알아주는 사람을 보좌하여 명성과 복록을 얻는다. 충성스럽고 변치 않는 절개와 자신의 분수를 아는 절제된 행동으로 윗사람을 잘 보필한다. 제 분수를 알고 행동하므로 다치거나 망하지 않는다.

• 자신의 능력과 지위를 망각하지 않는다. 또 주변사람과 잘 조화하는 균형된 사고를 하며, 검소하고 절약하는 마음으로 조금씩 형편이 나아진다. 자신의 재물과 권세가 윗사람으로부터 나온다는 것을 잘 알아서 순종하며, 공평무사하고 충성을 으뜸 덕목으로 하는 공직에 적합하다.

• 순환기 질환을 앓기 쉽고, 신장이 강하다는 것을 너무 믿다가 병이 난다. 서쪽의 유방(酉方)과 유일이 길하다. 무신 무술 무자년에 태어났거나 음력 11월에 태어난 사람에게 좋다.

소망	희망적이다.	가출	서쪽에 있다.
사업	분수를 알아서 처신하니 진전 있다.	실물	서쪽에 있다.
개업	길하다. 분수껏 한다.	질병	과다한 성교로 심신이 피곤하다.
승진	안성맞춤으로 된다.	기후	비 오고 구름 낀다.
시험	합격이다.	의상	검은색과 흰색, 상의와 하의 앙상블, 안정감 있는 옷, 편안한 옷.
혼인	좋은 가정을 이룬다.		
출산	여아를 낳는다.	음식	물고기 회, 양고기, 매운맛, 감사하며 맛있게 먹는다.
매매	성립된다.		
재수	얻음이 있다.	사람	젊어 보이는 여성, 아랫사람을 위하는 사람, 소녀, 말을 잘하는 사람.
소송	유리해진다.		
출마	당선이다.	장소	서방, 물 흐르다 고인 곳, 바닷가, 호수공원.
증권	소폭의 등락이 있다가 하락한다.		
여행	길하다.		

6감 2태 5 ◎ 절(節) 오효동
절제화합 좋을씨고

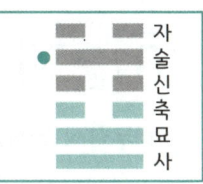

- 모든 일을 분수에 맞게 하며, 법도를 제정하고 도량형을 통일하는 등 큰 공을 세우고 직위도 최고의 자리에 오른다. 수리에 밝아서 통계, 수학, 조직, 예측 등에서 뛰어난 실력을 보인다. 미리 계획하고 예측하기도 잘하고, 그 계획에 따른 실천도 잘하는 사람이다. 공과 명예가 높아진다. 상대방에게 모진 비난도 하지 않고 잘 조화를 이루며, 화려하고 요란한 것을 싫어하여 검소하고 겸손하게 지낸다.
- 비상시에도 평소와 다름없이 분수를 지키며, 실력을 인정받아 승진하고 계획대로 공을 이룬다. 가난하거나 일이 막히더라도 편안한 마음으로 자신의 길을 가니, 모든 사람이 존경하고 도와준다.
- 습진이나 벌레에 의한 상처 등이 덧난다. 아랫배가 냉해진다. 서남방이 이롭고 미일이나 신일이 길하다. 무신 무술 무자년에 태어났거나 음력 11월에 태어난 사람에게 좋다.

상괘 **6**
하괘 **2**
節

소망	크게 이룬다.	여행	길하다.
사업	하는 일마다 법도에 맞아 크게 흥한다.	가출	서남쪽에 있다.
개업	대길하다.	실물	서남쪽에 있다.
승진	된다.	질병	피부병이다. 혹 신경쇠약에 걸린다.
시험	합격이다.	기후	비오고 흐리게 된다.
혼인	좋은 가정을 이룬다.	의상	검은색과 노란색, 잘 어울린다, 품이 넉넉한 옷.
출산	남아를 낳는다.		
매매	이롭게 성립된다.	음식	단맛, 소고기, 오곡밥, 내장요리, 회식.
재수	크게 얻는다.	사람	나이든 고위직 공무원, 할머니, 뜻이 잘 맞는 사람.
소송	유리하나 화해하는 것이 좋다.		
출마	당선이다.	장소	서남방, 강이 흐르는 공원, 개활지, 광장.
증권	강세를 보이다가 하락한다.		

6감 2태 6 ×
너무절제 인심잃네

절(節) 상효동

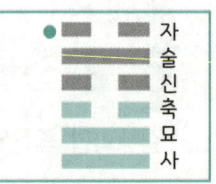

- 너무 심하게 원칙을 고집하다 허물을 부른다. 지나치게 공손하고, 지나치게 겸손하며, 지나치게 청렴하고, 지나치게 절약한다. 자신을 깨끗하게 지키고 절조 있게 사는 것은 좋으나, 인정이 메마르고 일이 형통하지 못하게 된다.

- 지나치게 원칙에 집착하고, 자신이 옳다고 생각하면 어떤 충고도 받아들이지 않는다. 재물을 허비하지도 않고 다른 사람에게 해를 입히지도 않지만, 주변사람을 의심하고 비판하는 버릇이 있다. 따라서 명예나 이익은 얻기 어렵다.

- 고혈압 뇌졸중 중풍 등 머리에 이상이 생겨 거동이 불편해진다. 동남방이 불리하고 진일 또는 사일이 불길하다. 무신 무술 무자년에 태어났거나 음력 11월에 태어난 사람에게 좋다.

소망	이루어지지 않는다.	여행	흉하다.
사업	상대방을 의심하지 말고, 잃은 것은 포기하라.	가출	동남쪽에 있다.
		실물	동남쪽에 있다.
개업	하고자 하는 일이 이미 사양길이다.	질병	안면마비 증세다.
승진	안 된다.	기후	비오고 바람 분다.
시험	떨어진다.	의상	검은색과 녹색, 너무 몸에 맞는 옷, 너무 절제미가 있는 옷.
혼인	잘 안 된다.		
출산	여아를 낳는다.	음식	수경재배 채소, 너무 씻어서 맛이 없는 음식, 탄 음식.
매매	안 된다.		
재수	없다.	사람	고집불통 중년 여성, 자기주장만 하는 사람, 배려심 없는 사람.
소송	불리하다.		
출마	떨어진다.	장소	동남방을 피하라, 물 흐르고 시원한 곳, 정자.
증권	특별한 등락은 없고, 조금 오른다.		

6감 3리 1 △ 기제(旣濟) 초효동
조심조심 유비무환

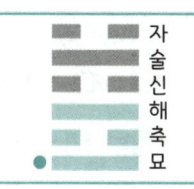

- 이제 막 안정이 되어서 기반이 약하므로 다칠 염려가 있다. 조심하고 또 조심하여 어려움을 멀리한다. 어지러워지거나 망하기 전에 잘 다스려서 기울어지는 잘못이 없게 한다.
- 마음이 굳고 강하지 못해 기회를 놓쳐서 일을 이루지 못한다. 직책이 있어도 주저하며 받지를 못하고, 진취적으로 움직이고자 해도 실천할 상황이 못 된다. 술과 여색을 삼가라. 대체로 무엇을 바꾸거나 고치려 하지 말고 기존의 것을 유지하는 것이 좋다.
- 발목 또는 무릎 관절에 이상이 생겨 걷기 어렵다. 북방과 자일(子日)이 불리하다. 기묘 기축 기해년에 태어났거나 음력 1월에 태어난 사람에게 좋다.

상괘 **6** 하괘 **3** 旣濟

소망	신중하게 처신하며 때를 기다리는 것이 좋다.	여행	불리하다.
		가출	동북쪽에 있다.
사업	조심조심 하면서 현상 유지하는데 만족하라.	실물	동북쪽에 있다.
개업	크게 기대하지 마라.	질병	모든 일에 정력이 부족하다. 특히 성생활에 지장이 많으니, 안정을 취하면서 시간 나는 대로 꼬리뼈 주변을 꾹꾹 눌러준다.
승진	어렵다.		
시험	어렵다.		
혼인	아직 때가 아니다.	기후	맑다가 흐리게 된다.
출산	튼튼한 남아를 낳는다.	의상	주황색과 황토색, 엉덩이까지 덮은 긴 상의, 주름을 많이 잡은 옷.
매매	잘 이루어지지 않는다.		
재수	없는 편이다.	음식	오리 거위 구이, 꼬리곰탕, 탕 종류.
소송	불리하니 화해하라.	사람	나를 말려줄 사람, 등급이 떨어진 사람, 어린아이, 소인배, 모자란 사람.
출마	낙선이다.		
증권	거래량은 적다. 경기가 좋지 않고, 투자종목이 조금씩 하락한다.	장소	동북방, 오솔길, 산속의 별장, 풍광 좋은 정원, 등산로, 사찰.

6감 3리 2 △ 기제(既濟) 이효동
잃었다가 다시찾음

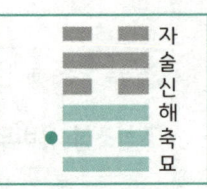

- 덕과 능력이 있어도 아직 쓰일 때가 안 되었다. 처음은 뜻을 펴기 어려우나, 나중에는 뜻대로 되어 공명을 이룬다. 초반에는 답답하고 억눌리나 노년에는 의식이 풍족하다.
- 처음은 어렵다가 나중에 잘 풀리며, 적극적으로 활동하기 보다는 소극적으로 상황을 주시하며 기다리는 데 좋다. 소중한 것을 도난당하고, 내 것을 잃을 것을 주의하라. 특히 부인의 소중한 물건이나 명예를 잃어버렸다가 다시 회복된다. 회복되는 기간은 7일, 7개월, 7년 단위로 결정된다.
- 기운이 부족하여 나른해지고 간기능이 약해진다. 서북방과 술일 해일이 장기적으로는 좋다. 기묘 기축 기해년에 태어났거나 음력 1월에 태어난 사람에게 좋다.

소망	때를 기다린다.	출마	낙선했다가 보선에 된다.
사업	성실하게 일하다 보면 저절로 풀리는 때가 온다.	증권	조금 강세를 보이면서 거래가 성사된다.
개업	아직 조금 이르다.	여행	불길하다.
승진	마음 편히 기다려라. 곧 좋은 소식이 온다.	가출	서북쪽에 있다.
		실물	서북쪽에 있다. 7일 만에 우연히 찾는다.
시험	재수한다.	질병	화기가 발생하여 눈이 침침해지고 두통이 생긴다.
혼인	먼저 사람하고는 실패하고, 7개월만에 좋은 짝을 만난다. 여자는 불명예를 뒤집어썼다가 오해가 풀린다.	기후	고기압이다.
		의상	붉은색과 흰색, 숄과 악세사리, 화려한 옷, 모자패션.
출산	여아를 낳는다.	음식	큰 과일과 채소, 선짓국, 머리 고기, 뼈있는 고기, 아린 맛.
매매	7일만에 성립된다.		
재수	조금 얻는다.	사람	정직 먹은 공무원, 잠시 명예를 잃은 사람, 상담을 원하는 사람, 아버지.
소송	처음에는 어렵다가 승소한다. 다만 오해를 풀고 화해하는 것이 좋다.	장소	서북방, 공공건물, 경찰서, 밝고 환한 곳.

6감 3리 3 △ 기제(旣濟) 삼효동
고생끝에 조금성공

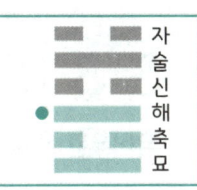

- 군사를 출동시켜 전쟁을 하듯이 어렵고 험한 일을 겪는다. 재주와 지모가 출중하나, 빠르고 쉽게 공을 이루기는 어렵다. 작게는 지방을 감찰하고 도적을 잡는 치안의 일을 담당한다. 직장인은 어려운 소임을 맡아 외지로 부임하여 3년 동안 고생하고, 일반인은 원수를 맺고 송사를 벌여 장기간에 걸쳐 손해를 본다.
- 덕이 부족한 사람은 멋대로 행동을 하고 윗사람을 속이고 업신여긴다. 등용하여 쓰면 교만하게 하고, 쓰지 않으면 원망한다.
- 북방으로 가서 큰 승패를 겨눈다. 타박상을 조심하고, 자일(子日)에 승패가 갈린다. 기묘 기축 기해년에 태어났거나 음력 1월에 태어난 사람에게 좋다.

소망	오랫동안 얻지 못하다가 애써 이룬다.	증권	오른다. 거래하는 형태를 바꾸면서 강세를 보인다.
사업	어려운 고비를 피와 땀으로 이겨낸다.	여행	길하다.
개업	하면 고생이 많다.	가출	동쪽에 있다. 나중에 북쪽에서 찾는다.
승진	재주와 능력은 있는데 알아주지를 않으니 시간이 걸린다.	실물	동쪽에 있다. 나중에 북쪽에서 찾는다.
시험	어렵고 힘들게 합격한다.	질병	심한 타박상이다.
혼인	어렵다. 되더라도 자리 잡으려면 삼년 동안 고생한다.	기후	맑고 바람 분다.
출산	남아를 낳는다.	의상	주황과 청록색, 활동복, 비옷, 밝고 역동적인 옷, 사냥복, 골프복.
매매	어렵다.	음식	족발, 죽순, 야생동물, 큰 물고기, 만두, 큰 열매.
재수	있다.		
소송	삼년을 끈 후 도움을 받는다.	사람	숙적, 소인배, 대인군자, 항복받을 사람, 수술 받을 사람.
출마	갖은 고생 끝에 당선이다. 혹은 3번 낙선 끝에 당선된다.	장소	동방, 호수근처 둘레길, 큰길가, 시끄러운 곳, 그늘진 곳, 숲속, 병원.

상괘 6 하괘 3 旣濟

6감3리4 △ 기제(既濟) 사효동
유비무환 항상경계

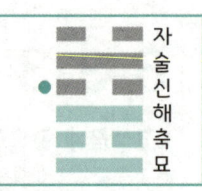

• 훌륭한 고위직관리가 나라가 어렵게 될 때를 예상하여 미리 방비한다. 미리미리 생각하여 예방하면, 부귀를 오래도록 누릴 수 있다. 언행을 조심하고 주변을 배려해서 의심과 원망을 사전에 방비한다.

• 직장인은 미리 대비하는 능력이 있어서 지위가 확고해지며, 일반인은 생활을 계획성 있게 하여 어려운 상황에 빠지지 않는다. 건물의 바닥이 새서 수리를 할일이 생기고, 배로 항해하는 사람은 배가 부서져서 물이 새는 위험에 빠진다.

• 신장과 방광기능이 약해져 오줌을 지리며, 장기에 출혈이 생긴다. 서방과 유일에는 특히 조심하라. 무신 무술 무자년에 태어났거나 음력 1월에 태어난 사람에게 좋다.

소망	예방하는 마음으로 하면 어느 정도는 이룬다.	여행	사전에 준비를 많이 하고 떠난다.
		가출	서쪽에 있다.
사업	미리 미리 예방하니 큰 어려움이 없다. 과음하지 마라.	실물	서쪽에 있다.
		질병	위궤양 등의 질환으로 몸 안에 출혈이 있다. 술과 여자로 인한 병이다.
개업	준비만 잘하면 해도 된다.		
승진	평소의 닦은 실력이 드러난다.	기후	비오고 흐리게 된다.
시험	준비를 많이 했으니 걱정할 것이 없다.	의상	검은색과 흰색, 비옷, 누더기 옷, 아름답고 예쁜 옷, 찢어진 옷.
혼인	계획성 있고 조심성 있는 사람끼리 만났다.		
		음식	물고기 회, 양고기, 아린 맛, 떡, 기장밥, 호도, 간과 폐, 엿.
출산	여아를 낳는다.		
매매	이룬다.	사람	조심해야 할 사람, 믿음을 의심해봐야 할 사람, 냉정하게 분석할 사람, 젊은 여자.
재수	있는 편이다.		
소송	유리하다.		
출마	지역구를 미리 미리 잘 관리했다.	장소	서방, 유람선을 피하라. 도청 안 되는 곳, 바닷가, 저수지.
증권	신규거래가 있다. 오르기는 하나 소폭의 등락이 발생한다.		

6감 3리 5 ○ 기제(旣濟) 오효동
정성제사 성공보장

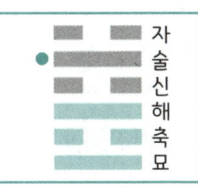

- 최고 지도자로 크게 부귀를 누리는 사람일지라도 이미 때를 놓쳤다. 정성으로 일을 처리해야 하는데 돈과 힘으로 처리하려고 한다. 겸손하고 넉넉한 마음으로 현재의 성공을 잘 지키면 큰 복을 계속 누릴 수 있지만, 대부분 화려한 것에만 힘쓰고 성실함이 적어서 집을 망치고 제 몸조차 보존하기 어렵게 된다.

- 이미 형세가 기울었는데 허장성세를 펼치고 있다. 제사를 받들다가 때를 놓치고, 예절에 어긋나 허물을 짓고, 일을 따라가다가 때를 놓치게 된다. 대체로 원대한 계획은 실패하고 자잘한 계획은 이루어지며, 동쪽은 불리하고 서쪽은 유리하다. 산속에 사는 사람은 유리하다.

- 갑상선 항진증과 중이염을 조심하고, 서남방과 미일 신일이 무난하다. 무신 무술 무자년에 태어났거나 음력 1월에 태어난 사람에게 좋다.

소망	기회를 놓치고 실망한다.	**여행**	안 가는 것이 좋다. 특히 물을 건너는 여행은 좋지 않다.
사업	쇠퇴운. 이럴 때일수록 정성과 겸양으로 일을 처리해야 복을 받을 수 있다.	**가출**	서남쪽에 있다.
개업	정성이 부족하다.	**실물**	서남쪽에 있다.
승진	자만하다가 시기를 놓친다.	**질병**	귀가 늘 아프다.
시험	마음이 해이해져서 어렵다.	**기후**	비오고 다습하다.
혼인	이루기는 하나 염려된다.	**의상**	검은색과 황토색, 앉을 때 편한 옷, 펑퍼짐한 옷, 소박한 옷, 정성이 담긴 옷.
출산	남아를 낳는다.		
매매	안 된다.	**음식**	곰탕, 설렁탕, 오곡밥, 토란, 제사음식, 내장탕.
재수	정성을 쏟으면 풀린다.		
소송	어렵다.	**사람**	고위직 여성 공무원, 큰 상인, 제사를 주관하는 사람, 무당, CEO.
출마	유리하나 끝마무리를 못한다.		
증권	하락한다. 강세를 띨 때에는 반드시 그에 상응한 하락이 발생한다.	**장소**	서남방을 조심하라. 개활지, 큰 광장, 경관이 좋은 곳, 사당.

6감 3리 6 ×
만취조심 머리조심

기제(旣濟) 상효동

- 덕과 능력은 있으나 어렵고 힘든 때라서 위태하다. 미리 준비해서 어려움을 헤쳐 나가고자 하나 때가 돕지 않는다. 혹 뜻만 높고 마음이 교만하여 함부로 일을 벌임으로써 어려움을 가속시킨다.
- 직장인은 지나치게 지위가 높아져서 꺾이는 아픔이 있고, 일반인은 가라앉고 침체되며, 소인의 감언이설에 귀를 기울인다. 배로 항해하는 사람은 배가 전복됨을 경계해야 한다. 혹은 머리끝까지 술에 취해서 갈 바를 모른다.
- 머리가 붓고 통증이 심하며, 동남방과 진일 사일이 불리하다. 무신 무술 무자년에 태어났거나 음력 1월에 태어난 사람에게 좋다.

소망	너무 많은 것을 바란다. 술을 조심해야 한다.	여행	가지마라. 술과 여자를 조심하라.
사업	쇠퇴기이다. 조금씩 정리하는 것이 좋다.	가출	동남쪽에 있다.
		실물	동남쪽에 있다.
		질병	만성두통이다. 술을 자제하라.
개업	스스로는 자신 있다고 하나 어렵다.	기후	비오고 바람 분다.
승진	안 된다.	의상	검은색과 청록색, 낡은 옷, 쇠퇴해 보이는 옷, 바람이 잘 통하는 옷, 유행에 처진 옷.
시험	떨어진다.		
혼인	잘 안 된다.		
출산	여아를 낳는다.	음식	각종 채소, 미역, 다시마 등 해조류, 물고기 회.
매매	안 된다.		
재수	잃는다.	사람	짧게 만나야 할 사람, 하소연하는 사람, 같이 망가질 사람.
소송	불리하다.		
출마	떨어진다.	장소	동남방을 피하라.
증권	완만하지만 강세를 보인다. 그러나 급하락도 있다.		

6감4진1 ㅇ 둔(屯) 초효동
초보자는 대리운전

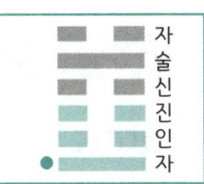

• 어렵고 힘든 초창기다. 여러 사람을 위해 힘쓰다가, 일이 끝나면 물러나 자신의 분수를 지키며 산다. 가장 중요한 자리에 부임된다. 회사의 주인은 아니지만 실질적인 경영을 위임받는다. 주인이 아니기 때문에 신중히 행동하며 조심해야한다. 그러다 보니 일처리가 지체되고 의심받는 수도 있다.

• 대체로 이 점괘는 윗사람을 보좌하되, 자신의 분수를 지키며 일을 잘 마무리하는 뜻이 있다. 부인을 얻으면 어질고 현명해서 집안을 흥성시키고, 여직원을 얻으면 회사를 발전시키는 사람이 된다.

• 항문이나 직장에 무리가 온다. 서남방이 이롭고, 진일과 사일이 길일이다. 경자 경인 경진년에 태어났거나 음력 2월~8월 사이에 태어난 사람에게 좋다.

상괘 **6**
하괘 **4**
屯

소망	때가 오면 크게 성공한다.	증권	하락하면서 거래가 적다가 경기가 강세를 보이고 안정된다.
사업	기초를 튼튼히 하고, 믿을 수 있는 전문가에게 위임하는 것이 좋다.	여행	멀리 가서는 안 된다.
개업	때를 기다리더라도, 믿을만한 아랫사람을 잘 선정하라.	가출	가까운 서남쪽에 있다.
		실물	가까운 곳에 있다. 찾는다.
승진	노력 끝에 승진한다.	질병	항문에 염증, 혹 자궁에 이상이 있다.
시험	노력으로 합격한다.	기후	비오고 천둥친다.
혼인	먼 곳에 배우자가 있다.	의상	녹색과 황색계통의 옷, 생기 있는 새 옷, 소박해 보이는 옷.
출산	훌륭히 될 남아를 낳는다. 산모가 아이에게 기력을 빼앗겨 약하다.		
매매	지체되다 풀린다.	음식	추어탕, 닭백숙, 오리탕 등 탕이나 찜 종류, 밭에서 나는 뿌리식물.
재수	노력으로써 얻는다.	사람	소문나지 않은 알부자, 실력을 드러내지 않은 정치인, 실권자.
소송	이긴다. 다만 화해하는 것이 장래의 큰 일을 위해 좋다.		
출마	민심을 많이 얻어 당선된다.	장소	서남방, 큰 길가의 넓은 들판, 밭, 논, 큰 나무가 있는 집.

6감 4진 2 △ 늦더라도 일편단심

둔(屯) 이효동

• 일을 함에 장애가 많아 시간이 지체된다. 시간이 걸리더라도 자신의 갈 길을 잘 지켜나간다. 처음에는 주변의 도움을 받지 못하고 환경에 적응도 못하여 외롭다. 늦게 자신의 길이 옳다고 확신하여 마음이 편해진다. 혹 병권을 쥐게 되고 날로 권력이 성대해지는 수가 있으나, 아랫사람의 시기와 모략을 조심해야 한다.

• 굴속에 은거하여 수도하는 사람, 지조를 지키는 가난한 선비, 정조를 지키며 수절하는 여인의 운이다. 세속에 영합하면 자칫 송사에 시달릴 수이나, 혼인만은 천생배필로 이루어진다. 물(水)과 연관된 곳에 배필이 있다. 갑자기 발복한다. 다만 중간에 질시를 받아 시비와 소송에 말릴 위험이 있다.

• 몸을 보하는 보약을 먹는 것이 좋고, 서방으로 가거나 유일(酉日)이 좋다. 경자 경인 경진년생, 음력 2월~8월 사이에 태어난 사람에게 좋다.

소망 주변사람의 방해로 되는 일이 없다가, 도와주는 사람 덕분에 풀린다.
사업 옛것을 유지하면 성공한다.
개업 옛것을 지키면서 때를 기다려야 한다.
승진 당장은 힘들더라도 때를 기다리면 성공한다.
시험 재수 삼수 등, 긴 시일에 이루어진다.
혼인 늦게 이루어지고, 먼 곳에서 이루어진다. 혼처는 좋다.
출산 여아를 낳는데, 산모의 기운이 딸린다.
매매 오래 끌다가 이루어진다.
재수 처음에는 손해, 나중에 득이 있다.
소송 가까운 사람과 소송, 패소하기 쉽다.
출마 낙선했다가 뒤에 당선한다.

증권 시장이 작게 형성되고 절제하는 형세가 되다가 경기가 살아나면서 안정된다.
여행 멀리 가게 된다. 고생을 많이 한다.
가출 남녀관계로 서쪽에 있다.
실물 찾기 어렵다가 나중에 나타난다.
질병 좋은 의사를 만나 병세 호전된다.
기후 비가 많이 온다.
의상 남자는 패기 있게, 여자는 젊게 입는다. 초록과 흰색의 배합.
음식 먼 곳에서 외식. 잉어탕, 자라탕, 매운탕.
사람 여자는 지조 있고, 남자는 의리 있는 사람. 노처녀 노총각. 진급이 늦은 사람.
장소 동에서 서로 간다. 큰길가에 있는 호수, 연못, 바다도 좋다.

6감**4**진**3** ✕
멈추어라 어림없다

둔(屯) 삼효동

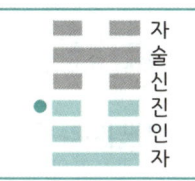

- 능력도 없이 함부로 움직이다가 곤궁하게 된다. 상황을 정확히 살펴서 무리하지 않으면 좋으련만 욕심이 앞을 가려 판단을 못한다.
- 계획없이 실천부터 하다가 어려움을 당한다. 떠돌아다니면서 여러 일을 많이 꾀하나 하나도 제대로 이루지 못하고, 위태하고 험한 일을 하면서도 판단력이 부족해 피할 줄을 모른다. 자리에 연연하지 말고 물러나야 하며, 그렇지 않으면 자칫 감옥에 갇히거나 금고형에 처해지는 등 화를 입는다. 탐관오리로 배척을 받으며, 분수를 지키지 못해서 형벌을 받는 등 여러 가지 재앙이 숨어 있다.
- 남쪽으로 가면 해롭고, 오일(午日) 역시 해롭다. 몸에 열이 많이 나고 몸살이 난다. 경자 경인 경진년에 태어났거나 음력 2월~8월 사이에 태어난 사람에게 좋다.

상괘
6
하괘
4
屯

소망	모든 일이 잘 안 된다.	여행	가면 실속 없이 헤맨다.
사업	자칫 사기를 당한다.	가출	욕심 때문에 남쪽에 있으며 방황힌다.
개업	안하는 것이 여러모로 좋다.	실물	주변에 있다.
승진	효율적이지 못해서 성적이 너무 부실하다.	질병	처방을 결정하지 못한다. 녹용이 좋다.
		기후	맑아진다.
시험	주먹구구식이어서 어렵다.	의상	화려하고 율동적인 옷, 녹색과 붉은색의 조화, 붉은색 패물.
혼인	즉흥적, 사사로운 욕심으로 맺게 된다.		
출산	남아를 낳는다.	음식	닭·오리·생선 등의 구이, 화려한 장식이 있는 음식.
매매	손해를 본다.		
재수	손실이 더 많다.	사람	영업사원, 시인 소설가 등 문인, 쾌활하고 명석한 사람, 길을 잃고 헤매는 사람
소송	불리한 조건이다.		
출마	휘둘리다 낙선한다.	장소	남쪽의 밝은 곳, 화려한 사교무대 등을 피하라. 단 길을 잃고 헤매기 쉽다.
증권	대체로 보합세를 유지한다. 높은 가격이 형성되었다면 특수한 상황이다.		

6감**4**진**4** ○
내님따라 구관명관

둔(屯) 사효동

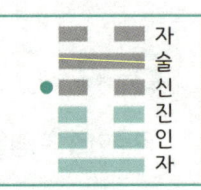

• 혼자서는 감당이 안 되는 어려운 처지에 있다. 자신을 도와주는 좋은 사람을 찾아 같이 일하면 풀린다. 재주와 덕이 있는 사람이라면 좋은 보필자를 만나 일처리를 잘하겠지만, 그렇지 않은 사람은 고향을 떠나 떠돌이 생활을 하고, 나약하고 물러 터져서 자립하지 못한다. 다만 자신을 잘 이끌어주는 사람을 얻거나, 잘 이해해주는 배필을 얻으면 어려움을 극복할 수 있다.

• 대체로 귀인을 만나 의지해야 풀리므로 혼자서는 자립해서 살아가기 어렵다. 일단 귀인을 만나면 의식주 등 모든 것이 뜻대로 풀려나간다. 혹 고향을 떠나 다른 곳에서 처가 덕에 발붙이고 근근이 사는 사람이다.

• 순환이 원활하지 못하다. 동쪽방향이 이롭고, 묘일(卯日)이 이롭다. 무신 무술 무자년에 태어났거나 음력 2월~8월 사이에 태어난 사람에게 좋다.

소망	처음엔 어렵다가 나중에 이룬다.	증권	등락이 반반이다. 시장이 작게 형성된다. 결국 하락한다.
사업	한 길로 열심히 구하여 얻어진다.		
개업	동쪽에서 개업하거나 옮기면 좋은 인연이 생긴다.	여행	동쪽으로 가면 좋다.
		가출	남녀관계로 서쪽에 있다.
승진	처음에는 안 되다가 늦게 이룬다.	실물	찾기 어렵고 서쪽에 있다.
시험	당장은 어렵더라도 소신껏 하는 것이 좋다.	질병	오랫동안 끈 후에 차도가 있다.
		기후	비오고 흐리게 된다.
혼인	윗사람의 방해가 있지만, 결국 이루어진다. 처음에는 손해 보는 것 같지만 좋은 혼처이다.	의상	검은색과 흰색의 조화, 조금 해지거나 파격적인 옷.
		음식	생선회, 조개나 가재 게 등 물속에서 나는 음식, 상대방이 좋아하는 음식.
출산	여아를 낳고, 산모도 건강해진다.		
매매	주변과 아랫사람의 도움을 받아 된다.	사람	결혼할 사람, 동업할 사람, 말 잘하는 영업사원, 내 편이 될 사람.
재수	소득이 있다.		
소송	오래 끌지만 유리하게 된다.	장소	동쪽, 동과 서로 마주보며 만나면 좋다. 물이 흐르다 고인 곳, 은행, 중개업소.
출마	좋은 참모를 만나면 가능하다.		

6감**4**진**5** ㅇ
성안차도 넘어가자

둔(屯) 오효동

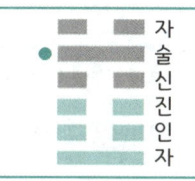

• 높고 좋은 지위에 있으나, 능력도 부족하고 주변에서 힘을 다해 도와줄 사람도 없어서 마음고생을 한다. 능력에 맞게 조금씩 고쳐 나가야지, 한꺼번에 고치려다가는 오히려 주변의 소인들에 의해 다치게 된다. 마음만은 가지고 있는 것을 고르게 나누어 주고 싶은데, 아랫사람들이 서로 시기하고 들쑤셔서 베풀 수가 없다. 주변 사람을 잘 다독이며 조금씩 마음을 바꾸도록 만들어야 한다.

• 대체로 조급하게 하거나 거짓으로 하려고 하면 잘못되고, 진실한 마음으로 조금씩 변혁해 나가면 차츰 뜻을 펼 수 있게 된다.

• 서남방이 좋고 가을 겨울이 되면 좋게 풀린다. 순환기 장애가 있으며, 미일 신일부터 풀리기 시작하여 유일이 되면 만족스럽게 된다. 무신 무술 무자년에 태어났거나 음력 2월~8월 사이에 태어난 사람에게 좋다.

상괘 **6**
하괘 **4**
屯

소망	생각보다 조금씩 적게 이룬다.	여행	단기간의 여행은 좋다.
사업	작다 싶게 해야 한다.	가출	서남쪽에 있다.
개업	처음에는 고생한다.	실물	서남쪽에 있다. 온전하게 찾기는 어렵다.
승진	작은 회사에 들어가서 크게 된다.		
시험	큰 데는 안 되고 작은 데는 된다.	질병	노인은 사망하고, 젊은이는 회춘한다.
혼인	눈높이를 낮추어서 성립된다.	기후	비오고 습해진다.
출산	남아를 낳는다.	의상	검은색과 황색의 조화, 윤이 나는 황색, 넙적하고 풍만한 옷.
매매	늦게 이루어진다.		
재수	이익이 적다.	음식	소고기 요리, 갈비탕, 오곡밥, 기름진 음식.
소송	화해하는 것이 좋다.		
출마	될 것 같으면서도 어렵다.	사람	어머니, 농부 시골사람, 거상, 고관, 배가 나온 사람, 미식가.
증권	등락이 빈번하다가 하루아침에 하락하나, 결국 반드시 회복한다.	장소	서남방, 중심지, 번화한 곳, 산소, 사당.

6감4진6 ×
내 님 잃고 후회막심

둔(屯) 상효동

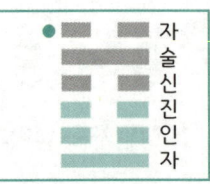

- 머물고자 해도 어렵고, 나아가고자 하나 갈 데가 없어서 근심걱정이 많다. 초패왕 항우가 유방에게 쫓기다가 막판에 몰려 우미인의 춤을 보며 한스러워하는 격이다.
- 심지가 굳지 못해서 일을 이루기 어렵고, 친척에 형벌과 경제적 손실을 입히며, 혼인이 이루어진다 해도 상대방을 어렵게 한다. 부모상을 입을까 두렵고, 소송에 휘말리고 재산을 잃을 것을 예비해야 한다.
- 동남방과 진일 사일이 불리하다. 뇌출혈로 인한 마비증세가 온다. 무신 무술 무자년에 태어났거나 음력 2월~8월 사이에 태어난 사람에게 좋다.

소망	이루지 못한다.	증권	시장이 활발하여 등락이 안정되지 않다가 갑자기 상승한다.
사업	망한다.		
개업	안하는 것이 좋다.	여행	가면 울고 돌아온다.
승진	아무리 애를 써도 되지 않는다.	가출	동남쪽 물가에 있다.
시험	아무리 애를 써도 되지 않는다.	실물	도적의 소행이다.
혼인	배우자가 나타나지 않고, 있어도 이별한다.	질병	위독하다.
		기후	비오고 바람 분다.
출산	여아를 낳는다. 사산일 수도 있다.	의상	검은색과 초록 파랑의 조화, 혹은 이별 또는 사별의 복장.
매매	안 된다.		
재수	계속 손해 본다.	음식	야채국 또는 찌개, 닭도리탕, 오리탕
소송	화를 자초한다.	사람	이별할 사람, 과부, 도둑, 도박하는 사람.
출마	낙선하고 운다.	장소	도박장, 경마장을 피하고, 동남방을 피하라.

6감 5손 1 ⊠ 정(井) 초효동
친구없어 쓸쓸하네

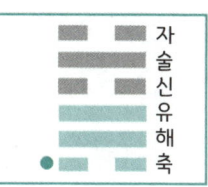

- 덕도 없고 능력도 없어서 세상으로부터 버림을 받는다. 재주와 덕이 있다하더라도 기회를 만나지 못해서 한탄만 한다. 지위가 낮고 생각이 천한 사람으로 성공을 하지 못하고 결국 버려지게 된다.
- 직장에서는 물러나야 하고, 명성은 땅에 떨어지며, 하고 있는 일이나 계획했던 일은 막히고 지체된다. 사회와 격리된다.
- 병은 이질을 앓거나, 기운이 막혀 수족이 저리고 심하면 죽게 되는 경우도 있다. 서북방이 불리하고 술일 해일이 좋지 않다. 신축 신해 신유년에 태어났거나 음력 3월에 태어난 사람에게 좋다.

소망 희망 없다.	**여행** 불길하다.
사업 능력이 모자라서 안 된다.	**가출** 서북쪽에 있는데 외롭다.
개업 능력이 안 된다.	**실물** 서북쪽에 방치되어 있다.
승진 자격이 안 된다. 입사 서류검토도 하지 않는다.	**질병** 풍기로 인해 수족이 저리게 된다.
시험 성적이 못 미친다.	**기후** 바람 불고 추워진다.
혼인 안 된다.	**의상** 둥근 형체의 녹색 바탕에 흰색, 오염된 옷, 더러워진 옷.
출산 남아를 사산한다. 산모도 위태하다.	**음식** 이것저것 섞인 음식, 머리 고기, 뼈가 있는 고기, 닭고기, 비빔 볶음밥.
매매 안 된다.	
재수 없다.	**사람** 비리공무원, 말단, 수도과 직원, 상수원 관리.
소송 패소한다.	
출마 떨어진다.	**장소** 서북방을 피하라. 바람이 잘 통하는 곳, 더럽혀진 곳.
증권 조금 강세를 보인다. 전체적인 경기는 예측하기 어렵다.	

상괘 **6**
하괘 **5**
井

6감 5손 2 ×
친구없어 심심하네

정(井) 이효동

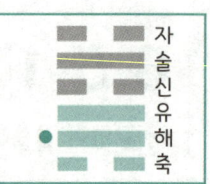

- 인품과 능력을 갖추고 있더라도 기회를 못 얻어 다른 사람들에게 베풀 수 없다. 재주가 있다하더라도 윗사람을 제대로 만나지 못하니, 다만 제 위치에서 순리대로 살며 수양할 뿐이다. 그런대로 제 몸 하나는 먹고 산다. 혹 배움도 적고 명예도 없는 사람으로, 나쁜 버릇이 있고 질투를 잘 한다.
- 아랫사람의 실수로 곤경에 처한다. 직장에서 물러나 한가로이 지내야 하며, 실력이 있는 사람은 때를 기다려야 하고, 그 밖의 사람은 분수를 지키면서 주변관리를 잘해야 허물에서 벗어난다.
- 순환기 장애로 고생하며, 동북방과 축일 인일이 좋지 않다. 신축 신해 신유년에 태어났거나 음력 3월에 태어난 사람에게 좋다.

소망	욕심을 버리고 심신수양을 한다.	증권	거래량이 한산하고 안정세이다.
사업	경쟁에서 지고 부진하다.	여행	좋지 않다.
개업	안 된다.	가출	동북쪽에 있다.
승진	실력은 있으나 운이 따르지 않는다.	실물	동북쪽에 있다.
시험	실력을 발휘하지 못해 불합격이다.	질병	순환기 장애로 허리 아래가 저린다.
혼인	이루어지기 어렵다. 상대방이 반대한다.	기후	바람 불고 흐리게 된다.
출산	체중미달인 여아를 낳는다.	의상	녹색과 황토색, 소박하고 검소한 옷, 주름을 잡은 옷, 어부 복장.
매매	물어보기만 하고 안 된다.	음식	붕어, 가축, 찌개, 채소.
재수	없다.	사람	수리공, 상수도관리, 재활용업자.
소송	어렵다.	장소	동북방을 피하는 것이 좋다. 조용한 곳, 논두렁, 연못. 우물가.
출마	떨어진다.		

6감 5손 3 ㅇ   정(井) 삼효동
반성하면 길해지네

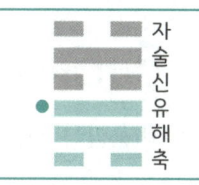

- 때를 얻지 못해 세상에 쓰이지 못한다. 그러나 기회만 오면 하늘로 승천하는 와룡(臥龍)의 상으로, 항시 제 몸을 수련하며 기회를 기다린다. 지위가 높아도 실질적인 업무와 상관없는 자리에 있고, 부유해도 베풀 수 없는 처지가 된다.
- 후계자를 기르는 교육자나 목회자에게는 좋다. 자신의 역량을 받아줄 사람이 없으니, 아무리 좋은 계책과 능력이 있더라도 소용이 없다. 다만 때를 기다리며 분수를 지킬 수밖에 없다.
- 북방과 자일(子日)이 이롭다. 신축 신해 신유년에 태어났거나 음력 3월에 태어난 사람에게 좋다.

소망	이끌어주는 사람을 만나지 못해 어렵다.	증권	하락한다.
사업	현상유지를 하며 좀 더 때를 기다린다.	여행	이롭다.
개업	힘 있는 사람의 도움을 청한다.	가출	북쪽에 있다.
승진	실력을 몰라주니 안타깝다.	실물	북쪽에 있다.
시험	어렵다.	질병	좌골신경통이다. 허벅지가 자꾸 붓는다.
혼인	좋은 혼처인데도 몰라주니 안타깝다.	기후	바람 불고 비 온다.
출산	남아를 낳는다. 혹 쌍둥이다.	의상	수복(壽福)자가 들어간 한복, 단체복, 녹색과 검은색, 앞치마, 커플 옷.
매매	서로가 좋은데도 그 가치를 제대로 평가하지 못한다.	음식	탕종류, 돼지고기, 물고기, 해물, 짠맛, 복숭아 등 씨 있는 과일.
재수	나중에 있다.	사람	나를 알아줄 고위층, 나에게 기대는 사람, 소인배.
소송	질질 끌기만 한다.		
출마	다음번에 당선된다. 유력인사의 도움이 있어야 한다.	장소	북방, 어두운 곳, 우물가, 상수도원.

상괘 6
하괘 5
井

6감 5손 4 ○
마음반성 인심쓰기

정(井) 사효동

- 다른 사람까지 잘 살게는 못하지만 자기 자신은 그럭저럭 지낼만하다. 항상 신중하고 포용하는 덕이 있으나, 유약해서 과단성 있게 떨쳐나가지는 못한다. 대체로 계획은 잘 세우지만 실천하지 못하고, 겉모습과 행동은 볼만하나 실제 생활은 그렇질 못하다.
- 등용이 되면 조목조목 이해를 따져가며 일처리를 잘한다. 그러나 대개는 등용되지 못해서 공부를 하며 때를 기다린다. 밭을 갈고 샘을 파며, 집을 짓고 보수하는 일에 좋다. '수(水, 氵, 氺)'자 들어가는 사람을 만나면 좋다.
- 신장으로 인해 부종이 생긴다. 서쪽 방향과 유일이 길하다. 무신 무술 무자년에 태어났거나 음력 3월에 태어난 사람에게 좋다.

소망	희망적이다. 조금만 더 기다려라.	여행	길하다.
사업	후일을 위해 투자한다.	가출	서쪽에 있다.
개업	새로이 단장하여 선을 보인다.	실물	서쪽에 있다.
승진	지원하는 곳을 옮긴다.	질병	신장염 혹은 폐질환이다.
시험	학과를 다시 선택한다.	기후	비가 많이 온다.
혼인	새로이 상대방을 물색하여 순조롭게 이룬다.	의상	검은색, 흰색, 작업복, 활동복, 약간 해진 옷.
출산	여아를 낳는다.	음식	탕종류, 돼지고기, 양고기, 해물, 매운 맛, 어리고 작은 고기.
매매	끌다가 된다.		
재수	차차 있다.	사람	나이보다 젊어 보이는 여자, 설득을 잘 하는 사람, 기술자, 수리 또는 수선공.
소송	방법을 달리하면 도움이 있다.		
출마	자신을 정리하고 다음 기회를 본다.	장소	서방, 변두리 오지, 우물가, 상수도원.
증권	생각지 않게 등락거래가 발생하므로, 가격이 일정하기 어렵다.		

6감 5손 5 ◎ 정(井) 오효동

인심쓰면 더욱길함

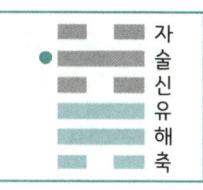

- 인품과 능력이 뛰어나서 성공하고 그 덕택을 많은 사람에게 베푼다. 공명과 부귀를 누리며, 재주가 뛰어나고 의리를 잘 지킨다. 지위가 높아지고 명성을 날리며, 하고 있는 일이나 계획했던 일이 저절로 이루어진다.
- 술이나 음료수 생수 등 물을 원료로 하는 사업에 뛰어난 성과가 있다. 큰돈을 벌어 많은 사람에게 다시 베풀어준다. 사회를 위해 베풀어 줄수록 일이 잘 풀린다.
- 배에 복통이 나서 설사를 하고, 서남방과 미일 신일이 크게 길하다. 무신 무술 무자년에 태어났거나 음력 3월에 태어난 사람에게 좋다.

소망	매우 희망적이고 또 이루어진다.	가출	서남쪽에 있다.
사업	크게 이룬다.	실물	서남쪽에 있다.
개업	좋다.	질병	혈액순환이 잘 안 된다. 찬물을 조심하라.
승진	성취된다.		
시험	합격이다.	기후	비오고 습하다.
혼인	연애로 성립된다.	의상	검은색, 황토색, 네모지고 넉넉한 옷, 시원해 보이는 옷.
출산	크게 쓰일 남아를 출산한다.		
매매	이루어진다.	음식	냉면, 차고 시원한 음식, 달고 맛있는 음식, 소고기.
재수	크게 얻는다.		
소송	승소한다.	사람	훌륭한 CEO, 해결사, 마음에 쏙 드는 사람.
출마	당선된다.		
증권	반드시 하락한다.	장소	서남방, 우물가, 상수도원, 전망 좋고 바람 잘 드는 곳.
여행	길하다.		

상괘 6
하괘 5
井

6감 5손 6 ◎ 정(井) 상효동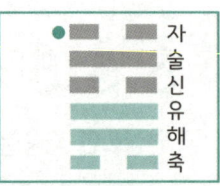
잦은선행 큰복보답

- 오랫동안 공덕을 쌓아 온 것이 마침내 결실을 맺는다. 부귀를 홀로 향유하지 않고 많은 사람에게 고루 나누어 준다. 관직은 고위직관리이고, 마음이 관대하고 호탕하여 큰 부자가 되고, 그에 걸맞게 크게 베푼다.
- 공과 덕이 뛰어나 높이 승진하고 명성을 드날리며, 일반인도 재주가 뛰어나고 재산이 풍족하다. 베풀면 베풀수록 더욱 부귀를 더하게 된다. 이름을 밝히지 않고 재산을 기부한다. 술이나 음료수 생수 등 물을 원료로 하는 사업에 뛰어난 성과가 있다.
- 병은 고혈압 중풍이고, 동남방과 진일 사일이 크게 길하다. 무신 무술 무자년에 태어났거나 음력 3월에 태어난 사람에게 좋다.

소망	크게 이룬다.	여행	좋다.
사업	대성한다. 사회를 위해 크게 베풀어 명예가 드높다.	가출	동남쪽에 있다.
		실물	동남쪽에 있다.
개업	크게 길하다.	질병	고혈압이다. 뇌졸중을 조심하라.
승진	된다.	기후	비오고 바람 분다.
시험	합격이다.	의상	검은색, 청록색, 앞이 확 트인 옷, 속이 보이는 옷, 시원한 옷.
혼인	이루어서 잘산다.		
출산	큰일을 할 건강한 여아를 낳는다.	음식	각종 채소, 돼지고기, 해물, 육해공 모두 좋다.
매매	된다.		
재수	크게 얻는다.	사람	모든 사람, 만나는 사람마다 잘 대해준다, 모두 나의 고객, 좋은 사람.
소송	유리하지만 화해하는 것이 큰 덕을 쌓는 것이다.		
		장소	동남방, 서북에서 동남을 바라보고 앉는다, 우물가, 상수도원, 은행.
출마	많은 표차로 당선된다.		
증권	상승하나 급상승은 없다.		

6감 6감 1 ×× 감(坎) 초효동
함정조심 밤길조심

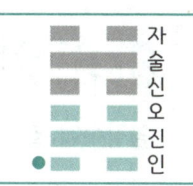

- 능력이 없어서 끝끝내 험한 데서 빠져나오지 못한다. 기미를 보고 깨우쳐서 절개를 지키고 분수를 지키며 수양에 힘써야 한다. 재질이 약하고 겁이 많아서, 때를 얻지 못해서 일을 망치고, 가서는 안 될 곳을 감으로써 함정에 빠진다. 진흙구덩이에 빠져도 빠져나갈 길이 없다. 설상가상이다. 스스로는 노력한다고 하지만 방향을 잘 못 잡아 헤매기만 한다.
- 공직자는 내쫓기고 모함에 빠지는 아픔을 방비해야 하고, 취직준비생은 불합격되고 사기꾼에 당하는 일을 방비해야 하며, 일반인도 함정에 빠지고 사기당하는 위험을 막아야 한다. 오직 수도하며 숨어 사는 사람만은 이런 화를 면할 수 있다. 물을 조심하고 밤길을 주의하라.
- 무인 무진 무오 무신 무술 무자년에 태어났거나 음력 10월에 태어난 사람에게 좋다. 신장이 약해 몸이 붓고, 서방이 좋지 않고 유일도 불리하다.

소망	갈 길을 몰라 곤궁에 처한다.	**여행**	흉하다. 함정에 빠진다.
사업	사기를 당하거나 함정에 빠져 현상유지도 어렵다.	**가출**	서쪽에 깊이 들어가 있다.
개업	불가하다. 힘만 든다.	**실물**	서쪽에 있는데 찾지 못한다.
승진	이루지 못한다. 사기당하기 쉽다.	**질병**	신부전증 또는 혈액순환장애로 위태하다.
시험	불합격이다.	**기후**	비가 억수로 온다.
혼인	어렵고 험난하다.	**의상**	검은색 바탕에 흰색, 너무 감추는 색과 디자인은 금물.
출산	남아를 낳는다.		
매매	성립되지 않는다.	**음식**	해산물, 비싼 것을 먹으면 탈난다, 너무 싼 것도 탈난다, 양고기.
재수	없다.		
소송	유리한 조건이기는 하나 사기를 당할 염려가 있다.	**사람**	자폐증 환자, 은둔자, 소녀.
		장소	서쪽을 피하고, 물에서 좀 떨어진 곳, 너무 으슥한 곳도 좋지 않다.
출마	떨어진다.		
증권	거래가 적다가 갑자기 조금 오른다.		

상괘 6 하괘 6 坎

6감 6감 2감 △ 감(坎) 이효동
함정속에 일시안정

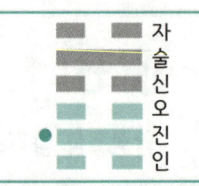
자술신오진인

- 어렵고 힘든 때를 맞이해서 현명하게 잘 처리하여 조금씩 나아진다. 강인하고 현명한 덕이 있다. 크게 안정되고 풍족하게 살지는 못하지만, 목전의 어려움을 진정시켜 기울어지고 망하게 되지는 않는다. 작은 규모의 일은 이룰 수 있다.

- 공직자는 작은 일은 성공하지만 큰일은 못하고, 취직준비생은 작은 시험에는 이롭지만 큰 시험은 불합격되며, 일반인은 하고 있는 일에 조금 성공한다. 여자일 경우는 첩 또는 불륜의 애인이 되기 쉽고, 수가 흉한 사람은 물에 빠져 죽는 사고를 조심해야 한다.

- 신장에 무리가 오거나 배에 혈기(血氣)로 인한 질병이 있게 된다. 서남방과 미일 신일이 이롭다. 무인 무진 무오 무신 무술 무자년에 태어났거나 음력 10월에 태어난 사람에게 좋다.

소망	조금 이루게 된다.	여행	보통이다.
사업	작은 일부터 성취한다.	가출	서남방에 있는데 나타나게 된다.
개업	조금 더 때를 기다려라.	실물	서남방에서 찾는다.
승진	아직 때가 안 되었지만 혹 작은 영전은 가능하다.	질병	신장병 또는 위무력증인데 조금 나아진다.
시험	조금 낮추면 합격이다.	기후	비오고 습하다.
혼인	이루어지지 않는다. 조금 더 기다려라.	의상	황토색 계열, 옅은 검은 색, 소박한 옷, 각이 진 옷, 넉넉한 옷.
출산	여아를 낳는다.		
매매	이룬다.	음식	과일과 채소, 뿌리 식물, 소고기, 간단한 음식.
재수	조금 얻음이 있다.		
소송	화해하면 손해를 줄일 수 있다.	사람	나이든 여성 공무원, 중소상인, 약간의 소득이 있다.
출마	작은 선거는 좋다.		
증권	처음에는 등락이 활발하나, 곧 하락국면을 맞는다.	장소	서남방, 넓고 시야가 트인 곳, 논, 습지.

6감 6감 3 ×× 감(坎) 삼효동
함정조심 불륜조심

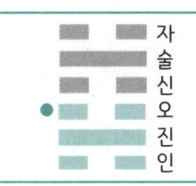

- 움직일 때 마다 험난함이 더 심해진다. 어려움에 빠진 것을 좋게 만들지는 못하지만, 그래도 현상유지는 하면서 억지로 버틴다. 이 점괘를 얻은 대부분의 사람들은 장기적인 안목이 없고 마음이 약하며 능력이 모자라서, 움직이는 대로 막히고 꼬여서 헤쳐 나가지를 못한다. 가난하고 어려워서 끝내 기를 펴고 사는 날이 없게 된다.

- 공직자는 현재의 지위에서 물러나는 것이 좋고, 취직준비생은 취직을 포기하고 심신을 닦으며 숨어 사는 것이 좋다. 일반인은 험한 데 빠지며, 송사를 다투는 일이 많다. 노름판에 빠지거나 나쁜 무리들의 유혹에서 헤어나기 어렵다.

- 과도한 음주와 색욕으로 신장에 병이 생긴다. 동남방과 진일 사일이 좋지 않다. 무인 무진 무오 무신 무술 무자년에 태어났거나 음력 10월에 태어난 사람에게 좋다.

상괘 **6**
하괘 **6**
坎

소망	희망이 없다.	**여행**	흉하다.
사업	구업을 지키면 성공이다.	**가출**	동남방에 있는데 흉하다.
개업	흉하다.	**실물**	동남방에 있다. 찾기 어렵다.
승진	안 된다.	**질병**	신장에 무리가 생겼다. 점차 심해진다.
시험	안 된다.	**기후**	비바람이 친다.
혼인	성사되기 어렵다. 된다 해도 피곤하다.	**의상**	청록색이나 짙은 파랑, 너무 어두워 보이는 색은 피하라.
출산	어려움 끝에 남아를 낳는다.		
매매	이루지 못한다.	**음식**	과일과 채소, 배탈 나기 쉽다, 혹은 교통이 막혀 음식점에 가기 어렵다.
재수	손해본다.		
소송	패소한다.	**사람**	나이든 여성 공무원, 간호원, 기술자, 만나기 어렵다.
출마	떨어진다.		
증권	하락하다가 약간의 등락이 발생하나 큰 움직임은 없다.	**장소**	동남방을 피하라. 만나지 않는 것이 좋다.

6감 6감 4ㅇ 감(坎) 사효동
진심교제 간편음식

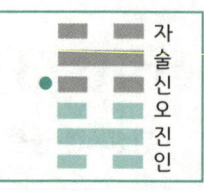

• 윗사람을 잘 보필해서 공을 이룬다. 성실하고 겸손하며 마음이 넉넉하다. 허영기가 없으며, 검소하고 소탈한 사람으로, 험난하고 어려운 일을 잘 해결해서 번창하게 된다. 혹 쉽게 성공하고 쉽게 망쳐먹는 사람으로, 먹고 입는 것을 검소하게 하는데도 복과 덕이 박하다. 재물이나 명예로 사귀지 말고, 마음을 내서 소탈하게 사귀어야 좋다.

• 공직자는 교육부의 장관을 맡아 학문을 진작시킨다. 취직준비생은 자신을 알아주는 윗사람을 만나기가 어려우며, 일반인은 마음과 마음이 서로 통하는 사귐을 맺고, 혼인 역시 경제적인 것 보다는 뜻을 중시하는 사람끼리 한다. 수가 흉한 사람은 혹 상을 입는 근심이 있게 된다.

• 폐에 무리가 오며, 서방이나 유일이 무난하다. 무인 무진 무오 무신 무술 무자년에 태어났거나 음력 10월에 태어난 사람에게 좋다.

소망	어려움에 슬기롭게 도전하여 이룬다.	여행	길하다.
사업	검소하게 하고 교제를 잘하여 좋다.	가출	서쪽에 있다.
개업	좋다.	실물	서쪽에 있다.
승진	된다.	질병	폐질환으로 조금 심해진다.
시험	된다.	기후	폭우가 내린다.
혼인	성립된다. 상대가 좋아하는 것을 같이 좋아해야 한다.	의상	흰색의 소박한 옷, 일상복.
출산	여아를 낳고 산모도 건강하다.	음식	간단한 음주, 소박한 밥상, 물고기, 양고기.
매매	성립된다.	사람	성숙한 소녀, 허심탄회하게 마음을 풀 사람.
재수	조금 얻음이 있다.		
소송	유리한 편이다.	장소	서방, 간단하게 먹을 수 있는 주점, 강 또는 바닷가, 호수근처.
출마	떨어진다.		
증권	경기가 악화되나, 투자한 것은 조금씩 상승하면서 나아진다.		

6감 6감 5 ㅇ 감(坎) 오효동
겸손하면 안정찾음

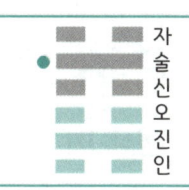

- 험난하고 어렵지만 힘을 다해서 공을 이룬다. 강하고 현명한 재질과 중심을 잘 잡는 덕으로 주변의 평화와 안녕을 가져오고, 주변사람이 험하고 어려움에 빠진 상황을 구제한다. 윗사람의 말에 순응하고, 아래로는 민심을 위무하니, 공과 업적이 크다. 지위가 높은 고위직 관리이고, 또한 지위가 낮더라도 어려움이 없다. 취직준비생은 작은 시험은 합격하지만 큰 시험은 어렵고, 일반인은 꾀하는 일이 평탄해서 위태함이 없다.
- 그렇지 못하더라도, 분노를 몰아내고 액운을 풀어내므로 평안하고 막히지 않는다. 일반적으로 조금 낮춘다는 기분으로 일처리를 하면 잘 풀린다. 고혈압 등으로 혈액순환이 잘 안되고, 서남방과 미일 신일이 이롭다. 무인 무진 무오 무신 무술 무자년에 태어났거나 음력 10월에 태어난 사람에게 좋다.

상괘
6
하괘
6

坎

소망	크게 바라지 않으면 된다.	증권	갑자기 하락한 뒤에 상승하기 시작한다.
사업	옛 빚을 청산하고 새롭게 출발한다.	여행	길하다.
개업	성실하게 하여 조금씩 나아진다.	가출	서남방에 있다.
승진	크게 승진은 못한다.	실물	서남방에 있다.
시험	조금 낮추면 합격이다.	질병	혈액순환이 잘 안 된다. 차츰 나아진다.
혼인	조금 늦게 이룬다.	기후	비온 후 습기 찬다
출산	남아를 낳는다.	의상	황토색, 너무 요란하지 않은 옷, 예절에 맞는 옷.
매매	성립된다.		
재수	조금 얻음이 있다.	음식	소고기, 뿌리 식물, 갈비탕, 보통의 가격, 포장마차에서의 술 한잔.
소송	승소한다.		
출마	덕망으로 인해 당선된다.	사람	고위 공무원, 거상, 어머니, 보모.
		장소	서남방, 넓고 시야가 트인 곳, 논, 포장마차, 단란주점, 정원.

6감 6감 6 ×× 함정사기 납치감옥

감(坎) 상효동

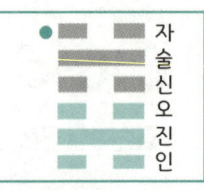

• 능력이 없는 자가 어렵고 힘든 상황에 처해서 위태롭고 망하게 된다. 뜻을 가슴 속에 품고 자중하면서 산림(山林) 속에 숨어 살면 좋으니, 혹 수도하는 스님으로 총림(叢林) 속에서 편안히 있게 된다. 대부분은 부모와 조상을 잃고 친척들을 만나기 어려운 자로, 수명이 짧고 범죄와 욕된 일을 저지르게 된다.

• 공직자는 수갑을 차고 감옥에 들어가는 위태로움이 있고, 일반인도 형벌을 받고 벌금을 물게 되는 재난이 있게 된다. 은둔해서 살면 무탈하다. 다만 취직준비생은 시험장에서 최선을 다해 합격하는 조짐이 있다.

• 중풍을 조심하고, 동남방과 진일 사일을 조심하라. 무인 무진 무오 무신 무술 무자년에 태어났거나 음력 10월에 태어난 사람에게 좋다.

소망	곤궁에 처했다. 감옥에 가기 쉽다.	증권	보합세를 유지하다가 약간의 강세로 돌아선다.
사업	부도 직전이다. 별로 앞이 보이지 않는다.	여행	흉하다. 오도 가도 못 한다.
개업	불가하다.	가출	동남방에 있는데, 옥에 갇혀있다.
시험	어렵다.	실물	동남방에 깊이 있어 찾기 어렵다.
승진	최선을 다해서 합격하기는 한다.	질병	뇌에 풍기가 있다. 죽는다. 신명에게 비는 수밖에 없다.
혼인	재력에 많은 손실이 있다. 나보다 못한 집이다.	기후	비오고 바람 분다.
출산	여아를 낳는다.	의상	청록색이나 짙은 파랑, 현란한 옷 혹은 줄무늬가 많은 옷은 피하라.
매매	이루지 못한다.		
재수	잃는 것이 많다.	음식	나물, 채소, 소박한 음식.
소송	죄를 심판 받게 된다.	사람	간호원, 기술자, 나를 구금하는 사람.
출마	옥살이를 하고 흉하다.	장소	동남방을 피하라. 만나지 않고 피하는 것이 좋다.

6감 7간 1 △ 가지마라 고생한다

건(蹇) 초효동

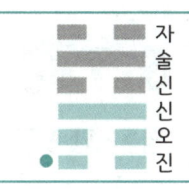

- 앞으로 전진할 수 없는 때를 만났으므로 제자리에 가만히 있어야 한다. 어렵고 힘든 때를 만나서 능력도 모자라고 이끌어주는 사람도 없다. 이럴 때 무엇을 해보려고 나선다면 잘못될 것이 너무 뻔하다. 때를 기다리며 재능을 기르는 것이 유일한 방법이다. 옛 사업을 지키며 가난해도 마음을 가라앉히고, 현재의 삶에 만족하며 사는 것이 좋다.
- 안빈낙도하면서 즐겁게 지내다 보면 능력 있는 사람의 도움을 받는다. 유달리 "하지 말라"는 말을 많이 듣는다. 사(巳)가 들은 연월일시가 좋다. 아무리 마음이 급해도 오전 10시 정도의 밝음이 올 때까지 기다려야 한다.
- 병진 병오 병신년에 태어났거나 음력 8월에 태어난 사람에게 좋다. 동북방과 남방, 축일 인일 사일 오일은 길하고 북방과 자일은 불리하다. 신장에 무리가 오고 발을 다칠 염려가 있다.

상괘 **6** 하괘 **7** 蹇

소망	성취하기 어렵다.
사업	때를 기다리며 현상유지를 한다.
개업	하면 안 된다.
승진	안 된다. 때가 아직 익지 않았다.
시험	불합격이다.
혼인	늦게 이루어진다.
출산	남아를 낳는다.
매매	성사되기 어렵다.
재수	보통이다.
소송	유리하게 흐른다.
출마	낙선이다.
증권	조금 강세를 보이나, 상승하지는 못하고 보합세를 유지한다.
여행	흉하다.
가출	남쪽에 있다.
실물	남쪽에 있다.
질병	발에 병이 생긴다. 안정을 취하라.
기후	흐리다가 해난다.
의상	붉은색 하의, 황토색 속옷.
음식	뿌리 음식, 혼자서 먹는다, 산에서 나는 재료, 화려한 치장.
사람	소극적으로 기다림, 크게 기대하지는 마라.
장소	동북방, 산길, 오솔길, 조용하고 한적한 곳.

6감 7간 2 △ 건(蹇) 이효동
힘들지만 뜻맞는다

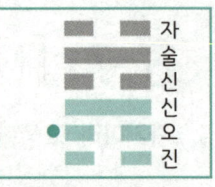

- 어려운 줄 알면서도 정성을 다해서 윗사람을 섬긴다. 도와주는 사람도 어려워진다. 상황이 어려운 때라서 어려운 것이지, 능력이 없거나 노력을 안해서 어려운 것이 아니다. 자신은 최선을 다하였으니 불만은 없다.
- 경영하고 계획하는 것이 막히게 되니 몸을 지탱하기도 어렵다. 하지만 열심히 최선을 다하였으니 주변사람들이 공경하고 우러러본다. 사장과 종업원이 함께 어려움을 겪고, 아버지와 아들이 같이 어려움을 겪으며, 남편과 아내가 함께 어려움을 겪지만 최선을 다할 뿐 불만은 없다. 대체로 주변의 평판은 좋지만 실질적인 이익은 적은 편이다.
- 병진 병오 병신년에 태어났거나 음력 8월에 태어난 사람에게 좋다. 자주 체하는 편이고, 동남방과 진일 사일이 길하다.

소망	성취하기 어렵다.	여행	흉하다.
사업	힘만 많이 들고 진전이 없다.	가출	동남방에 있다.
개업	안 된다.	실물	동남방에 있다.
승진	애는 많이 쓰지만 안 된다.	질병	소화불량이다. 구안와사도 염려된다.
시험	떨어진다.	기후	구름 끼고 바람 분다.
혼인	이루어지기 어렵다.	의상	녹색 하의, 약간 짧은 옷, 통기성 좋은 옷, 소박한 옷.
출산	여아를 낳는다.		
매매	어렵다.	음식	과일과 채소, 선짓국, 머리 고기, 푸른색 채소.
재수	없다.		
소송	더 흉한 일을 당하기 전에 중지하여야 한다.	사람	중년의 여성, 간호원, 기술자, 짝사랑.
출마	뜻은 좋으나 어렵다.	장소	동남방, 동북에서 동남을 바라보고 앉는다. 기다린다.
증권	하락세이다. 시장이 서기가 어려워 거래량이 적다.		

6감**7**간**3** △
밖이아냐 안에있어

건(蹇) 삼효동

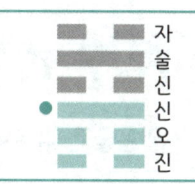

• 어렵고 힘든 때이고, 의리로 볼 때도 앞장서서 나서면 안 된다. 밖으로 나가거나 새로운 일을 개척하고자 하면 막히고 고생만 한다. 차라리 안으로 들어와 자신을 수양하며 집안단속을 하면, 적어도 자신을 비롯한 주변사람들은 행복해 한다.

• 언론기관이나 간쟁하는 직책에 있으면 잘 적응하여 편하게 지내고, 밖으로 도는 영업사원 보다는 내직근무가 좋다. 처자식으로 인한 기쁨이 있게 된다. 혹 중앙부서로 영전된다는 뜻이 있다.

• 신장질환으로 인한 부종을 조심하고, 서남방이 이롭고, 미년(未年) 신년(申年) 또는 미일 신일에 즐거움이 있게 된다. 병진 병오 병신년에 태어났거나 음력 8월에 태어난 사람에게 좋다.

상괘
6
하괘
7

蹇

소망	바라기 어렵다.	증권	조금 오르다가 안정된다.
사업	소규모로 한다. 친한 사람을 중심고객으로 삼는다.	여행	불길하다.
		가출	서남방에 있다.
개업	집안사람들끼리 하는 것이면 좋다.	실물	서남방에 있다.
승진	비공개 승진, 즉 내부의 추천으로 하는 것은 된다.	질병	허리가 좋지 않다. 집에서 휴식을 취하라.
시험	문과 계통은 유리하다.	기후	흐리고 습하다.
혼인	이루어지고 기쁨도 따른다.	의상	노란색 계통, 펑퍼짐한 옷, 편한 옷.
출산	남아를 낳는다.	음식	과일과 채소, 선짓국 머리 고기, 푸른색 채소, 소고기. 맛있는 밥
매매	어렵다. 내부거래는 이루어진다.		
재수	별 소득이 없다. 집안에서는 기쁨이 있다.	사람	나이든 여성 공무원, 어머니, 할머니, 상인, 고위층 공무원, 기다리는 처지.
소송	하지 않는 것이 좋다.	장소	서남방, 확 트인 개활지, 사람이 많은 곳.
출마	떨어진다. 자칫 내부자의 고발로 감옥에 간다.		

6감 7간 4 △ 건(蹇) 사효동
안은좋고 밖은나쁨

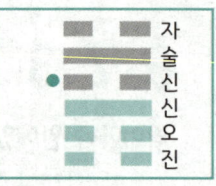
자술신신오진

• 안 된다는 것을 알면서도 의리상 어쩔 수 없어서 계속 시도한다. 뜻은 옳지만 힘이 약하므로 앞으로 나서면 위험해진다. 혼자서만 어려움을 극복하려 말고 주변과 연합하여 바른 뜻을 지키다 보면, 차츰 알아주는 사람이 생겨 재물과 명성을 얻게 된다. 주로 아랫사람과 연대해서 힘을 합한다. 마음을 같이 하는 사람이 많고 도와주는 이가 여럿이어서, 결국은 어려움을 극복하게 된다.

• 혼인하면 후사를 이을 자식을 바로 낳게 된다. 조상의 덕이 많고, 음덕을 쌓아서 연속적으로 승진하는 사람도 있다. 혹 송사나 비리에 연루되어 행동이 제약되기도 한다.

• 심장에 무리가 가기 쉽고, 서방과 유일이 길하다. 무신 무술 무자년에 태어났거나 음력 8월에 태어난 사람에게 좋다.

소망	힘을 모아 어려움을 타개한다.	증권	공급량이 적어 거래량이 적으나, 곧 정상적으로 되면서 안정세를 유지한다.
사업	혼자 힘으로는 어렵다.		
개업	동업이면 더 좋다.	여행	불가하다.
승진	된다.	가출	서쪽에 있다.
시험	합격이다.	실물	서쪽에 있다.
혼인	가까운 사람과 이루어진다.	질병	심장이 두근거리는 증세가 있다가 풀린다.
출산	딸을 낳는다.		
매매	서로가 협력하면 성립된다.	기후	비오고 흐리며, 여름에는 홍수난다.
재수	연합하면 작은 소득이 있다.	의상	허름해 보이는 옷, 소박한 옷.
소송	연합작전을 펴면 승리한다.	음식	물고기, 매운 맛, 회식, 외식.
출마	떨어진다.	사람	젊은 여자, 기대치를 낮춤, 즐거운 대화.
		장소	서쪽, 호수가, 바닷가, 저녁때 만남.

6감 7간 5 ○ 건(蹇) 오효동
친구와서 헤쳐나감

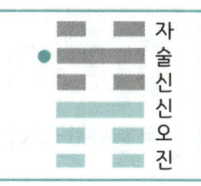

- 윗사람이 큰 어려움을 당한 상태에서 다른 사람들은 슬그머니 도망가는데, 혼자만 의리를 지키며 앞으로 나서다 다치지만, 뜻을 같이 한 사람들이 도와주어서 성공하게 된다. 소인배가 활개를 쳐서 나라가 위태로울 때, 자신의 역량을 다해서 헤쳐 나간다. 어려울 때마다 도와주는 사람이 생겨서 역전시킨다.

- 지방에 있었던 사람은 중앙으로 발탁되어 영전하는 기쁨이 있고, 예절이나 의식을 주관하는 부서에 쓰이며, 혹 상급학교에 들어가기도 한다. 사업을 하는 사람은, 어려운 처지에 있지만 도와주는 사람이 생겨 기사회생하게 된다.

- 서남방에서 귀인이 오고, 쉬이 피곤을 느낀다. 무신 무술 무자년에 태어났거나 음력 8월에 태어난 사람에게 좋다.

소망	성취한다. 뒷심이 약하다.	가출	서남방에 있는데 돌아온다.
사업	흥한다. 주변의 협조가 관건이다.	실물	서남방에 있는데 돌아온다.
개업	길하다.	질병	신기가 많이 허해진다. 너무 스트레스를 받으면 암에 걸린다.
승진	이룬다.(시험도 동일).		
혼인	만혼. 남들의 협조로 이루어진다.	기후	비오고 다습하다.
출산	남아를 낳는다.	의상	주황색, 황토색, 넉넉한 상의, 각이 잡힌 옷, 너무 화려하지 않은 옷.
매매	성립된다.		
재수	크게 얻는 것이 있다.	음식	소고기, 육류, 탕종류, 여럿이 나눠 먹는 음식.
소송	소송을 고집하면 위태해진다.		
출마	당선된다.	사람	나이든 여성 공무원, 부자 상인, 동호인, 직원회식, 할머니, 어머니, 나를 도와줄 사람.
증권	하락한다. 하락이 계속될 때에 이런 점 괘를 얻으면, 점칠 때 보다 조금 오르게 된다.		
		장소	서남방, 큰 장소, 정원, 큰 건물.
여행	길하다.		

6감 7간 6 ○ 건(蹇) 상효동

돕는사람 찾아오네

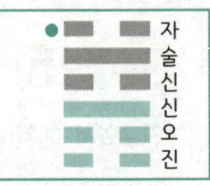

- 어려운 처지를 만났으므로 섣불리 나서면 안 된다. 다른 사람의 충고를 귀담아 들으며 마음을 안정시키고 기다리면 귀인이 와서 도울 것이다. 윗사람을 보필하며 정성을 다하다 보면 귀인이 좋은 운을 가지고 다가온다.
- 학문이나 문필(文筆)에 관련된 부서가 좋고, 귀한 사람이 도와주어 명성을 얻게 된다. 부인이 내조를 잘하고, 높고 귀한 사람에게 의지하여 즐거움을 같이한다.
- 동남방은 해롭고 동북방이 이롭다. 자일 축일 인일이 길하다. 무신 무술 무자년에 태어났거나 음력 8월에 태어난 사람에게 좋다.

소망	이룬다.	여행	보통이다.
사업	후견인의 도움을 받는다. 출판계통이면 더욱 좋다.	가출	동남방에 있는데 돌아온다.
		실물	동남방에 있고 찾게 된다.
개업	종이와 관련된 일이 좋다. 유력인사의 힘이 요구된다.	질병	머리에 풍기가 있다. 명의를 만나 치유된다.
승진	어렵게 이룬다.	기후	비오고 바람 분다.
시험	어렵게 합격한다.	의상	녹색계통 상의, 통기성 좋은 옷, 소박한 옷.
혼인	이루어지고 서로 잘 돕는다.		
출산	여아를 낳는다. 아기가 크다.	음식	과일과 채소, 선짓국 머리 고기, 푸른색 채소, 소박한 음식.
매매	이루어진다.		
재수	있다.	사람	중년의 여성, 간호원, 기술자, 자기보다 낮은 지위의 사람.
소송	불리하다.		
출마	당선된다.	장소	동북방이 이롭다. 북에서 동북방을 바라보고 앉는다, 바람이 잘 통하는 곳.
증권	점차 상승한다.		

6감 8곤 1 △
서로 믿는 이웃사귐

비(比) 초효동

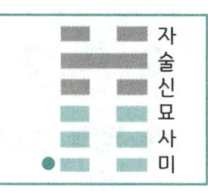

- 정성을 다해 다른 사람을 감동시켜서 일을 성사시킨다. 진실하고 넉넉한 마음으로 현명한 사람을 만나 서로 돕는다. 수도하는 사람이나 기술자 예술가도 자신을 알아주는 사람과 협력하여 입신양명한다.

- 외부사람의 천거로 등용되고, 주변 사람들의 추천을 받아 어떤 일을 하던 간에 길한 운으로 돌린다. 현재 운이 약하더라도 곧 도와주는 사람이 생기니, 정성을 다해 노력하고 또 노력하라. 어려운 일이 있으면 여자 또는 아랫사람이 도와준다.

- 대장에 염증이 생기고, 동방과 묘일이 길하다. 을미 을사 을묘 계미 계사 계묘년에 태어났거나 음력 7월에 태어난 사람에게 좋다.

상괘 **6**
하괘 **8**
比

소망	정성을 다해서 성사한다.	여행	마음 맞는 사람의 도움을 받는다.
사업	신의와 성실로써 이름난다.	가출	동쪽으로 갔다가 돌아온다.
개업	기술 또는 예술적인 것이 좋다.	실물	도둑맞았다가 남이 찾아준다.
승진	천거를 받아 성사된다.	질병	낫기 어렵다. 소화기 계통을 조심하라.
시험	합격한다.	기후	구름 끼고 천둥 친다.
혼인	서로간의 마음이 통해서 이루어진다.	의상	소박한 옷, 황토색 또는 녹색 계열, 나무나 풀 무늬 옷.
출산	득남한다.		
매매	서서히 이루어지고 이롭다.	음식	족발, 낙지, 죽순, 문어, 과일, 된장찌개.
재수	처음엔 없는 듯 하지만 나중에는 뜻밖에 좋아진다.	사람	장남, 후계자, 조종사, 운전기사, 적극적인 사람
소송	안 하는 것이 좋다. 화해하라.		
출마	선거로는 어렵고 지명 받는 것은 된다.	장소	동방, 큰 나무가 무성한 곳, 주택가, 큰 도로 주변, 시골의 소박한 집.
증권	오랫동안 보합세를 유지하다가 상승한다.		

6감8곤2 ○ 비(比) 이효동
윗사람과 좋은사귐

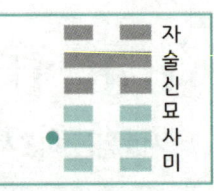

- 마음에 드는 윗사람을 만나 승진하게 되고 복록을 많이 받게 된다. 진실한 사람이어서, 보고 들은 것만을 말하고 본심에서 우러나온 행동만을 한다. 주로 안에서 참모 역할을 한다.
- 처가의 도움을 받고 귀인의 세력에 의지한다. 중앙부서의 내직을 맡아 숨은 듯이 보좌한다. 대체로 귀인에게 의지하고 여인의 도움을 받아서, 하고 있는 일을 성공한다. 전업은 하지 않는 것이 좋다. 여인의 도움을 많이 받고, 여자일 경우는 현명한 남편을 얻는다.
- 간이 붓거나 복막염을 앓는다. 북방과 자일이 길하다. 을미 을사 을묘 계미 계사 계묘년에 태어났거나 음력 7월에 태어난 사람에게 좋다.

소망	친한 사람이 도와준다.	여행	집에 남아 있는 것이 더 좋다.
사업	안에서 하는 일이 길하다.	가출	북쪽의 어느 집에 들어 앉아 있다.
개업	내적으로 하는 일이 길하다.	실물	내부 사람의 소행이다. 깊이 숨겨졌다.
승진	영전하여 안에서 근무한다.	질병	강한 신념으로 투병하면 나을 수 있다. 종기 또는 암 종류다.
시험	합격한다.		
혼인	남자는 내조 잘하는 여자에게 장가들고, 여자는 현명한 남편을 얻는다.	기후	흐렸다가 큰 비가 내린다.
		의상	누렇고 어두운 색, 물결무늬, 착실하고 성실해 보이는 옷.
출산	딸을 낳는다(쌍둥이를 낳기 쉽다).		
매매	이익 본다.	음식	물고기, 뼈 있는 음식, 말린 해물. 버섯전골.
재수	내적인 수입이 있어 실속 있다.		
소송	승소한다.	사람	자수성가한 사람, 성실한 사람, 뱃사람, 은둔해서 도를 닦는 사람.
출마	귀인의 도움으로 당선된다.		
증권	크게 하락한다. 만약 상승했다면 곧 하락하게 된다.	장소	북방, 혼자만 아는 곳, 큰 강물, 바닷가, 술집.

6감 8곤 3 ×
다치기전 헤어져라

비(比) 삼효동

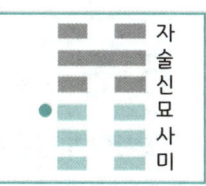

• 사귀지 않아야 할 사람을 사귐으로써 손해를 본다. 안으로는 도와주는 사람이 없어서 마음이 편치 못하고, 밖으로는 함께 일할 사람이 없어서 뜻을 펼 수 없다. 지위와 복록을 누리고 있어도 오래 가지 못하며 수명이 짧아지고 자손이 어렵게 된다. 학문의 성취도 없고, 제멋대로 행동하니 동료와의 불화로 쫓겨나고 강등된다.

• 대체로 시기와 모략에 의해 친구를 잃고 몸도 상하게 된다. 여자라면 좋지 않은 배우자를 만나 자신 또는 배우자가 죽거나 집안이 망하게 된다. 다툼과 송사로 재물을 잃고 형벌을 살게 되고 유랑생활을 하게 된다.

• 기혈이 제대로 돌지 않아 마비되고, 그 후유증으로 곤란을 겪게 되며, 동북방과 축일 인일이 크게 좋지 않다. 을미 을사 을묘 계미 계사 계묘년에 태어났거나 음력 7월에 태어난 사람에게 좋다.

상괘
6
하괘
8
比

소망	뜻대로 안되고 다치고 손해만 본다.	**증권**	변동수는 없고, 조금 강세를 보이다가 보합세를 유지한다. 상승하기는 어렵다.
사업	상대방을 잘못 봐서 크게 낭패한다.		
개업	보증을 서다 망한다.	**여행**	다친다.
승진	오히려 다칠까 염려된다.	**가출**	동북방에서 다쳐있다.
시험	불합격이다.	**실물**	못 찾고 다 파괴된다.
혼인	혹 되었다 하더라도 고생만하고, 또는 배우자가 죽는다.	**질병**	의사를 잘못만나 더욱 악화된다.
		기후	흐리고 습하다.
출산	남아를 낳는다. 그러나 불구자를 낳거나 사산이다.	**의상**	황색, 펑퍼짐하면서도 절도 있는 옷, 가죽옷.
매매	성사되지 않거나 손해 본다.	**음식**	과일과 채소, 개고기, 참새, 집오리.
재수	같이 일한 사람과 함께 망한다.	**사람**	사기꾼, 모사꾼, 도박중독자, 소인배, 이익만 앞세우는 사람.
소송	크게 잘못된다. 사기를 당한다.		
출마	생각도 마라. 시비가 발생하고, 다치고 낙선한다.	**장소**	서남방, 앞이 탁 트인 평야지대, 사람이 많은 곳. 동북방을 피하라.

6감 8곤 4 ㅇ 윗사람이 좋은사람

비(比) 사효동

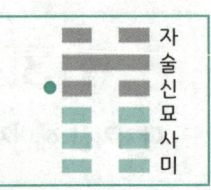

- 마음에 드는 윗사람을 만나 바르게 도움으로써 길하게 된다. 자신의 욕심을 비움으로써 다른 사람을 잘 대접한다. 일단 윗사람을 섬기게 되면, 자신은 드러내지 않고 몸과 마음을 바쳐 윗사람이 명성과 지위를 누리도록 돕는다. 아첨하거나 구차하게 사랑을 구하지 않는다.

- 주변의 도움을 많이 받는다. 좋은 보직으로 최고 책임자를 보필하게 되며, 외지에 나가서도 자신의 역량을 다 바쳐서 윗사람의 신임을 받는다. 외교관으로 나가 국가를 빛내고, 지방의 책임자로 나가 많은 수익을 올린다.

- 동맥경화 또는 식중독을 조심하라. 서방과 유일이 길하다. 무신 무술 무자년에 태어났거나 음력 7월에 태어난 사람에게 좋다.

소망	드러내놓고 마음에 드는 사람의 일을 도우면, 다른 사람도 도와줘서 큰일을 이룬다.	증권	강한 기운이 있으나 유지하지 못하고 나중에 안정된다.
사업	크게 번창한다.	여행	편안히 다녀온다.
개업	크게 벌려 성공한다. 지방이나 외국에서 하는 것이 좋다.	가출	서쪽으로 멀리 갔다.
승진	좋은 성적으로 승진하여 인정받는다.	실물	일부는 못 찾고 일부는 찾는다. 서쪽에 있다.
시험	좋은 성적으로 합격된다.	질병	기운이 많이 빠진다.
혼인	남녀 모두 길하다. 특히 여자는 능력 있고 자신에게 도움이 되는 좋은 남자를 만난다.	기후	큰 비가 온 뒤 흐리게 된다.
		의상	흰색과 회색, 밝은 색, 약간의 패물 액세서리.
출산	훌륭한 여아를 낳는다.	음식	양고기, 선짓국, 머리 고기, 간과 폐, 육회, 물고기회.
매매	성립되어 이익 본다.		
재수	있다.	사람	최고경영자, 결정권자, 숨겨진 젊은 여자, 인기배우, 가수.
소송	도움을 받아 힘을 얻게 된다.	장소	서방, 윗사람의 방, 호수, 바다, 멀리 떨어진 교외.
출마	당선된다.		

6감 8곤 5 ◎ 비(比) 오효동
통큰사귐 공개사귐

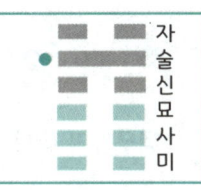
자술신묘사미

- 공정하게 천하를 잘 다스릴 정도로 덕이 넉넉하다. 크게 공평하면서도 아랫사람의 뜻을 잘 살피고 배려한다. 문장으로 뛰어나고, 혹 무력이 뛰어나며, 고기를 잡거나 사냥을 하거나 지방의 책임자로도 모두 길하다. 처음에는 뜻을 거스르는 사람도 있고 막히는 일도 있지만, 곧 그 덕에 감화되어 순종하고 일도 잘 풀린다. 살기(殺氣)가 돋을 정도로 화가 나더라도, 자신의 마음을 잘 다스려 상대방을 이해하고 용서하는 덕이 있다. 공개적으로 사람을 발탁한다.

- 높은 곳으로 영전하고 추천받아 발탁되는 등 대길하다. 대체로 처음에는 어렵고 힘든 일이 있더라도 곧 일이 풀려 하는 일에 소득이 많다.

- 비장과 신장에 염증이 생기고, 서남방과 미일 신일이 길하다. 무신 무술 무자년에 태어났거나 음력 7월에 태어난 사람에게 좋다.

상괘 **6** 하괘 **8** 比

소망	많은 사람의 도움으로 크게 이룬다.	여행	길하다.
사업	많은 사람의 협조 아래에서 공명하고 투명한 진전을 본다.	가출	서남방에 있는데, 곧 돌아온다.
개업	큰 사업을 시작한다.	실물	서남쪽으로 갔는데, 잘하면 찾을 수 있다.
승진	추천받아 좋은 곳으로 간다.	질병	낫기 어렵다.
시험	추천받아 좋은 곳으로 간다.	기후	비오고 음습하다.
혼인	세 사람 중 한사람을 선택해서 이루는데 늦어진다.	의상	검은색과 황색의 조화, 펑퍼짐한 옷, 블라우스, 약간 큰 옷.
출산	훌륭한 남아를 낳는다.	음식	야채국, 설렁탕, 불고기, 단맛, 참새, 집오리.
매매	세 가지 중 하나가 이루어진다.		
재수	크게 길하다.	사람	자신을 보좌할 사람, 변호인, 고문, 고급 참모, 노동조합원.
소송	승소한다. 너무 상대방을 몰지 마라.		
출마	당선이다. 상대방을 비방하지 말라.	장소	서남방, 앞이 탁 트인 평야지대, 사람이 많은 곳.
증권	변동수가 있으나 안정적이다. 하락이 계속되었다면 곧 상승하게 된다.		

6감 8곤 6 ×
너무늦어 떠나갔다

비(比) 상효동

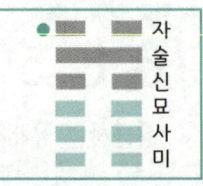

• 덕이 없어서 다른 사람의 마음을 얻지 못하므로, 일을 성사시키지 못한다. 문장이 뛰어나고 수양이 잘 되어서 바르게 행동하더라도, 기회를 잃고 후회하게 된다. 앞장서야 될 때 나서지 못하고 후회한다. 수명이 짧고 도와줄 사람이 없어서 고독하게 산다. 인복이 없다.

• 직책이 높더라도 아래에서 보좌해줄 사람이 없어서 형세가 위태로워지고, 위에서는 이끌어 주는 사람이 없어서 성공하지 못하므로 명성을 날리기 어렵다. 대체로 형벌과 재앙이 많게 되고 사람들과의 다툼이 많으며, 수명이 짧게 된다.

• 뇌신경에 이상이 오기 쉬우며, 동남방과 진일 사일이 해롭다. 무신 무술 무자년에 태어났거나 음력 7월에 태어난 사람에게 좋다.

소망	바라지도 마라.	여행	형벌을 받거나 다치게 된다.
사업	해볼 것도 없다.	가출	동남방에서 위험한 지경이다.
개업	해볼 것도 없다.	실물	손해보고 만다.
승진	처음부터 잘못되었다.	질병	위독하다.
시험	처음부터 잘못되었다. 불합격이다.	기후	비온 뒤에 바람 분다.
혼인	혹 숨겨놓은 애인이 있어 안 된다.	의상	녹색계열, 유행을 따르는 옷, 단 눈에 띄지 않는 것이 좋다.
출산	여아를 낳는다.		
매매	손해만 본다.	음식	머리 고기, 돼지고기, 물고기, 신맛, 채소류.
소송	손해가 크고 후회하게 되니, 절대로 해서는 안 된다.		
		사람	사기꾼, 나를 배신할 사람, 돕지 않는 것이 좋다.
재수	같이하는 일마다 손해 본다.		
출마	낙선하고 후회한다. 감옥에 갈 가능성이 있다.	장소	동남방을 피하라. 북방, 어두운 곳, 물이 흐르는 곳, 조용하게 수도하는 곳.
증권	조금 상승한다. 가을에 점쳤을 때는 회복되고 거래도 활발하다.		

주역점
비결

상괘수가 7일때

7간 1건 1 △ 대축(大畜) 초효동
멈추어라 잘못된다

- 나아가면 위태하고 물러나면 이롭다. 명철보신(明哲保身)할 줄 아는 사람은 물러날 때를 알아 물러남으로써 재앙에 빠지지 않는다. 자신의 가치관이 뚜렷하여 어떠한 상황변화가 오더라도 그에 대한 대비책이 있다.
- 관직에 있는 사람은 그 자리를 떠나야 하고, 시험 보는 사람은 다음 기회를 기다려야 하며, 장사하는 사람은 현재의 것을 지키면서 추이를 기다려야 한다. 대체로 관직이 강등되고 손재수가 있게 된다.
- 동남방이나 진일 사일이 불리하다. 다리를 다쳐 거동이 불편하게 된다. 갑자 갑인 갑진 임자 임인 임진년에 태어났거나 음력 12월에 태어난 사람에게 좋다.

소망	운이 불리하다.	여행	어려움 속에 고생한다.
사업	현상을 유지하며 관망하라.	가출	동남방에 있다.
개업	때를 기다려야 한다. 좀 더 신중해야 한다.	실물	동남방에 있다.
승진	때를 기다려라.	질병	발에 병이 있다. 무리하지 말라.
시험	더 공부해야 한다.	기후	맑은 하늘에 바람 분다.
혼인	성립된다.	의상	둥근 형체의 흰옷, 청록색이나 짙은 파랑 겉옷, 검소한 옷.
출산	남아를 낳는다.	음식	과일과 채소, 조금 먹는다, 선짓국 머리고기, 푸른색 채소.
매매	불가하다.		
소송	화해하라. 장래를 위해 소송은 좋지 않다.	사람	나이든 여성 공무원, 간호원, 기술자.
재수	없다.	장소	동남방과 물가를 피하라, 등산도 가지 않는 것이 좋다. 서북방이 무난하다.
출마	떨어진다.		
증권	갑자기 오르고 내리는 거래가 발생한다. 혹은 거래가 깨지는 일이 발생하나, 결국 상승하게 된다.		

상괘 **7**
하괘 **1**
大畜

7간 1건 2 △ 대축(大畜) 이효동
휴식하라 꼼짝마라

인자술진인자

• 일을 벌이며 나아가면 안 된다. 스스로 깊이 경계하고 조심하여 나아가지 않음으로써 허물이 없게 된다. 능력과 덕을 겸비했고, 심성이 명민하며 박식한데다, 한 번 먹은 마음을 변치 않으니 때를 안다고 할 수 있다. 다만 때를 못 만났기 때문에 능력을 발휘할 수 없으니, 미련을 두지 말고 과감히 물러나야 한다.

• 혹 다리나 허리에 질환이 있어서 혼자서는 거동이 불편하다. 어려서 소아마비에 걸리거나 뇌성마비에 걸릴 가능성이 있다. 남쪽과 오일이 무난하다. 갑자 갑인 갑진 임자 임인 임진년에 태어났거나 음력 12월에 태어난 사람에게 좋다.

소망	바라지 마라.	여행	가지 않는 것이 좋다.
사업	어렵다. 영업력이 떨어진다.	가출	남쪽에 있다.
개업	기다려라.	실물	남쪽에 있다.
승진	기다려야 한다.	질병	신경성이다. 안정을 요한다. 허리가 아파서 기동을 못한다.
시험	기다려야 한다.		
혼인	좋은 짝이기는 한데 피차 신경전이다.	기후	해 뜬다.
출산	여아를 낳는다.	의상	붉은색 계열, 화려하지 않게 입는다.
매매	이루어지지 않는다.	음식	단식한다, 족발, 허벅지살 등 구운 고기를 조금 먹는다.
재수	없다.		
소송	패한다.	사람	지혜로운 여성, 될 수 있으면 만나지 않는다.
출마	겉보기와는 다르게 낙선이다.		
증권	인기가 있어서 거래가 발생하나, 실질적 요인 없이 가격이 상승한 것이다.	장소	남방이 좋다, 서북방에서 자숙하는 것도 좋다.

7간 1건 3 ㅇ 대축(大畜) 삼효동
갈고닦은 실력발휘

- 오랫동안 기다린 뒤에 기회가 온다. 앞길을 잘 살펴서 진퇴를 결정하는데, 뜻이 맞는 동료와 같이 힘을 합해서 나아간다. 군대를 지휘하는 일 또는 물자수송을 지휘하는 일에 뛰어난 역량을 발휘한다. 혹은 같이 공부한 동료들은 다 잘되는데 혼자만 경거망동하다가 손해를 본다.
- 관직에 있는 사람은 한 부서를 떠맡아 전적으로 경영하게 되고, 일반인은 귀인에게 추천을 받아 쓰이게 되고, 혹은 뜻이 맞는 동료와 함께 어려움을 헤쳐 나간다. 분주하기만 하고 실속 없이 고생만 하는 사람도 있으나, 나중에는 고생한 경험이 도움이 되어 성공하게 된다. 대체로 미래를 내다보며 부단한 노력이 필요하다.
- 동북방에서 성공하고 축일 인일이 이롭다. 폐질환 또는 피부질환이 있다. 갑자 갑인 갑진 임자 임인 임진년에 태어났거나 음력 12월에 태어난 사람에게 좋다.

소망	동료들이 도와서 급히 이루게 된다.	증권	약간의 등락현상이 있다. 결국 소폭으로 상승한다.
사업	의욕적으로 할 일이 많다. 이익을 본다.	여행	이롭다.
개업	준비를 충분히 한 후 개업해야 한다.	가출	서쪽에 있다.
승진	노력하여 승진한다.	실물	서쪽에 있다.
시험	노력하여 합격한다.	질병	피부질환이다. 노력으로 치유된다.
혼인	원하면 이루지만 결혼 생각이 없다.	기후	춥고 흐리다.
출산	남아를 낳는다.	의상	흰옷 계열, 승마복, 등산복, 활동복.
매매	조금 늦게 이룬다.	음식	말고기, 양고기, 해산물, 회식.
재수	있다.	사람	동호인, 같이 공부하는 사람, 나를 이끌어줄 사람.
소송	화해한다.		
출마	많은 노력이 필요하다.	장소	동북방, 바닷가, 호수, 큰길가.

상괘 7
하괘 1
大畜

7간 1건 4 ㅇ 대축(大畜) 사효동
굳기전에 좋은습관

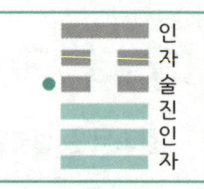

• 일의 발단부터 잘못된 행동을 못하도록 막아야 길하게 된다. 어려서부터 국가고시에 합격하고 훌륭한 자질을 발휘하는 등 부귀를 누린다. 이보다 못한 사람은 귀한 사람을 가까이 모시고, 능력 밖의 총애와 중책을 받기는 하나, 견문이 작고 능력이 모자라서 큰 성공은 이룰 수 없다.

• 관직에 있는 사람은 대인관계를 잘하는 목민관에 잘 어울리며 승진하고 영전되는 기쁨이 있으며, 일이 막혔던 사람은 서서히 풀려나는 즐거움이 있다. 사업하는 사람은 고용인을 잘 교육시켜 크게 성공한다. 요점을 잘 파악해서 쉽게 일처리를 한다.

• 코에 염증이 생기고, 체기가 있어서 항상 속이 더부룩하다. 남방이나 오일이 이롭다. 병술 병자 병인년에 태어났거나 음력 12월에 태어난 사람에게 좋다.

소망	사전에 준비하면 이룬다.	증권	보합세를 유지하다가 오르나, 처음의 가격보다 더 올랐을 경우에는 다시 하락한다.
사업	지혜롭게 장단점을 파악하여 대처함으로써, 하나 둘 풀려나간다.		
개업	길하다.	여행	이롭다.
승진	이룬다. 중앙관서에 발탁된다.	가출	남쪽에 있다.
시험	이룬다. 특히 국가고시에 좋다.	실물	남쪽에 있다.
혼인	잘 풀려나간다.	질병	가슴이 답답하다. 신경안정을 요한다.
출산	여아를 순산한다.	기후	맑아진다. 여름철에는 폭염이다.
매매	방해꾼을 막으면 된다.	의상	붉은색 계열, 화려하지 않게 입는다, 소박한 옷.
재수	유리하다.		
소송	유리한 편이다. 상대방의 약점을 잘 파악한다.	음식	암소고기, 어린 돼지고기, 야외 바비큐.
		사람	마음이 통하는 사람, 학생 또는 스승, 가르칠 사람.
출마	계획을 철저히 세우고 초반부터 기선을 제압하여 당선된다.	장소	남방, 따뜻한 곳, 화려한 곳.

7 간 1 건 5 ◎ 대축(大畜) 오효동
좋은습관 재물경사

- 밖으로 드러난 악을 순리대로 잘 제어함으로써 힘들이지 않고 성공한다. 큰 재주와 덕이 있으면서 요점파악에 뛰어나 일처리가 쉽다. 성동격서(聲東擊西)에 뛰어난 경영인으로, 상하 서로 이익을 추구하여 명예와 부귀를 누린다. 혹 규모가 작고 이익이 작은 업체를 꾸려나가더라도, 나름대로 요령을 깨우쳐 먹고 사는 데 지장이 없다.

- 관직에 있는 사람은 좋은 아이디어로 발탁되어 중용되고, 장사하는 사람은 새로운 제품을 개발하여 많은 이익을 본다. 혹 남자로 태어났다가 성전환 하여 여자가 되거나, 여성적인 기호와 성격을 가진 사람이다. 자신의 성질을 죽이면 여러 가지로 이롭다.

- 신허증이 있고, 동남방과 진일 사일이 이롭다. 병술 병자 병인년에 태어났거나 음력 12월에 태어난 사람에게 좋다.

상괘 **7** 하괘 **1** 大畜

소망	현재의 결점을 잘 보완하여 이룬다.	여행	이롭다.
사업	노력끝에 성공한다.	가출	동남방에 있다.
개업	길하다.	실물	동남방에 있다.
승진	승진하여 높이 쓰인다.	질병	신장결석이나 치료하여 회복된다.
시험	합격한다.	기후	구름 끼고 바람 분다.
혼인	나보다 능력 있는 사람과 이루어진다. 남성은 성기능이 떨어진다.	의상	녹색 계열, 순해 보이는 옷, 장소에 맞는 옷.
출산	남아를 순산한다.	음식	돼지고기, 부드러운 살코기, 닭고기, 각종 야채.
매매	이루어진다.
재수	좋다.	사람	나이든 여성 고위공무원, 간호원, 기술자, 나를 잘 도와주는 사람, 상대방을 잘 배려하는 사람.
소송	불리한 조건을 슬기롭게 대처한다.
출마	당선이다.
증권	상승세를 타기는 하나, 강세는 아니다. 조금 오르는가 싶다가 안정된다.	장소	동남방, 서북에서 동남을 바라보고 앉는다, 바람이 잘 통하는 곳.

7간 1건 6 ◎ 대축(大畜) 상효동
부귀명예 신나도다

- 그동안 노력하고 애쓴 것이 쌓여 크게 성공한다. 뛰어난 영웅으로 당대의 신망을 받는다. 큰 공을 세우고 끊어진 학문을 다시 잇는 사람이다. 혹은 마음이 크고 고결하나 때를 못 만나 위태롭게 지내거나, 수도를 하다가 성공하여 도에 통한 사람이다.
- 관직에 있는 사람은 높은 자리로 천거되고, 다른 사람들도 승진을 하거나 큰 이득을 본다. 막히고 지체되던 일이 한꺼번에 해결되니, 10년 묵은 체증이 내려가고 가슴이 다 후련하다.
- 서남방이 이롭고 미일 신일이 길하다. 막혔던 병들이 일시에 없어지고, 혹은 하늘나라로 돌아감을 뜻하기도 한다. 병술 병자 병인년에 태어났거나 음력 12월에 태어난 사람에게 좋다.

소망	크게 성공한다.	여행	크게 이롭다.
사업	크게 성공한다.	가출	서남방에 있다.
개업	좋다.	실물	서남방에 있다.
승진	승진하여 이름을 날린다.	질병	뇌막염 또는 뇌졸중으로 중태다. 혹은 이유 없이 완쾌된다.
시험	합격하여 이름을 날린다.		
혼인	이룬다. 하지만 일이 더 바쁘다.	기후	흐리고 습기가 많다.
출산	여아를 낳는다.	의상	황토색 계열, 품이 넉넉한 옷, 자유로운 옷.
매매	이루어진다.		
재수	크게 좋다.	음식	자유 선택, 과일과 채소, 선짓국 머리고기, 푸른색 채소.
소송	화해한다.		
출마	당선이다.	사람	고위직 여성 공무원, 큰 부자, 거상.
증권	보합세를 유지하다가 조금 하락한다. 보통의 경기이다.	장소	서남방, 동북에서 서남을 바라보고 앉는다.

7간 2태 1 △ 손(損) 초효동
공세우고 물러나라

• 남을 돕는 것이 끝났으면 그 대가를 바라지 말고 떠나야 하며, 자신의 능력 밖의 것을 무리해서 돕지 말아야 한다. 이 두 가지만 잘 실천한다면, 성공하여 명성을 날릴 수 있다. 기회에 따라 변화에 대응하고 먼저 할 일과 나중 할 일을 구별하며, 윗사람의 뜻을 잘 살펴 적절하게 대처하고 자신의 사사로운 이익을 챙기지 않으니 칭송의 소리가 울려 퍼진다.

• 혹 윗사람을 잘못 만나서, 바쁘기만 하고 공과 복이 드러나지 않는다. 이때도 성실하게 최선을 다해야지, 만약 공과 복을 찾으려고 한다면 오히려 화를 입게 될 것이다. 술과 음식을 절제해야 하고, 빚보증을 삼가라. 대체로 높은 직위는 얻지 못하나, 주변을 이롭게 하는 등 보람 있는 일을 한다.

• 북방과 자일이 길하다. 하혈 또는 직장에 염증이 생긴다. 정사 정묘 정축년에 태어났거나 음력 7월에 태어난 사람에게 좋다.

상괘 7
하괘 2
損

소망	적당한 선에서 만족하라.	**증권**	하락세이다.
사업	크게는 하지마라.	**여행**	너무 기대하지 않으면 나름대로 얻는 것이 있다.
개업	작은 규모로 하라.		
승진	이룬다. 좋은 평가를 받는다.	**가출**	북쪽에 있다.
시험	합격이다.	**실물**	북쪽에 있다.
혼인	이루어진다. 다만 상대방에게 너무 많은 것을 기대하지는 마라.	**질병**	항문에 하혈이 있지만 큰 문제는 없다.
		기후	비 온다.
출산	튼튼한 남아를 낳는다.	**의상**	흰색과 검은색, 소박하고 활동적인 옷.
매매	조금 손해 보면 이루어진다.	**음식**	간소한 음식, 생선류의 밑반찬.
재수	좋은 편이다.	**사람**	명예퇴직 또는 휴직하려는 사람, 헤어지려는 사람, 합의 이혼.
소송	양보하면 좋은 일이 생긴다.		
출마	사퇴하고 상대방을 당선시켜라.	**장소**	북방, 술집, 커피집, 용건을 마쳤으면 바로 헤어지고, 2차를 가지 마라.

7간 2태 2 △ 손(損) 이효동
옳은생각 밀고가라

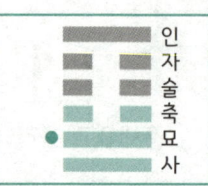

- 분수를 잘 지키는 것이 자신에게나 남에게나 이득이 된다. 현재 처해진 위치에서 근본을 튼튼하게 하고 실질을 중시한다. 특별히 공을 세우려고 나서지 말고, 해를 입히지 않으려고 노력한다. 헛된 화려함에도 눈을 돌리지 않고 묵묵히 할일을 하니, 주변사람들이 그 행실을 보고 배운다.
- 큰 공을 세우지는 못하나 주변의 칭송을 듣는다. 올바른 행실을 몸소 실천함으로써 주변의 풍속이 좋게 변한다. 재물이 풍족하고 평생토록 갑작스런 손해를 보지 않는다. 현재의 지위는 잘 지키나, 새로운 직책으로 영전하거나 새로운 일을 찾아 행하기는 어렵다. 주변의 일이나 현재의 자잘한 일은 잘 처리하지만, 먼 훗날의 원대한 계획을 세우는 일은 잘 못한다.
- 간장과 폐장에 무리가 온다. 특별히 해가 되거나 좋은 날은 없지만 동쪽이나 서쪽이 무난하고, 굳이 말한다면 묘일이 유일 보다 조금 더 좋다. 정사 정묘 정축년에 태어났거나 음력 7월에 태어난 사람에게 좋다.

소망	현상태를 굳게 유지하라.	여행	불리하다.
사업	꾸준히 현상을 유지한다.	가출	동쪽에 있다. 여자는 임신중이다.
개업	과거 경험했던 일을 하면 좋다.	실물	동쪽에 있다.
승진	아직 이르다.	질병	간 또는 폐에 병이 생긴다. 심하지는 않다.
시험	중간쯤 지원하라.		
혼인	이루어진다.	기후	흐리고 바람 분다.
출산	여아를 순산한다.	의상	흰색과 녹색, 활동적인 옷.
매매	이루어진다.	음식	신맛, 살아 있는 물고기, 죽순, 색다른 음식.
재수	잃고 얻음이 없다.		
소송	승소한다.	사람	나의 소신으로 설득할 사람, 우물쭈물 마음이 여린 사람.
출마	아직 시기가 되지 않았다.		
증권	인기가 높으나 공급량이 적다. 보합세를 유지하다가 인기가 약해진다.	장소	동방, 서쪽에서 동쪽을 보고 앉음, 한적한 곳.

7간 2태 3 △ 손(損) 삼효동
의심덜고 아이낳고

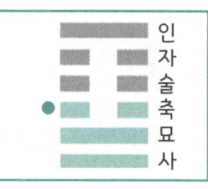

- 벗을 많이 사귀되 잘 선택해야 한다. 착하고 어진 사람을 만나서 도움을 받고 의지를 한다. 사람사이의 교제를 잘함으로써 경영하고 도모하는 일을 쉽게 성취한다. 자기에게 유익할 뿐만 아니라, 자신을 발탁한 사람도 계획한 일을 잘 이루게 한다. 옳다고 생각하는 일은 어떤 어려움이 있더라도 끈기 있게 잘 처리하고, 한 번 믿은 사람은 끝까지 의리를 지키며 신뢰를 한다. 구조조정을 잘하고, 인사관리를 잘한다.
- 힘을 합쳐서 일을 잘 처리하고, 공경하는 마음과 겸손한 마음으로 주변의 칭찬을 듣는다. 자기를 알아주는 사람에 의해 발탁되어 좋은 직책에 있게 되고, 결혼도 하게 되며, 독립된 지점의 지점장으로 나가는 등 일정 수준 이상의 중간 관리자가 된다. 기회를 잘 포착하는 뛰어난 두뇌를 가졌다.
- 폐장이 튼튼하고 상대적으로 간기능은 약하다. 서쪽이나 서북방이 모두 길하고, 유일 술일 해일이 길하다. 정사 정묘 정축년에 태어났거나 음력 7월에 태어난 사람에게 좋다.

소망	이룬다. 아들을 얻고, 벗을 얻는다.	증권	오른다. 처음엔 오르다가 경기가 없어지나, 나중에 반드시 오른다.
사업	동업하다 독립한다.	여행	금전적 소비가 있다.
개업	둘이 합심하여 개업한다.	가출	서북쪽에 있다.
승진	추천으로 된다.	실물	서북쪽에 있다.
시험	합격이다.	질병	간이 좋지 않다. 휴식을 취한다.
혼인	이루어지며 친구 같은 사이다. 출산계획을 하고 혼인한다.	기후	한랭성 고기압이다.
출산	남아를 낳는다.	의상	둥근 형체의 흰옷, 임신복, 활동하기에 편한 옷.
매매	이루어진다.	음식	과일과 채소, 매운맛, 머리 고기, 아구찜.
재수	잃은 뒤에 얻는다.	사람	출산을 앞둔 부부, 일을 원만하게 처리해줄 사람, 공을 분배할 사람.
소송	화해한다.		
출마	낙선이다.	장소	서북방, 관공서, 큰 건물, 높은 누각.

상괘 7
하괘 2
損

7간 2태 4 ○ 손(損) 사효동
병도낫고 살도빼고

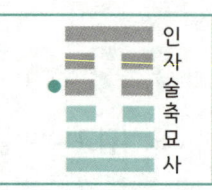

- 잃었던 성품을 회복하여 상태가 좋아진다. 또 하려고 마음먹은 일이 있으면 빨리 해야 일이 잘 풀린다. 착한 일을 하는데 앞장서고 허물이 있으면 즐거운 마음으로 고친다. 훌륭한 사람이 되려고 노력하고 소인의 길로 빠져드는 것을 부끄러워한다.

- 병이 있어도 빨리 고치고, 잘못이 있으면 스스로 반성하여 고쳐나간다. 모든 일이 처음에는 어렵더라도 나중에는 순조로워지고, 잘못된 일이나 근심스러운 일도 곧 좋아진다. 휴직하던 사람은 복직되고, 재수하던 사람은 합격한다. 옳다고 생각되는 일은 앞장서서 처리하라. 저절로 근심이 없어지고 밝아질 것이다. 손해 본 것이 있으면 깨끗이 잊고 새롭게 시작하라.

- 남쪽이 이롭고 오일이 길하다. 순환장애가 있다가 따뜻한 사람을 만나 위로받고 따뜻한 약물을 먹고 치료된다. 병술 병자 병인년에 태어났거나 음력 7월에 태어난 사람에게 좋다.

소망	평소 소망했던 병을 고치고, 어려움에서 벗어난다.	**여행**	보통이다.
사업	어려운 고비를 넘긴다.	**가출**	남쪽에 있다.
개업	빨리 할수록 좋다.	**실물**	남쪽에 있다.
승진	며칠 내에 안 되면 어렵다.	**질병**	어깨가 아프다. 점차 낫는다.
시험	낮은 곳에 지원하라.	**기후**	흐리다가 해난다.
혼인	빨리 된다.	**의상**	붉은색 계열, 너무 튀어 보이는 옷은 좋지 않다, 수선한 옷.
출산	여아를 낳는다.	**음식**	적당하게 준비, 잘 손질한 음식, 달고도 약간 신맛, 조개나 게탕.
매매	빨리 이루어진다.		
재수	좋다.		
소송	빨리 변호사를 선임한다.	**사람**	논공행상, 수술할 사람, 토의해서 좋은 계획을 세울 사람, 인사담당.
출마	자신의 결점을 빨리 보완하면 가능.	**장소**	남방, 높고 공개된 장소, 따뜻한 곳, 약간 화려하다.
증권	인기가 높아 가격결정이 어렵다. 갑자기 오르는 듯 싶다가 내린다.		

7간 2태 5 ◎ 손(損) 오효동
양보하면 모두경사

• 덕 있고 지위도 높은 사람이다. 훌륭한 사람을 영입하여 같이 일을 도모하니, 크게 성공하고 이익도 많다. 개인적인 사리사욕이 없고 공정하게 일처리를 하니 주변의 협력을 얻는다. 윗사람의 신임을 얻고 인심을 얻으며 하늘이 도와준다.

• 자신의 분야뿐만 아니라 다른 계층에까지 이름이 알려진다. 몸은 영화롭고 경사와 복이 늘어난다. 시험을 보면 1등이고 일을 도모하면 성공한다. 다만 부모상을 입을 수도 있다. 주변사람을 널리 등용해서 써라. 많으면 많을수록 크게 성공한다. 일을 시작하면 여러 사람이 도와 저절로 성공한다.

• 동남방이 길하고 진일 사일이 이롭다. 머리에 풍기가 있어서 얼굴마비가 되기 쉽다. 음식을 조절해야 한다. 병술 병자 병인년에 태어났거나 음력 7월에 태어난 사람에게 좋다.

소망	여러 사람 특히 윗사람의 도움으로 이룬다.	여행	길하다.
사업	여러 사람의 도움으로 진전이 있다.	가출	동남방에 있다.
개업	성공한다.	실물	동남방에 있다.
승진	된다.	질병	머리에 풍기가 있다.
시험	수석으로 합격이다.	기후	흐리다가 바람 분다.
혼인	이루어진다.	의상	녹색, 보편적이면서 위엄 있는 옷, 통기성 좋은 옷.
출산	남아를 낳는다. 혹 남녀 쌍둥이다.	음식	닭고기, 용봉탕, 물고기, 돼지고기, 각종 야채, 회식.
매매	이루어진다.		
재수	좋다.	사람	CEO, 참모나 보좌진, 단체회식, 뜻이 맞거나 뜻을 모을 사람.
소송	그만두는 것이 이기는 것이다.		
출마	당선이다.	장소	동남방, 안정적이면서 바람이 잘 통하는 곳, 정원.
증권	강세를 보인다. 생각지 않게 내통하는 자가 있다.		

상괘 **7**
하괘 **2**

損

345

7간**2**태**6** ◎
모두내편 한식구네

손(損) 상효동

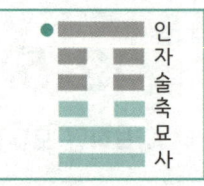

• 아랫사람을 도와주고 유익하게 해주는 등 주변을 도우며 사는 것이 이익이 된다. 마음을 넓게 가지고 어려운 사람을 도우려는 아름다운 뜻이 있으니, 명예를 날리고 부귀를 누릴 수 있다.

• 남의 것을 탐내지 않고 빼앗으려고도 하지 않으며, 도리어 자신의 것을 나누어 주며 곤경에서 구해주고자 한다. 높고 귀한 사람과 친하게 지내며 돕기를 원하고, 하나라도 그 덕을 배우고자 같이 어울리는 것을 좋아한다. 장사를 하면 한 푼 두 푼의 이득 보다는 널리 보는 안목으로 이득을 얻고, 혹 승려나 도인이 되면 명성과 함께 안분자족하며 지낸다. 귀인이 도와준다. 개인사업보다는 취직하는 것이 좋다.

• 부동산을 사고파는데 이롭다. 스스로 겸손하고자 하니 마음은 편안하나 다만 몸이 허약하다. 서남방이 이롭고 미일 신일이 길하다. 병술 병자 병인년에 태어났거나 음력 7월에 태어난 사람에게 좋다.

소망	남을 돕고 살리는 소망을 이룬다.	증권	오름세를 보이다가 안정세로 돌아선다.
사업	크게 운영한다.	여행	길하다.
개업	자신의 밑천없이 다른 사람의 돈으로 크게 시작한다.	가출	서남방으로 갔다.
		실물	서남쪽에 있다.
승진	된다.	질병	과로로 심신이 허약하다.
시험	합격이다.	기후	고온다습하다.
혼인	이루어진다.	의상	황색 또는 황금색의 넉넉한 옷, 가운, 정장.
출산	여아를 낳는다.		
매매	이루어진다.	음식	풍성한 음식, 육류, 내장탕, 오리, 거위.
재수	크게 얻는다.	사람	나이든 고위직 여성 공무원, 돈 많은 상인, 할머니, 배가 나온 사람.
소송	화해하는 것이 더 좋다.		
출마	당선이다.	장소	서남방, 널찍한 창고, 사람이 많이 모이는 곳.

7간3리1 △ 비(賁) 초효동
약속지킴 순진결혼

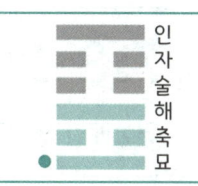

• 남의 밑에 있으면서 의리를 지킨다. 분수를 잘 지키는 사람으로, 윗사람이 등용하면 그 아름다움이 천하에 펼쳐지고, 그렇지 못하면 시와 문장을 즐기며 산다. 의리에 벗어나면 아무리 좋은 조건이라도 마다한다. 혹 자잘한 노고가 많고 분주하면서도 큰 공을 세우지 못하거나, 부호에게 의지하여 그 밑에서 일을 하며 산다.

• 직장인은 의리를 지켜 퇴직하게 되거나 좌천당한다. 일반인은 길에서 시간만 허비한다. 쉬운 길을 버리고 어려운 길을 택하고, 친한 이를 멀리하고 소원한 사람과 친하고자 한다. 대체로 일을 벌이지 않으면 좋고, 일을 벌여서 활동하면 좋지 않다.

• 심장에 무리가 있고, 동북방과 축일 인일이 편안하다. 기묘 기축 기해년에 태어났거나 음력 11월에 태어난 사람에게 좋다.

소망	급히 서두르면 어렵고 꾸준히 노력하면 된다.	**여행**	멀리 간다. 도보 여행이 좋다.
		가출	동북방에 있는데 늦게 돌아온다.
사업	쉬운 길을 버리고 어려운 길을 택한다. 이익은 없더라도 마음은 편안하다.	**실물**	동북쪽에 있다. 찾는데 시일이 오래 걸린다.
개업	작은 일부터 해야 한다.	**질병**	혈액순환이 잘 안되어 수족이 저린다. 더디게 낫는다.
승진	친구따라 강남 간다.		
시험	이리저리 헤매다 늦게 합격한다.	**기후**	맑다가 뿌옇게 흐린다.
혼인	먼 곳에 있는 사람과 이루게 되나, 손실이 많다.	**의상**	검고 황색 계열, 커플 옷, 주름을 잡은 옷, 신발에 포인트, 하체를 꾸민다.
출산	남아를 낳는데, 쌍둥이일수도 있다.	**음식**	산에서 나는 재료, 산나물, 작은 동물, 족발.
매매	공연히 시간만 허비한다.		
재수	처음은 없고 나중에 있다.	**사람**	기다렸다 만나는 사람, 멀리 있는 좋은 배우자, 약속된 사람.
소송	끌게 된다.		
출마	훗날을 기약한다.	**장소**	동북방, 산속, 등산로, 오솔길, 교외, 시간이 걸려도 도보로 가서 만나는 곳.
증권	거래량 없이 보합세를 유지한다.		

7간3리2 △
연상애인 연상결혼

비(賁) 이효동

- 다른 사람을 잘 보좌하고 꾸며줌으로써 같이 잘 된다. 문장과 학문이 높은 사람으로 지도자를 도와 성공으로 이끈다. 혹은 영민하고 널리 배운 사람으로 상류층의 습속을 좋아하여 안정된 복을 누린다. 칭찬하기를 좋아하고 덕담을 잘한다. 제품의 질보다는 외형을 더 중시하는 일에 종사한다.
- 직장인은 윗사람의 도움을 받아 승진하고, 일반인은 사람들의 추천과 도움으로 경영하는 일에 막힘이 없다. 혹 자신을 이끌어주는 사람이 있다 해도, 그 세력을 믿고 함부로 행동하면 다치게 된다. 능력이 있다고 독립하면 안 된다. 대체로 혼자서는 자립하지 못한다.
- 고혈압을 조심하고, 서북방과 술일 해일이 이롭다. 기묘 기축 기해년에 태어났거나 음력 11월에 태어난 사람에게 좋다.

소망	자신이 윗사람을 잘 보필하니 그 덕을 입는다.	출마	때를 기다려라.
사업	윗사람의 덕을 입는다. 자립하기는 힘들다.	증권	강세를 보이나 급상승은 없다. 나중에 반드시 상승한다.
개업	윗사람과의 관계를 돈독히 한 후 개업한다.	여행	보통이다.
승진	귀인을 만나 승진한다.	가출	서북쪽에 있다. 여자는 연상의 애인을 따른다.
시험	합격이다.	실물	서북쪽에 있다.
혼인	이룬다. 여자는 상관이나 스승과 혼인한다.	질병	심장병이다. 점차 악화된다.
출산	여아를 낳는데 순산한다.	기후	맑고 한랭하다.
매매	윗사람으로 인해 성립된다.	의상	둥근 형체의 흰옷, 화려한 색, 윗사람에 맞춘다, 제복.
재수	윗사람으로 인해 득이 있다. 세력을 믿고 함부로 행동하면 안 된다.	음식	주어진 대로 먹는다, 머리 고기, 큰 과일, 볼 살, 뼈.
		사람	공무원, 상급자, 코드가 맞는 윗사람.
소송	윗사람의 도움으로 승소한다.	장소	서북방, 고층건물, 드러난 곳, 번화한 곳, 화려한 곳.

7간 3리 3 △ 비(賁) 삼효동
부자결혼 살림윤택

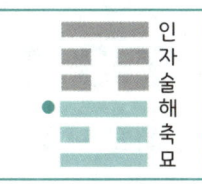

- 변하지 않는 마음으로 분수를 지키며 편안하게 산다. 문장으로써 화려하게 잘 꾸미고, 도를 즐기며 사니 높은 명망을 얻는다. 견문과 식견이 남다르게 뛰어나고 덕행도 훌륭한 사람이다. 재산과 곡식이 풍부하며 장수하며 인복이 많다. 제품의 질 보다는 외형을 더 중시하는 일에 종사한다.
- 분수를 잘 지키고 도와주는 사람이 생겨서 직무를 훌륭히 수행하여 명성을 얻는다. 일반인은 더불어 도와주는 사람이 많아서 특별한 노력 없이도 크게 번창한다. 혹 시비에 휘말려도 어렵게 되지 않는다.
- 간장에 열이 많다. 동방과 묘일이 이롭다. 기묘 기축 기해년에 태어났거나 음력 11월에 태어난 사람에게 좋다.

소망	도와주는 사람이 많아 이룬다.	여행	남쪽만 피하라.
사업	크게 번창한다.	가출	동쪽에 있다. 남자는 여자관계로 가출했다.
개업	좋다. 디자인이나 메이크업 등이 좋다.	실물	동쪽에 있다.
승진	승진하여 명성을 날린다. 미술이나 제품디자인 광고에 좋다.	질병	점차 회복된다.
시험	합격한다.	기후	맑았던 날이 갑자기 천둥번개가 친다.
혼인	연애로 성립한다.	의상	녹색 계열, 격식에 맞고 잘 꾸민 옷, 부유해 보이는 옷
출산	남아를 낳는다. 여아일 경우 쌍둥이일 수 있다.	음식	특이하고 기름진 음식, 수분 함량이 많은 음식, 죽순, 족발
매매	시일을 끄나 결국 성립한다.	사람	코디네이터, 나의 후광이 될 사람, 나를 잘 이해하고 돕는 사람, 후견인
재수	좋다.	장소	동방, 화려하게 잘 꾸민 곳, 큰길가, 사통팔달한 곳.
소송	유리하다.		
출마	주변의 도움으로 이룬다.		
증권	높은 장세를 유지한다.		

상괘 7
하괘 3
賁

7간3리4 △ 비(賁) 사효동
연분이나 결혼지연

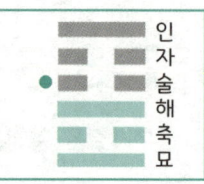

- 인연이 있는 사람끼리 서로 만나서, 처음에는 반목하다가 나중에는 화합한다. 문장과 학문이 뛰어나 당세의 모범이 되고 원로로 추앙받는다. 등용되거나 일을 성사시키는 일은 시간을 두고 우회해야 이루게 된다. 사람을 취할 때도 처음에는 원수로 생각하다가 차츰 시간이 지나면서 아끼고 사랑할 사람이라는 것을 깨우친다. 예술계통에 능력이 있다.
- 근심하는 가운데 기쁨이 있게 되고, 어두운 터널을 지나다가 밝음을 만나니, 위태로운 처지를 걱정하지 마라. 미혼인 경우는 청혼을 받게 되는 등 경사를 맞으나, 상복을 입을 수도 있다.
- 당뇨병이 걱정되고, 남방과 오일이 길하다. 병술 병자 병인년에 태어났거나 음력 11월에 태어난 사람에게 좋다.

소망	속마음은 빨리 하고자 하나 일이 지체된다. 그러나 꾸준하면서도 급한 듯 나아가면 결국 이룬다.	증권	사(巳)일 또는 오(午)일은 높이 오르고, 평일이라도 오르기는 한다.
사업	처음에는 막히다가 나중에 기쁘게 된다.	여행	남쪽으로 떠난다. 혹 여자를 만난다.
		가출	남녀관계로 남쪽에 있다.
개업	좋다. 처음에는 어렵다.	실물	남쪽에 있다.
승진	재수로 되고, 일단 합격한 후에는 여러 가지로 잘 나간다. (시험도 동일)	질병	합병증이 우려된다. 자칫 상복을 입을 수다.
		기후	구름 끼다 맑아진다.
혼인	마음만 급하고 잘 안되나 결국 좋은 혼처라는 것을 알게 되어 합한다.	의상	붉은색 계열, 혹은 희고 밝은 색, 화려한 색, 돋보이는 옷, 커플 옷, 혼례복.
출산	여아를 낳는다. 혹 예쁜 쌍둥이를 낳는다.	음식	말고기, 구운 고기, 화려한 장식을 한 음식, 뷔페음식.
매매	지체하다가 이룬다.		
재수	좋은 편이다.	사람	혼인할 사람, 화려하면서 지혜로운 사람, 좋은 친구.
소송	고전하다가 승소한다.		
출마	고전하지만 당선된다.	장소	남방, 찜질방, 화려한 곳, 더운 곳.

7간 3리 5 ㅇ 비(賁) 오효동
절약결혼 미래행복

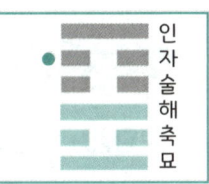

- 공손하고 검약한 윗사람으로써 아랫사람을 잘 다스린다. 근본을 튼튼히 하고 실질을 숭상한다. 혹 고루하다는 평을 듣기도 하지만, 순박하고 후덕하며 재물을 낭비하지 않는다. 장수하면서 끝까지 편안히 산다.

- 휴직하거나 한직인 상태에서 영전하고, 귀인의 부름을 받아 등용된다. 다만 큰일은 이루기 어렵고 작은 일에는 기쁨이 따르며, 혼자서 독립해서 하는 일보다 남을 도와주는 일이 좋다. 제품의 질 보다는 외형을 더 중시하는 일에 종사한다. 혹 과수원이나 전원생활에 좋고, 초혼은 물론, 재혼을 하는 등 이성과의 좋은 교제를 뜻하기도 한다. 또 궁벽하고 어려운 곳에 살면서도 안빈낙도하는 사람을 뜻하기도 한다.

- 구안와사가 올수 있고, 동남방과 진일 사일이 길하다. 병술 병자 병인년에 태어났거나 음력 11월에 태어난 사람에게 좋다.

소망	작은 일은 이룬다.	증권	보합세를 유지하면서도 강세이다.
사업	인색한 듯싶게 운영하여 성공한다.	여행	길하다.
개업	길하다.	가출	남녀관계로 동남쪽에 있다.
승진	승진한다. 윗사람을 잘 보필하여 빛나게 한다.	실물	동남쪽에 있다.
		질병	만성위장병이다.
시험	합격이다.	기후	구름 끼고 바람 분다
혼인	경사가 있다. 혹 재혼일 수도 있다.	의상	녹색 계열, 격식에 맞고 잘 꾸민 옷, 혼례복, 소박해 보이는 옷.
출산	남아를 낳는다.		
매매	된다.	음식	채소류, 비빔밥, 산나물, 닭고기.
재수	있다.	사람	배우자, 약혼자, 친한 친구, 동지.
소송	상대가 강하다. 화해하는 것도 방편이다.	장소	동남방, 서북에서 동남을 바라보고 앉는다. 동산, 정원.
출마	당선된다.		

상괘 **7** 하괘 **3** 賁

7간3리6 △ 비(賁) 상효동
꾸밈없는 진실결혼

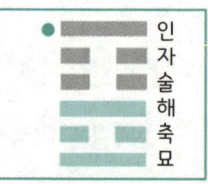

• 겉을 화려하게 꾸미는 생활을 하다가 실속 있고 소박하게 돌아옴으로써 화를 면하게 된다. 질박한 덕이 있고 학문이 뛰어나며 의식주가 풍부하다. 혹 곧은 성격으로 분수를 지키기를 좋아하니, 의식주의 충족여부를 걱정하지 않는다. 예술계통에 능력이 있다.

• 직장인은 청백리 생활을 하므로 반드시 승진하고 영전하여 뜻을 펼친다. 일반인은 소박하면서도 실질적으로 경영하여 재물이 모여든다. 혹 상복을 입게 되는데, 특히 외가쪽이 더 가능성이 있다.

• 뒷목과 어깨가 뻣뻣해지고, 서남방과 미일 신일이 길하다. 병술 병자 병인년에 태어났거나 음력 11월에 태어난 사람에게 좋다.

소망 소박한 뜻으로 정성을 가지고 하면 이룬다.
사업 거품을 빼고 실질적으로 운영하면 성공한다.
개업 소박하면서도 실질적인 운영이 좋다.
승진 좋은 곳에 영전된다. 학문 또는 출판계 계통이다.
시험 합격이다.
혼인 상대가 소박하다. 특히 노인일 경우 좋은 반려자다.
출산 여아를 낳는다.
매매 된다.
재수 좋은 편이다.
소송 화해한다.
출마 당선된다.

증권 내려간다. 급히 하락할 때는, 거래 자체를 성사되지 않는다.
여행 가지 않는 것이 편안하다.
가출 서남쪽의 산으로 들어갔다.
실물 서남쪽에 있다.
질병 두부(頭部)에 통증이 있다. 잘 낫지 않는다.
기후 안개 끼고 다습하다.
의상 황토색 계열, 무늬가 없는 옷, 꾸미지 않은 옷, 소박한 옷.
음식 담백한 음식, 흙에서 나는 재료, 소고기 육회, 설렁탕.
사람 정년퇴임한 사람, 은둔자, 한가한 사람, 할머니.
장소 서남방, 농원, 교외의 한적한 곳, 산과 들.

7간**4**진**1** ×
과식금물 소화불량

이(頤) 초효동

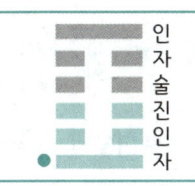

- 자신이 지켜야 할 것을 잃어버림으로써 비천해진다. 능력과 재력이 충분한데도 다른 사람의 것을 욕심낸다. 전형적인 탐관오리가 되고 의롭지 못한 사람이 되어 재앙을 부른다. 항상 남의 떡이 크게 보여 쓸데없는 욕심을 부리다 일을 그르친다.
- 적당히 먹지 못하고 먹을 것을 즐기다가 화를 당한다. 대체로 청렴하지 못해서 직책을 잃고, 음탕함을 즐기다가 화를 부르며, 도덕과 의리를 거스르며 재물을 다투다 화를 입는다. 미식가이다.
- 신장병과 당뇨가 있고 서남방이 해롭다. 또 미일이나 신일이 좋지 않다. 경자 경인 경진년에 태어났거나 음력 2월~8월 사이에 태어난 사람에게 좋다.

상괘 **7**
하괘 **4**
頤

소망	이루기 어렵다. 남의 것을 탐하지 마라.	증권	크게 하락한다. 시장의 구조에 변화가 생긴다.
사업	부진하다. 여자관계를 주의하라.	여행	흉하다.
개업	하지마라. 먼저 자신의 생활습관부터 고쳐라.	가출	서남방에 있다.
		실물	서남방에 있다.
승진	여러 경로를 통해 그런대로 승진한다.	질병	간과 신장에 문제가 생겨 상태가 나빠진다. 술과 여자를 멀리하라.
시험	그런대로 합격은 되지만 만족하지 못한다.	기후	바람 불고 찌뿌드드하다
혼인	제 짝을 버리고 다른 짝을 넘보니 추잡해진다.	의상	황토색 계열의 각이 진 옷, 개성 있는 옷, 자신만의 품격과 멋
출산	남아를 순산한다.	음식	땅에서 나는 재료, 소고기, 단 평소 먹던 대로 먹는 것이 좋다
매매	이루지 못한다.		
재수	없는 편이다.	사람	익숙한 사람, 사귀던 사람, 새로운 사람에 마음이 끌리지만 자제하는 게 좋다.
소송	승소한다. 도덕과 의리에는 어긋난다.		
출마	낙선이다.	장소	서남방을 피하라, 평소 자주 가던 곳, 높은 빌딩, 넓고 탁 트인 곳.

7간4진2 ×
음식같이 배탈난다

이(頤) 이효동

• 능력과 덕이 없는 사람이 자신만 챙기며 잘 되길 바라다가 동료들의 미움을 사게 된다. 성공하려면 한 가지 일에 진득하게 매진해야 하는데, 언행이 수시로 바뀌고, 한 가지 학문을 전공하는 법이 없으며, 자신의 꾀에 자신이 넘어가 잘못되는 길로만 가니, 결국 윗사람이나 아랫사람으로부터 이용만 당한다.

• 법도에 어긋난 행동을 하다가 직장에서 견책되고 좌천당한다. 대체로 진퇴와 시비가 수시로 벌어져 어려움을 겪는다.

• 항문이나 대장에 병이 생긴다. 동방과 진일 묘일이 좋은데도 동북방으로 가려하니 해롭다. 미일 신일 유일 술일 해일 자일이 모두 좋지 않다. 경자 경인 경진년에 태어났거나 음력 2월~8월 사이에 태어난 사람에게 좋다.

소망	자신이 할 생각을 않고 타인에게 의지하려고만 한다.	여행	흉하다.
		가출	서쪽에 있다.
사업	부진하여 상대방에게 허물을 씌운다.	실물	서쪽에 있다.
개업	불가하다.	질병	장이 나빠서 변이 불규칙하다.
승진	안 된다.	기후	바람 불고 흐리다.
시험	불합격이다.	의상	흰색 계열, 하의에 포인트, 찢어진 옷, 아랫사람이 사준다.
혼인	크게 바라면 늦어진다.		
출산	여아를 난산한다.	음식	해산물, 비싼 것을 먹으면 탈난다, 양고기.
매매	이루지 못한다.		
재수	없다.	사람	어리거나 지위가 낮은 사람, 나이 많거나 지위가 높은 사람은 위험, 지위가 높은 소인배, 살결이 흰 사람.
소송	패소한다.		
출마	낙선이다.		
증권	조금의 등락이 있다가 안정세를 유지한다. 조금씩 상승한다.	장소	동북방을 피하고, 바닷가, 호수 등을 피하는 것이 좋고, 산에서 만나는 것도 좋지 않다.

7간4진3 ×
먹던음식 탈이없네

이(頤) 삼효동

```
▅▅ ▅▅  인
▅▅ ▅▅  자
▅▅ ▅▅  술
● ▅▅▅▅▅ 진
▅▅ ▅▅  인
▅▅ ▅▅  자
```

- 자신을 기르고 타인을 양육하기를 그릇된 방법으로 하여 흉하게 된다. 허물을 고치고 욕심을 경계하면 작은 일은 이룰 수 있지만, 바름을 거스르고 의리를 거스르며 방자하게 하면 자신과 집안을 망하게 한다. 한 번 잘못되면 10년 동안 회복이 어려우니 조심하고 조심해야 한다.
- 명예와 직책을 잃을 것을 주의해야 하니, 대체로 욕심껏 움직이다가 화를 당한다. 술과 여자를 조심하라. 한 번 황음에 빠지면 몸을 망쳐서 회복하기 어렵게 된다.
- 간경화 등 간에 병이 생기고, 남방이 극히 안 좋으며 오일(午日)이 해로운 날이다. 경자 경인 경진년에 태어났거나 음력 2월~8월 사이에 태어난 사람에게 좋다.

상괘 **7**
하괘 **4**
頤

소망	이루지 못한다. 지조가 없다는 평을 듣는다.	여행	흉하다.
사업	부진하다.	가출	남쪽에 있다. 아랫사람과 잘못된 만남을 하고 있다.
개업	불가하다.	실물	남쪽에 있다.
승진	안 된다.	질병	간이 손상되어 많이 피로하다.
시험	불합격이다.	기후	바람 불고 해난다.
혼인	자기 과오로 못 이룬다. 술과 여자를 조심하라.	의상	붉은색 계열, 다만 돋보이지 않아야 좋다.
출산	남아를 낳는다.	음식	구운 고기, 잘 익힌 음식, 소박한 음식, 상한 음식 조심.
매매	이루지 못한다.		
재수	없다.	사람	잘못된 만남, 연하 또는 아랫사람, 적극적인 사람을 피하라.
소송	불리하다.		
출마	낙선이다.	장소	동방과 남방을 피하라, 동북방은 좋다, 밝고 화려한 곳을 피함.
증권	경기흐름이 강세로 보이나, 전체적으로 볼 때 실질 없이 높은 것이다.		

7간4진4 △
소식절식 음식선택

이(頤) 사효동

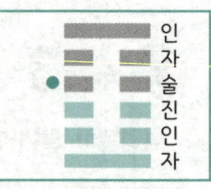

- 어진 사람을 선택해서 등용함으로써 국민을 편안하게 하고, 자신이 모신 지도자의 공적을 빛나게 한다. 특히 무관으로써 뛰어난 업적을 이룬다. 혹은 상도(常道)에는 어긋나게 행동하나, 나름대로 법칙 있게 일처리를 해서 일을 성사시킨다. 아랫사람을 잘 쓰고, 한 번 믿으면 끝까지 간다.

- 빈틈없이 행동하여서 큰 지방을 맡아 다스리게 된다. 아랫사람의 충성되고 좋은 보필을 받고, 윗사람의 후광에 힘입고 그 은총을 입는다. 대체로 주변의 도움을 받아 하는 일이 뜻대로 풀린다. 다만 시비와 구설수를 조심해야 한다.

- 스트레스로 인한 심장병이고, 동방이 복을 주는 방소이다. 오일(午日)과 붉은 색이 유리하다. 병술 병자 병인년에 태어났거나 음력 2월~8월 사이에 태어난 사람에게 좋다.

소망	신중하면서도 일관성 있게 나아간다.	여행	보통이다.
사업	주변의 도움으로 성립된다.	가출	남쪽에 있다.
개업	길하다.	실물	남쪽에 있다.
승진	낮추어서 지원하면 된다.	질병	심장이 허약하다.
시험	열심히 노력하면 된다.	기후	구름 끼다가 해난다.
혼인	성립되는데 나보다 더 나은 데로 간다.	의상	붉은색 계열, 상하 같은 색, 세로 줄무늬 옷.
출산	여아를 순산한다.		
매매	이룬다.	음식	작은 동물 구이, 조개구이, 단일 음식이 좋음, 소화하기 편한 음식.
재수	있다.		
소송	유리하다.	사람	쉽게 상대할 수 있는 사람, 단 전력을 다해야 한다, 중년의 아름다운 여성.
출마	열심히 뛰면 된다.		
증권	투자 품목이 인기 있고, 장세가 전체적으로 강세를 보이면서 상승한다.	장소	동방 또는 남방, 큰 도로가, 큰 나무 숲 속, 꽃이 많이 핀 큰 숲.

7간 4진 5 ○ 이(頤) 오효동
특별하나 순한음식

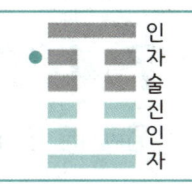

• 훌륭한 부하의 도움을 받아 일을 잘 처리한다. 공성 보다는 수성에 능한 사람으로, 조상의 업적을 잘 이어 받들며, 윗사람의 권세와 귀함을 잘 이어나간다. 본인 또한 아랫사람의 빈틈없는 조력을 받는다. 혹은 약간 기인적인 행동을 하기도 한다.

• 다른 사람의 도움으로 자신의 공을 이루고 지위를 확고히 한다. 다만 공과 사, 네 일과 내 일을 명백히 하지 않으면 오히려 화를 입는다. 대체로 남에게 의존해서 일을 성취하는 운으로, 조급히 하거나 억지로 일을 꾀하지 않으면 성공한다.

• 위장이 안 좋고 기운이 모자라 자주 졸게 된다. 동남방이 이롭고 진일이나 사일이 이롭다. 배를 타는 일은 삼가라. 병술 병자 병인년에 태어났거나 음력 2월~8월 사이에 태어난 사람에게 좋다.

소망	작은 일은 길하다.	가출	동남방에 있다.
사업	작은 일은 성립된다.	실물	동남방에 있다.
개업	계약관계를 분명히 하고 시작한다.	질병	소화기관에 이상이 있으나 점차 나아진다.
승진	다른 사람의 도움으로 된다.		
시험	윗사람의 도움으로 된다.	기후	흐리고 바람 분다.
혼인	중매반 연애반인데 조금 늦어진다.	의상	황토색 하의에 청록색이나 짙은 파랑 상의, 하늘거리는 옷.
출산	남아를 낳는다.		
매매	이룬다.	음식	과일과 채소, 선짓국 머리 고기, 푸른색 채소.
재수	주변의 도움으로 조금 있는 편이다.		
소송	문서관계를 명확히 한다.	사람	고위직, 나이든 여성 공무원, 간호원, 기술자.
출마	주변의 도움으로 당선된다.		
증권	거래가 활발하고 강세를 띤 후에 안정세로 돌아선다.	장소	동남방, 서북에서 동남을 바라보고 앉는다. 전망 좋은 정자.
여행	길하다.		

상괘 7
하괘 4
頤

7간4진6 ◎ 이(頤) 상효동
엄마사랑 엄마밥◎

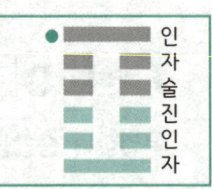

- 아랫사람으로서 전권을 위임받아서 최선을 다해 노력한다. 항상 반성하고 두려워하는 마음으로 임하며 적극적으로 분발하니, 모든 사람의 신망을 한 몸에 받고 일을 성공한다. 평소 조상의 덕을 많이 입는 사람이므로 조상 모시기를 내 몸 위하듯 하라.
- 직책과 봉급이 많아지는 등, 대체로 모든 일에 적극적으로 임해서 뚜렷한 성과가 있고 잘 풀린다. 큰 회사 사장이 되거나, 지방의 훌륭한 유지, 또는 교육가로 존경을 받기도 한다. 양로원이나 고아원 등에서 봉사활동을 하면 더욱 잘 풀린다.
- 서남방이 이롭고, 미일과 신일이 길일이다. 병술 병자 병인년에 태어났거나 음력 2월~8월 사이에 태어난 사람에게 좋다.

소망	자신의 노력으로 크게 이루게 된다.	여행	길하다.
사업	신중하고 성실하여 크게 이룬다.	가출	서남방에 있다.
개업	길하다. 교육 사업이면 더욱 좋다.	실물	서남방에 있다.
승진	승진한다.	질병	평소 쌓아온 음덕으로 큰 병이 낫는다.
시험	합격된다.	기후	흐리고 습하다.
혼인	부하나 제자, 이웃여자가 따른다.	의상	황토색 계열, 옅은 검은 색, 돋보이는 옷, 각이 진 옷, 넉넉한 옷.
출산	여아를 순산한다.		
매매	성립된다.	음식	과일과 채소, 선짓국 머리 고기, 푸른색 채소, 산나물, 소고기.
재수	아주 좋다.		
소송	승소하나, 화해하는 것이 더 이익이다.	사람	고위직 여성 공무원, 거상, 부유한 사람, 어머니, 할머니.
출마	당선된다.		
증권	거래가 활발하다. 갑자기 상승한 뒤에 하락한다. 만약 하락할 때 이러한 점괘를 얻었다면 나중에 상승한다.	장소	서남방, 넓고 시야가 트인 곳, 최고 명소.

7간 5손 1 △
불륜애인 전화위복

고(蠱) 초효동

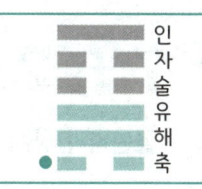

• 과거의 잘못된 일을 잘 처리하여 전임자의 허물이 없게 한다. 선임자가 잘못하였다고 해서 그것을 비난하기 보다는, 과감하게 결단하여 고쳐나가되 충성과 효도를 다하는 마음으로 대처하는 것이다.

• 옛 습관에 매이지 않고 스스로 살아갈 방책을 만들며, 어려움을 만나도 힘을 합해 잘 처리한다. 고관일 경우는 개혁의 중심에 서서 간사함을 혁파하고 폐단을 없애되 전임자를 욕보이지 않으며, 일반인은 조상의 음덕을 이어받고 그 유지를 이어받되 조상의 허물이 없도록 고쳐나간다. 나이 든 사람은 죽을 운을 걱정해야 한다.

• 개띠나 돼지띠가 이롭다. 신장의 기운을 보해야 하고, 서북방이 이로우며, 술일 해일이 이롭다. 신축 신해 신유 무오 정해 정미년에 태어났거나 음력 1월~8월 사이에 태어난 사람에게 좋다.

소망	어려움을 극복하고 바라는 바를 이룬다.	증권	강세를 보인다. 아침에 약했다가도 미시 신시에 반드시 강세를 보이다.
사업	노력 끝에 성공한다.	여행	가서는 안 된다.
개업	현업을 유지하면서 조금씩 바꾸는 것은 좋다.	가출	서북쪽으로 갔다.
		실물	서북쪽에 있다.
승진	부모님의 도움 또는 조상의 음덕으로 승진한다.	질병	조금씩 차도가 있다.
		기후	바람 불고 추워진다.
시험	비슷한 다른 과목으로 바꾸어 합격한다.	의상	둥근 형체의 흰옷 바탕에 청록색이나 짙은 파랑 겉옷.
혼인	지체되다 이루어진다.	음식	과일과 채소, 선짓국, 머리 고기, 푸른색 채소.
출산	남아를 낳는다.		
매매	이익을 얻으면서 성사된다.	사람	고위직 공무원, 나이든 여성 공무원, 간호원, 기술자.
재수	조금 있다.		
소송	승소한다.	장소	서북방, 동남에서 서북을 바라보고 앉는다. 숲, 조용한 곳.
출마	당선되기 어렵다.		

상괘 7 하괘 5 蠱

7간 5손 2 △ 고(蠱) 이효동
불륜엄마 용서이해

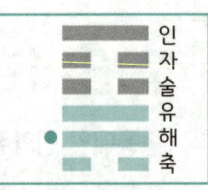

- 윗사람을 도울 때 공경하고 순하게 하면서 자신의 뜻을 부드럽게 펴야 성공한다. 항상 곧은 마음을 품고 있으나 자신을 알아주는 사람을 만나기 어렵다. 잘못된 것을 잘 고치고 치우친 일을 바로잡되, 그른 것도 잘 포용하여 상대를 욕보이지 않으니 신망과 존경을 받는다.
- 상대가 바람을 피우는 등 부정을 저지르더라도, 상황을 잘 살펴서 이해하며 잘 처리하므로 자신의 지위가 더 확고해진다. 옛 것을 현실에 맞게 잘 고쳐나가고, 특히 여자일 경우 근면하고 검소하여 집안을 잘 지탱해 나간다. 성품이 충직하여 부유하게 되는 경우가 많다.
- 빈혈로 고생하고, 동북방과 축일 인일이 이롭다. 신축 신해 신유 무오 정해 정미년에 태어났거나 음력 1월~8월 사이에 태어난 사람에게 좋다.

소망	억지로 얻으려고 안 해도 이룬다.	증권	보합세를 유지하고 등락은 없다.
사업	옛것을 조금씩 원만하게 고쳐나가서 번창한다.	여행	가면 막힌다.
		가출	동북쪽에 있다.
개업	근면하고 검소하니 성공한다.	실물	동북쪽에 있다.
승진	승진한다.	질병	회복될 기미가 보인다.
시험	합격한다.	기후	바람 불다가 그친다.
혼인	근면하고 성실한 사람을 배우자로 맞는다. 상대방의 결점을 지적하지 말고 원만하게 살아야 한다.	의상	검은색과 황토색, 주름을 잡은 옷, 곤충 무늬 옷, 커플 옷.
		음식	과일과 채소, 작은 동물의 고기, 산나물, 콩.
출산	여아를 낳는데 쌍둥이일 수가 있다.		
매매	이루어진다.	사람	어머니, 불륜의 연인, 소인배.
재수	이긴다.	장소	동북방, 좁은 길, 산 속, 언덕진 곳, 칸막이 방.
소송	좋다.		
출마	당선이다.		

7 간 5 손 3 △	고(蠱) 삼효동	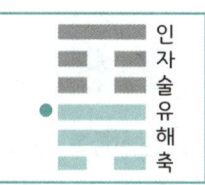
작은불륜 이해용서		

- 잘못된 일을 다스릴 때 지나치게 엄격하게 해서 후회가 생긴다. 마땅히 고쳐야 될 일이므로 주저하지 않고 고치는 것이 맞지만, 당하는 입장에서는 불만이 없을 수 없다. 그렇다고 여유를 둔다면 상대방의 속이는 말에 넘어가 더 큰 실수를 하게 된다.

- 일을 처리함에 여유를 두지 않고 원칙대로 처리하는 과감성이 있다. 조급함으로 인한 실수는 있겠지만, 간사하고 유혹하는 말에 흔들리지 않으니, 결국에 가서는 옳다는 평가를 받는다.

- 위장이 더부룩하다가 설사가 난다. 북방과 자일이 좋다. 신축 신해 신유 무오 정해 정미년에 태어났거나 음력 1월~8월 사이에 태어난 사람에게 좋다.

상괘 **7**
하괘 **5**
蠱

소망	과감하게 하되, 너무 적극적으로 움직이면 피해를 볼 수도 있다.	증권	등락을 반복하다가, 보합세를 유지하고 안정세로 돌아선다.
사업	조급히 하지 마라.	여행	함정에 빠질 염려가 있으므로 가지 않는 것이 좋다.
개업	처음에는 고생한다.		
승진	부정이 있어 어렵다.	가출	북쪽에 있다.
시험	부정이 있어 어렵다.	실물	북쪽에 있다.
혼인	너무 적극적으로 해서 오해를 산다.	질병	잘 보양해야 한다.
출산	남아를 낳는다.	기후	바람 불고 비 온다.
매매	조급히 하면 일을 그르친다.	의상	검은색, 조금 분수에 맞지 않는 옷, 물결무늬.
재수	반반이다.		
소송	유리한 조건이나, 화해하지 않으면 오랜 시일 고생한다.	음식	물고기, 조개, 해물류, 잔치음식, 닭고기.
출마	낙선이다. 기반을 닦는다.	사람	약간의 불륜, 작은 후회, 아버지.
		장소	북방, 물가, 한적하고 조용한 곳.

7간 5손 4 △ 잠시불륜 따끔훈계

고(蠱) 사효동

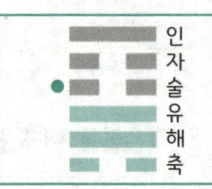

• 잘못을 고치는 입장에 있는데, 과감하지 못해서 끝마무리를 못하고 넘어간다. 성격이 우유부단하다. 고쳐야 한다는 것을 알면서도 실천을 못한다. 작은 일은 해결할 수 있으나 큰일에는 손해가 따른다.

• 높은 지위에 있으면서 하는 일 없이 월급만 축낸다. 스스로도 현재 상황에 안주하면서 일을 게을리 한다. 게으름을 피우고 놀기를 좋아하는 속성으로 어려움이 따르니, 일마다 우환이 생긴다.

• 허리나 목에 병이 생겨 움직이기가 힘들고, 동북방과 축일 인일이 무난하다. 병술 병자 병인년에 태어났거나 음력 1월~8월 사이에 태어난 사람에게 좋다.

소망	게을러서 이루지 못한다.	여행	험하고 막힘이 많다.
사업	노름 등을 하며 게으름을 피우다 보면 파산에까지 이른다.	가출	남쪽에 있다.
		실물	남쪽에 있다.
개업	불가하다.	질병	몸이 약해 항상 아프다. 목에 병이 생긴다.
승진	노는 데 정신이 팔려 어렵다.		
시험	너무 무사안일하게 행동해서 어렵다.	기후	흐리다가 해난다.
혼인	연애만 즐겁다. 현실성이 부족하다.	의상	붉은 색, 밝고 화려한 옷, 너무 튀지 않는 옷.
출산	여아를 낳는다.		
매매	이루기 어렵다. 손실이 있다.	음식	장식된 음식, 넉넉한 양, 불고기, 구이, 바비큐.
재수	없다. 본인은 별 신경 안 쓴다.		
소송	화해하라. 상대가 호의적이다.	사람	여성 같은 중년 남자, 아버지, 결단력 없는 사람.
출마	낙선이다.		
증권	변동수가 있고 상승한다.	장소	남방을 조심하라, 동북방이 무난하다. 찜질방, 환하고 밝은 곳, 아궁이.

7 간5 손 5 ◎ 고(蠱) 오효동
오해불륜 해결포용

• 잘 보필할 수 있는 사람을 얻어서 일을 잘 처리하는 귀인이다. 넉넉한 덕과 뛰어난 재주로 세상을 구제하고, 마음과 힘을 다해 집안을 일으키고 주변에서 숭상을 받는다. 전임자의 공을 드러나게 하고, 전임자가 만든 규칙을 지켜 나간다.

• 높은 자리에 천거되어 명예를 날리고, 직장을 옮기거나 기존의 틀과 사상을 바꾸어 새로운 규율과 법을 세운다. 자손이 늘어나고 경사가 겹친다.

• 코나 귀에 병이 생기고, 동남방과 진일 사일이 크게 이롭다. 병술 병자 병인년에 태어났거나 음력 1월~8월 사이에 태어난 사람에게 좋다.

소망	이룬다.	여행	길하다.
사업	승승장구다.	가출	동남방에 있는데 곧 돌아온다.
개업	좋다.	실물	동남방에 있다. 3일후 찾는다.
승진	시험을 보아도 승진하고, 천거를 받아도 승진한다.	질병	3개월 후 치유된다.
		기후	구름 끼고 바람 분다.
시험	합격이다.	의상	유행 타는 옷, 청록색 계열, 우아한 옷, 전통 옷, 커플 옷, 커플 장식.
혼인	좋은 배필을 만나 식구가 늘어난다.		
출산	남아를 낳는다. 혹 쌍둥이다.	음식	전통음식, 닭고기, 돼지고기, 식물성 요리.
매매	크게 이익 본다.		
재수	크게 좋다.	사람	나이 든 여성 공무원, 간호원, 장녀, 덕행이 훌륭한 부인, 기술자.
소송	승소한다. 쉽지는 않다.		
출마	당선이다.	장소	동남방, 서북에서 동남을 바라보고 앉는다, 숲, 조용한 곳.
증권	변동해서 강세를 보이나, 특별한 상승은 없다.		

상괘 7
하괘 5
蠱

7간 5손 6 △ 고(蠱) 상효동
혼자살기 황혼이혼

- 덕과 재주가 많으면서도 등용되지 않아, 은거해 살면서 지조를 지키는 사람이다. 혹 공을 세웠으면서도 그 공에 기대지 않고 "마땅히 할일을 했을 뿐"이라고 하면서 훌훌 떠나는 사람이다.
- 자신의 뜻을 높이 존중하여 세상의 평가나 부귀는 뒷전이다. 직장에 있는 사람은 휴직을 하는 등 부귀와는 멀어진다. 지방의 한적한 곳으로 내려가 여유를 즐기며 산다. 일반인은 자신이 하던 일에 충실하며 살아간다. 혹 높은 자리로 발탁되는 사람도 있다.
- 심장 판막이나 뒷목에 이상이 있고, 서남방과 미일 신일이 무난하다. 병술 병자 병인년에 태어났거나 음력 1월~8월 사이에 태어난 사람에게 좋다.

소망	경제적인 소망은 어렵고 정신적인 소망은 이룬다.	여행	이해득실이 없다. 등산 또는 천렵하는 것은 좋다.
사업	종교계통 일은 길하다.	가출	서남쪽의 산속에 있다.
개업	적극성이 부족해서 안 된다. 명예를 추구하거나 봉사하는 일이라면 좋다.	실물	서남쪽에 있다.
승진	안 된다. 조상의 가업을 잇는 것이 좋다.	질병	음식조절과 단전호흡 등 적절한 운동으로 고친다.
시험	안 된다.	기후	구름 끼고 습기 찬다.
혼인	성사되기 어렵다.	의상	황토색, 펑퍼짐하고 각진 옷, 볼륨감 없는 옷.
출산	무자식이 상팔자다.	음식	소고기, 단맛, 시원한 곳에서의 담백한 맛.
매매	사는 것은 어렵고, 파는 것은 이룬다.		
재수	경제적인 것은 없다.	사람	정년퇴임한 사람, 송별회 모임, 사표 낸 사람.
소송	포기한다.		
출마	낙선이다.	장소	서남방, 평지, 사람이 많이 모인 곳, 공원, 개활지.
증권	상승세를 보이면서 변동한다. 특히 가을에는 바람을 타고 강세로 돌아선다.		

7간 6감 1 △ 몽(蒙) 초효동

어리지만 원칙교육

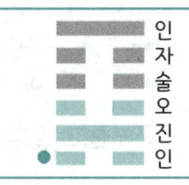

• 아직 어리거나 깨우치지 못해서 몽매한 사람이다. 큰 잘못을 저지르지 않았을 때 징계를 당함으로써 미리 조심하는 습관을 기른다. 존귀한 사람을 잘 따르고 배우면서 덕과 업을 쌓는데 힘쓴다. 아직 일처리가 미숙하지만 차츰차츰 배워서 좋아진다. 윗사람이 벌을 주는 것은, 미워서가 아니라 큰 잘못을 하지 못하도록 하는 경계인 것이다.

• 혹 국사(國史)를 편찬하고 법전을 바로 세우는 일에 종사하고, 교육에 관한 직책을 관장하거나 형벌을 다스리는 책임을 맡는다. 일반인은 송사에 휘말리고, 친한 친구와 다투다가 심지어는 흉기를 가지고 싸우기도 한다. 일반적으로 잘 모르고 어리석기 때문에 시비를 벌이나, 자라는 과정의 하나로 끝에 가서는 오해를 풀고 정상적으로 돌아온다. 자칫 형벌을 받기도 한다.

• 고환에 질환이 생기고, 서쪽과 유일이 이롭다. 무인 무진 무오년에 태어났거나 음력 8월에 태어난 사람에게 좋다.

소망	이루기 어렵다.	가출	서쪽에서 곤란한 처지에 있다.
사업	고난에 처해 있다. 어렵더라도 정도를 걸어라.	실물	도둑의 소행이다.
개업	다른 곳에서 좀 더 배운 뒤에 하라.	질병	순환기 계통이다.
승진	되지 않는다.	기후	비오고 구름 낀다.
시험	불합격이다.	의상	검은색과 흰색의 조화, 눈에 안 띌 정도로 소박한 옷, 단순하며 검소한 옷.
혼인	연애로 이룬다.		
출산	남아를 낳는다.	음식	양고기, 물고기회, 소박하게 조금 먹는 것이 좋다.
매매	잃는 것이 많다.		
재수	손해가 많다.	사람	유명하지 않은 사람, 될 수 있으면 만나지 않음, 무당, 중개인, 기술자, 배우, 가수.
소송	위엄을 보이고, 화해하라.		
출마	낙선하고 감옥에 갇힌다.	장소	서쪽, 이야기방, 물가에 있는 집, 서쪽을 바라보는 방.
증권	시장이 작게 형성되고 하락한다.		
여행	허물을 범한다.		

상괘 7 하괘 6 蒙

7간 6감 2 ○
공부종고 결혼종고

몽(蒙) 이효동

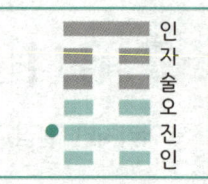

• 남을 가르치고 이끄는 책임을 맡았다. 마음이 넓고 커서 만인을 포용하고 화합하는 기운으로 사람을 대하며, 효도와 자식사랑은 물론 국가에 충성을 다한다. 가문을 일으키고 사업을 번창하게 하며, 능력 있는 아내를 얻거나 귀한 자식을 낳아 그 덕으로 잘산다.

• 다른 사람의 스승이 되고 모범이 되어 승진하고 부유하게 산다. 인정으로 화합하고 협동함으로써 모든 일에 성공한다. 혼인은 능력 있는 여자와 하게 되고, 능력 있고 귀하게 될 자식을 낳아 기르며, 높고 어진 사람을 만나 사귄다. 훌륭한 선생이 되어 뛰어난 제자를 많이 양성한다.

• 혈액순환이 잘 안되고, 서남방과 미일 신일이 이롭다. 무인 무진 무오 년에 태어났거나 음력 8월에 태어난 사람에게 좋다.

소망	노력해서 성공한다. 교육 사업이 좋다.	증권	등락이 교차되어 강세가 유지되면 안정세가 그치고 크게 하락한다.
사업	육영사업이면 더욱 좋다.		
개업	좋다. 번창한다.	여행	일찍 갔다 일찍 돌아온다.
승진	승진한다. 남을 가르치는 일에 보임된다.	가출	남녀관계로 서남방에 있다.
시험	합격이다.	실물	집안 또는 주변에 있다.
혼인	귀인과 만난다. 여자는 교육자와 만나나, 혼기가 늦어진다.	질병	차츰 나아진다.
		기후	비온 뒤 흐리며 습하다.
		의상	검은색과 황색, 펑퍼짐한 비단옷, 따뜻해 보이는 옷.
출산	여아를 낳는다. 아이가 어려서는 산모가 약하다.		
매매	이롭다.	음식	소고기, 단맛, 내장탕, 거위, 오리, 푹 과서 우린 음식.
재수	득이 있다.		
소송	유리하나 패할 우려도 있다.	사람	시골사람, 친척, 가까운 사람, 며느리, 혼인할 사람, 수도자.
출마	당선한다.		
		장소	서남쪽, 밭이나 들, 물가의 토담집, 사람이 많은 광장.

7간6감3 ×× 몽(蒙) 삼효동

돈이좋아 몸을파네

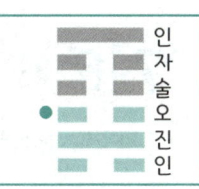

- 자포자기하는 사람과 사귀어 해를 입는다. 학문을 많이 익혀서 이름도 나고 재산도 모았지만, 주색잡기와 도박에 빠진다. 이런 운을 만나면 재취로 가거나 첩노릇을 하며, 몸을 팔아서라도 부유한 사람의 덕을 보려고 한다.
- 좋지 않은 이익과 말로 사람을 현혹시키고, 분주하게 이리저리로 오갈 뿐 실속이 없다. 공직자는 탐욕 때문에 내쳐지고, 공부를 하는 사람은 노는데 정신이 팔려 학문을 그만둔다. 일반인은 쓸데없는 일로 시비를 벌이거나, 주색잡기에 빠지고 고성방가 등 미풍을 해치는 일을 벌인다. 대체로 움직이지 말고 자신의 마음을 수양해야 한다.
- 신경과민과 알콜중독 또는 성병에 걸릴 염려가 있다. 동남방과 진일 사일이 흉하다. 무인 무진 무오년에 태어났거나 음력 8월에 태어난 사람에게 좋다.

소망	이루지 못한다.	증권	등락이 반복되어 안정되지 않다가, 갑자기 상승하지만 손실이 생긴다.
사업	좋지 않은 소문이 떠돈다. 특히 남녀간의 불륜일 확률이 높다.	여행	가지마라.
개업	마음이 불안정하여 안하는 것이 좋다.	가출	동남쪽에 있는데 불륜으로 위험하다.
승진	안 된다.	실물	찾지 못한다.
시험	안 된다.	질병	순환기에 무리가 왔다.
혼인	상대방 또는 자신의 부정한 관계 때문에 안 된다.	기후	비오고 바람 분다.
		의상	황색과 파랑색의 조화, 나들이 옷, 살랑거리는 옷.
출산	남아가 나온다. 후에 산모가 아이로 인해 피곤하다. 혹 불륜의 씨다.	음식	야채, 견과류, 신맛, 닭고기, 밀가루 음식, 오리고기.
매매	어렵다.		
재수	잃는 것이 많다.	사람	불륜남녀, 사무직, 과부, 홀아비, 장녀, 기술자, 소설가 등 문인.
소송	패한다.		
출마	부정이 폭로되고 낙선한다.	장소	동남방을 피하라, 바람 부는 곳, 숲속.

상괘 **7**
하괘 **6**
蒙

7간 6감 4 △
혼자왕따 휴식하자

몽(蒙) 사효동

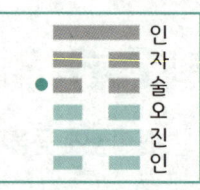

• 현명한 사람과 친하지 못하고 홀로 수양만 한다. 비록 재주는 있지만 자신을 알아주는 사람을 못 만난다. 혼자 절개를 지키며 자기처신만 잘하고 있으니, 후미진 곳에서 이름 없이 지낸다. 수도하는 사람이나 도인에게는 좋지만 자손을 잇기가 어렵고, 스승을 만나기 어렵다.

• 도와주고 이끌어 주는 사람이 없어서 승진하거나 영전하기 어렵다. 일반인은 서로 어긋나 도와주지를 못하니, 하는 일이 오그라들고 지체된다. 대체로 가만히 있으면 재앙이 없지만 움직여 활동하면 손실이 있게 된다.

• 질병은 심장판막증이나 동맥경화증이다. 남쪽과 오일이 무난하다. 병술 병자 병인년에 태어났거나 음력 8월에 태어난 사람에게 좋다.

소망	도와주는 이가 없어서 이루지 못한다.	여행	외롭다.
사업	안 된다.	가출	남쪽에서 외롭게 있다.
개업	주변의 도움이 없어 어렵다.	실물	찾지 못한다.
승진	실력이 좋으나 운이 없다.	질병	외로이 병고에 신음한다.
시험	운이 없다.	기후	흐린 뒤 맑아진다.
혼인	될듯하다 안 된다.	의상	노란색과 붉은색의 조화, 혼자 분위기에 맞지 않는 옷을 입을 확률 높다.
출산	힘들게 여아를 낳는다.		
매매	중개가 없어 어렵다.	음식	바비큐, 콩, 구워서 먹는 음식, 꿩고기, 만두.
재수	없는 편이다.		
소송	안하는 것이 좋다.	사람	火자나 日자가 들어간 성씨, 문서 또는 불과 관련된 사람, 서예가, 화가.
출마	낙선이다.		
증권	오랫동안 보합세를 유지하며 변동이 거의 없다. 나중에 상승할 일이 생긴다.	장소	남방, 찜질방, 한적한 곳, 타인과 단절된 화려한 곳, 들꽃 핀 곳.

7간6감5 ○ 몽(蒙) 오효동
배울수록 앞날보장

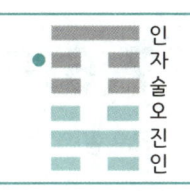
인자술오진인

- 지극한 정성으로 현명한 사람을 초빙하여 대신 일하게 한다. 어려서는 명민하고, 커서는 겸손하면서도 현명하다. 어려서부터 신동으로 고등고시에 합격하거나 혹은 조상의 음덕으로 고관이 되어 아랫사람을 잘 다스린다. 가르치기에 따라 재목이 달라진다.
- 북쪽으로 가서 훌륭한 스승을 만나 대성한다. 사람을 잘 판단하여 믿고 맡길 사람을 잘 임용한다. 외국으로 유학을 가는 것이 좋다. 여자는 훌륭한 교육자를 만나거나 혹 자신을 가르친 스승과 결혼하기도 한다.
- 간이 붓거나 위장병을 달고 산다. 동남방과 진일 사일이 이롭다. 병술 병자 병인년에 태어났거나 음력 8월에 태어난 사람에게 좋다.

소망	여러 사람의 도움을 얻어 이룬다. 특히 학문적으로 성공한다.	여행	길하다. 좋은 스승을 얻는다.
사업	여러 사람의 도움으로 잘된다.	가출	동남쪽에서 스승이 될 사람을 만나고 있다.
개업	여러 사람의 도움으로 잘된다.	실물	동남방에 있다.
승진	된다.	질병	쾌유된다.
시험	합격이다.	기후	흐리다가 바람 분다.
혼인	길하다. 여자는 훌륭한 교육자나 스승과 결혼할 수도 있다.	의상	순수하고 소박한 옷, 황색과 초록색의 조화.
출산	남아를 낳는다. 산모와 좋은 관계이다.	음식	달고 신맛, 산에서 나는 푸성귀, 닭고기, 돼지고기.
매매	피차가 모두 이롭다.		
재수	좋다.	사람	나보다 직책이 낮은 현명한 사람, 실력보다 계급이 낮은 사람, 스승이 될 사람.
소송	화해하는 것이 좋다.		
출마	당선된다.	장소	동남방, 서북에서 동남을 바라보고 앉는다. 산이나 숲이 우거진 곳, 향기 나는 곳. 북쪽도 좋다.
증권	인기리에 오르다가 내려간다. 평이한 시장을 유지한다.		

상괘 7 하괘 6 蒙

7간6감6 △ 몽(蒙) 상효동
초심살려 초지일관

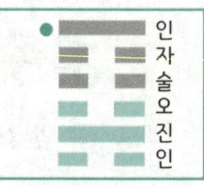

- 어리석은 사람들 가르치려다가, 너무 지나칠 정도로 엄격하게 해서 도리어 부작용이 생긴다. 경찰이나 군인일 경우는 명예와 지위가 높아지고, 병사를 다스리는 일을 잘하며 전쟁터에서 공을 세운다. 혹은 형벌과 옥을 다스리는 관리가 된다. 뜻과 기세가 강하여 중요한 책임을 맡아 해결하며, 큰일을 두려워하지 않고 작은 일이라도 속이지 않는다.

- 관직에 있는 사람은 치안을 담당하여 명성을 날리고, 도적을 미리 방비하고 잘 잡는다. 일반인은 송사나 다툼으로 인해 어지럽고, 혹 수하로 부리는 사람 때문에 어려움을 겪는다. 대체로 자신의 몸을 잘 수양하나, 그것을 남에게까지 지나치게 강요하다가 어려움을 겪는다.

- 뇌졸중으로 고생하고, 서남방과 미일 신일이 무난하다. 병술 병자 병인년에 태어났거나 음력 8월에 태어난 사람에게 좋다.

소망 마음을 잘 조절하면 이룬다.	**증권** 투자종목은 인기리에 오른다. 시장은 하락세이다.
사업 현상유지에 힘쓰면서 내부를 단속한다.	**여행** 도적을 주의하라.
개업 도적이나 사기꾼을 조심하라.	**가출** 서남방에 있다.
승진 어렵게 승진한다.	**실물** 서남방에 있다.
시험 합격이다.	**질병** 빨리 치료하면 낫는다.
혼인 여자는 이루지 못하고, 남자는 이룰 수 있다.	**기후** 흐리고 습하다.
출산 여아를 낳는다.	**의상** 매듭 있고 펑퍼짐한 옷, 누렇고 검은 색, 아래 위 단일색인 옷.
매매 신중히 해야 한다.	**음식** 소고기, 단맛, 내장탕, 거위, 오리, 채소.
재물 이득 있다. 절약하는 것이 좋다.	**사람** 고관, 거상, 경찰, 군인, 인자하지 못한 할머니, 엄격한 선생님.
소송 미리 예방하는 것이 좋다. 아랫사람을 조심하라.	**장소** 서남방, 교외의 한적한 곳, 격리된 찻집, 격리된 도심지.
출마 비용이 많이 든다. 함정을 조심하면 된다.	

7간 7간 1 △
두문불출 계획짜고

간(艮) 초효동

- 바름을 지키는 성격으로, 옳은 일이 아니면 이익이 있더라도 하지 않는다. 그래서 크게 성장하지는 못해도 실패하거나 잘못되지는 않는다.
- 항상 겸손하고 중후하게 처신하니 자신과 가문을 보존한다. 이끌어 주는 사람도 없고, 다른 사람에 비해 승진이 늦어지며 경제적으로도 불만이 있으나, 적어도 뇌물을 받거나 부정한 일을 하지는 않는다.
- 병진 병오 병신년에 태어났거나 음력 4월에 태어난 사람에게 좋다. 발꿈치에 염증이 생기기 쉽고, 남방과 오일이 길하다.

소망	작게는 이룬다.	출마	포기한다.
사업	현상유지를 목표로 능력에 따라 한다.	증권	반드시 상승하나, 큰 상승은 없다.
개업	분수껏 시작한다.	여행	불리하다.
승진	이루기는 한다.	가출	남쪽에 있다.
시험	일단 합격하지만 공부를 따라가기 힘들다.	실물	남쪽에 있다.
혼인	이룬 다음에 서로 간에 불만이 있다.	질병	발에 난 병으로 거동이 불편하다.
출산	남아를 낳는다.	기후	흐린 뒤 해난다.
매매	아직은 성립되기 어렵다.	의상	황토색과 주황색, 비활동적인 옷과 신발, 화려함을 피한다.
재수	보통이다.	음식	작은 동물구이, 조개구이, 게구이.
소송	바르게 하고 심판만 기다린다. 유리하다.	사람	중년 여성, 만나지 못한다.
		장소	남방, 환한 곳, 산속, 은둔처, 조용한 곳, 조용한 남향집.

상괘 7
하괘 7
艮

7간 7간 2 △
입다물고 휴식하세

간(艮) 이효동

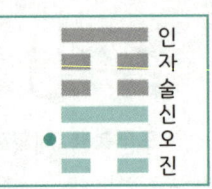

• 자기 자신은 바르게 다스리나 다른 사람까지 바르게 하지는 못한다. 손해 볼 줄 알면서도 나의 옳음을 행한다. 주변의 질시와 모함을 받고 윗사람으로부터도 미움을 받아 버림받는다. 세상을 뒤집을 때도 아니고 자신의 힘도 부족하니, 기회를 얻지 못해 마음이 아프다.

• 당시에는 크게 평가를 받지 못하나, 먼 훗날에 긍정적인 평가를 받는다. 자신이 닦아놓은 터전을 떠나 멀리 가서 새롭게 독립한다. 혹 다리에 병이 나서 움직이기 어렵고, 가정에 우환이 생겨 마음이 괴로울 수가 있다.

• 동북쪽이 무난한 방향이다. 병진 병오 병신년에 태어났거나 음력 4월에 태어난 사람에게 좋다.

소망	바랄 수 없다.	증권	생각지 않은 거래로 등락이 오간다. 가을과 여름이라면 상승국면이다.
사업	힘있는 사람의 도움도 받지만, 자신을 참으로 도와주어야 할 윗사람이 모른 척 하니 그 어려움이 크다. 경험 쌓는 시간으로 삼아라.	여행	마음수양 여행이면 좋다.
		가출	동남쪽에 있다.
		실물	동남쪽에 있다.
개업	경험삼아 하는 것은 모르지만 고생스럽다.	질병	다리와 장딴지에 병이 있다. 또는 홧병으로 심장에 무리가 온다.
승진	되기 어렵다.	기후	흐리고 바람 분다.
시험	어렵다.	의상	황토색과 녹색, 몸에 붙은 옷, 살이 드러나서 기분 나쁜 옷을 입게 된다.
혼인	성사되기 어렵다.		
출산	여아를 낳는다.	음식	닭다리, 돼지허벅지살, 각종 채소.
매매	안 된다.	사람	내말을 믿어주지 않는 윗사람, 나를 백안시하는 사람, 서로 말이 통하지 않는 사람.
재수	없는 편이다.		
소송	윗사람의 힘을 빌리고자 하나, 오히려 해를 입는다.	장소	동북방이 무난하다. 언덕, 산속, 바람이 잘 통하는 곳, 조용한 곳.
출마	안 된다.		

7간 7간 3 △
아슬아슬 손익분기

간(艮) 삼효동

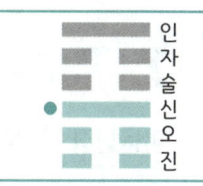

- 자신이 설 곳이 아닌데 탐을 내니, 방향과 때를 잃고 잘못 행동한다. 일은 어지럽고 마음은 편치 못하다. 중재를 시켜야 할 입장이지만, 욕심이 앞을 가려 다른 사람의 소통과 화합을 막는다. 욕심을 채우기 위해 강경하게 움직이면 이득을 보게 될 것이나 오래가지는 못한다.
- 높은 직책에 있는 사람은 강하게 밀고 나가 승진하지만 뒤가 구려서 불안하고, 일반인은 강약을 조절하지 못하여 재산과 가정을 잃기 쉬우므로 원망의 마음으로 불안하다. 강경하게 움직이면 모든 일이 막혀서 형벌을 받게 되는 등 어려움을 자초한다. 수도하는 사람은 마지막 고비에 들어섰다.
- 또 늙은이와 어린이는 심장병 또는 눈병에 걸리기 쉽고, 혹은 허리에 병이 생겨 굴신하기가 어렵다. 서남방이 좋지 않고 인년(寅年) 특히 경인년을 조심하라. 병진 병오 병신년생이거나 음력 4월에 태어난 사람에게 좋다.

상괘 7
하괘 7
艮

소망	갈림길에 있다. 처신하기에 달렸다.	여행	그쳐있는 것이 더 좋다.
사업	고집 세고 원칙대로 하니 부진하다.	가출	서남쪽에 있다.
개업	좀더 경험을 넓게 쌓아서 하는 것이 좋다.	실물	서남쪽에 있다.
승진	승진하기는 하지만, 조금 지나치다 할 정도로 고집이 세다.	질병	화로 인한 심장병과 눈병, 그리고 요통이 심하다.
시험	합격하되 마음에 들지는 않는다.	기후	구름 끼고 흐리게 된다.
혼인	늦게 이룬다.	의상	황토색, 네모지고 넉넉한 옷, 주름 없는 옷.
출산	남아를 낳는다.	음식	소고기, 뿌리식물, 야채, 단맛, 등뼈, 등심, 구이 종류.
매매	가슴 조인다. 늦어진다.		
재수	보통이다.	사람	어머니, 할머니, 공무원, 큰상인, 마음속으로부터 정을 주지 못하는 사람.
소송	화해한다.		
출마	뜻대로 되기는 힘들다.	장소	서남방을 피하라, 공공장소, 개활지, 농원, 산속, 조용한 곳.
증권	한꺼번에 하락한다. 거래에 변수가 많다.		

7간 7간 4 △ 간(艮) 사효동
마음편히 몸위하세

- 그만 두어야 할 곳이면 이익이 있더라도 그만두고 함부로 움직이지 않는다. 다른 사람까지 모두 편안하게 하지는 못하지만, 최소한 자기 자신은 본분을 지키는 등 마음을 편안히 가진다.
- 승진할 생각을 말고 현 지위를 고수하라. 급하게 서두르면 사고를 당해 입원할 수도 있다. 가족을 떠나 자신을 수양하는 승려나 도인에게 좋다.
- 혈압이 높다. 황병을 조심하고, 장소는 남방이 좋고 오일이 무난하다. 또 돼지(亥)해나 돼지띠, 닭(酉)해나 닭띠를 만나면 좋다. 병술 병자 병인년에 태어났거나 음력 4월에 태어난 사람에게 좋다.

소망	현재에 만족하라.	여행	반반이다.
사업	자신의 사업만은 편안하다.	가출	남쪽에 있다.
개업	현상유지는 된다.	실물	남쪽에 있다.
승진	요행을 바라지마라. 노력의 대가만 있을 뿐이다.	질병	특별히 어디라 할 곳은 없는데, 여기저기 상태가 안 좋다.
시험	다음 기회가 기대된다.	기후	흐리다가 해난다.
혼인	둘만 좋다.	의상	노란색과 주황색, 위아래 색깔이 같다, 원피스, 화려한 옷.
출산	여아를 순산한다.		
매매	가능성이 보인다.	음식	통구이, 조개구이, 자라구이, 작은 동물 통구이, 꿩고기만두.
재수	장차 가망 있다.		
소송	계류중이나 가망 있다.	사람	혼자 있는다. 사색할 사람, 명상에서 봄, 중년여자.
출마	떨어지나 다음 기회가 기대된다.		
증권	처음에는 올랐다가 나중에 내린다.	장소	남방, 환한 곳, 우아하고 화려한 곳, 산 속.

7간 7간 5○ 간(艮) 오효동
자기성찰 위엄서네

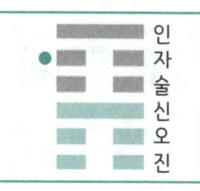

- 말을 조리 있게 하고 신중하게 하니 허물이 적다. 하는 일마다 이치에 맞으니 당장은 어렵더라도 곧 풀리게 된다. 수도하는 사람이라면 도통해서 이제 거의 완성단계에 이른 사람이다.
- 언론기관 또는 교육하는 일에 종사하면 제대로 얻은 천직이다. 감정을 달래면서 시를 읊고 옛 성현의 글을 담론하는 숨은 선비, 또는 덕 높은 고승에 해당한다. 덕을 닦은 사람이라면 공평한 말로 사람들의 마음을 얻는다. 하지만 수양이 덜된 사람은 말로 인해 구설수에 오르게 된다. 늙은 사람을 봉양하고 아이를 양육하는 일에 대해 점쳤다면 불리하다.
- 병술 병자 병인년에 태어났거나 음력 4월에 태어난 사람에게 좋다. 구안와사 등 안면신경에 문제가 생기기 쉽고, 동남방과 진일 사일이 길하다.

소망	이룬다.	여행	크게 이롭다.
사업	언론 쪽으로 도움을 청하면 크게 진전 있다.	가출	동남쪽에 있다.
		실물	동남쪽에 있다.
개업	길하다.	질병	구안와사다.
승진	승진한다. 특히 언론계통이면 좋다.	기후	흐리고 바람 분다.
시험	합격이다.	의상	황토색과 녹색, 볼터치, 귀걸이, 목걸이, 유행을 타는 옷.
혼인	늦게 된다.		
출산	남아를 순산한다.	음식	과일, 돼지고기, 볼 살, 푸른색 채소.
매매	이롭게 성립된다.	사람	중년 여자, 말을 조리 있게 하는 사람, 포용력 있는 사람, 지도자.
재수	있다.		
소송	바르게 하여 어려움 끝에 역전승한다.	장소	동남방, 서북에서 동남을 바라보고 앉는다, 얼굴을 맞댈 장소, 명상센터. 산속.
출마	당선된다.		
증권	차츰 상승한다.		

7간 7간 6 ◎ 간(艮) 상효동
깊은성찰 좋은결과

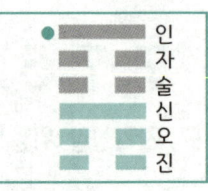

- 지극히 착하고 도덕이 높으며 절개가 굳다. 군자가 되어 당대의 표상으로 우러름을 받고, 복과 은택이 많은 사람이다. 도를 닦는 사람이라면 한 소식을 들어서 자유자재한 사람이 된다.
- 농사짓는 집은 농장이 번창하고, 장사하는 사람은 저절로 이득이 늘어난다. 대인군자라면 사회의 표상이 되어 복과 은택이 널리 퍼진다. 대체로 가만히 한 자리에 진중하게 있으면, 다른 사람들이 와서 도와줌으로써 뜻대로 이루게 된다.
- 병술 병자 병인년에 태어났거나 음력 4월에 태어난 사람에게 좋다. 순환기 장애가 있다가 극복된다. 서남방과 미일 신일이 길하다. 또 동북쪽으로 가면 의외로 마음이 편안하고 길해진다.

소망	노력끝에 성공한다.	여행	길하다.
사업	그동안 경험이 바탕이 되어 더 크게 확장한다.	가출	서남쪽에 있다.
개업	경험과 인맥을 살려 대성한다.	실물	서남쪽에 있다.
승진	된다.	질병	뇌졸중이다.
시험	합격이다.	기후	고온다습하다.
혼인	연애로 결혼을 약속한다.	의상	황토색, 네모지고 넉넉한 옷, 주름 없는 옷, 무게감 있는 옷.
출산	여아를 낳는다.	음식	과일, 머리 고기, 푸른색 채소, 한두 가지의 전문요리.
매매	이롭게 성립된다.		
재수	크게 얻는다.	사람	나이든 고위 공무원, 할머니, 마음이 깊은 사람, 큰 상인.
소송	오래 끈 후에 화해한다.		
출마	꾸준히 쌓은 공으로 당선된다.	장소	서남방, 공공장소, 배산임수의 개활지, 농원, 산.
증권	거래량이 느나 안정세이다. 변동할 일이 생겨서 갑자기 강세를 보인다.		

7간8곤1 ×
발다칠라 자승자박

박(剝) 초효동

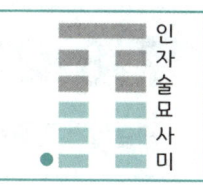

- 소인이 바름을 해쳐서 흉하게 된다. 귀한 기운이 적고 복도 적은 사람이다. 쉴 새 없이 바쁘게 돌아다니지만 실속이 없고, 계획을 세우지도 못하고, 생활에 일정한 규칙도 없다. 주변 소인의 침해를 받거나 스스로 재앙을 만드니 한숨만 나온다.
- 진퇴를 결정할 때 신중해야 하는데 그렇지 못해서 안타깝다. 수족처럼 부리던 아랫사람이 다치거나 그만두거나 배신하며, 형제가 화목하지 못하게 된다. 오직 무엇인가를 고치고 수리해서 만들거나 작은 규모의 토목공사는 좋다.
- 손과 발에 병이 생기고, 동방과 묘일이 좋지 않다. 을미 을사 을묘 계미 계사 계묘년에 태어났거나 음력 9월에 태어난 사람에게 좋다.

소망	이루기 어렵다.	여행	막힌다.
사업	아랫사람에게 문제가 생긴다.	가출	동쪽에 있는데, 발을 상했다.
개업	불가하다.	실물	동쪽에 있다. 아랫사람의 소행이다.
승진	공연히 바쁘기만 하다.	질병	다리를 상한다. 점차 회복된다.
시험	불합격이다.	기후	불쾌지수가 높고, 흐린데다 습기가 많은 바람이 분다.
혼인	안 된다. 일이 여러 가지로 꼬이게 된다.		
출산	남아를 낳는데 순산하기 어렵다.	의상	녹색계열, 발이 편한 신발, 운동화, 안전하고 편한 신발.
매매	안 된다.	음식	족발, 꼬리곰탕, 토란탕, 식물의 뿌리, 음식이 상했을 수도 있다.
재수	없다.		
소송	패소한다.	사람	아랫사람 혹은 어린 사람을 주의하라.
출마	낙선한다.	장소	동방을 피하라. 만나지 않는 것이 좋다.
증권	거래량이 적으면서 강세를 보인다.		

7간8곤2 ×
제살깎기 은혜배반

박(剝) 이효동

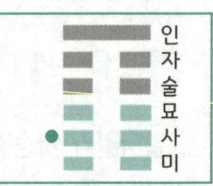

• 소인들이 난동을 부리는 피해가 점점 가까워져서 군자가 피해를 입게 된다. 충성되며 곧은 마음을 갖고 있어도, 간사한 사람들의 비방을 받게 된다. 쉴 새 없이 일을 하기는 하지만 현상황도 유지하기 어렵고, 의탁하고 돌봐줄 사람이 없으며, 특히 혼인하려는 사람은 파혼하기 쉽다.

• 공직자는 직책에서 쫓겨나게 되고, 아직 직업을 갖지 못한 사람은 승진하기 어렵다. 대체로 하고 있는 일이 이루어지지 않으며, 지위가 낮은 사람은 능멸 당하고, 존귀한 사람은 시기와 모함을 받는 운이다.

• 신장에 염증이 생기고 피부병을 조심하라. 북방과 자일이 좋지 않다. 을미 을사 을묘 계미 계사 계묘년에 태어났거나 음력 9월에 태어난 사람에게 좋다.

소망	이루기 어렵다.	증권	거래량이 없다. 기세가 약하다.
사업	불황이다.	여행	힘만 든다.
개업	불가하다.	가출	북쪽에 있는데, 허리를 다쳤다.
승진	어렵다.	실물	북쪽에 있다.
시험	어렵다.	질병	신장에 이상이 생겨 아래허리가 아프다.
혼인	성립되기 어렵다.	기후	흐리다가 비 온다.
출산	여아를 낳는다.	의상	검은색 계열, 꿰맨 곳이 터질 가능성 높다, 상하 불균형을 주의하라.
매매	성립되지 않는다.		
재수	없다.	음식	물고기, 잘 익히고 주의 깊게 요리하지 않으면 불상사, 가시나 돌을 주의.
소송	이기기 어렵고, 모함을 받는 등 어려움이 따른다.		
		사람	사기꾼, 도적, 훈수.
출마	낙선이다.	장소	북방에서 만나지만, 안 만나는 것이 좋다.

7간 8곤 3 △ 박(剝) 삼효동

독자판단 왕따각오

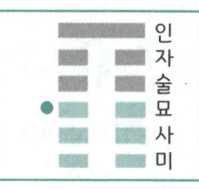
인자술묘사미

- 주변이 소인으로 가득 차있는데 홀로 선한 행동을 하려니 외롭다. 속된 무리 속에서 홀로 뛰쳐나와서 자신의 길을 가고자 노력한다. 주변 사람을 교화시키지는 못하고, 단지 홀로 성현들의 근면함을 배우고 힘써 도를 행할 뿐이다. 박덕하고 복이 없어 따르는 무리가 없다. 일시적으로 나쁜 길로 들어 섰다가도 다시 빠져 나온다.

- 공직자는 자신을 알아주는 윗사람을 만나기는 하나 뜻을 펴기 어렵고, 일반인은 자신을 알아주는 사람을 만나기 어려울 뿐 아니라 생애가 보잘 것 없이 흘러간다. 대체로 주변사람들과 노선을 달리하여 일시적으로 명성을 얻을 수는 있지만 외롭고 어렵다. 또 부모와 처자 등 가족을 잃는 우환을 경계해야 한다.

- 복막염을 앓고, 동북방과 축일 인일이 무해무득하다. 을미 을사 을묘 계미 계사 계묘년에 태어났거나 음력 9월에 태어난 사람에게 좋다.

상괘 7 하괘 8 剝

소망	일희일비한다.	증권	보합세를 유지하며, 거래가 체결되기 어렵다.
사업	독특한 상품과 경영방법으로 겨우 유지한다.	여행	동북으로 가면 무방하다.
개업	불가하다.	가출	동북에 있다.
승진	작은 규모의 회사에서는 된다.	실물	동북방에 있다.
시험	낮춰서 가면 간신히 합격한다.	질병	속히 수술해야 할 병이다. 큰 병원을 찾아가라.
혼인	옳다고 생각되는 사람과 소신껏 한다.	기후	흐리게 된다.
출산	남아를 낳는다. 쌍둥이일 가능성이 있다.	의상	상하 불균형인 옷, 검은색 혹은 황색 계열, 커플 옷.
매매	이루어지지 않는다.	음식	산나물, 작은 동물고기, 조금 먹는다.
재수	보통이다.		
소송	화해한다. 주변의 사람을 잃기 쉽다.	사람	소인배, 어린 남자, 별 인연이 없는 사람.
출마	낙선이다. 홀로 옳은 길을 가다가 낙선한다.	장소	동북방, 산속, 둘레길, 조용한 곳.

7간 8곤 4 ✕ 박(剝) 사효동
성형사고 피부조심

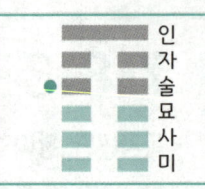

- 소인배의 기질이 있다. 남을 헐뜯고 모함하여 부귀권세를 누리다가 결국 화를 입게 된다. 지금 복을 누리더라도 결국 모든 것을 잃게 될 것이다. 의심 많고 질투심이 많다. 능력과 재질이 모자란다는 것을 알면서도 남의 것을 탐낸다. 스스로 죄를 지어 자신에게 상처를 주고 남을 다치게 하니, 누구를 원망할 것인가?

- 참소와 사악함으로 주변에 피해를 입혔으므로, 자신에게 돌아오는 일도 위태하고 다툼과 송사가 계속 생긴다. 남에게 피해를 주면서 재산을 모은 것으로 결국 다시 빼앗기게 된다.

- 화상을 입거나 피부병이 생긴다. 남방과 오일이 좋지 않다. 병술 병자 병인 계축 계해 계유년에 태어났거나 음력 9월에 태어난 사람에게 좋다.

소망	재난이 닥친다.	여행	다친다.
사업	부도가 난다.	가출	남쪽에 있는데 흉하다.
개업	불가하다.	실물	남쪽에 있다.
승진	몸까지 다치게 된다.	질병	외상이 생기거나 피부병으로 치유가 어렵다.
시험	안 된다.		
혼인	성립되나 문제가 많다.	기후	흐리다 맑아진다.
출산	수술해서 여아를 낳는다.	의상	피부색 옷, 붉은색 계열, 옷에 의한 피부 트러블 주의.
매매	이루어지지 않는다.		
재수	다치고 손해 본다.	음식	살코기, 식중독 주의, 구운 고기, 찜.
소송	불리하다. 이겨도 곧 잃게 된다.	사람	화려해 보이는 여인, 성희롱 주의.
출마	낙선하고 다친다.	장소	만나지 않는 것이 좋음. 남방, 찜질방 모두 안 좋다.
증권	차츰 상승한다.		

7간 8곤 5 ㅇ 박(剝) 오효동
믿고따라 사랑받자

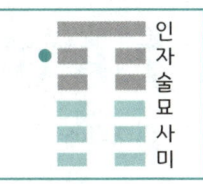

- 주변의 무리들을 잘 인도해서 잘 살도록 하니 이익이 많다. 혹 문무를 겸비한 크게 귀한 사람으로, 덕 있고 능력 있는 사람을 잘 보필한다. 부유한 사람에게 의지하여 의식이 풍부하며, 아랫사람을 잘 교화시켜 선한 길로 이끈다. 특히 여자에게 더 좋으니, 복이 있고 귀한 사람으로 점차 귀하고 높게 된다.
- 공직자는 직책이 높아지고 요직에 등용된다. 승진하려는 사람은 수석으로 합격하여 명성을 얻는다. 대체로 꾀하고 경영하는 일이 잘 풀리고 사람들이 화합하며 부유하게 살게 된다. 특히 여자는 재물을 늘리고 집안을 화평하게 하여 복이 생기게 한다.
- 위장이 많이 약해진다. 동남방과 진일 사일이 이롭다. 병술 병자 병인 계축 계해 계유년에 태어났거나 음력 9월에 태어난 사람에게 좋다.

소망	솔선수범해서 이룬다.	여행	길하다.
사업	일이 잘 풀린다. 특히 여자에게 좋다.	가출	동남방에 있는데, 남녀관계다.
개업	좋다.	실물	동남방에 있다.
승진	수석으로 승진하고 중앙부서에 발탁된다.	질병	구안와사다. 심하지만 치유된다.
시험	수석으로 합격한다.	기후	구름 끼고 바람 분다.
혼인	늦어지고 신경이 많이 쓰인다. 집안을 번성시킬 사람이다.	의상	녹색 계열, 상하 같은 색, 공손해 보이는 옷, 여성스런 옷.
출산	남아를 낳는다.	음식	물고기, 꼬치고기, 닭고기, 상대방의 의견 존중, 돼지고기, 야채비빔밥.
매매	성립되고 이익 본다.	사람	존경하는 사람, 부유한 아줌마, 상담해 주는 분, 중재해줄 사람.
재수	좋다.		
소송	화해하라.	장소	동남방, 서북에서 동남을 바라보고 앉는다, 조용한 방.
출마	당선이다.		
증권	좋게 되기를 기대하나, 반드시 하락한다.		

상괘 7
하괘 8

剝

7간 8곤 6 ○ 박(剝) 상효동
미래위해 오늘참자

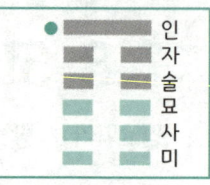

• 소인들이 기승을 부리며 좋은 풍속을 다 깎아 없애는 때를 만났다. 군자라면 다시 회복할 길을 열고, 소인이라면 회복하지 못하고 망하게 된다. 군자라면 주변 사람을 잘 어루만져서 난관을 극복해서 좋은 세상을 만드는 주체가 되지만, 소인이라면 그나마 있는 재산을 다 까먹고 집안을 망친다. 재주와 기술이 뛰어나다 하더라도 세상을 위해 쓰이지 못한다.

• 공직자는 권력을 잡고 명성을 얻게 된다. 공적인 일을 앞세우고 법을 지키면 보호해주는 사람이 생겨 걱정이 없다. 계획하는 일도 잘 풀린다. 어려서는 잘 못살지만 차츰 나아지고, 자식이 생긴 후로는 더욱 안정된다. 도인이나 수도하는 사람에게 좋다.

• 신경성 위장병을 주의하고, 서남방과 미일 신일이 길하다. 병술 병자 병인 계축 계해 계유년에 태어났거나 음력 9월에 태어난 사람에게 좋다.

소망	이룬다. 다만 공익을 우선하여야 한다.	여행	길하다. 한가로운 여행이다.
사업	구업을 잘 받들어 다시 시작한다.	가출	서남방에 있다.
개업	근신하며 여러 사람을 위한 일로 시작한다.	실물	서남방에 있고, 일부를 찾는다.
승진	천거를 받기도 하고, 갈고 닦은 실력으로 승진한다.	질병	신경성 위장병으로 만성이다. 음식을 조절하고 신경을 편히 한다.
시험	추천을 받기도 하고, 갈고 닦은 실력으로 합격한다.	기후	안개 끼고 흐리게 된다.
		의상	우아한 옷, 황색 계열, 소박하면서도 격식 있는 옷.
혼인	결혼한다.	음식	큰 과일, 큰 고기, 보기 힘든 큰 재료, 소고기.
출산	여아를 낳는다.		
매매	이루어진다.	사람	원로, 학자, 스승, 학문이나 기술 등의 대를 잇는 마지막 사람.
재수	소득이 크다.		
소송	승소하나 화해함이 좋다.	장소	서남방, 교외, 차를 타고 멀리 가서 만난다, 원두막 정자.
출마	당선이다.		
증권	하락했다가 크게 상승한다.		

주역점
비결

상괘수가 8일때

8곤1건1 ○ 태(泰) 초효동
일치단결 성공비결

• 뜻이 같은 사람끼리 힘을 합해서 큰일을 한다. 고귀하고 현명하며 바른 사람으로, 군자를 가까이 하고 소인을 멀리하며 선공후사함으로써 공을 이루고 부귀를 누린다. 초목이 봄을 만나 경쟁하며 자라나듯이, 발전할 수 있는 좋은 때를 만나 사이좋게 협동하여 함께 성공한다.

• 좋은 친구와 잘 사귀어 도움을 주고받는다. 동업에 좋다. 안에서 하는 일 보다 밖에서 하는 일이 잘되고, 몰래 하는 일 보다 드러내고 하는 일에 길하다.

• 하체에 병이 생기고 간기능도 약해진다. 동남방과 진일 사일이 길하다. 갑자 갑인 갑진 임자 임인 임진년에 태어났거나 음력 1월에 태어난 사람에게 좋다.

소망	여러 사람이 뜻을 합해 목적한 바를 이룬다.	여행	여럿이 여행하게 된다. 주로 풍물을 구경하는 관광이다.
사업	동업이면 좋다.	가출	가까운 동남방에 있다. 친구 따라 가출하였다.
개업	창업 동지들이 뜻을 합해 잘된다.		
승진	승진하여 날로 명성이 높아진다.	실물	동남쪽에 있는데 여러 명이 연루되었다.
시험	합격한다.	질병	점차 악화되었다가 호전된다.
혼인	잘 이루어진다. 재혼에도 좋다.	기후	맑은 하늘에 바람 분다.
출산	남아를 얻는다. 혹은 두 명 이상이 나올 수도 있다.	의상	녹색, 수공으로 만든 옷, 아래에 솔이 많은 옷.
매매	같이 해서 성립되고 이익을 본다.	음식	뿌리음식, 닭발, 채소, 돼지족발, 우엉, 토란.
재수	여럿이 같이 하는 일에 이득이 있다.		
소송	여러 사람과 협동하여 승소한다.	사람	나이 든 여성 공무원, 간호원, 기술자.
출마	많은 사람의 협조로 당선된다.	장소	동남방, 서북에서 동남을 바라보고 앉는다. 농장, 약간 지대가 높은 곳.
증권	가을에는 경기가 좋아져서 모든 주가가 차례로 상승한다. 시장이 활발하다.		

상괘 8
하괘 1
泰

8곤 1건 2 ㅇ 태(泰) 이효동
힘내라힘 공평화합

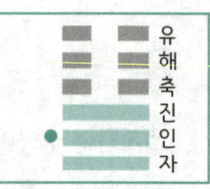

- 강하고 바른 덕으로 목숨을 걸고 큰 공을 세운다. 국량이 커서 잘 포용한다. 친하지 않은 사람이라고 차별하지 않고, 친하다고 특별히 잘 위해주지도 않는다. 부귀를 누리고 명성을 얻는다. 지방에 내려가도 유지로 추앙받으며, 크게 부유하고 실속 있는 사람이다.

- 변방을 지키는 장수 또는 외교관으로 강이나 호수근처에 근무지가 있다. 새로운 일을 개척하는 직업이다. 반드시 존귀한 사람을 만나 하고자 하는 일에 이득을 본다. 혹 자기 자리가 아닌 곳에서 미천하게 있는 사람은, 윗사람에게 손해를 끼치거나 언어로 인한 구설수에 말려든다.

- 피로누적으로 인해 간과 눈에 무리가 간다. 남쪽과 오일이 이롭다. 갑자 갑인 갑진 임자 임인 임진년생이거나 음력 1월에 태어난 사람에게 좋다.

소망	귀한 사람이 도움으로 크게 이룬다.	여행	어디로 가도 좋다. 국가나 회사의 큰 일을 하러 외국이나 먼 곳으로 간다.
사업	남이 안 되는 사업도 잘 된다.		
개업	기반을 튼튼히 하고 주변의 사람을 잘 관리한 뒤에 한다.	가출	동행자가 제보해 남쪽에서 찾을 수 있다.
승진	좋은 자리에 승진하며 능력을 인정받는다.	실물	집안에 있다.
		질병	과로로 인한 병이다.
시험	좋은 곳에 합격한다.	기후	한랭하고 맑다.
혼인	귀한 짝과 혼인하는데 늦어진다.	의상	밝은 옷, 활동복, 붉은색 계통, 약간 큰 옷.
출산	여아를 얻는다.		
매매	성립된다.	음식	구운 고기, 볶음밥, 비빔밥, 이것저것 섞인 요리, 가재, 게, 조개.
재수	크게 좋다.		
소송	상대가 강하다. 화해함이 좋다.	사람	총명한 사람, 문인, 학자, 포용력 있는 사람, 관대한 사람.
출마	당선된다.		
증권	등락이 일정치 않으나, 결국 하락한다. 모든 종목에서 변동수가 많다.	장소	남방, 화려한 곳, 전시장, 아궁이, 축제장소, 사람이 많이 모인 곳.

8곤 1건 3 △ 태(泰) 삼효동

유비무환 밥한번쏴

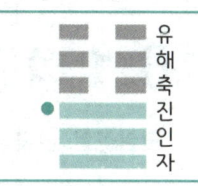
유해축진인자

- 평화롭게 잘 되던 일이 막히려고 한다. 앞으로 어렵고 위태하게 될 것을 예측하고, 바르고 굳게 사는데 힘쓴다. 일을 주재함에 능수능란하고 한쪽으로 치우침이 없다. 정성이 지극하여 복을 받는다.
- 힘이 들기는 하지만 맡은바 임무를 극복해 나간다. 소인의 질투와 시기가 있지만, 공명정대한 마음으로 물리쳐서 현상태를 유지한다. 요행을 바라는 일은 하지마라. 물러나고 양보하면 덕을 쌓는 것이고, 상대방을 공손히 잘 받들면 편안해진다. 소인의 말을 들으면 이용당할 뿐 아니라 하는 일도 막히게 된다.
- 관절염을 조심하고, 서쪽과 유일이 길하다. 갑자 갑인 갑진 임자 임인 임진년에 태어났거나 음력 1월에 태어난 사람에게 좋다.

소망	우여곡절 끝에 정성을 다하여 이룬다.	증권	안정세 속에서 매매가 이루어진다. 모두가 원만한 이득을 본다.
사업	사양길에 들어섰으므로, 새로이 일을 벌이지 말고 잘 갈무리해야 한다.	여행	소인의 음해를 주의하라.
개업	안 된다. 끝물이다.	가출	서쪽에서 힘들게 있다.
승진	특별한 방해가 없는 한 된다.	실물	서쪽으로 갔는데 찾기 힘들다.
시험	합격이다.	질병	정성을 다하여 조금 차도가 있다.
혼인	다소 방해가 있으나 굳게 믿으면 성립한다.	기후	맑았다가 흐리게 된다.
출산	남아를 낳는다.	의상	흰색 계통, 낡은 옷, 해진 옷, 익숙한 옷.
매매	노력끝에 간신히 성립된다.	음식	생고기, 푸짐한 음식, 다 먹고 난 떨이 음식.
재수	큰 재수는 없지만 그런대로 괜찮다.	사람	노처녀나 무당, 말을 잘하는 사람, 반성하는 사람.
소송	화해하라.		
출마	발이 닳도록 뛰어 다녀 힘들게 당선된다.	장소	서방, 물가 또는 호수, 바닷가, 콘서트, 야구장 축구장 등 여럿이 응원하는 곳.

상괘 **8**
하괘 **1**
泰

8곤 1건 4 △ 이심전심 단합모임

태(泰) 사효동

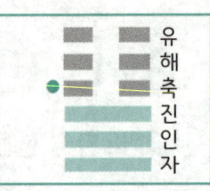

- 이익과 목적이 같은 소인들이 힘을 합해 공을 이룬다. 서로 원수지간이라도 공동의 위험과 이익 앞에 일치단결하는 것이다.
- 혹 막힘이 많고 의심이 많아 심지가 오락가락한다. 혹은 얻고 혹은 잃기도 하며, 나그네가 되어 바쁘게 떠돌기도 한다. 갖은 고생 끝에 집안을 부유하게 한다. 혹 이웃의 귀인이나 부유한 친척에게 의지하기도 한다.
- 관직에 있는 사람은 스스로 물러나 피해야 될 때이고, 휴직한 사람은 복직할 기회다. 이익에 따라 이합집산이 빈번하고, 시끄러운 다툼 속에 말려들기도 한다. 회사가 커질 때까지는 동업을 해도 좋지만, 일단 사업이 번창하면 이익다툼에 원수가 된다. 대체로 성공과 실패가 교체되는 때이므로 기회도 많지만 실패도 많다.
- 위장장애가 있기 쉽고, 동방과 묘일이 길하다. 계축 계해 계유 을축 을해 을유년에 태어났거나 음력 1월에 태어난 사람에게 좋다.

소망 큰일을 하려면 안 되고, 작은 이익은 가능하다.	**증권** 거래가 빈번해지면서 상승한다.
사업 사양길이다. 조금씩 줄여가라.	**여행** 비행기로 여행한다.
개업 안 된다. 작게 차리면 된다.	**가출** 동쪽에 있고, 멀리 가서 오기 어렵다.
승진 안 된다.	**실물** 동쪽으로 멀리 갔다.
시험 안 된다.	**질병** 여러 가지 합병증이 생긴다.
혼인 여자는 혼인하고자 하지만, 남자는 혼인을 하면 안 좋아지므로 피하려 한다.	**기후** 다습하다. 큰 바람이 분다.
출산 여아를 낳는다.	**의상** 녹색 계통, 날개옷, 활동복
매매 공동으로 하는 것은 성립된다.	**음식** 선짓국, 머리 고기, 생고기, 양고기, 견과류.
재수 자꾸 손해를 본다.	**사람** 선동하는 사람, 행동대장, 마음이 조급한 사람
소송 패소한다.	**장소** 동방, 서방에서 동방을 바라보고 앉는다. 숲, 산속의 누각.
출마 격전을 치르고, 당선은 어렵다.	

8곤 1건 5 ◎
하향도전 하향지원

태(泰) 오효동

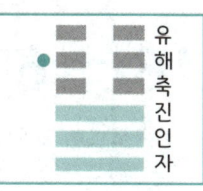
유해축진인자

- 능력 있는 아랫사람에게 정성을 다함으로써, 그 도움을 받아 경영을 잘 한다. 부귀하나 교만하지 않고 공손하고 겸손함으로 처신한다. 혹 어진 아내나 자식의 도움을 받아 사업을 일으키고, 본인은 크게 노력하지 않아도 대리인이 잘 도와준다. 다만 권세가 자신에게 있지 않고 명예만 있을 뿐이다. 만약 여자라면 경제력이 있어서 남편대신 집안을 일으키고 꾸려나간다.
- 사람들에게 위엄과 권세로 대하지 않고 진실로 높여줘야 일이 잘 풀린다. 관직에 있는 사람은 영전하거나 기쁜 일이 생긴다. 사람들의 천거를 받아 일이 잘 풀리고, 결혼한 사람은 훌륭한 자식을 낳는다.
- 병은 복수가 차거나 위암이다. 북쪽과 자일이 길하고, 서북방에서 귀인이 온다. 계축 계해 계유 을축 을해 을유년에 태어났거나 음력 1월에 태어난 사람에게 좋다.

소망	겸손하면 큰 복이 온다.	여행	멀리 여행한다. 신혼여행에 해당한다.
사업	조금 낮추어 하면 좋다.	가출	북쪽으로 갔다. 여자는 연애하거나 동거한다.
개업	자기보다 돈이나 역량이 작은 사람괴 같이 하면 좋다.	실물	북쪽으로 갔는데, 찾기 어렵다.
승진	승진한다.	질병	중증이다. 남자일 경우 더 위태하다.
시험	합격이다.	기후	습기가 많아지고 큰 비가 온다.
혼인	성사된다.	의상	황토색, 검정색, 소박해 보이는 옷, 검소한 옷.
출산	남아를 낳는다.		
매매	성립된다. 큰 이익을 본다.	음식	물고기, 뼈 있는 음식, 건어물, 바다에서 채취한 재료, 잔치음식.
재수	후일을 위해 자기 재물을 써야 하는 때이다.	사람	지위 높은 사람 또는 그 대리인, 혼인할 사람.
소송	승소한다.		
출마	강적을 만나지만, 무난히 당선된다.	장소	북방, 어두운 곳, 소박하고 검소한 곳, 물가.
증권	높은 가격에서 안정세를 유지한다.		

상괘 8
하괘 1
泰

8곤 1건 6 × 태(泰) 상효동
반성후회 내탓이오

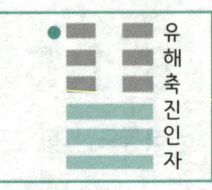

• 궁색해지고 어려워지는 때를 만나, 억지로 즐겁고 활기찬 환경을 붙들려고 하나 역부족으로 부끄러움만 당한다. 자신을 낮추고 검약하고 규모를 축소하면서 경영하나, 결국 막히고 좌절된다. 혹은 자신의 능력만을 믿다가 자신은 물론 집안마저 망하게 한다.

• 관직에 있는 사람은 쫓겨 가고 형벌을 받으며, 재물을 잃고 가정마저 무너진다. 일을 벌이지 말고 현재 있는 것도 그만두어야 한다. 수치스러운 욕을 당하지 않도록 모든 일에 조심하고 또 조심하라.

• 병은 변비 등 주로 소화기관이 막혀 고생한다. 동북방과 축일 인일을 경계하라. 계축 계해 계유 을축 을해 을유년에 태어났거나 음력 1월에 태어난 사람에게 좋다.

소망	시기를 놓치고 한탄한다.	여행	가면 안 된다.
사업	파업이거나 부도난다.	가출	동북쪽이다.
개업	사양산업에 손을 댄다.	실물	되돌려 받기는 하지만 원상태가 아니다.
승진	안 된다.	질병	중병으로 악화되어 사망한다.
시험	안 된다.	기후	습기 차고 안개 낀다.
혼인	성사되기 어렵다.	의상	매듭 있는 옷, 황토색 또는 검정색, 절제미가 있는 옷.
출산	여아를 낳는다.		
매매	안 된다.	음식	과일과 채소, 선짓국, 머리 고기, 작은 동물고기, 산나물.
재수	없다.		
소송	크게 다친다. 화해를 모색하라.	사람	후회하는 사람, 성질을 죽여야 할 사람, 소인배.
출마	낙선한다. 눈물만 흘린다.		
증권	보합세를 유지한다. 변동수가 없는데도 상승세가 유지된다.	장소	서남방, 평지, 사람이 많은 곳.

8곤 2태 1 ○ 림(臨) 초효동
하향지원 봉사활동

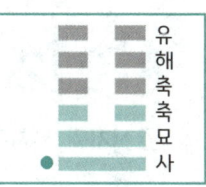

- 아랫사람이나 소인을 대할 때 좋은 방도가 있다. 즉 자신의 재주와 덕을 내세우지말고, 공손하고 겸손하며 자애롭고 공평하게 정도를 걷는 방법이다. 때에 따라 아랫사람에게 굽힐 줄도 알고, 윗사람을 우러러 존경할 줄도 아니, 모든 사람이 좋아하며 따른다.
- 시험은 우수한 성적으로 합격하고, 여러 사람의 신망을 얻고 추천을 받아 승진한다. 신뢰와 인품이 훌륭해서 하는 일에 주변의 도움을 받고, 점점 번창하며 힘을 받게 된다. 부부간에 화합하여 서로 도움이 된다.
- 북방이나 자일이 이롭고, 신장 또는 방광에 문제가 생긴다. 혹 심장에 무리가 생긴다. 정사 정묘 정축년에 태어났거나 음력 12월에 태어난 사람에게 좋다.

소망	이룬다.	여행	길하다.
사업	차츰 번창한다.	가출	북쪽에서 남녀가 같이 있다.
개업	좋다.	실물	북쪽에 있다.
승진	된다.	질병	호전된다.
시험	합격이다.	기후	비 온다.
혼인	성사된다. 서로 도움이 되는 좋은 짝이다.	의상	검은색 계열, 간결하면서 일하기 편한 옷, 보편적인 옷.
출산	건강한 남아를 낳는다.	음식	물고기, 해산물, 여럿이 먹을 수 있는 음식, 비싸지 않은 음식.
매매	성사된다.		
재수	득을 본다.	사람	친한 사람, 도와주는 사람, 마음 편한 사람.
소송	승소하나 화해하는 것이 좋다.		
출마	당선이다. 아랫사람을 잘 보살피고 위해주면 된다.	장소	북쪽, 물하고 관련된 곳, 계곡, 조용한 곳. 저지대.
증권	안정세이다. 증시가 소폭으로 움직인다.		

상괘 8
하괘 2
臨

8곤 2태 2 ◎ 림(臨) 이효동

소신지원 봉사활동

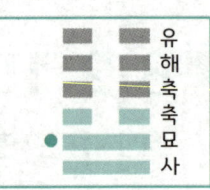

- 덕과 능력을 갖춘 사람이다. 옳은 것은 옳다고 하여 장려하고 그른 것은 그르다 하여 내친다. 근면하게 덕과 능력을 다해 일하고, 옳다고 생각하는 바를 힘써 행한다. 잘못되거나 이치를 거역하는 것을 잘 처리해서 공을 이루며 뜻한 바를 이룬다.
- 잘못된 것을 몰아내고 바른 것을 지켜나가는 가운데 성공의 길이 있다. '좋은 게 좋다'고 하며 타협하기 시작하면 길함이 사라진다. 윗사람의 명령이라도 그른 것은 시정하라. 시간이 지나면 정당하고 옳은 결정을 했다는 호평을 받는다. 동쪽 또는 서남방이 이롭고 묘일이 길하다.
- 간이 안 좋고 혹 다리에 외상을 입게 된다. 정사 정묘 정축년에 태어났거나 음력 12월에 태어난 사람에게 좋다.

소망	이룬다.	여행	길하다.
사업	윗사람이 도와 잘 된다.	가출	남녀관계로 동쪽에 있다.
개업	좋다. 소신껏 하라.	실물	동쪽에 있다. 찾는다.
승진	된다.	질병	낫는다.
시험	합격이다.	기후	흐리고 번개 친다.
혼인	길하다. 원하는 사람하고 된다.	의상	초록색 계열, 소박하고 치기어린 옷, 주변에 잘 동화되는 옷.
출산	여아를 순산한다.		
매매	이룬다.	음식	신선한 음식, 색다른 음식, 족발, 채소, 토란.
재수	좋다.		
소송	승소한다.	사람	후계자, 덕망 있는 사람, 경영자, 법관, 변호사.
출마	당선이다.		
증권	등락의 매매가 빈번하다가, 갑자기 오르고 또 오른다.	장소	동방, 서방에서 동방을 바라보고 앉는다. 숲, 산속의 누각, 큰 도로.

8곤 2태 3 △   림(臨) 삼효동

잠시쉬자 일상이탈

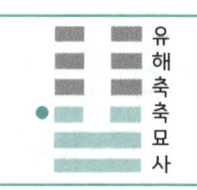

- 자신의 연분이 아닌데도 탐을 내고, 자신의 소유가 아닌데도 욕심을 낸다. 마음을 다잡아 옳은 길로 가지 않는다면 재앙이 따를 것이다. 다행히 주변에 스승이 될 분이 많으니, 그 가르침을 받아 마음을 고쳐나간다면 잘못이 없다.

- 혹은 사악한 말과 아첨으로 상대방을 현혹시켜 손해를 입히니, 인생이 근심스럽고 후회만 남게 된다. 특히 여자는 말조심해야 한다. 내입으로 아첨하고 헐뜯는 말도 조심해야 하고, 상대방의 아첨과 비방도 조심해야 한다. 마약, 도박, 섹스 등 쾌락을 탐하지 말고, 욕심 부려 일을 벌이지 말고 현상유지에 힘쓰라.

- 편두통이나 피부병이 발생하고, 서북방과 술일 해일이 불리하다. 정사 정묘 정축년에 태어났거나 음력 12월에 태어난 사람에게 좋다.

소망	이루기 어렵다.	여행	좋지 않다.
사업	실패한다. 방종에 빠지기 쉽다.	가출	서북방에서 원망과 근심만 한다.
개업	안하는 것이 좋다.	실물	서북방에 있다.
승진	어렵다.	질병	심했다 나아졌다 한다.
시험	불합격이다.	기후	흐렸다 추워진다.
혼인	뜻이 맞지 않고 알아주지도 않는다. 헐뜯는 말만 많다.	의상	흰옷 계열, 본인은 좋은데, 주변에서 촌스럽고 유치하다고 한다.
출산	여아를 낳는다.	음식	큰 열매, 머리 고기, 과일, 과일주.
매매	안 된다.	사람	사기꾼, 감언이설로 꼬시는 사람, 겉보기는 멀쩡하다.
재수	없다.		
소송	중지함이 좋다. 원망만 쌓인다.	장소	서방, 서북쪽은 조심하라, 호수, 연못이 있는 정원.
출마	낙선이다.		
증권	보합세를 유지하다가 나중에 조금 오른다.		

상괘 8 하괘 2 臨

8곤 2태 4 ○ 림(臨) 사효동
적극노력 일편단심

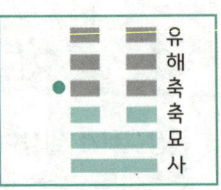

• 주변사람과 진정한 마음으로 사귄다. 정성을 다해 일처리를 함으로써 잘못된 일을 잘 보완한다. 사사로운 감정에 흔들리지 않는 마음으로 신의 있게 행동하니, 어떤 모임이든 화합하여 성공한다. 주변과 잘 화합함으로써 그 도움을 받아 쉽게 성공한다. 여인의 도움이 있고, 특히 좋은 아내를 맞아 훌륭한 내조를 받는다.

• 혹은 기술과 예능방면에서 두각을 나타낸다. 큰 욕심을 내지 말고, 단체의 장을 하려고 하지마라.

• 동방과 서방을 오가는 일에 좋고, 묘일과 유일이 길하다. 간에 무리가 가고, 위에 염증이 생기기 쉽다. 계축 계해 계유 을축 을해 을유년에 태어났거나 음력 12월에 태어난 사람에게 좋다.

소망	동료들의 도움을 받아 이룬다.	증권	갑자기 거래가 빈번해지면서 상승한다.
사업	주변과 화합하여 뜻을 이룬다.	여행	길하다.
개업	좋다. 주변과의 관계가 좋다.	가출	남녀문제로 동쪽에 있다.
승진	한다.	실물	동쪽에 있다.
시험	합격한다.	질병	잘 낫지 않는다. 소화기관이 약하다.
혼인	기약대로 되기 어려우나 좋은 혼처이다.	기후	구름 끼고 번개 친다.
출산	여아를 낳는다.	의상	황색과 녹색계열, 정성스럽게 만든 옷, 지위에 맞는 옷.
매매	일이 성립되기 전에 잘 살펴서 하면 성립한다.	음식	채소, 토란, 특이한 음식, 뿌리, 정성들여 고아서 만든 음식.
재수	좋다.	사람	여성 후계자, 최선을 다하는 사람, 거상
소송	시간을 끌지만 승소한다.	장소	동방, 서방에서 동방을 바라보고 앉는다. 숲, 산속의 누각, 큰 도로.
출마	주변의 도움을 받아 당선한다.		

8곤 2태 5태 ◎ 림(臨) 오효동
포용하라 지혜화합

- 훌륭한 지위와 덕을 갖춘 사람이다. 자신이 직접 노동을 해서 일을 성사시키기 보다는, 좋은 대리인을 선정하여 성공한다. 현명한 사람을 좋아하여 예로써 대접하며 사귀고, 공손하고 겸손하면서도 명철히 판단한다. 좋은 사람을 추천하고 선택한 공으로, 윗사람의 신임을 받고 아랫사람의 존경을 받는다.

- 자신의 주장을 펼치기 보다는 상대방의 의견을 듣고 채택한다. 시험에 합격하고, 고속승진을 하며, 하는 일마다 순조롭게 성공한다. 북방에서 일을 시작하여 서방에 가서 성공하고, 자일에서 일을 시작하여 유일에 일을 이룬다.

- 혈전증이 있어 혈액순환이 원활치 않고, 식도에 혹이 나서 막히거나 염증이 생긴다. 계축 계해 계유 을축 을해 을유년에 태어났거나 음력 12월에 태어난 사람에게 좋다.

소망	이루어진다.	여행	길하다.
사업	적재적소에 사람을 잘 써서 길하다.	가출	북쪽에 있다.
개업	길하다.	실물	북쪽에 있다. 찾는다.
승진	고속 승진한다.	질병	적절한 식이요법으로 치유된다. 좋은 물이 있는 곳에 가서 치유하라.
시험	합격한다.		
혼인	좋은 짝을 만난다.	기후	흐리다가 비 온다.
출산	남아를 순산한다.	의상	검은색 계열, 품위 있고 격식 있는 옷, 위엄 있어 보이는 옷.
매매	성립된다.		
재수	좋다.	음식	과일과 채소, 선짓국, 머리 고기, 푸른색 채소.
소송	승소한다.		
출마	당선된다.	사람	법률가, 철학자, 귀가 크고 남의 말을 잘 경청하는 사람, 젊은 여성, 강사.
증권	증시가 절제하는 분위기가 되면서, 보합세를 유지하고 안정세를 이룬다.		
		장소	북방, 강가, 넓고 큰 공간, 강의장.

8곤 2태 6 ㅇ 림(臨) 상효동
배려화합 통큰사귐

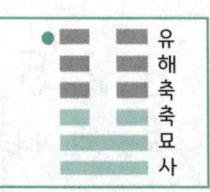
유 해 축 축 묘 사

• 두터운 덕과 신뢰감으로 사귀니 큰일을 할 수 있다. 생각이 깊고 언행이 신중하다. 보면 볼수록 믿음이 가고, 주변에 좋은 사람이 많다. 풍속을 일신하고 사업이 번창한다. 후진을 양성한다.

• 고향을 떠나 외지로 가면 크게 성공한다. 학교를 다녀도 외지로 유학을 가고, 직장을 얻어도 중요 보직에 있다가 지점으로 가서 성공한다. 순박하고 후덕한 행실로 주변에서 저절로 돕는다.

• 축방 인방이 길하고, 축일 인일이 좋다. 순환기 장애가 있으니 기체조를 하여 기혈순환을 원활히 하면 좋다. 특히 앉아서 수련을 할 때는 가부좌 자세 보다는 무릎을 꿇고 허리를 펴는 자세(危座)가 좋다. 계축 계해 계유 을축 을해 을유년에 태어났거나 음력 12월에 태어난 사람에게 좋다.

소망	이룬다.	증권	보합세를 유지하니, 조금 강세의 기미가 있다가 그친다.
사업	크게 길하다.		
개업	길하다.	여행	길하다.
승진	서울 등 큰 도시로 발령 나고, 중앙부서에 근무하게 된다.	가출	동북쪽에 있다.
		실물	동북쪽에 있다.
시험	서울 등 큰도시로 유학을 간다.	질병	마음을 굳게 먹으면 점차 치유된다.
혼인	혼인을 함으로써 가족이 화합하게 된다.	기후	구름 낀다.
		역상	황토색 또는 검은색 계열, 절제된 옷, 소박한 옷, 후중해 보이는 옷.
출산	여아를 낳는다.		
매매	이루어져 이익을 본다.	음식	흙에서 나는 재료, 산나물, 오이, 거위 또는 오리, 콩, 작은 동물고기.
재수	아주 좋다.		
소송	화해한다.	사람	젊지만 후덕해 보이는 사람, 성실한 사람.
출마	주변을 덕으로 포용하고 감화시켜서 당선된다.		
		장소	동북방, 좁은 길, 산 속, 언덕진 곳, 칸막이 방, 정자.

8곤 3리 1 △ 명이(明夷) 초효동
의리땜에 못먹겠네

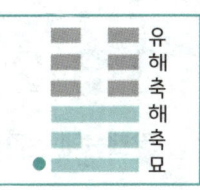

• 미리 조짐을 살펴서, 다치거나 욕을 당하는 것을 피해야 한다. 명철해서 몸을 잘 보신할 수 있고 청렴하고 결백하다. 평화로운 시기에는 등용되고 난세에는 미리 화를 피해간다. 세상을 피해 수도하는 사람에게 좋다.

• 너무 청렴하고 결백하기 때문에 받아줄 사람이 없다. 스스로도 윗사람을 마땅치 않은 눈으로 보고 멀리한다. 중앙부서와 멀리 떨어진 지방으로 가는 것이 유리하다. 윗사람이 부정하고 욕심이 많은 것을 보고 스스로 직장을 그만둔다. 아무리 곤궁하더라도 의롭지 않은 재물은 멀리한다.

• 변비가 심해지고 직장암에 걸리는 수가 있다. 남방이 편하나 의리상 동북방으로 옮겨가서 고생한다. 오일이 좋고 축일 인일은 불리하다. 기묘 기축 기해년에 태어났거나 음력 8월에 태어난 사람에게 좋다.

소망	소신대로 뜻을 굽히지 않아서 잇속을 챙기지 못한다.	**증권**	보합세를 유지하고 물동량이 거의 없다.
사업	고지식한 게 흠이다.	**여행**	산이나 들로 가는 여행은 좋다.
개업	뜻은 좋으나 주변에서 알아주지를 않는다.	**가출**	동북방에 있다.
		실물	동북방에 있다.
승진	스스로 꺼려서 포기한다.	**질병**	악성종양이다. 3개월 안에 유언하고 죽는다.
시험	스스로 꺼려서 포기한다.	**기후**	해났다가 흐려진다.
혼인	잘 이루어지지 않는다.	**의상**	밝은 황토색, 주름이 잡힌 옷, 검소한 옷, 눈에 덜 띄는 옷.
출산	남아를 낳는데, 부모와 인연이 박하다.		
매매	중간에 와해된다.	**음식**	오리 거위 등 작은 동물 고기, 산나물 비빔밥, 채식 위주 식단.
재수	없는 편이다. 자동차 판매 등 이동수단과 관련된 것은 좋다.		
		사람	명예 퇴직자, 스스로 물러난 사람, 지조 있는 사람.
소송	불리하게 된다. 또 손해를 볼망정 소송하려고 하지 않는다.	**장소**	동북방, 산길, 오솔길, 조용하고 한적한 곳.
출마	떨어진다.		

상괘 8
하괘 3
明夷

8곤 3리 2 △ 잘했는데 손가락질

명이(明夷) 이효동

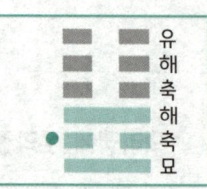
유해축
해축
묘

• 신하가 폭군을 토벌하는 상으로, 하늘의 명령에 따라서 거사를 한다. 덕을 길러 위엄과 명망이 있고 권세가 커진다. 토벌의 권한을 전적으로 얻으나, 막상 본인은 우유부단하여 이것저것 따지다가 세월을 보내기 쉽다. 좋은 보필을 만나면 길이 열린다.

• 군인 또는 경찰이라면 적극적으로 움직이는 것이 좋다. 고관이라면 더욱 높아지고, 시험을 치면 1등으로 합격하지만, 일반인은 좋은 운을 감당 못해 재앙을 부르기 쉽다. 두문불출하고 학문을 연구하거나 수도하는 사람은 후세에 큰 명성을 얻는다.

• 왼쪽 다리를 다치거나 홧병이 생긴다. 서북방이 좋고 술일 해일이 이롭다. 기묘 기축 기해년에 태어났거나 음력 8월에 태어난 사람에게 좋다.

소망	처음에는 어렵다가 도와주는 사람을 만나 결국 성취한다.	여행	갈 수가 없다.
사업	전화위복이다.	가출	서북방에서 오도 가도 못 하고 있다.
개업	귀인이 올 때까지 조금 때를 기다린다.	실물	서북방에 잘 숨겨져 있다.
승진	장래 전망이 좋은 곳에 보임된다.	질병	홧병으로 심장이 아프다. 혹은 왼쪽 다리에 이상이 생기지만 자연히 치유된다.
시험	큰 시험에 합격이다.	기후	한랭성 고기압이다.
혼인	기다리고 있으면 좋은 배필을 만난다.	의상	희고 밝은 색, 장소에 맞는 옷, 둥글고 원만한 옷, 커플 옷.
출산	여아를 낳는데, 아기가 약하다.		
매매	성립된다.	음식	뼈 있는 고기, 말고기, 큰 과일, 용안육, 간, 마른 포.
재수	얻는 바가 있다.		
소송	어렵다가 승소한다.	사람	아버지, 뜻이 맞는 사람, 의지할 사람, 순리대로 움직이는 사람.
출마	어렵다. 다음 기회에는 된다.		
증권	인기리에 거래되나, 시장 전체가 보합세를 유지하면서 상승하지 못한다.	장소	서북방, 관청, 큰 집, 명승지, 역, 터미널.

8곤 3리 3 ㅇ 명이(明夷) 삼효동

과감실천 확바꿨네

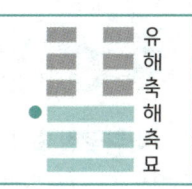

- 윗사람은 교만하여 어렵고 아랫사람은 때를 못 만나서 어렵다. 혁명을 하는 때에 중심이 되어 움직이니 몸과 마음을 다치게 되나, 결국 지위와 명성을 얻는다. 소송을 하게 되고 잘잘못을 가리는 큰 다툼이 있게 된다.

- 운이 좋은 사람은 집을 수리하고 체제를 고치는 일을 하고, 운이 나쁜 사람은 다리를 다치고 멀리 출장을 다니면서 외롭게 지낸다. 대체로 오랫동안 준비하고 갈고 닦았던 실력을 유감없이 펼치나, 전력투구를 하지 않는다면 오히려 해를 입는다.

- 위와 간에 병이 있고, 묘일 또는 오일에 일을 시작하면 좋다. 남방이 크게 이롭다. 기묘 기축 기해년에 태어났거나 음력 8월에 태어난 사람에게 좋다.

소망	칠전팔기한다.	가출	동쪽에 있다.
사업	주변의 도움으로 어렵게 끌고 나간다.	실물	동쪽에 있다.
개업	몇 번의 망설임과 실패를 겪어야 성공한다.	질병	과로로 심장에 무리가 왔다. 마음을 안정시키면서 투병하여 회복한다. 혹은 다리를 크게 다친다.
승진	이루기는 하나 고생한다.		
시험	실패 끝에 합격이다.	기후	맑다가 바람 분다.
혼인	남자는 여자를 잘 가리지 않으면 불리하다. 대개는 성사된다.	의상	밝은 녹색 계열, 발이 잘 드러나는 옷, 주변과 잘 조화되는 옷, 위엄 있어 보이는 옷.
출산	큰 인물이 될 남아를 낳는다.		
매매	막판에 성립된다.	음식	족발, 머리 고기, 특이한 음식, 특이한 채소, 큰 동물고기.
재수	모 아니면 도다.		
소송	몇 번의 어려움 끝에 역전승한다.	사람	최고 경영자, 아버지, 고위 공무원, 지점장.
출마	몇 번의 어려움 끝에 역전승한다.		
증권	거래량이 많아지면서 상승한다.	장소	동방, 남방, 큰 도로, 사통팔달 거리, 시끄러운 장터.
여행	좋다.		

상괘 **8**
하괘 **3**
明夷

8곤3리4 명이(明夷) 사효동
비위맞춰 목적달성

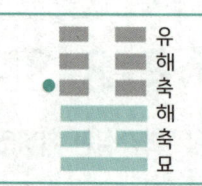

• 운세가 어둡고 위험한 곳에 놓였다. 지금이라도 정신 차려서 멀리 떠나 간다면 좋아질 수 있다. 재주와 덕이 있고 일처리를 공정하게 하는 심복으로, 군인 또는 경찰같은 무관에 유리하다. 목적이 좋다면 일시적인 거짓말도 괜찮다고 생각하는 사람으로, 좋게 보면 부드러운 가운데 강한 면이 있는 사람이고, 나쁘게 보면 사기치고 의리를 좀먹게 하는 사람이다.

• 휴직했던 사람은 보직을 다시 맡게 되고, 중앙부서에 있던 사람은 지방으로 나가게 되니, 오랫동안 숨겨두었던 실력을 발휘할 때이다. 옥에 갇혔던 사람은 풀려나고 부인이 잉태를 했다면 반드시 귀한 자식을 순산한다. 주로 멀리 외지에 나가서 일하고, 내근 보다는 외근직이 좋다.

• 심장이나 배에 병이 생기고, 묘일과 동방이 좋다. 계축 계해 계유 을축 을해 을유년에 태어났거나 음력 8월에 태어난 사람에게 좋다.

소망	자신이 원하는 것을 바꾸면 이룬다.	여행	멀리 갈수록 좋다.
사업	장소를 옮기면 주변의 도움을 받는다.	가출	동쪽에 있다.
개업	오랫동안 준비한 새로운 일이면 좋다.	실물	동쪽에 잘 숨겨져 있다.
승진	오랫동안 갈고 닦은 실력으로 된다.	질병	좌측 복부 또는 심장에 통증이 생긴다. 의지로 이겨낸다.
시험	안 된다. 방향을 바꾸면 가능성이 높아진다.	기후	흐리다가 천둥 번개 친다.
혼인	마음을 흔들어 놓고 도망간다.	의상	황토색과 녹색, 활동복, 품이 넉넉한 옷, 예절에 맞는 옷, 윗사람 마음에 드는 옷. 윗사람이 골라주는 대로 입는다.
출산	여아를 낳는다.		
매매	이루어지지 않는다.		
자수	손실이 있다. 다른 곳에서 보충한다.	음식	가슴살, 허파, 흙에서 나는 재료, 죽순, 족발.
소송	패한다.		
출마	낙선이다.	사람	상관, 사장, 종친회장, 제사장, 나를 이끌어줄 사람.
증권	거래량이 많아진다. 처음보다 내려가더라도 곧 오르고, 만약 부분적으로 상승할 때는 곧 안정된다.	장소	동방, 큰 도로, 사통팔달 거리, 시끄러운 장터.

8곤 3리 5 △ 명이(明夷) 오효동

은퇴하여 제자양성

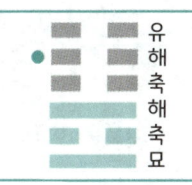

- 소인배가 횡행하는 때인데도, 덕과 재주가 뛰어나서 함정과 모략을 잘 피하고 자신의 뜻을 온전히 보존할 수 있다. 어떠한 어려움 속에서도 자신의 지혜와 덕을 감추면서 명철하게 자신의 몸을 보존하나, 자신의 똑똑함을 밖으로 드러내면 크게 다친다. 자신의 덕행이 뛰어나다는 소문이 나지 않도록 조심해야 어려움에서 벗어난다.
- 수도하는 사람은 자신을 알아주는 사람을 만나기 어렵고, 일반인은 자신의 재주를 자랑하다가 큰 화를 입는다. 관직은 휴직하는 것이 좋고, 경영하는 일도 당분간 쉬거나 줄여서 하는 것이 이롭다.
- 홧병 또는 정신분열증이다. 자일 또는 자방이 무해무득하다. 계축 계해 계유 을축 을해 을유년에 태어났거나 음력 8월에 태어난 사람에게 좋다.

소망	이루기 어렵다.	여행	보통이다. 이리저리 정처없이 떠돌다가 온다.
사업	처음은 어렵고 나중은 좋다. 마음은 편치 않다.	가출	북쪽에 있다.
개업	너무 눈에 띄는 것은 좋지 않다. 전업은 좋다.	실물	북쪽에 있다. 나중에 찾는다.
승진	알아주는 사람이 없어서 어렵다.	질병	정신분열증이다. 어느 시기가 되면 자연스레 치유된다.
시험	어렵다.	기후	흐리다가 비 온다.
혼인	가정생활을 유지하기 어렵다.	의상	검은색 계열, 검소한 옷, 잘 드러나지 않는 옷, 법도에 맞는 옷.
출산	남아를 낳는데, 아기가 약하다.		
매매	이루어지지 않는다.	음식	물고기, 매운탕, 돼지고기, 짠맛.
재수	조금 얻는 바가 있다.	사람	법관, 훌륭한 인격자, 겸손한 사람, 철학자, 수도인.
소송	승소한다. 피하는 것이 더 좋다.		
출마	때가 아니다.	장소	북방, 물가, 술집, 찻집, 조용한 곳.
증권	상승하지만 결국 하락세로 돌아선다.		

상괘 8 하괘 3 明夷

8곤 3리 6 ×× 명이(明夷) 상효동
처음좋고 끝은나빠

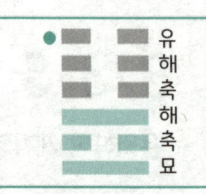

- 덕이 없기 때문에 자신의 높은 지위를 유지할 수 없다. 항상 조심하고 겸손하여야 자리를 보존할 수 있으나, 세력을 믿고 함부로 행동한다. 다른 사람을 손해 보게 함으로써 자신의 이익을 추구한다. 젊은 사람은 그런대로 버티나 나이든 사람은 지위를 뺏기고 죽게 된다.
- 뇌물을 먹고 포악하게 하다가 감옥에 가거나 좌천된다. 처음에는 기세가 하늘을 찌를 듯하나 결과가 좋지 않다. 일반인도 처음에는 잘되다가 끝에 가서 험한 꼴을 보게 되니, 잘나갈 때 조심하고 조심할 일이다.
- 소화불량 또는 위암, 뇌경색이다. 서남방과 미일 신일은 평범하고 동북방과 축일 인일은 흉하다. 계축 계해 계유 을축 을해 을유년에 태어났거나 음력 8월에 태어난 사람에게 좋다.

소망	처음에는 좋지만 끝이 안좋다.	여행	흉하다.
사업	자아도취에 빠져서 잘못된 결정을 너무 많이 한다.	가출	동북방에 있다.
		실물	동북방에 있다.
개업	마음이 떠있어서 안 된다.	질병	복부가 막히는 괴질 또는 자아도착증이다. 사망하기 쉽다.
승진	이루었다가 어려움에 빠진다.		
시험	합격하는 듯 하다가 잘못된다.	기후	구름 끼고 습하다.
혼인	화려하고 좋은 자리인 것 같은데 곧 후회한다.	의상	어두운 황토색, 주름을 잡은 옷, 검소한 옷, 눈에 덜 띄는 옷, 화려한 옷은 금물.
출산	여아를 낳는데, 순산한다.	음식	오리 거위 등 작은 동물 고기, 산나물 비빔밥, 채식 위주 식단.
매매	이루어지지 않고 흉하다.		
재수	크게 잃는다.	사람	자만에 빠진 사람, 능력을 과신하는 사람.
소송	빨리 화해하라. 낭패를 본다.		
출마	낙선이다.	장소	동북방을 피하라. 오솔길, 산길, 조용하고 한적한 곳. 만나지 않는 것이 좋다.
증권	소폭으로 오르고, 보합세를 유지. 갑자기 상승한다면 큰 하락이 기다린다.		

8곤 4진 1 ◎
곧장회복 쫌만참자

복(復) 초효동

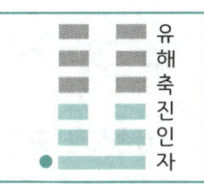

- 마음을 착하게 쓰기 때문에 다시 부흥할 수 있다. 순리대로 일을 처리하며, 바로 앞의 이익 보다는 먼 장래를 내다보고 덕을 쌓는 사람이다. 빛나고 화려함을 택하기 보다는 몸과 마음을 깨끗이 하며 실질을 추구한다.
- 지위가 높아지고 영전한다. 자신에게 이익이 된다하더라도 남에게 해가 되면 하지 않는다. 기품 있고 청빈하게 처신한다. 조급히 굴지 않아도 머지않아 원하는 바를 이룬다.
- 서남방이 좋은 방위이고, 미일 신일이 길일이다. 말띠(午)는 별 이득이 없고 쥐띠(子)라면 길하다. 위장 또는 자궁의 질환을 조심하라. 경자 경인 경진년에 태어났거나 음력 11월 또는 2월에 태어난 사람에게 좋다.

소망	크게 이룬다.	가출	서남방에 있다.
사업	크게 번창한다.	실물	서남방에 있다.
개업	크게 흥한다.	질병	남자는 위암이고, 여자는 자궁암이다. 회복된다.
승진	승진하고 장래성이 밝다.		
시험	좋은 성적으로 합격한다.	기후	바람 불고 습기가 많다.
혼인	성립된다.	의상	황토색 계열, 무늬가 없는 옷, 꾸미지 않은 옷, 소박한 옷, 어떤 환경에도 잘 어울리는 옷.
출산	남아를 낳는다.		
매매	성립된다.		
재수	계속 좋아진다.	음식	소고기, 채소 등 흙에서 나는 재료, 몸보양식.
소송	승소한다.		
출마	당선된다.	사람	정신적 육체적으로 재기할 사람, 회복 중에 있는 사람, 경제적으로 회복 중에 있는 사람.
증권	하루아침에 갑자기 하락했다가 상승한다. 다만 당일의 운세를 보는 점이라면, 반드시 하락한다.		
		장소	서남방, 은밀한 장소, 앞이 탁 트인 곳, 병원, 요양원.
여행	길하다.		

상괘 **8**
하괘 **4**
復

8곤 4진 2 ◎ 복(復) 이효동
겸손하라 회복된다

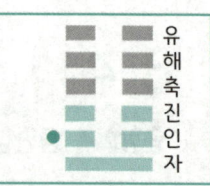

• 다른 사람, 특히 아랫사람의 도움으로 모든 일이 회복되고 좋아진다. 중립을 지키며 교만하거나 오만하지 않는다. 윗사람을 정성으로 섬기고 아랫사람에게도 공경과 신의로써 대하여 공명을 세우고 부귀를 누리게 된다. 가난하더라도 불평하지 않고 성실하게 분수를 지키면 복이 많고 오래 살게 된다.

• 귀인의 도움으로 내쫓겼던 사람은 복직되고, 좌절되었던 것은 뜻대로 얻게 되며, 병들었던 사람은 회복된다. 부유한 사람에 의지하거나 권세 있는 사람에 의지하여 길하게 된다. 특히 호랑이띠에게 길하다.

• 폐나 기관지 질환이 의심되고, 서쪽 방향이나 유일(酉日)이 길하다. 경자 경인 경진년에 태어났거나 음력 11월 또는 2월에 태어난 사람에게 좋다.

소망	겸손하면 귀인이 와서 도와준다.	여행	길하다.
사업	귀인의 도움으로 번창한다.	가출	서쪽에 있다.
개업	부자의 도움도 있고, 주변에서도 도와준다.	실물	서쪽에 있다.
승진	좌절되었다가 풀린다.	질병	폐나 기관지가 안 좋다. 명의를 만나 치유된다.
시험	좌절되었던 것이 다 잘된다.	기후	천둥치고 소나기 온다.
혼인	이웃사람과 연애로 이룬다.	의상	흰색 계열, 겸손해 보이는 옷, 편안한 옷.
출산	여아를 낳는다.		
매매	성립된다.	음식	물고기, 해물류, 양고기, 죽순, 보양식, 족발.
재수	길하다.		
소송	겸손한 마음으로 아랫사람의 도움을 청하라.	사람	곧 재기할 사람, 수도자, 정신 치료사, 겸손한 사람.
출마	자신을 낮추면 당선된다.		
증권	장세가 호전되고 상승하는 국면이나 큰 상승은 없다.	장소	서방, 동방에서 서방을 보고 앉는다, 바다, 호수, 먼 곳에 있는 별장.

8 곤 4 진 3 △ 복(復) 삼효동
노력끝에 회복된다

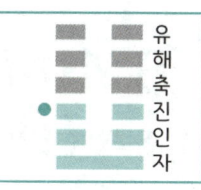

- 잘못이 있는 것을 알면 고치기는 하나, 조금 있다가 다시 또 잘못을 저지르는 등 심지가 굳지 못하다. 편한 것을 추구하고 유혹에 잘 넘어가니 부귀를 누리지는 못한다.

- 조금만 힘들어도 이겨내지 못하고 그만두며, 스스로 자책하면서도 또 잘못을 저지르니, 근심과 걱정으로 가슴이 답답하다. 빠르게 성공하기를 원하지만 뜻대로 되지 않는다. 일이 의심스럽고 이리저리 섞여서 뚜렷한 줏대가 없다. 자주 직업을 바꾸지만 만족하지는 못한다.

- 걱정으로 불면증이 생기고 일에 대한 두려움도 생긴다. 동방이나 남방이 무해무득하고, 묘일 오일(午日)도 무해무득하다. 경자 경인 경진년에 태어났거나 음력 11월 또는 2월에 태어난 사람에게 좋다.

소망	될 듯 하면서도 어렵다.	**여행**	불리하다.
사업	간신히 현상유지를 한다.	**가출**	남쪽에 있다.
개업	마음이 굳세지 못하고 갈팡질팡한다.	**실물**	남쪽에 있다.
승진	마음에 드는 승진은 아니다.	**질병**	신경쇠약 또는 불면증으로 더했다 덜했다 한다.
시험	눈치를 보느라 정신없다. 낮추어 가는 것이 좋다.	**기후**	바람 불다 해 난다.
혼인	자주 만나지만 자꾸 지체된다.	**의상**	붉은색 계열, 혹은 밝은 녹색, 화려한 색, 여러 번 갈아입는다.
출산	유산하기 쉽다. 남아를 낳는다. 산모가 약하다	**음식**	뷔페식 음식, 불고기, 구운 고기, 크고 활동적인 물고기 혹은 동물, 조금씩 여러 번 먹는다.
매매	이것저것 재보기만 하고 어렵다.		
재수	특별한 이익이 없다.	**사람**	갈등이 많은 사람, 화사하고 지혜로운 여성, 잘 꾸민 사람.
소송	불리해진다.		
출마	낙선이다.		
증권	한 때 상승하지만 결국은 하락한다. 상승하고 하락할 때, 그 기세를 꺾는 일이 발생하므로 주의를 요한다.	**장소**	남방, 찜질방, 화려한 곳, 뜨겁고 더운 곳, 차를 타고 가서 만난다.

상괘 **8** 하괘 **4** 復

8곤 4진 4 △   복(復) 사효동
홀로회복 원칙고수

- 소인을 따르지 않고 이익과 상관없이 군자를 따른다. 주변에서 어리석다고 입을 모으더라도 내 길이라 생각하고 소신대로 산다. 대개는 잃었던 직장에 복직하게 되고, 등용되고 이득을 얻지만 크게 길하지는 않다.
- 혹 고명한 스승을 찾아 학문을 배우고 도를 닦는다. 운이 좋으면 청렴하다는 소리를 들으며 부귀해지겠지만, 운이 나쁠 경우는 홀로 고고함을 지키다가 고독해지고, 혹 병을 앓다가 쓸쓸히 죽고, 혹 나그네가 되어 돌아다니기도 한다.
- 심장과 하복부에 병이 생기기 쉽다. 마음을 편안히 하고 순리대로 살아간다면 복이 온다. 동방과 남방이 이롭고, 묘일 또는 오일이 길하다. 계축 계해 계유 을축 을해 을유년에 태어났거나 음력 11월 또는 2월에 태어난 사람에게 좋다.

소망	고생 끝에 이룬다.	여행	길하다.
사업	보통이다.	가출	동쪽에 있다.
개업	무난하다.	실물	동쪽에 있다.
승진	어렵게 이룬다.	질병	허리 또는 하복부에 통증이 있다. 명의를 만나 치유된다.
시험	어렵게 이룬다.		
혼인	이룬다. 좀 늦을 뿐이다.	기후	흐리며 천둥친다.
출산	여아를 낳는다. 혹 쌍둥이다.	의상	녹색 계열, 나만의 옷, 개성 있는 옷, 내 마음에 드는 옷.
매매	성립된다.		
재수	좋다.	음식	족발, 꼬리곰탕, 죽순, 혼자 먹는다, 속이 편한 음식.
소송	끝까지 명분을 가지고 투쟁하나 어렵다.		
출마	아직 운이 아니다.	사람	활동적인 사람, 개성 있는 사람, 자기만족하는 사람.
증권	강세를 보이고 상승하는 일이 발생하지만, 오랫동안 지속하지는 못한다.	장소	동방, 도로가 잘 뚫린 곳, 정자, 시끄럽고 번잡한 곳.

8곤4진5 ○
완전회복 처신조심

복(復) 오효동

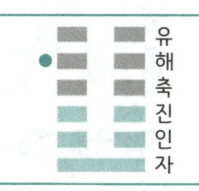

- 스스로 원칙을 세워서 나간다. 자신뿐 아니라 다른 사람까지 잘 살게 만든다. 학문과 지식을 잘 함양하여 숙달하고, 옳다고 생각하는 바를 굳게 지키고 전파시킨다. 주변에서 대인군자의 중후한 덕이 있다고 칭송받고 부를 함께 소유한다.

- 높은 직위로 영전하고, 천거되어 등용되며, 재산을 많이 늘리게 된다. 근면한 노력에 힘입어서 부유하게 되고 남의 모범이 된다.

- 종양 또는 부종을 조심하고, 북방이 좋으며, 자일이 길하다. 계축 계해 계유 을축 을해 을유년에 태어났거나 음력 11월 또는 2월에 태어난 사람에게 좋다.

소망	이룬다.	여행	길하다.
사업	크게 길하다.	가출	북쪽에 있다.
개업	재산을 늘린다.	실물	북쪽에 있다.
승진	승진되고 명성을 날린다.	질병	부종 또는 습진이다. 투병으로 치유된다. 단 나이 많은 환자일 경우는 크게 조심해야 한다.
시험	합격되어 명성을 날린다.		
혼인	이룬다.		
출산	남아를 낳는다.	기후	흐리고 비 온다.
매매	성립된다.	의상	검은색 계열, 중후해 보이는 옷.
재수	있다.	음식	물고기, 해산물, 우아하고 비싼 음식, 음미하면서 먹는 음식.
소송	승소한다.		
출마	당선된다.	사람	반성하고 뉘우친 사람, 장고에 들어간 사람, 중후하고 믿을만한 사람.
증권	하락했다가 어느 정도 시일이 경과한 후에 상승한다.		
		장소	북방, 강물 근처, 한적한 곳, 사색하기 좋은 곳.

상괘 **8**
하괘 **4**
復

8곤 4진 6 ×	복(復) 상효동
욕심금물 흥분금지	

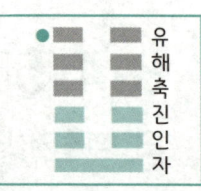

• 처음부터 끝까지 어리석어 흉하게 된다. 허물을 고치고 자신을 개혁하려는 생각을 해야 하는데, 무엇에 씌인 듯 우매하고 잘 판단하지 못해서 질병과 액운으로 다치게 된다.

• 판단력이 흐려지고 고집만 부리니 좋지 않다. 자신뿐만 아니라 조상을 욕되게 하고 주변을 망치기 쉽다. 지위에 연연하지 마라, 그릇된 일에 집착하지 마라. 경거망동하지 마라. 홧병이 심해지고 혹은 뇌졸중, 치매 등으로 고생한다.

• 동북방이 좋지 않고 동방은 무난하다. 축일 인일이 흉하다. 계축 계해 계유 을축 을해 을유년에 태어났거나 음력 11월 또는 2월에 태어난 사람에게 좋다.

소망 이루지 못한다.
사업 망한다.
개업 불가하다. 판단이 잘못됐다.
승진 오히려 욕을 당하기 쉽다.
시험 실력은 있지만 시험운이 없다.
혼인 서로 버티기만 하여 이루지 못한다.
출산 여아를 낳는다.
매매 어렵다.
재수 없다.
소송 패소한다. 화해할 수 있으면 화해하라.
출마 떨어진다.
증권 보합세를 유지하다가 강세를 보인다.
여행 길을 잃는다.
가출 동북방에 있다.
실물 동북방에 있다.
질병 홧병이 심해지고 뇌졸중, 치매 등 치료하기 어려운 병이다. 물 맑고 공기 좋은 곳에서 요양하며 산신께 기도한다.
기후 잔뜩 흐리다가 갠다.
의상 검은색 혹은 황색, 조용해 보이는 옷, 침착해 보이는 옷, 절제가 필요하다.
음식 산나물, 작은 동물고기, 조금 먹는다.
사람 만나지 않는 것이 좋음, 우연히 만나 헤어지는 사람, 등산객, 갈 길을 모르는 사람.
장소 동방, 도로가 잘 뚫린 곳, 정자, 시끄럽고 번잡한 곳.

8곤 5손 1 ◎ 승(升) 초효동
이끌어서 승진하네

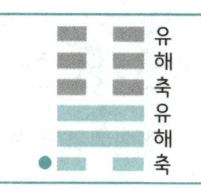

- 승진할 때다. 윗사람이 도와주어 자신의 포부를 펼 수 있다. 공을 이루고 명예를 얻으며 국가의 동량이 된다. 사람들과 잘 사귄다. 도와주는 사람이 많아 일이 잘 풀리고 부유해진다.
- 직장에서는 단계를 뛰어넘어 특진하게 되고, 특별한 욕심을 부리지 않아도 하고 있는 일이나 계획하는 일이 뜻대로 된다.
- 허벅지 아래를 다치기 쉽고, 서북방과 술일 해일이 크게 이롭다. 음력 4월부터 11월까지는 운이 더욱 좋다. 신축 신해 신유년에 태어났거나 음력 8월에 태어난 사람에게 좋다.

소망	이룬다.	여행	서남방으로 가면 귀인을 만나는 등 좋은 일이 있다.
사업	진전 있다. 쉽게 성장한다.		
개업	좋다.	가출	서북쪽에서 헛된 꿈을 꾸고 있다.
승진	된다.	실물	서북쪽에 있다.
시험	합격이다.	질병	발과 무릎에 통증이 있다.
혼인	잘 된다. 가을에 하면 더욱 좋다.	기후	바람 불고 구름 한 점 없어진다.
출산	남아를 낳는다.	의상	둥근 형체의 녹색 바탕에 흰옷, 정장, 통기성이 좋은 옷.
매매	급속도로 진전 있다.		
재수	좋다.	음식	큰 과일과 채소, 선짓국 머리 고기, 뼈가 있는 고기.
소송	승소한다.		
출마	경험은 없지만 신선한 맛으로 된다.	사람	나이든 여성 공무원, 상급자, 나를 도와주는 사람.
증권	높은 가격에 거래량이 많고, 보합세를 유지하면서 안정세로 돌아선다.	장소	서북방, 바람이 잘 통하는 곳, 관공서, 회사, 면접 보는 곳.

상괘 **8**
하괘 **5**

升

8곤 5손 2 ○ 승(升) 이효동
성실해서 승진하네

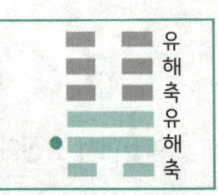

- 성실하게 윗사람을 사귀고, 정성을 다해 제사를 받들어서 길하게 된다. 위로는 윗사람의 신임을 받고 아랫사람에게는 믿음으로 베푸니, 원하는 바를 크게 얻을 수 있다.
- 산에 가면 산신에게 기도하고, 물에 가면 하백에게 기도한다. 마음이 항상 정성스러우니, 직장에서는 승진을 하게 되고 주변에서 사랑을 받는다. 또 한 마음으로 정성을 쏟는 일에 적합하다. 병든 사람은 병이 낫는 등 모든 일이 순조롭고 앞길이 열린다. 늘 기도하는 마음으로 매사에 응하니, 실수가 없고 많은 사람들로부터 칭찬받는 공을 이룬다.
- 위장이 더부룩해지기 쉽고, 동북방과 축일 인일이 길일이다. 신축 신해 신유년에 태어났거나 음력 8월에 태어난 사람에게 좋다.

소망	정성으로 행동하여 이룬다.	**가출**	동북방에 있다. 돌아온다.
사업	경건한 마음이 성공의 어머니다.	**실물**	동북방에 있다. 찾는다.
개업	좋다.	**질병**	위장병이다. 체증이 있다. 허벅지 근육에 자주 쥐가 난다.
승진	된다. 순탄하다.		
시험	합격이다.	**기후**	바람 불다가 그친다.
혼인	이룬다.	**의상**	녹색과 황토색, 소박하고 검소한 옷, 주름을 잡은 옷.
출산	여아를 순산한다.		
매매	이룬다.	**음식**	작은 과일과 채소, 작은 동물 고기, 개고기, 닭고기.
재수	좋다.		
소송	성실히 하여 이긴다.	**사람**	여성 공무원, 젊은 남자, 부담 없는 만남, 신뢰가 가는 사람.
출마	당선된다.		
증권	보합세를 유지하고 거래량은 적다.	**장소**	동북방, 오솔길, 면접장소, 시원한 곳, 칸막이 있는 곳.
여행	이롭다.		

8곤 5손 3 ○   승(升) 삼효동

고속승진 틀림없네

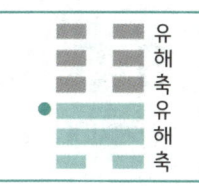

- 쉽게 승진하고 순조롭게 직장생활을 한다. 최고 경영자를 모시고 뜻을 펴는 일에 막힘이 없고, 일을 맡으면 최선을 다하여 요직을 차지한다. 가업이 흥왕하고 하는 일마다 칭송을 듣는다. 혹 신선의 도를 닦기도 한다.
- 승진하고 영전하며, 지점이나 외직근무에 더 좋다. 계획하는 일마다 막힘없이 이루나, 아랫사람에게 발언권을 많이 주면 크게 실패하는 수가 있다.
- 신장 또는 상복부에 이상이 생기기 쉽고, 북방은 무난하고, 서남방과 미일 신일이 크게 길하다. 신축 신해 신유년에 태어났거나 음력 8월에 태어난 사람에게 좋다.

소망	이룬다.	가출	북쪽에 있다.
사업	뒤를 걱정하지 말고 추진하라.	실물	북쪽에 있다.
개업	좋다. 문제될 것이 없다.	질병	신장이 좋지 않아 붓기가 있다. 담이 좋지 않다.
승진	된다.		
시험	합격이다.	기후	바람 불고 비 온다.
혼인	이룬다.	의상	녹색과 검은 색, 통기성 좋은 옷, 수영복, 속이 보이는 옷.
출산	남아를 낳는다.		
매매	된다.	음식	돼지고기, 물고기, 오리고기, 각종 채소, 죽.
재수	좋다.		
소송	서서히 이긴다.	사람	뒷배경이 되는 사람, 승진시켜줄 사람, 흉허물 없는 사이.
출마	지방의 단체장은 된다.		
증권	갑자기 상승하고 경기도 좋지만 곧 안정된다.	장소	북방, 서남방, 북방에서 서남방으로 가라. 물이 흘러가는 곳, 조용하고 아늑한 곳, 바람이 잘 통하는 곳.
여행	탄탄대로를 간다.		

상괘 **8**
하괘 **5**

升

8곤 5손 4 ○
산제지내 승진하네

승(升) 사효동

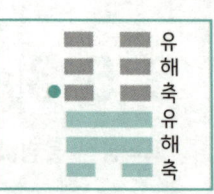

• 신에게 정성을 다함으로써 복을 받는다. 지극히 착하고 정성스러우며 신의가 있는 사람으로, 윗사람을 잘 보필하고, 신을 감동시켜 복과 은택을 얻는 사람이다.

• 높이 승진하여 공과 명예를 이루고, 외지로 파견되어 공을 세우며, 산림(山林) 또는 부동산으로 인한 이득이 있다. 은거하는 사람은 산수(山水)를 즐기며, 승려와 도인은 제사를 지내서 이득을 얻는다. 혹 집안의 어른이 돌아가시는 경우가 있다.

• 위에 궤양 또는 종양이 생기기 쉽고, 혹 위경련이 일어난다. 동방과 묘일이 길일이다. 계축 계해 계유 을축 을해 을유년에 태어났거나 음력 8월에 태어난 사람에게 좋다.

소망 기도하는 마음으로 성실히 하면 이룬다.
사업 산천에 기도하라. 자연히 풀린다.
개업 산림(山林)에 관한 일이면 크게 길하다.
승진 승진하여 먼 외지로 발령 난다.
시험 가능성이 많다. 특히 외지에서 보면 합격이다.
혼인 상대방의 감정이 무덤덤하다.
출산 아이가 생기지 않았다.
매매 된다.
재수 있다.
소송 피하는 것이 이득이다.
출마 기도하면 당선이다.
증권 거래가 발생하면서 조금 오른다.
여행 기도하러 간다.
가출 동쪽에 있다.
실물 동쪽에 있다.
질병 위궤양이다. 산천에서 요양하며 기도하라.
기후 흐리고 바람 분다.
의상 황토색과 청록색, 활동복, 제사 또는 고사지내는 옷, 등산복.
음식 제사음식, 지방특산물, 죽순, 족발, 만두, 토란.
사람 제사 또는 고사지내는 사람, 동호인, 동업자, 도와주는 사람.
장소 동방, 먼 곳, 숲 속, 고사지내는 곳, 큰길가, 시끄럽고 변화한 곳.

8곤 5손 5 ◎ 승(升) 오효동
높이높이 승진하네

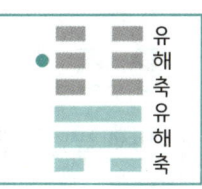

- 지극히 바르게 행동함으로써 아랫사람이 존경한다. 어려서부터 출세하여 뜻을 펴는 사람으로, 국량이 크고 복도 많다. 하는 일마다 다 뜻에 맞고 덕과 업적이 날로 새로워진다.
- 직장에서는 최고경영자의 신임이 두터워 단계를 뛰어넘어 특진하고 영전하며, 계획하여 하는 일마다 뜻대로 이룬다. 혹은 추대를 받아 최고 지도자가 된다.
- 신장이 부실하여 얼굴에 붓기가 생기고, 북방과 자일이 크게 길하다. 계축 계해 계유 을축 을해 을유년에 태어났거나 음력 8월에 태어난 사람에게 좋다.

소망	이룬다.	여행	이롭다.
사업	바른 도로 나가니 성공한다.	가출	북쪽에 있다.
개업	길하다.	실물	북쪽에 있다. 찾는다.
승진	된다. 최고로 높은 지위를 얻고 존경받는다.	질병	얼굴이 붓는다.
시험	합격이다.	기후	흐린 뒤 비 온다.
혼인	이룬다.	의상	황토색과 검은색, 취임식 옷, 위엄 있고 멋진 옷, 줄무늬.
출산	성공할 남아를 낳는다.	음식	연회음식, 술을 곁들인 회, 소고기, 잉어 탕.
매매	된다.		
재수	얻는 바가 있다.	사람	축하객, 아래 직원, 일반대중, 회장, CEO.
소송	이긴다.		
출마	당선된다.	장소	북방, 엄숙한 곳, 탁 트인 곳, 광장, 물이 흐르는 곳.
증권	상승하지 못한다. 거래가 뜸해지면서 안정된다.		

상괘 8 하괘 5 升

8곤 5손 6 ×
이제그만 물러나네

승(升) 상효동

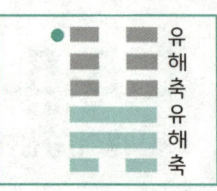

• 빨리 승진하는 것만 생각하고 그칠 줄을 모른다. 비록 명쾌하고 현명한 처사가 아니라서 주변의 걱정을 듣지만, 한 가지 일을 꾸준히 오랫동안 하니 어느 정도는 성공하게 된다. 현재 처한 지위에서 스스로 물러난다면 깨끗하고 도가 있다는 칭찬을 들을 것이다. 그러나 대부분은 이익을 심하게 추구한다는 욕됨을 면하기 어렵다.

• 직장인은 휴직하거나 물러나게 된다. 만약 반성하여 스스로 물러나지 않으면 욕심으로 인해서 화를 당한다. 주변환경이 견딜만 하다고 생각되더라도, 마땅히 그만두고 돌이킬 것을 생각해야 한다.

• 얼굴에 풍기가 있어서 마비증세가 있고, 동북방과 축일 인일이 좋지 않다. 계축 계해 계유 을축 을해 을유년에 태어났거나 음력 8월에 태어난 사람에게 좋다.

소망	지나친 욕심을 부리지 마라.	여행	불리하다.
사업	과한 욕심으로 실패를 초래한다.	가출	동북쪽에 있다.
개업	욕심이 지나치면 실패한다.	실물	동북쪽에 있다.
승진	안 된다.	질병	안면에 풍기가 있다. 머리 회전이 둔화된다. 혈액순환도 잘 되지 않아 만성질환이 되기 쉽다.
시험	떨어진다. 낮추자니 욕심이 허락하지 않는다.		
혼인	서로 양보가 없으니 어렵다.	기후	흐리다가 갠다.
출산	여아를 낳는다.	의상	모자, 몸을 가리기에 좋은 옷, 매듭 있는 옷.
매매	이루지 못한다.		
재수	손해가 있다.	음식	작은 과일과 채소, 산에서 나는 재료, 머리 고기, 검소한 음식.
소송	서로 비등해서 시일과 비용만 든다.		
출마	떨어진다.	사람	소인배, 사기꾼, 도적, 만나지 않는 것이 좋음.
증권	생각지 않은 투자자로 인해 상승하며 강세를 보인다.		
		장소	동북방을 피하라. 은둔한 곳, 조용한 곳.

8곤 6감 1 △
나의살길 원칙대로

사(師) 초효동

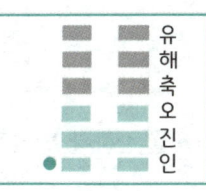

- 계획을 철저히 세우는 것이 성공의 비결이다. 더구나 전쟁이나 혁명 등 어려운 일을 앞두고는 더욱더 철저한 계획이 필요하다. 그 뒤에는 법칙을 세워, 위엄으로써 사람을 다스린다면 만사가 형통할 것이다. 또 어려운 일일수록 여러 사람이 같이 의논하고 화합하는 것이 필요하다. 화합하면서 때에 맞게 행한다면 좋을 것이다. 자신의 능력을 믿고 경솔하게 움직이면, 처음에는 부귀했다가도 곧 패가망신하고 아울러 수명도 줄어들 것이다.
- 아랫사람의 도리를 다하고 모든 일에 격식과 예절을 갖추니, 날로 총애를 더 받고 부를 쌓는다. 다만 경솔하게 움직이면 큰 화를 불러들이고, 심지어 자신의 수명을 단축할 수도 있다.
- 무인 무진 무오년에 태어났거나 음력 7월에 태어난 사람에게 좋다. 피부병이 생기기 쉽다. 서방과 유일이 좋지 않다.

상괘 **8**
하괘 **6**
師

소망	분수에 맞는 일은 이룬다.	여행	수고로움이 많다.
사업	신중하고 규모 있게 하면 성취한다.	가출	서쪽 물가에 있다.
개업	작은 이익을 보는 소규모 일은 길하다.	실물	집안에서 없어졌다.
승진	된다.	질병	몸조심 잘하면 회복한다.
시험	합격이다.	기후	비오고 흐리게 된다.
혼인	반은 흉하고 반은 길하다.	의상	싸지만 격식 있는 옷, 검은색 또는 흰색, 절도 있어 보이는 옷.
출산	남아를 낳고, 교육시킴에 따라 능력과 덕을 발휘한다.	음식	양고기, 물고기, 맵고 아린 맛, 떡, 호두, 땅콩, 해물, 멸치, 뼈가 있는 동물.
매매	의리에 맞게 하여 이룬다.	사람	젊고 절도 있는 여자, 가수, 배우.
재수	좋은 편이다.	장소	서방을 피하라. 물가 또는 호수, 바닷가, 콘서트, 야구장 축구장 등 여럿이 응원하는 곳.
소송	법칙대로 해서 유리하다.		
출마	어렵다.		
증권	등락이 빈번하다. 강세를 보이고는 있으나 상승하지는 않는다.		

8곤 6감 2 ◎ 사(師) 이효동
투자하라 인기최고

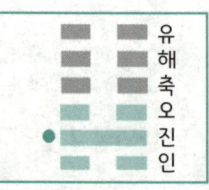

- 윗사람의 총애와 신임을 받아 승진하고, 특히 전권을 위임받아 행하는 일을 잘한다. 윗사람과 아랫사람에게 모두 믿음을 받는 유능한 사람이다. 강하되 포학하지 않고, 위엄 있게 하되 은혜를 베푼다. 영전하고 공을 세운다.
- 자신을 이끌어준 사람에게 실망을 주지 않는다. 중앙부서에 있는 사람은 영전하여 외지로 나가고, 외지에 있던 사람은 중앙의 요직으로 발탁된다. 시험은 영예롭게 합격하고, 수도하는 사람은 깨우침을 얻게 된다.
- 무인 무진 무오년에 태어났거나 음력 7월에 태어난 사람에게 좋다. 췌장이나 신장병을 조심하라. 서남방과 미일 신일이 길하다.

소망 입신양명한다.
사업 노력으로 인해 결과가 좋다.
개업 큰 사업을 일으킨다.
승진 높은 자리나 또는 좋은 곳에 된다. 군인이나 경찰 등 무력을 쓰는 계통이면 더욱 좋다.
시험 합격이다. 특히 군인 경찰 등이면 더욱 좋다.
혼인 된다. 처음에는 틈이 있다가 나중에 동화된다.
출산 훌륭하게 될 여아를 출산한다.
매매 크게 길하다.
재수 있다.
소송 승소한다.
출마 당선된다.

증권 변동할 일이 드물고 안정세를 유지한다.
여행 고난은 있으나 크게 길하다.
가출 서남방에 있다.
실물 서남방에 있다. 군인 경찰 등과 관련 있다.
질병 낫기 어렵다. 순환기가 막혀있다.
기후 비온 후에 다습하다.
의상 윗사람이 선물한 옷, 혹은 선물 받는다. 황색의 아름다운 옷. 커플 옷.
음식 세 가지 이상의 별미, 물고기와 육고기의 조화, 회식.
사람 상관에게 상을 받는 날, 거상, 고위직 관리, 지위 높은 여성.
장소 서남방, 강물이 흐르는 평야, 사람이 많은 곳, 넓고 탁 트인 곳.

8곤 6감 3 ×× 사(師) 삼효동

사공많아 실패한다

유 해 축 오 진 인

- 슬픔과 근심이 많게 될 운으로, 심하면 부모의 상을 당하기도 한다. 만약 전권을 위임받아 독단(獨斷)한다면 초반에 고생하다가 성공할 수가 있다. 그러나 대부분의 경우에 갑론을박하다가 기회를 놓쳐 실패하게 된다. 덕과 재주가 부족하고 결단력이 없어서 아랫사람이 따르지 않고 일을 그르친다.

- 사공이 많아 배가 산으로 가는 운, 또는 상대방을 가볍게 보다가 일을 그르치는 운이다. 슬픔과 근심이 많이 생기며, 심하면 부모의 상 또는 가까운 친척의 상을 입을 수도 있다. 취직하려는 사람은 합격했다 하더라도 결원이 생기길 기다려야한다.

- 무인 무진 무오년에 태어났거나 음력 7월 또는 12월에 태어난 사람에게 좋다. 허벅지에 통증이 생기기 쉽다. 서남쪽이나 동남방을 피하고 진일 사일이 좋지 않다.

소망	못 이룬다.	증권	변동수가 있고 차차 상승한다.
사업	여럿이 자기주장만 하다 부도난다.	여행	다치고 돌아오거나 객사한다.
개업	하지마라.	가출	동남방에서 물에 빠졌다.
승진	준비는 안 하고 우왕좌왕하다가 안 된다.	실물	못 찾는다.
		질병	사고로 사망한다.
시험	딴 생각만 하다가 낙방한다.	기후	비온 뒤 바람 분다.
혼인	말만 많고 성립되지 않는다.	의상	복잡한 색과 무늬는 금물, 녹색 계통.
출산	남아를 낳는데 사산이 우려된다.	음식	여러 음식은 금물, 단순하고 간단한 음식이 좋음.
매매	분수 밖으로 시도하다 실패한다.		
재수	없다.	사람	한 방면의 한 사람만 만나는 것이 좋다.
소송	패하고 손해를 본다.	장소	북방이 무난하다. 강물이 흐르는 평야, 사람이 많은 곳, 넓고 탁 트인 곳.
출마	낙선한다.		

상괘 **8** 하괘 **6** 師

8곤 6감 4 △
먼저양보 안전운전

사(師) 사효동

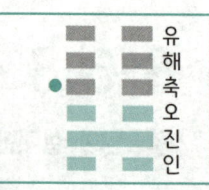
유해축오진인

- 현재 상황이 어려워서 한발 후퇴한다. 한 발 후퇴하는 것은 큰 피해를 줄이기 위한 방법이다. 부동산 투자 등 터를 고를 때엔 왼쪽이 좋다. 현재의 어려움을 자신을 재충전하는 기회로 삼아야 하고, 혹은 건물을 수리하고 고치는 일이 발생하며, 여관에서 거주할 운을 뜻하기도 한다.
- 계획없이 '잘되겠지'라고 하는 마음으로 일처리를 하다가 어려움에 봉착한다. 그러나 그것이 어려운 것을 알고 물러나는 임기응변이 있으니, 큰 봉변은 당하지 않는다. 현재 상황에 만족하고, 원하는 것이 있으면 한 단계 낮출 줄 알아야 하며, 시험도 낮춰서 지원한다. 상대방과 경쟁할 때도 잠시 물러나는 겸손을 보이면 길하다.
- 계축 계해 계유 을축 을해 을유년에 태어났거나 음력 7월에 태어난 사람에게 좋다. 위장병을 조심하고, 동방과 묘일이 무난하다.

소망 잠시 관망하고 때를 기다려야 한다.	증권 강세로 보이나 갑자기 하락한다. 그 다음에 매매가 있으나 상승하지는 않는다.
사업 후퇴했다가 관망한 후에 나아가라.	
개업 좀 더 관망하라.	여행 여행 간 사이에 도난당한다.
승진 공무원이면 좋다.	가출 동방에 숨어있다.
시험 공무원 또는 국립대학에 합격한다.	실물 찾기 힘들다.
혼인 눈높이를 낮추면 성립된다.	질병 서서히 치료하면서 병세를 살펴야 한다.
출산 여아를 얻는다.	기후 흐렸다가 번개 친다.
매매 잠시 물러나 관망한다.	의상 노란색과 초록색의 조화, 화려함을 한 단계 줄여라.
재수 보통이다.	
출마 낙선한다.	음식 흔하지 않은 음식, 시장음식, 족발, 팥죽.
소송 이기려고 덤비면 패하니 화해하거나 재정립 해야 한다.	사람 강등된 사람, 욕심을 한 단계 낮추고 후일을 도모하는 사람, 법관.
	장소 동방, 큰 나무가 무성한 곳, 주택가.

8곤**6**감**5** ○
대표선출 성공열쇠

사(師) 오효동

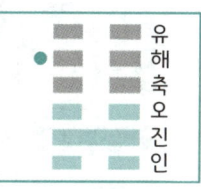

• 큰 어려움이 생김에, 윗사람이 신임하여 전권을 맡기니 절차에 맞게 행동하여 공을 세운다. 큰 아들 또는 믿을만한 후계자에게 모든 일을 맡겨 다스리게 해야 한다. 여러 사람에게 맡기면 일을 실패하고 자중지란이 일어난다. 이 사람이다 싶으면 끝까지 믿으면서, 주변의 모함을 막아주어야 한다.

• 말로 강연하거나 글을 쓰는 직업이면 성공한다. 농지와 가축이 날로 늘어나고 공직자는 크게 특진한다. 시험을 본다면 말석으로 붙지만, 언론기관에서 중요한 직책을 맡게 된다. 말 많은 소인배들의 준동을 막아야 일을 이룬다. 혹 재산을 모아 전원생활을 하며 여유롭게 지내고 학문을 닦는 사람이다.

• 계축 계해 계유 을축 을해 을유년에 태어났거나 음력 7월에 태어난 사람에게 좋다. 식도에 이상이 생기기 쉽고, 북방과 자일이 이롭다.

소망	믿을 수 있는 사람을 잘 써서 이룬다.	여행	무난하게 잘 다녀온다.
사업	단결해서 어려움을 헤쳐 나가면 길하다.	가출	북방에서 싸우고 있다.
		실물	스스로 들어와 찾는다.
개업	구설수가 있다. 한 사람이 주장해야 좋다.	질병	낫는다.
		기후	흐렸다가 큰 비가 내린다.
승진	좋은 성적으로 승진한다.	의상	등산복, 골프복, 대체로 어두운 색, 활동하기 편한 옷, 커플 옷.
시험	합격한다.		
혼인	여자는 좋고 남자는 더디다.	음식	새고기, 가금류, 뷔페음식, 돼지고기, 물고기.
출산	남아를 낳는다. 혹 쌍둥이다.		
매매	팔아서 이익이 된다.	사람	강력한 지도자, 원칙주의자, 경험 많은 지도자.
재수	좋다.		
소송	믿을 수 있는 사람에게 맡겨 승소한다.	장소	북방, 강이나 호수, 동굴, 혼자만 아는 집, 바다.
출마	당선된다.		
증권	매매가 발생하다가 하락한다.		

상괘 **8**
하괘 **6**
師

8곤 6감 6 △ 사(師) 상효동
공명정대 논공행상

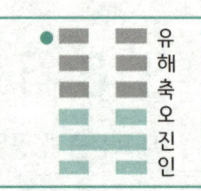
유해축오진인

• 공이 있는 사람에게 충분한 보상을 해주되, 그 사람이 덕이 없다면 돈이나 명예직만을 주고, 실무에는 쓰지 않아야 한다. 윗사람을 넘보는 무례를 범하지 않는다면 권세를 누리고 공을 세운다.

• 기술과 예술로써 명성을 얻고, 조상의 사당을 수리하고 그 업적을 기리는 일을 하면 자손이 번창하며 부를 누린다. 항상 겸손할 것을 생각해야 유지될 것이다. 만약 자신이 잘나서 성공한 것이라고 주장한다면 그때부터 일이 어그러질 것이다. 아랫사람 중에 권세를 믿고 선량한 사람을 괴롭히거나, 어려울 때는 같이 고생하다가도 안정되면 배신하는 사람이 있다.

• 계축 계해 계유 을축 을해 을유년에 태어났거나 음력 7월에 태어난 사람에게 좋다. 뇌졸중을 조심하고, 동북방과 축일 인일이 좋다.

소망	윗사람의 뜻을 잘 이어간다.	여행	여행길이 재수있다.
사업	잘되어 논공행상한다.	가출	동북방으로 멀리 달아났다.
개업	길하다. 전에 하던 일을 이어서 하면 좋다.	실물	동북방에서 찾는다.
승진	노력으로 승진한다. 그 회사의 중심인물이 된다.	질병	환자가 장남 또는 장녀일 경우는 점차 나아지고, 그밖에는 위태하다.
시험	노력으로 합격한다.	기후	습하고 흐리다.
혼인	장남 또는 장녀의 결혼이면 길하다.	의상	황색과 윤기 있는 검은색의 조화, 매듭 있는 모자, 정장.
출산	여아를 낳는다.		
매매	잘 안 된다.	음식	오리고기, 산에서 나는 재료, 콩으로 만든 음식, 누룽지.
재수	크게 좋지는 않고, 내가 잘해서 보답 받는 정도이다.	사람	군자를 만나면 좋고 소인을 만나면 망신 당한다. 보증인, 하급관리.
소송	화해한다.		
출마	어렵게 당선한 후 잔치한다.	장소	동북방, 산, 사방이 막힌 곳, 사당, 오솔길.
증권	변동수는 드물고 강세도 없다. 처음에는 하락했다가 나중에 조금 회복한다.		

8곤 7간 1 ㅇ 겸(謙) 초효동
최고겸손 출세보장

- 겸손하게 행동해서 주변과 화합을 이룬다. 온화하고 공손함을 지상 최고의 덕으로 삼고 예절을 지킨다. 위태함을 바꾸어 편안한 상태로 만들고, 윗사람에게는 신임을 받고 아랫사람에게는 자신을 의지하도록 자애롭게 한다. 혹 너그러움이 지나쳐 우유부단하거나, 남의 밑에 들어가 일하는 것을 달게 여기는 사람도 있다.

- 나라에는 충성하고, 자신이 소속된 단체에도 화합을 이루니, 재앙이 발생하지 않는다. 상인이나 나그네가 되어 멀리 떨어진 곳으로 다니며 부를 쌓는다. 강이나 호수 또는 바다를 건너 모험하는 것이 좋다.

- 남방이 길하고, 오일(午日)이 길일이다. 병진 병오 병신년에 태어났거나 음력 9월에 태어난 사람에게 좋다.

소망	차차 이루게 된다.	가출	남쪽으로 갔는데 찾기가 어렵다. 이리저리 떠돌아다닌다.
사업	여기저기로 돌아다니면 좋다.	실물	남쪽에 있으나 찾기가 어렵다.
개업	다니면서 하는 행상은 좋다.	질병	차츰 회복된다.
승진	조금 지체된다.	기후	흐렸다가 다시 해가 난다.
시험	조금 지체된다.	의상	붉은색 계열, 겸손하고 소박한 옷, 작업복.
혼인	배우자가 나타나지 않아 늦어진다.	음식	붉은색 과일, 붉은색 고기, 구이, 소박한 음식.
출산	아들을 낳는다.		
매매	조금 양보하면 작은 일은 이루어진다.		
재수	노력한 만큼 좋다.		
소송	조금 손해 보라.	사람	공손한 사람, 겸손하고 능력 있는 사람, 용기 있는 사람.
출마	작은 규모의 선출은 당선된다.		
증권	갑자기 하락했다가 나중에 오른다.	장소	남방, 찜질방, 환하고 밝은 곳, 아궁이, 댐 또는 운하.
여행	어딜 가든 처신을 잘하니 길하다.		

상괘 **8** 하괘 **7**

謙

8곤 7간 2 ㅇ 알려지는 겸손능력

겸(謙) 이효동

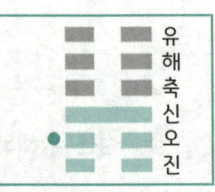

- 명성이 드높아진다. 바르고 곧게 산다는 착한 행실이 널리 알려진다. 착한 행동이 오랫동안 쌓이니, 자랑하지 않아도 세상이 모두 알게 된다. 덕과 재주를 겸비하여 주변의 신망을 한 몸에 받는다.
- 언론계 등에서 두각을 나타내고, 그렇지 않을 경우는 분수를 지키며 덕을 닦으면 된다. 좋은 직책으로 영전된다. 일부러 유명해지기를 바라지 마라. 저절로 소문이 날 것이다. 특히 원숭이띠가 좋다.
- 자궁에 근종이 생기고 소화기관도 좋지 않으며, 혹 맹장염으로 고생한다. 동남방이 좋고, 진일 또는 사일이 길일이다. 병진 병오 병신년에 태어났거나 음력 9월에 태어난 사람에게 좋다.

소망	스스로 겸손하고 윗사람의 의견을 잘 따르니 신임을 받아 이룬다.	증권	변동수가 있으나, 주로 떨어진다. 가을이면 바람을 타고 상승한다.
사업	겸손함이 유명해져 주변의 도움을 얻어 번창한다.	여행	편안히 잘 다녀온다.
		가출	동남쪽으로 갔다.
개업	급하게 서두르면 안 된다.	실물	동남쪽으로 깊이 감추었지만 소문이 나서 찾게 된다.
승진	남들이 알아주니 희망대로 된다.		
시험	희망대로 된다.	질병	오랫동안 몰랐던 병으로 고생한다.
혼인	늦어진다.	기후	흐렸다가 바람 분다.
출산	여아를 낳는다.	의상	황토색 바탕에 청록색이나 짙은 파랑 겉옷, 품위 있고 고상한 옷.
매매	욕심 부리지 않으면 주변의 도움으로 된다.		
		음식	푹 고아서 음식, 잘 숙성된 음식.
재수	좋은 편이다.	사람	덕이 있는 사람, 언행이 바른 사람, 존경받는 사람.
소송	하면 안 된다.		
출마	당선이다.	장소	동남방, 서북에서 동남을 바라보고 앉는다, 숲, 조용한 곳.

8곤 7간 3 ◎ 겸(謙) 삼효동

성공명예 겸손존경

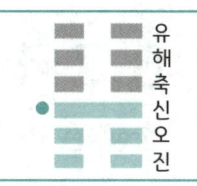

- 공을 세우고도 다른 사람에게 그 공을 양보하는 훌륭한 사람이다. 문장이 뛰어나고 도덕과 의리가 높아서 중책을 맡아 해결한다. 그러면서도 자신의 공을 다른 사람에게 잘 양보하여 더불어 사는 것을 좋아하니, 높고 중요한 지위로 추천되고, 지방에서는 유지로 추앙받으며, 경영하는 일에 이득이 생긴다.

- 자신은 힘들고 어려워도 주변이 잘되면 좋아하는 호인이다. 병점을 쳤을 때 환자가 훌륭한 사람이면 죽게 된다. 대체로 주변사람과 화합하여 큰 공을 이루는 운수이다.

- 몸에 기운이 없고 가슴이 답답하며 식은땀이 많이 나며, 위장이 더부룩하다. 서남방이 좋고, 미일 신일이 길일이다. 병진 병오 병신년에 태어났거나 음력 9월에 태어난 사람에게 좋다.

상괘 8 하괘 7 謙

소망	남의 지지를 받아가며 이룬다.	여행	편안히 잘 다녀온다.
사업	노력으로 성공한다.	가출	서남방에 편안히 있다.
개업	그동안 쌓아온 덕을 바탕으로 큰일을 도모한다.	실물	안에 깊숙이 감추어져 있는데 곧 발견된다.
승진	좋은 자리로 영전한다.	질병	낫지도 더하지도 않는다.
시험	좋은 자리에 된다.	기후	구름 끼고 습하다.
혼인	훌륭한 남자와 훌륭한 여자가 만난다.	의상	잘 드러나지 않는 옷, 작업복, 오래 입은 명품, 황토색 계열, 커플 옷.
출산	훌륭하게 될 남아를 낳는다. 쌍둥이다.		
매매	잘 이루어진다.	음식	암소고기, 과일과 채소, 선짓국 머리 고기, 푸른색 채소.
재수	좋다.		
소송	승소할 수 있으나, 화해하는 것이 더 큰 이로움이다.	사람	고위직 여성 공무원, 거상, 훈장 받은 사람, 존경받는 사람, 나와 닮은 사람.
출마	큰 지지를 얻어 당선이다.	장소	서남방, 평지, 사람이 많이 모인 곳, 공원, 개활지.
증권	보합세를 유지하고 등락은 없다. 안정된 세력을 유지한다.		

8곤 7간 4 ○
항상겸손 겸손원칙

겸(謙) 사효동

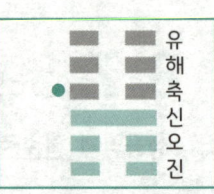

- 공을 세우는 주체적인 역할을 하여 존경받는다. 부귀를 혼자서 누리려고 하지 않고, 윗사람에게 겸손하고 아랫사람에게는 자애롭게 일일이 살핀다. 공손하고도 겸손하게 행동함에 조금의 꾸밈도 없으니, 공명을 세우고 부귀를 누림에 부족함이 없다.
- 적당히 분수껏 누리고 물러나야지, 그 자리에서 오랫동안 머물면 위험하다. 예로부터 "하늘을 뒤덮고 땅을 진동시키는 공을 세운 사람은 상을 주지 않는다."고 하였다. 너무 공이 커서 그 공에 맞게 상을 주려면 윗사람의 자리를 내주어야 하니, 어떤 사람이 자신의 자리를 내줄 것인가? 존경을 받고 공을 세우는 것도 적당히 할 일이다.
- 위경련이 일거나 과식하여 심장을 치받는다. 동방이 좋은 방위이고, 묘일이 길일이다. 계축 계해 계유 을축 을해 을유년에 태어났거나 음력 9월에 태어난 사람에게 좋다.

소망	이룬다.	여행	먼 곳을 일주한다.
사업	겸손하고 양보하여 번창한다.	가출	동쪽으로 갔는데 쉽게 돌아오지 않는다.
개업	여러 사람이 돕는다.	실물	동쪽에 있지만 찾기 어렵다.
승진	승진한다.	질병	음식을 주의하라. 악화되기 쉽다.
시험	합격이다.	기후	습기가 많고 바람 분다. 여름철이면 우레 친다.
혼인	이웃사람과 친해져서 연애결혼을 하나 늦어진다.		
출산	여아를 낳는다. 혹 남녀 쌍둥이다.	의상	푸근한 옷, 청록색 계열, 삼베옷, 평범해 보이는 옷, 위아래가 같은 옷.
매매	공동으로 하는 것은 잘 이루어진다.	음식	뷔페음식, 대중음식, 동물성과 식물성이 고루 섞인 음식.
재수	큰 재수는 없지만 일이 잘 풀린다.		
소송	해서는 안 된다. 덕으로 감싸라.	사람	모든 사람, 코드가 맞지 않는 사람도 포함.
출마	떨어지기가 쉽다.		
증권	상승하며 시장의 거래가 빠르나, 눈앞에서 바로 이루어지기는 어렵다.	장소	동방, 서방에서 동방을 바라보고 앉는다. 숲, 산속의 누각, 큰 도로.

8곤 7간 5 ○ 겸(謙) 오효동
겸손최고 성공명예

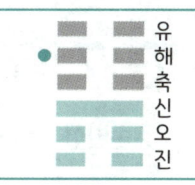
유해축신오진

- 윗사람으로서 겸손한 덕을 베푸니 상하가 모두 즐겁다. 다만 겸손한 것을 약한 것으로 잘못 아는 무리가 나올까 걱정이다. 그래서 유약함만 쓰지 말고 때로 강함을 보여 위엄이 있다는 것을 알려야 한다.
- 문과 무를 겸비하였다. 병권과 형벌권을 장악한다. 혹 송사에 휘말릴 수다. 귀인을 만나 평소보다 두 배의 이익을 본다.
- 장맛비를 만나고 북방이 이롭다. 해일과 자일이 길일이다. 천식과 부종을 조심하라. 계축 계해 계유 을축 을해 을유년에 태어났거나 음력 9월에 태어난 사람에게 좋다.

소망	이룬다. 특히 군인 검찰 경찰 등 형벌과 위엄을 보이는 직업에 좋다.	증권	보합세를 유지하고 등락은 없다. 하락은 하지 않으면서 증시가 이어지며, 경기는 어렵게 돌아오기 시작한다.
사업	새로운 거래처를 잘 설득하여 많이 확보한다.	여행	어렵기는 하지만 귀인을 만난다.
개업	좋다.	가출	북쪽으로 갔는데 돌아오기를 꺼려한다.
승진	수석으로 승진해서 좋은 보직을 받는다.	실물	북쪽의 못 찾을 곳으로 갔으니, 포기하는 것이 좋다.
시험	수석으로 합격한다.	질병	치유된다.
혼인	좋은 사람을 만나 성립된다.	기후	습하고 비 온다.
출산	남아를 낳는다.	의상	검은색 계열, 주변과 동화되는 옷, 은근히 힘을 준 옷.
매매	성립되어 서로 이득을 본다.		
재수	노력한 만큼 얻는다.	음식	물고기, 조개 등 해물류, 잔치음식.
소송	다툼 끝에 이긴다.	사람	성당의 신부, 목회자, 스님, 인생 상담사, 자문.
출마	당선이다.	장소	북방, 물가, 한적하고 조용한 곳.

상괘 **8** 하괘 **7** 謙

8곤 7간 6 △
겸손반성 내탓이오

겸(謙) 상효동

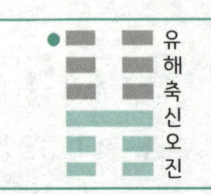

- 겸손하기는 하지만 재주와 지위가 따라주지 않는다. 산속이나 외진 곳에 가서 마음수양을 하며 지내는 것이 좋다. 재주가 지위에 비해 모자라니, 겸손한 것이 연극 같이 보인다. 지나간 역사나 옛 학문을 성실히 공부하라.
- 군인으로 조금씩 승진하고 국외로 파견 나간다. 지방 고을의 검찰 또는 경찰간부로 만족하며 살아간다. 작은 일로 인해 송사에 휘말린다. 대체로 작은 규모의 일은 무난히 이루며 살아간다.
- 어깨나 뒷목이 뻣뻣해온다. 동북방이 해롭고 서남방은 무난하다. 축일이 좋지 않다. 계축 계해 계유 을축 을해 을유년에 태어났거나 음력 9월에 태어난 사람에게 좋다.

소망	마음에 갈등이 있으나 이루게 된다. 특히 무력을 쓰는 직업(군인, 검찰, 경찰, 한의사, 정육점 등)이면 이롭다.	출마	작은 규모는 된다.
		증권	보합세를 유지하고 등락은 없다.
		여행	국외는 좋다.
사업	조금씩은 풀린다.	가출	동북쪽으로 가있는데 어려운 처지다.
개업	조금 다툼이 있으나 좋다.	실물	동북쪽에 있지만 찾기 어렵다.
승진	작은 시험에는 제법 명성도 날린다.	질병	기혈순환이 안 되어서 머리가 무겁다. 마음의 병부터 고쳐야 한다.
시험	대기업 보다는 중소기업이 좋다.		
혼인	이룬다.	기후	습기 차고 흐리게 된다.
출산	여아를 낳는다. 쌍둥이일 가능성이 높다.	의상	황토색 또는 검은색 계열, 절제된 옷, 소박한 옷.
매매	조금 지체되나 이룬다.	음식	산나물, 소박한 음식.
재수	좋은 편이다.	사람	인생 상담사, 군인, 경찰, 존경하는 스승, 수도자.
소송	변명하지 않아도 이롭고, 승소하나, 화해하는 것이 더 이롭다.		
		장소	동북방을 피하라. 산이나 들, 조용한 곳.

8곤 8곤 1 △
초보투자 조심조심

곤(坤) 초효동

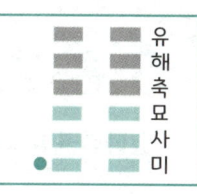

• 어려서부터 열심히 공부하여 이름을 날린다. 그러나 대개는 중화(中和)의 덕도 없고 바르게 행동하지도 않는 사람으로, 윗사람의 말을 어기고 간사한 행동이 습관이 되어 다른 사람에게 손해를 입히게 된다. 교육을 잘 받으면 달라진다.

• 바른 말을 하며 타이르면 원망하고, 아첨하는 말을 하면 기뻐하는 사람으로 끝이 좋지 않다. 참소를 당하거나 아첨에 물들지 않도록 경계해야 하고, 질투에 의한 시기 중상모략, 사소한 시비 끝에 오는 다툼을 방비해야 한다. 여인 또는 음년(陰年)에 태어난 사람에게는 길하다.

• 남자는 직장암을, 여자는 자궁암을 근심해야 하고, 묘일과 동방이 좋지 않다. 을미 을사 을묘 계미 계사 계묘년에 태어났거나 음력 10월에 태어난 사람에게 좋다.

소망	마음에 달렸으나 잘못될 확률이 높다.	증권	시장에 거래가 빈번하다. 차차 오른다.
사업	자칫 큰 어려움에 처하게 된다. 함정에 빠질 염려가 있다.	여행	병을 얻어 돌아온다.
		가출	병을 얻어 앓고 있다.
개업	신중하고 조심해야 한다.	실물	동방에 있다.
승진	잘되지 않는다.	질병	빨리 치료하지 않으면 큰 병이 된다. 종양이 잘못되어 암이 될 수 있다.
시험	잘되지 않는다.		
혼인	여자는 성사될 수 있지만, 남자는 병약해서 어렵다.	기후	흐렸다가 바람 분다. 여름에는 다습.
		의상	사각 형체의 노란색 바탕에 녹색 겉옷, 펑퍼짐하고 넉넉한 옷.
출산	자궁에 이상이 있어 임신이 안 된다.		
매매	잘되지 않고, 된다고 해도 큰 손해를 입는다.	음식	소고기 양고기 수프, 죽 종류, 대나무밥.
재수	없다.	사람	어머니, 할머니, 배가 나온 사람, 경험 많고 너그러운 사람.
소송	작은 일이 커져서 패하기 쉽다.		
출마	낙선한다.	장소	동방을 피하고, 서남방이 무난하다.

상괘 8
하괘 8
坤

8곤 8곤 2 ○ 곤(坤) 이효동
샀다하면 이익투자

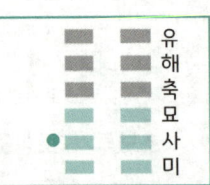

• 중심을 잘 잡고 바르게 행동한다. 총명해서 하나를 배우면 열을 안다. 명예를 드날리고 힘과 역량이 뛰어나서 일마다 막힘이 없다. 충성스럽고 성실한 사람으로 일을 맡으면 몸을 아끼지 않는다. 중앙관서에서도 고관이 되지만 지방관으로 가면 더욱 명성을 떨친다.

• 승진하여 더욱 좋은 곳으로 영전하고 명성이 높아진다. 일반인은 재산이 많이 늘어나며 자손이 번창한다. 특히 여자는 어질고 현명하여 집안을 크게 일으킨다.

• 대체로 건강하나 과식으로 인한 당뇨를 조심해야 한다. 자일과 북방이 이롭다. 을미 을사 을묘 계미 계사 계묘년에 태어났거나 음력 10월에 태어난 사람에게 좋다.

소망	뜻대로 이룬다.	증권	거래에 등락이 있다. 경기가 어려울 지라도 큰 하락은 없다.
사업	저절로 잘되어 간다.		
개업	주변의 여러 사람의 협조를 얻게 된다.	여행	집에 있는 것이 좋고, 나가는 것은 좋지 않다.
승진	생각지 않게 좋은 곳에 영전하고, 특히 여자는 더욱 좋다.	가출	북쪽의 가까운 곳에 있다.
시험	합격한다. 여자는 더욱 좋은 성적으로 합격한다.	실물	찾지 않아도 자연히 찾게 된다.
		질병	저절로 치유된다.
혼인	훌륭한 배우자이다.	기후	습기가 많고 비가 많이 온다.
출산	좋은 여자아이를 낳는다. 아기가 좀 약하다.	의상	노란색 더하기 어두운 색, 품이 넉넉하면서 눈에 띄지 않는 옷.
매매	주변의 협조로 잘 이루어진다.	음식	돼지고기, 생선 등 수산물, 반찬이 많은 정식.
재수	우연히 득이 있다.		
소송	승소한다.	사람	곧은 성품의 모범생, 승려 혹은 도인, 목회자.
출마	인망이 높아 당선된다. 여자일 경우 더욱 쉽다.	장소	북쪽의 물 흐르는 곳, 목욕탕, 어두운 곳.

8곤 8곤 3 △

선배따라 투자하기

곤(坤) 삼효동

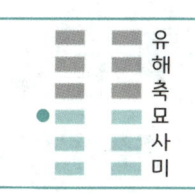

- 빛나고 아름다운 것을 자랑하지 않고 잘 감추어 오래도록 보존할 수 있다. 때를 만난 사람은 학문을 잘 닦아서 당대의 모범이 되고 영화를 누리며 순조롭게 산다. 그러나 대부분은 자신의 지혜와 학문을 감추고, 사사로운 정을 멀리하고 공적인 일을 앞세우며, 때로는 지혜롭게 때로는 어리석게 처신을 하며 신중하게 살아간다.
- 신중하게 처신만 한다면, 실력이 드러나 승진이 눈앞에 있고, 시험에 합격하며, 경영하는 일에 성공을 하게 된다. 여자일 경우는 덕과 지혜를 감추지 않으면 과부로 살아가게 된다.
- 소화불량 또는 요통을 주의하라. 축일 인일과 동북방이 일희일비한다. 을미 을사 을묘 계미 계사 계묘년에 태어났거나 음력 10월에 태어난 사람에게 좋다.

소망 작은 규모는 때때로 성사된다.	**여행** 먼 곳은 가지 않는 것이 좋다.
사업 남의 밑에서 성실히 일하면 좋다.	**가출** 동북쪽으로 가 있고, 여자는 남자의 유혹을 받고 있다.
개업 사업품목이 다양하면 좋다.	
승진 크게 바라지 말고 낮추면, 좋은 곳으로 승진한다.	**실물** 산 또는 물의 경계를 넘어가려 한다.
	질병 몸속에 숨어 있다 때로 발병하곤 한다.
시험 낮추면 합격한다.	**기후** 흐리고 음습하다.
혼인 내 몸을 낮추면 성사된다. 상대방에게 주도권을 맡기면 편하다.	**의상** 매듭이 많은 옷, 겉으로는 싸게 보이지만 비싸고 장식이 있는 옷, 속옷이 화려하다.
출산 남자아이를 낳는다.	
매매 손해 본다는 마음으로 하면 된다.	**음식** 작은 동물 고기, 오이, 감자, 산에서 나는 작물, 속에 뼈가 있는 음식.
재수 내가 사양을 하면 득이 있다.	
소송 화해한다.	**사람** 실력이나 재산을 감춘 사람, 부동산업자, 산에 사는 사람.
출마 낮은 것을 선택한다.	
증권 보합세를 유지하고 등락은 없다.	**장소** 동북방, 들이나 산, 토담집, 사원.

상괘 **8**
하괘 **8**
坤

8곤 8곤 4 △ 곤(坤) 사효동
복지부동 투자금지

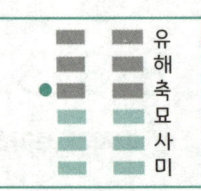

• 때를 만나지 못해서 스스로를 굳게 지킬 뿐 나아가 활동하지 않는다. 좋은 지위와 재산이 있더라도 드러내놓고 자랑하고 쓰지 못하며, 세상을 향해 활동을 할 수 없다. 신중하면서도 소박하게 실질을 추구할 뿐이다.

• 그리 높지 않은 직책을 지키며 신중하게 살아가니, 영전이나 승진은 바라지 마라. 경영하는 일이 지체되고 막히더라도 현 상황을 고수하며 함부로 바꾸지 마라. 밖으로 드러나지 않는 직업이 좋다. 새롭게 만들고 화려한 각광을 받는 일 보다는, 일의 마무리를 짓는 일, 식사한 뒤에 설거지를 하거나 폐기물을 처리하는 등의 일이 적합하다.

• 자폐증 언어장애 변비 등의 병을 주의하라. 동방과 묘일이 무난하다. 계축 계해 계유 을축 을해 을유년에 태어났거나 음력 10월에 태어난 사람에게 좋다.

소망	고집피우지 마라.	여행	가지 않는 것이 좋다.
사업	현재를 고수하며 시일을 기다리는 것이 좋다.	가출	동쪽에 있다. 남녀 모두 몸조심해야 한다.
개업	하지마라.	실물	깊이 숨어 있어 찾지 못한다.
승진	잘 되지 않는다.	질병	시일을 끈다.
시험	잘 되지 않는다.	기후	구름 꼈다가, 번개 쳤다가 한다.
혼인	반은 길하고 반은 흉하다.	의상	황색, 청록색, 속살이 잘 안 보이는 옷
출산	산모의 고통이 심하며, 여아를 낳는다.	음식	푹 고아서 만든 음식, 포장해서 먹는 음식, 만두, 속에 무엇이 들었는지 모르는 음식, 분식점 음식.
매매	이루어지지 않는다.		
재수	이롭지 않다.		
소송	말과 행동을 조심하고 싸우지 않는 것이 좋다. 소송중이면 화해하라.	사람	입이 무거운 사람, 수도하는 사람, 대를 이은 후계자, 폐기물 관련자.
출마	출마하면 잘못된다.	장소	동쪽의 보안이 잘 된 곳, 눈에 띄지 않는 곳, 조용한 곳.
증권	거래가 빈번하지만 투자한 주식의 인기가 약해서 급상승은 없다.		

8곤 8곤 5 ○
두번째면 으뜸투자

곤(坤) 오효동

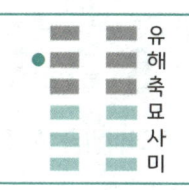

- 중심을 지키고 순리대로 움직이는 덕이 있는 사람으로 크게 길하다. 재주와 덕이 뛰어나 중앙관서의 2인자로 승진한다. 시험을 보면 수석합격이고, 의식이 풍족하며 항상 공정하고 신중하여 시기나 의심을 받지 않는다.
- 자신의 실력 또는 주변의 추천을 받아 지위를 굳건히 하고 명성을 날리며 재산이 늘어난다. 여자에게는 더욱 좋아서 하는 일마다 뜻대로 풀린다. 다만 2인자에 만족해야지 1인자가 되려하면 곧바로 몰락의 길을 걷게 된다. 문장을 닦고 역사를 공부해도 명성을 날리고, 중앙부서에서 일한다.
- 별다른 병은 없지만 혹 심장 또는 배에 통증이 생긴다. 자일이나 북방이 크게 길하다. 계축 계해 계유 을축 을해 을유년에 태어났거나 음력 10월에 태어난 사람에게 좋다.

소망	이루어진다. 다만 적극적으로 큰 이익을 얻으려고 하면 실패할 수가 있다.	증권	자연스럽게 높아지나, 시장의 경기와 투자주식의 인기가 약하다.
사업	신용을 지키고 분수를 잘 지키면, 모든 사람이 도와주고 이끌어준다.	여행	어디를 가도 좋다.
		가출	북방으로 먼 곳에 가있다.
개업	윗사람의 지시대로 장소를 가려 개업하면 좋다.	실물	먼 곳이나 물 건너에 있다.
		질병	점점 심해진다. 순환기를 조심하라.
승진	자신을 너무 내세우면 안 된다.	기후	흐리다가 비 온다.
시험	윗사람의 조언과 자문하에 아주 좋은 성적으로 합격한다.	의상	황색 치마, 고상하고 우아함. 겸손해 보이면서도 눈에 띄는 옷, 검고 황토색 옷.
혼인	이루어진다. 다만 여자는 자신을 너무 내세우면 안 된다.	음식	담담하면서 소박한 맛, 너무 비싸지 않은 음식, 물고기, 돼지고기, 작은 암소고기.
출산	남자아이를 낳는데 아기가 약하다.		
매매	눈높이를 낮추면 이루어진다.	사람	실력을 감춘 겸손한 사람, 큰 덕을 갖춘 수도자, 조직의 2인자, 숨은 실력자.
재수	많은 이득을 본다.		
소송	승소한다.	장소	북방, 어두운 곳, 물이 흐르는 곳, 조용하게 수도하는 곳.
출마	차석을 바라면 된다.		

상괘 **8**
하괘 **8**

坤

8곤 8곤 6 ×
의심엄금 서로싸움

곤(坤) 상효동

• 아랫사람의 기세가 성하여 윗사람과 다투다가 다치게 된다. 공을 세우고 권세가 높아지면 자신의 분수를 알고 권한 내에서 움직여야 한다. 윗사람을 능멸하다가는 몰락의 길을 가게 된다. 처음에는 겸손하였지만, 흉포하고 어수선한 성격으로 송사를 좋아하고 남을 비방하기를 좋아하며 전쟁터에 나가면 잔학한 살상을 한다.

• 덕을 잃음으로써 공을 깎이고 배척당하게 되고, 시험에 1등으로 합격하더라도 오만한 마음 때문에 미움을 받는다. 일반적으로 싸우고 다투다가 패가망신하기 쉽다. 농업 등 심고 가꾸는 일은 좋다.

• 각혈 또는 출혈을 뜻한다. 동북방 또는 축일 인일이 좋지 않다. 계축 계해 계유 을축 을해 을유년에 태어났거나 음력 10월에 태어난 사람에게 좋다.

소망	이루지 못한다.	여행	싸우게 되고 시비에 걸려 지체된다.
사업	실패하며 소송에 걸린다.	가출	동북방에서 다투고 있다.
개업	해서는 안 된다.	실물	도둑의 소행이다.
승진	늘 싸움이나 하고 건달 짓을 한다.	질병	머릿속에서 피가 많이 난다. 수술을 받는다.
시험	안 된다. 합격이라면 1등이다.		
혼인	이룰 듯 하다가도 화합하지 못한다.	기후	흐리다가 그친다.
출산	여아를 낳는다. 평산이다.	의상	도전적이고 창의적인 옷, 황색, 검은색과 황금색이 섞인 옷, 붉은 색.
매매	서로 손해를 본다.		
재수	크게 손해를 본다.	음식	더덕, 산과 들에서 나는 뿌리식물, 작은 동물고기, 작은 열매나 씨앗.
소송	피차 손해를 본다.		
출마	낙선하고 다친다.	사람	만나면 다투기 쉽다. 철없는 아이 같은 사람, 자기 이익만 따지는 소인배.
증권	시장이 안정되기가 어렵다. 하루아침에 높아졌다가 큰 하락을 한다. 등락 모두 나와 상관없이 정해진다.	장소	동북방을 피하라. 들이나 산, 토담집, 사원, 비탈진 계곡, 높은 곳에 있는 정자.

주역점
비결

점풀이 예제 12

실제 점을 친 사례 12가지를 정리한 것입니다.

1. 소망 / 2. 사업 / 3. 개업 / 4. 승진
5. 시험 / 6. 혼인 / 7. 출산 8. 매매
9. 소송 / 10. 증권 / 11. 질병 / 12. 장소

1. 소망

늦은 나이에 대학원에 가려니 걱정이 많았다. 공부를 잘 따라갈지, 일과 병행할 수 있을지, 아직 아이들이 학교에 다니니 학비도 걱정이었다. 주역점을 쳐서 뇌수해괘 이효가 동했다.

뇌수해괘 이효의 `소망`을 보니 "이룬다."고 하였고, `시험`을 보니 "합격한다."고 하였다. `효사`에도 "사냥 나가서 세 마리 여우를 잡고 황금화살을 얻으니 바르게 해서 길하다."고 하였으니, 지금까지의 걱정을 불식시킬 정말로 좋은 점괘였다.

결과적으로 석사과정 내내 장학금을 지원 받았고, 학점도 매우 좋았으며, 아이들도 자기 일을 잘해 줘서 무사히 마칠 수 있었다.

2. 사업

사업장을 넓힐 기회가 왔다. 넓히는 것은 좋은데, 경제적으로 부담이 될 것 같아서 그 길흉을 물었더니, 택수곤괘 오효가 동했다. 오효인 것은 좋으나, 못에 물이 말라서 곤궁한 괘라는 것이 마음에 걸렸다.

택수곤괘 오효의 `소망`을 보니 "더디게 이룬다. 간절히 기도하라."고 하였고, `사업`을 보니 "천신만고 끝에 성공한다."고 하였으며, `개업`을 보면 "아랫사람의 협조가 있다면, 해도 좋다."라고 하였다. 종합해 보면, 좋기는 좋은데 결과가 더디게 오고, 고생을 할 것이며, 아랫사람의 적극적인 협조가 필요하다는 뜻이다.

실제로 사업장은 1.5배로 늘었지만, 매출이 그만큼 성장하지 않아 힘들었다. 다행히 확장한지 6개월 뒤부터 상하 모두 합심해서 적극적으로 노력한 결과로, 회사의 인지도가 올라가고 매출도 늘어나서 안정적인 성장을 하게 되었다.

3. 개업

미용실에 근무하여 일을 잘한다는 칭찬을 들었지만, 해가 지나도록 월급을 올려주지 않았다. 남 좋은 일만 시키는 것 같아서, 작더라도 개인 미용실을 차리고 싶었다. 얼른 가게계약을 마치고 점을 쳤는데, 택천쾌괘 상효가 동했다.

쾌괘 상효의 소망에 "빨리 포기하라."고 하였고, 사업에는 "빨리 그만두고 쉬는 것이 낫다."고 하였으며, 개업에는 "하지마라."고 하였다. 하지만 이미 계약을 한 상태이고 주변에서도 실력이 좋으니 개업만 하면 잘 될 것이라고 독려하여 예정대로 개업을 했다.

보증금이 모자라서 엄마가 부은 곗돈까지 빌려서 시작했는데, 너무나 매출이 저조했다. 견뎌보려고 애썼지만 결국 1년도 못되어서 미용실을 접을 수밖에 없었다. 비록 후미지고 한적한 곳이지만, 실력이 있으면 고객이 찾아올 거라고 생각했던 게 착오였다.

4. 승진

대기업에 근무한지 몇 년이 되었는데, 부서를 없애려고 하는지 새로운 직원이 보충되지 않아 내심 걱정이 되었다. '퇴직을 해야하나?' 하고 고민할 때, 친구가 회사를 차리는데 함께 하고 싶다는 제안을 해 왔다. 가도 될지 점을 해서 택화혁괘 사효가 동했다.

혁괘 사효의 소망에 "새로운 일이 이루어진다."고 하였고, 사업에는 "마음먹은 대로 혁신적으로 해서 진전이 있다."고 하였으며, 개업에는 "새로운 마음과 뜻을 모아 추진한다."고 하였고, 승진을 보면 "원하는 직장으로 바꾼다."고 되어 있다.

한 직장에서 승진을 한 것은 아니지만, 다른 직장으로 옮기면서 직위가 올라갔으니 승진에 해당된다.

5. 시험

수능을 치르기 전에 수시 지원을 하였다. 수시에 합격할지에 대해서 학교와 학과, 지원방식을 적고 점을 쳐서 택지췌괘 사효가 동하였다.
췌괘 사효의 시험 을 보면 "낮춰서 지원한다."고 하였다. 불행히도 수능 성적이 좋지 않게 나와서 수능점수로 결정되는 곳은 모두 낙방하였고, 혹시 몰라서 안전하게 지원한 곳만 합격하였다.

6. 혼인

마음에 드는 사람이 있는데, 혼인이 가능한지에 대해서 점을 쳐 달라고 하였다. 혼인을 하기에는 나이차이도 많고 경제력도 문제가 된다는 것이었다. 중천건괘 오효가 동했다.
건괘 오효의 혼인 을 보면 "늦게 성사된다. 여자는 최고의 남자를 만난다."라고 되어 있다. 여성이 점을 친 주체이니, 상대방이 좋은 사람인 것은 확실하다. 집안의 반대로 좀 끌다가 결혼하였다.

7. 출산

임신중독증으로 혈압이 높아져서 거의 못 움직였기 때문에 산모의 체중이 너무 늘어났다. 그래서 잘 낳을 수 있을지에 대해 점을 쳐서 수천수괘 사효가 동하였다.
수괘 사효의 출산 을 보면 "사산 또는 난산하나 산모는 무사하다."라고 되어 있고, 전체를 설명한 글을 보면 "임신한 사람은 출산하지만 수술을 하기 쉽다."고 하였다. 그래서 제왕절개를 권하였다.

출산하고 보니 아기의 체중이 4kg이 넘는 우량아였다. 결과적으로 순산하기는 어려웠다고 한다.

8. 매매

1년 전에 매매한 부동산 잔금을 받을 때가 다가왔다. 그런데 시세가 떨어졌으니, 가격을 깎아달라는 이상한 요구를 해왔다. 더군다나 상대방이 잔금 치를 돈이 부족하다고 해서 1년 동안 지불을 연기해준 계약이라서 기분이 더 나빴다고 한다. 주역점을 치니 천지비괘 초효가 동했다.

비괘 초효의 소망 에 "작은 일은 이룬다."라고 되어 있고, 매매 에는 "소인의 방해가 많다."고 되어 있고, 소송 에는 "패소한다."고 하였다. 사정을 들어보니 돈을 대기로 한 사람이 자금이 부족하다고 하면서, 이것저것 부동산의 흠을 지적하며 트집을 잡는 것이었다.

정상적인 방법으로는 어렵겠다는 판단으로 조금 가격을 깎아서 계약을 마무리 하였다.

9. 소송

빌려준 돈을 갚지 않았다며 상대방이 소송을 걸어왔다. 쌍방이 복잡한 이해로 얽힌 사건으로, 서로 감정도 좋지 않고 또 서로 억울하다고 주장하였다. 주역점을 쳐서 천지비괘 이효가 동했다.

비괘 이효의 재수 에 "의롭게 나가면 이익이 없다. 다만 부끄러운 이익은 있다."고 하였고, 소송 에는 "치욕을 참고 화해하라."고 되어 있다. 여기서 '부끄러운 이익'이란 떳떳치 못한 방법을 써야 이익이 생긴다는 뜻이다.

몇 차례의 공판이 이어졌지만 서로간에 정확한 물증이 없어서 지지부진하였으므로, 조금씩 양보를 하라고 중재를 섰다. 중재를 해서 소송을 끝내고 합의를 보았지만 여전히 사이는 좋지 않다고 한다.

10. 증권

지인의 소개로 바이오종목에 투자하였다. 증권은 하지 않겠다며 몇 번이나 거절을 했었는데, 그 지인이 자기가 이 방면에 정통한 정보를 갖고 있고, 또 산 사람들이 모두 이익을 보았다고 하면서 강력히 추천하는 바람에 투자를 했다. 그런데 지인이 분위기가 좋으니 조금 더 투자를 하는 것이 좋겠다고 권유를 했다. 너무 한 곳에 투자를 하는 것이 조심스러워서 점을 쳤는데, 중산간괘 삼효가 동하였다.

간괘 삼효의 **증권** 을 보면 "한꺼번에 하락한다. 거래에 변수가 많다."고 되어 있다. 그 점괘를 믿고 더 이상 투자를 하지는 않았다.

며칠 뒤 중국에서 자본유치를 하기로 한 것이 허사가 되었다는 뉴스가 나왔고, 그 종목은 곧바로 곤두박질 쳤다. 너무 떨어져 팔지도 못하다가 1년 뒤 조금 회복되었을 때 손해를 보고 팔았다. 사기 전에 점을 쳤다면 좋았을 것 같다.

11. 질병

우연히 건강검진에서 암 초기라는 진단을 받았다. 의사는 간단한 시술로 치료가 가능하다며 내시경시술을 권하였다. 주역점을 쳐서 중천건괘 이효가 동하였다.

이효가 나왔으니 당연히 좋지 않을까하면서 책을 보니 **질병** 에 "낫기 어렵다."고 되어 있었다. 며칠 뒤 의사는 간단한 시술이라고 하며 집도해서 그 부위의 암을 제거하였다. 그런데 다시 확인해보니 다른 곳에 암이 더 있다는 것이었다. 결국 위절제 수술을 할 수밖에 없었다.

우연히 발견한 것도 행운이었고, 간단한 시술로 가능한 것도 행운이었지만, 재수술을 해야 하는 문제가 생긴 것이다. 건괘 이효의 장소 에 "남쪽이 길하다."는 부분을 읽고, 집에서 남쪽방향에 있는 병원으로 옮겨 수술을 하였다.

12. 장소

이사 갈 곳이 정해지고 그 곳이 어떨지 주역점을 쳐서 수지비괘 오효가 동하였다.

비괘 오효의 장소 에 "서남방, 앞이 탁 트인 평야지대, 사람이 많은 곳."으로 되어 있다. 집에서 보면 서남방이 맞으며, 건물이 많아 탁 트였다고는 볼 수 없지만, 사람이 많이 다니는 번화가이긴 하다. 전체를 설명한 글을 보면 "높은 곳으로 영전하고 추천받아 발탁되는 등 대길하다. 대체로 처음에는 어렵고 힘든 일이 있더라도 곧 일이 풀려 하는 일에 소득이 많다."고 되어 있었다.

기분 좋게 이사를 해서 마음도 안정되고 경제적으로 더 부유해졌다고 한다.

주역점 비결 도구와 도표모음

방법	내용
기구	주사위 / 카드 / 팔괘점통
숫자	전화번호 / 차번호
시간 나이	연월일시 / 나이+월일
색깔	옷 색깔
단위	무게 / 길이
방위	방위
신체	얼굴 / 신체 부위
글자	성명 / 글자
기타	『매화역수』 참조

주사위

| 1 | 2 | 3 | 4 |
| 5 | 6 | 7 | 8 |

숫자 카드

•123두4577•

자동차 번호판

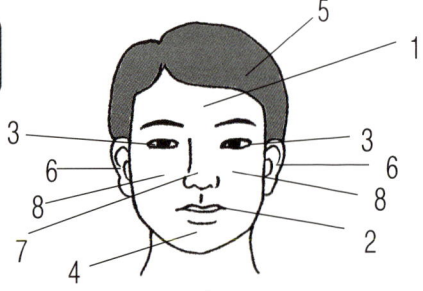

팔괘를 얼굴에 배당

숫자	1	2	3	4	5	6	7	8	9	10	11	12
시간	23~1	1~3	3~5	5~7	7~9	9~11	11~13	13~15	15~17	17~19	19~21	21~23
지지	자	축	인	묘	진	사	오	미	신	유	술	해

시간 숫자 환산표